肩水金關漢簡字形編

第叁册

黃艷萍　張再興　編著

學苑出版社

肩水金關漢簡字形編·卷五下

丹 0673

T21:098

T21:102A

T22:111A

T22:111A

T24:140

T33:040A

T33:040B

T37:230

T37:990

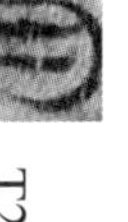
T37:1217

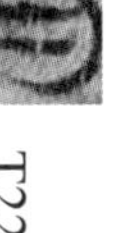
T37:1518

73EJF3:50+533

73EJF3:508

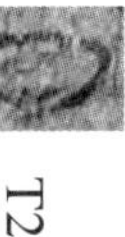
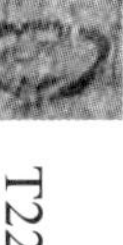

青 0674

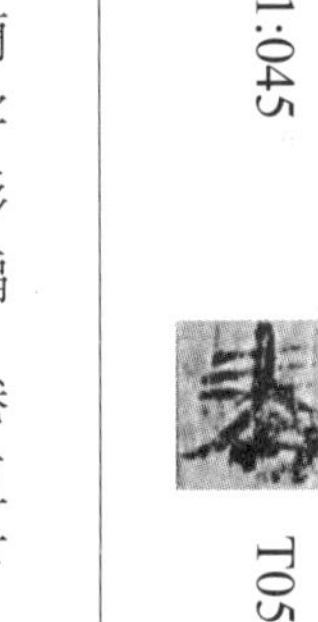

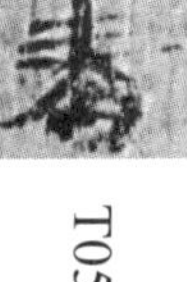
T01:045

T05:073

T06:066A

T07:005

T08:007

T10:132

T10:152

T11:004

T21:052B

T21:310

T21:426

T23:320

T24:309

T24:721

T27:089A

T32:010

T33:040A

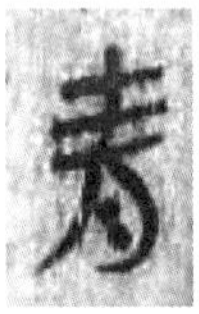

T33:040A

T33:056B

T37:385

T37:755

靜
0675

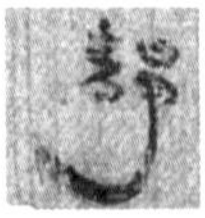

T21:251

井
0676

T01:036

T04:057

T06:042

T06:042

T06:091

T06:130

T07:022A　T07:071A　T07:073　T08:051A　T10:156　T10:412

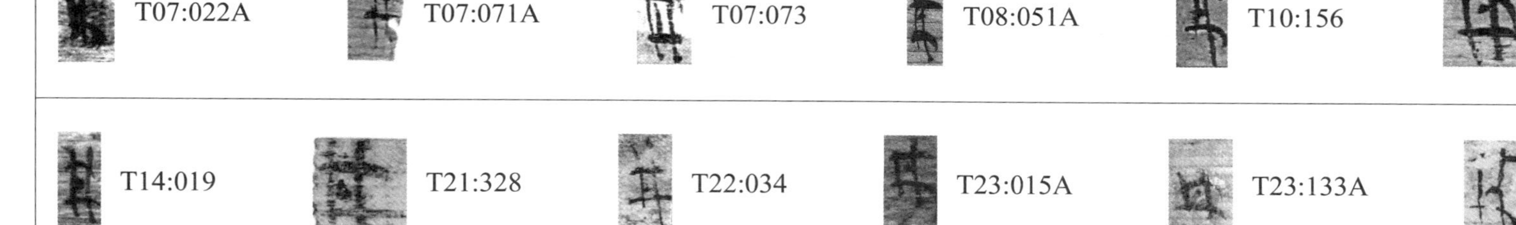

T14:019　T21:328　T22:034　T23:015A　T23:133A　T23:236

T23:334　T23:726　T23:775　T24:024A　T24:068

T24:701　T30:212B　T32:049　T37:033　T37:347

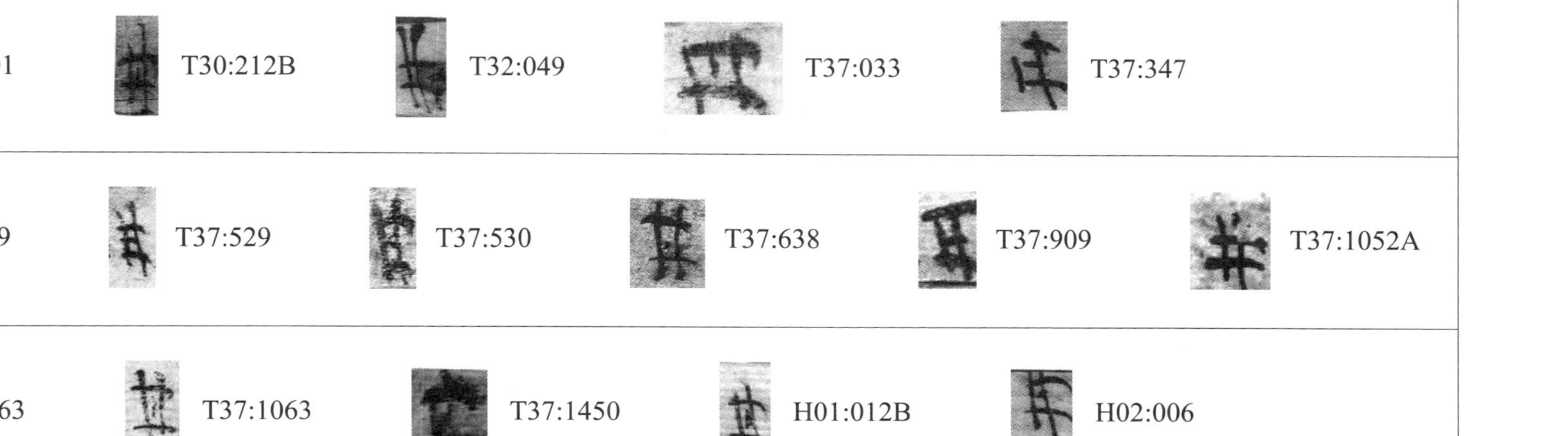

T37:529　T37:529　T37:530　T37:638　T37:909　T37:1052A

T37:1063　T37:1063　T37:1450　H01:012B　H02:006

㓝

0677

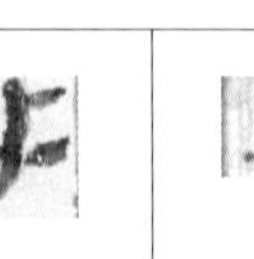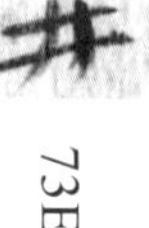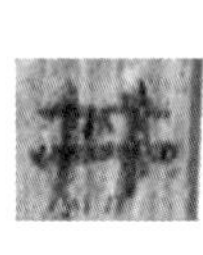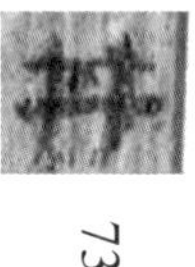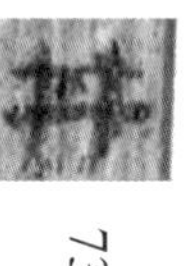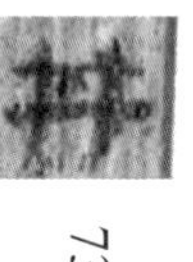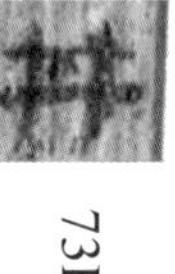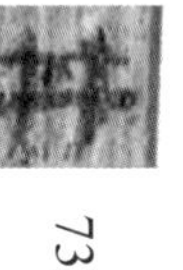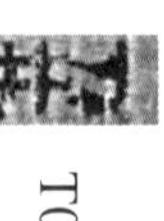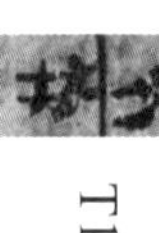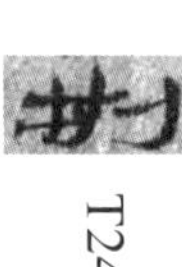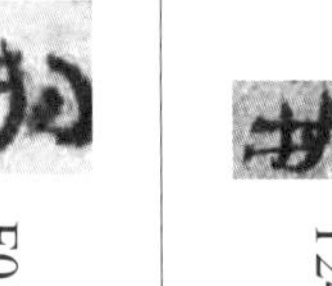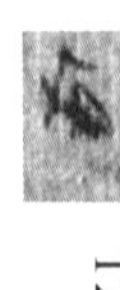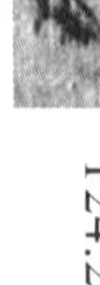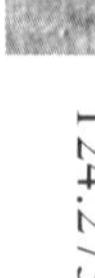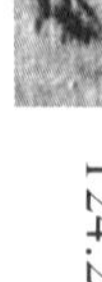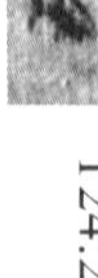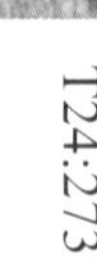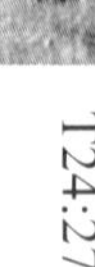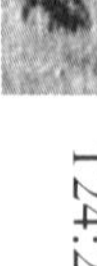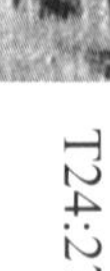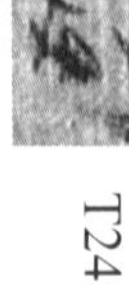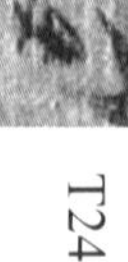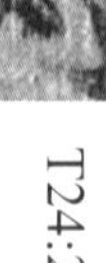

H02:014
73EJF3:26
73EJF3:116A
73EJF3:117A
73EJF3:120A

73EJF3:122
73EJF3:327
73EJT4H:72
73EJC:446A

T01:002
T01:023
T01:083
T01:162
T08:035
T11:015

T23:330
T23:620
T23:879
T23:886
T23:929
T24:264A

T24:273
T24:893
T30:023
T31:009
T37:1213
F01:117

73EJF3:96
73EJF3:97
73EJF3:163
73EJF3:171
73EJF3:358

73EJF3:556

72EJC:5

72EJC:36

72EJC:43+52

73EJC:291

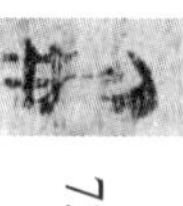
73EJC:291
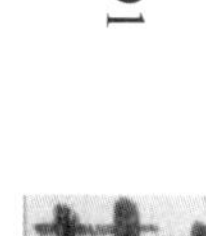
73EJC:539

72ECC:53

72ECC:53　按：金關簡「刱」、「刑」已混同。

即

0678

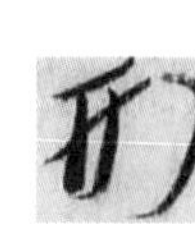
T01:034

T04:110B
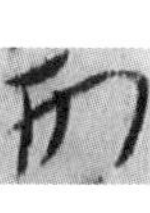
T06:107

T07:093

T09:076

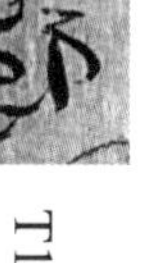
T10:206
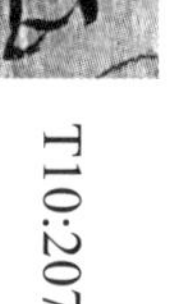
T10:207

T10:208

T10:208
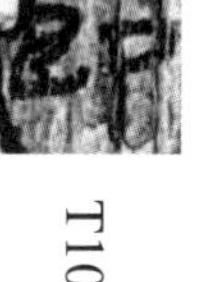
T21:004

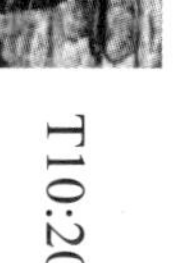
T21:112

T21:374A

T21:374A

T22:051

T22:061

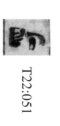

T23:014

T23:040B

T23:289

T23:364B

T23:824

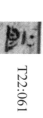

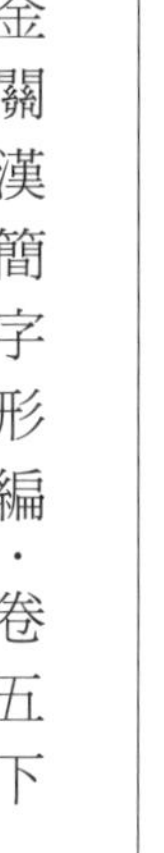
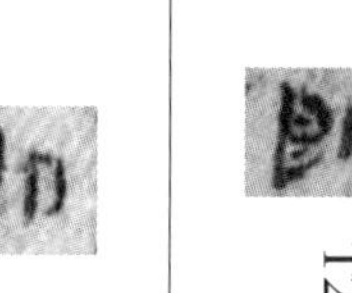

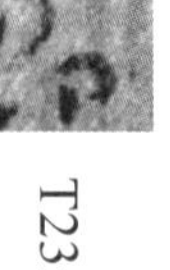
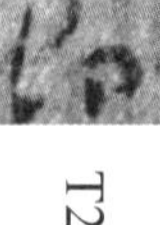

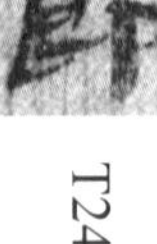

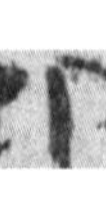

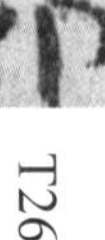

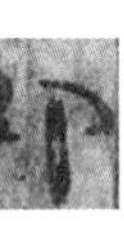
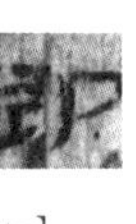

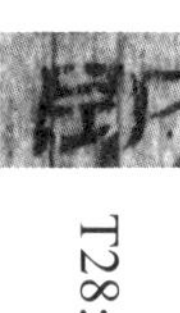

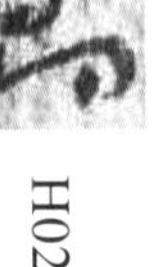

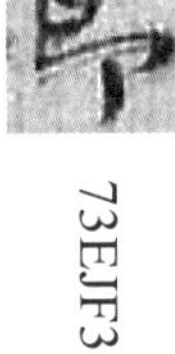

T23:919A
T23:933
T23:966
T23:978
T24:046

T24:142
T24:955
T26:177
T26:219
T28:038

T28:068
T29:114A
T30:057B
T31:109
T32:066

T33:037
T37:788B
T37:1061B
T37:1151A
H01:048

H02:022
H02:048A
H02:048B
H02:071
H02:102

73EJF3:124B
73EJF3:319
73EJF3:336+324
73EJF3:325

73EJF3:633
73EJD:200+175
72EJC:57+148
72EJC:166

73EJC:447B
73EJC:480
72ECC:1+2B

既
0679

T24:568

爵
0680

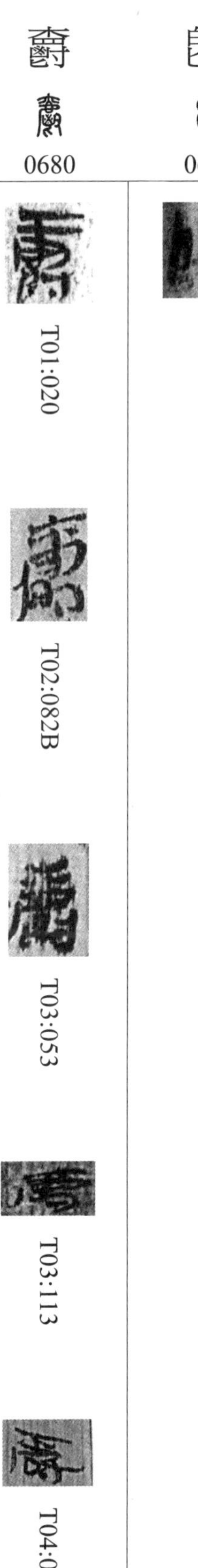

T01:020
T02:082B
T03:053
T03:113
T04:098A

T04:100
T05:106
T06:037
T07:070A
T09:007

T09:012A
T09:093
T09:154
T10:120A
T10:315A

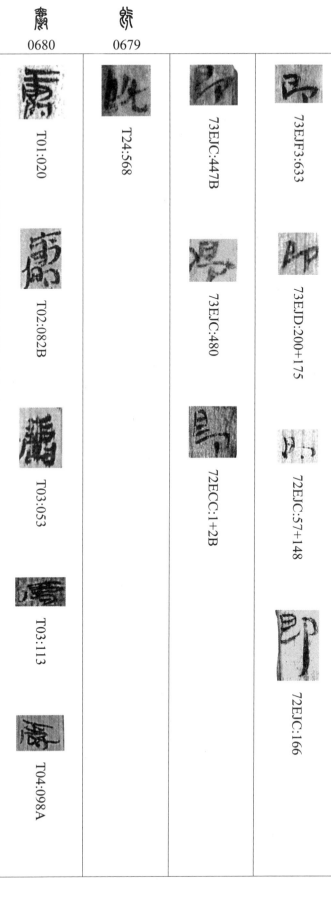

T10:411

T15:029A
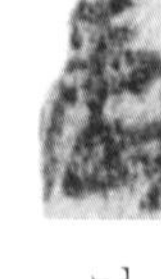

T21:047

T21:060A
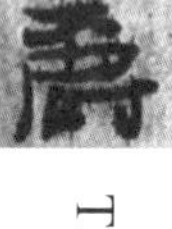
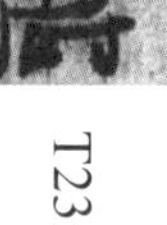
T21:080

T23:260

T23:480

T23:619

T24:132

T24:239

T24:369

T24:525

T24:532A

T26:032

T26:032

T26:032

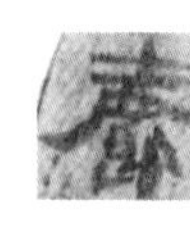
T26:087

T30:243A

T31:014

T31:034A

T31:104A

T32:003

T33:027

T33:039

T34:006A

T37:052

T37:239

T37:279A

T37:410

T37:520A

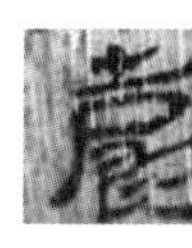

T37:692

T37:727A

T37:728

T37:739

T37:784A

T37:800A

T37:871

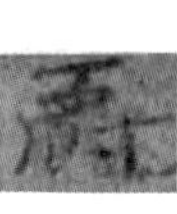

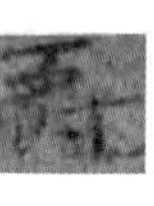
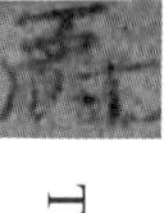
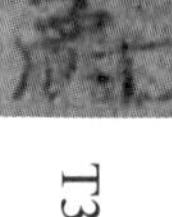
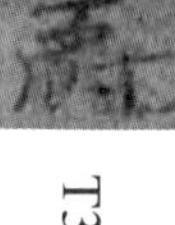
T37:964

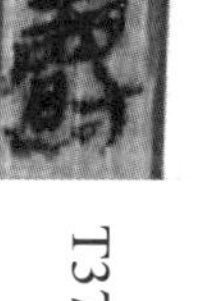
T37:975

T37:1014

T37:1065A

T37:1075A

T37:1379A

T37:1448A

T37:1448B

T37:1451A

T37:1491

T37:1492

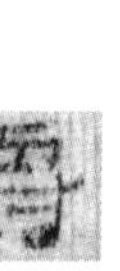
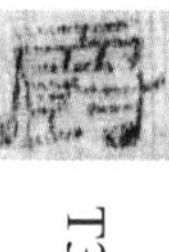
T37:1529

T37:1534

H01:003A

H01:003A

H01:012B

H01:014

H02:002

H02:027

73EJF2:17

73EJF3:43

73EJF3:117A

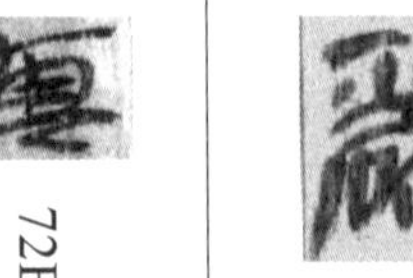
73EJF3:120A

73EJF3:450A
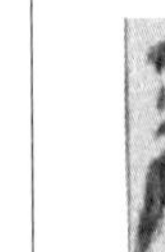
73EJD:131
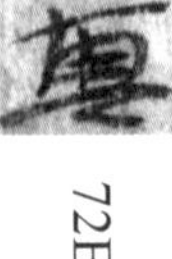
72EJC:2A

72EBS7C:4

0681

T03:022A

T03:055
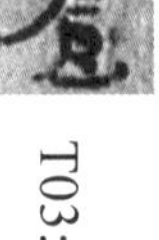
T03:062

T03:070

T03:073

T03:079

T04:034

T04:055

T04:098A

T04:117

T05:113

T05:113

T06:055

T06:092

T06:112

T06:149

T07:014

T07:088

T10:042

T10:067

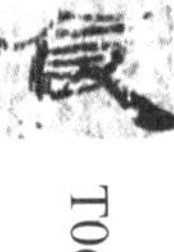

食部 飠

T10:069
T10:071
T10:071
T10:071
T10:074

T10:074
T10:075
T10:078
T10:078
T10:079

T10:079
T10:080
T10:080
T10:081
T10:081

T10:081
T10:083
T10:086
T10:087
T10:088

T10:088
T10:092
T10:092
T10:093
T10:093

T10:095
T10:095
T10:099
T10:147
T10:147

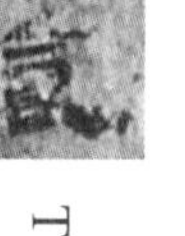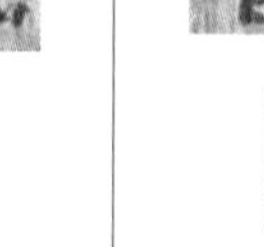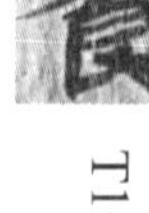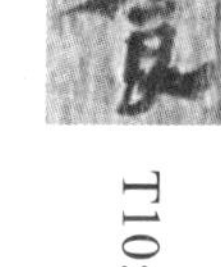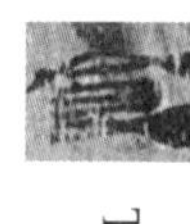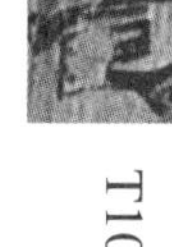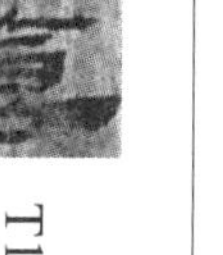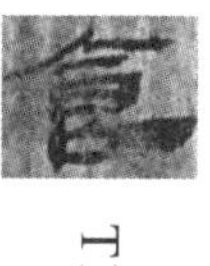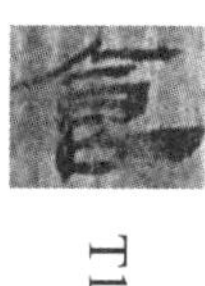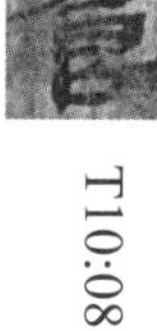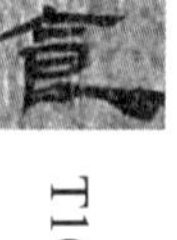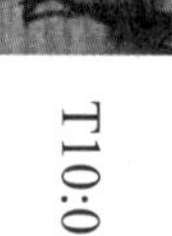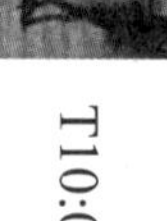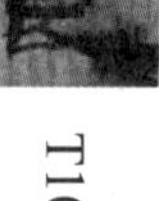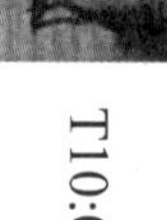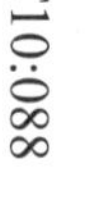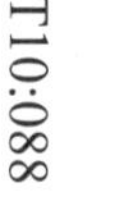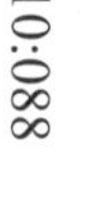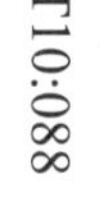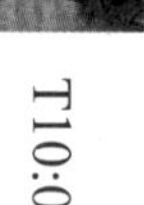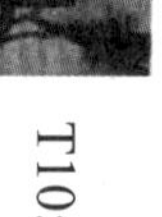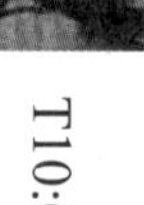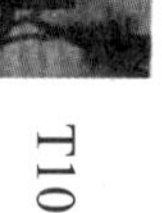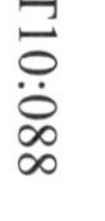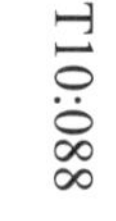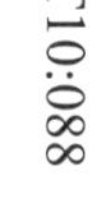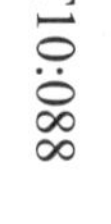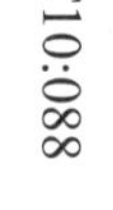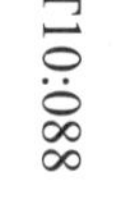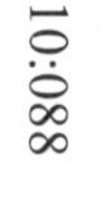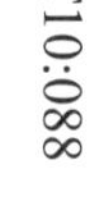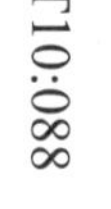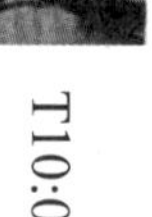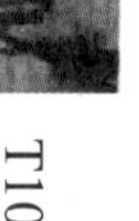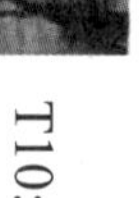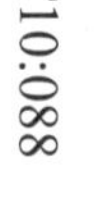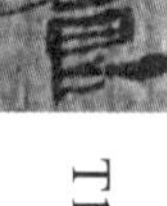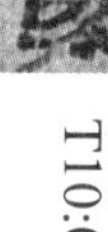

食部 倉

T10:165 T10:165 T10:166 T10:168 T10:169

T10:170 T10:170 T10:171 T10:171 T10:172

T10:172 T10:175 T10:187 T10:187 T10:308

T10:308 T10:316 T10:317 T10:322 T10:361

T11:002 T11:002 T21:017 T21:017 T21:096

T21:100 T21:172 T21:283 T21:294 T21:418

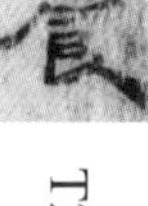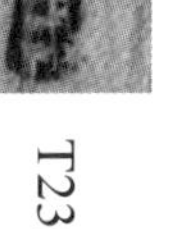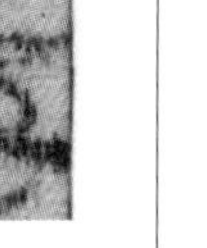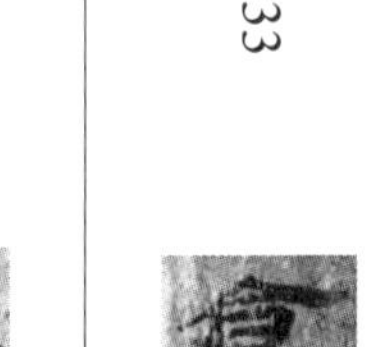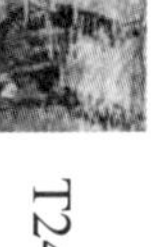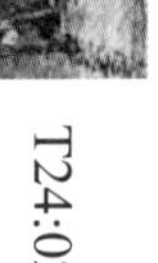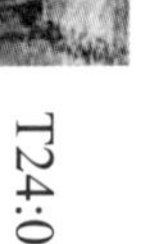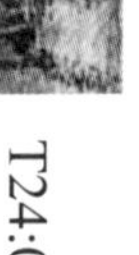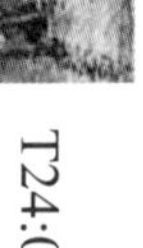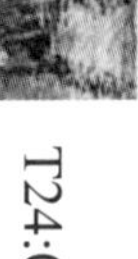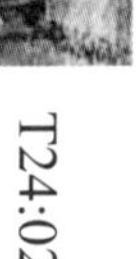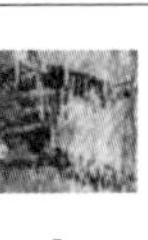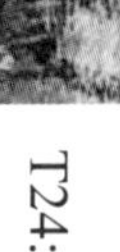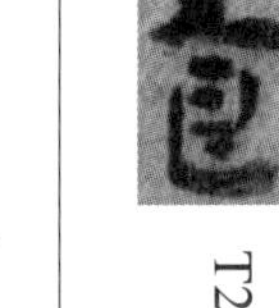

T21:434
T21:494
T22:010
T22:040
T22:075

T22:131B
T23:035
T23:284
T23:335
T23:491B

T23:527
T23:576
T23:624
T23:698
T23:703

T23:747
T23:906A
T23:910
T23:933
T24:024A

T24:024A
T24:026
T24:029
T24:052
T24:079

T24:235
T24:259
T24:259
T24:409
T24:416A

T24:432

T24:496

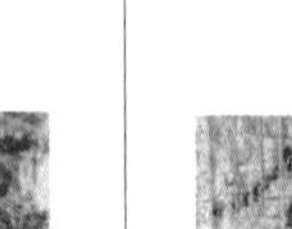
T24:527

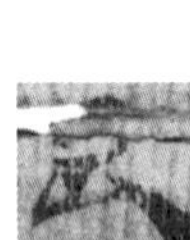

T24:558

T24:590

T24:623

T24:637

T24:643

T24:663

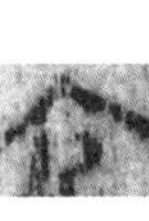
T25:128

T25:192

T26:003

T26:052

T26:110

T26:157

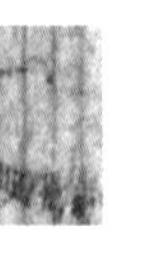
T26:174B

T26:230A

T26:245

T27:058A

T28:107

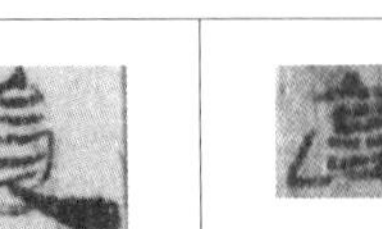
T29:001

T29:054

T29:101

T30:016

T30:028A

T30:038

T30:040

T30:040

T30:070

T30:074

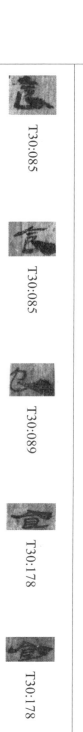

T30:085

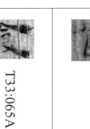

T30:085

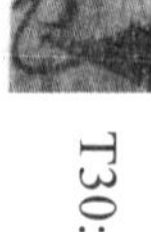
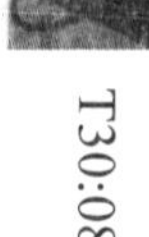

T30:089

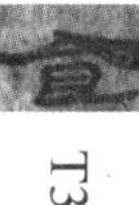
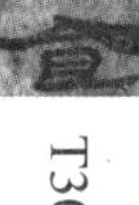

T30:178

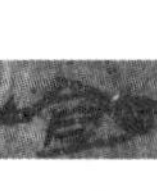
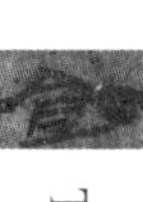
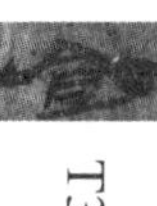

T30:178

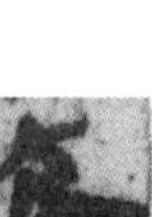
T30:180

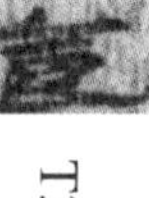

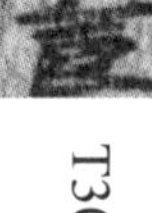
T30:201

T31:009

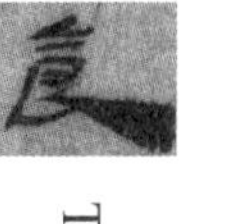
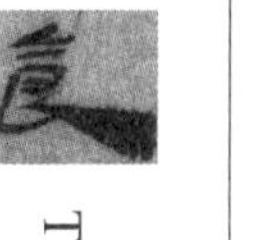

T31:081

T31:152

T31:157

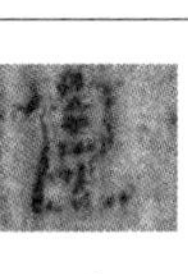
T32:001

T32:049

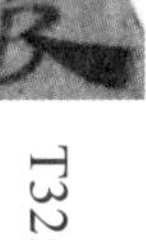

T32:049

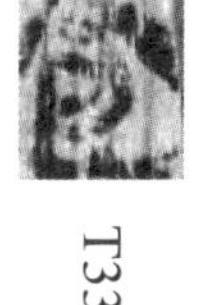
T33:007B

T33:042

T33:065A

T33:069

T34:011

T34:012

T34:017

T34:022A

T34:023

T34:026A

T37:016

T37:100

T37:131

T37:167

T37:333

T37:356

T37:526

T37:527

T37:565
T37:786B
T37:1151A
T37:1345

T37:1517
H01:036
H01:066
H02:002
H02:047A

F01:035

73EJF2:44

73EJF3:77A

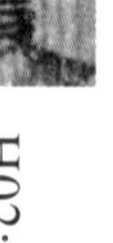

73EJF3:83
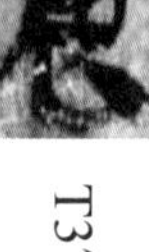

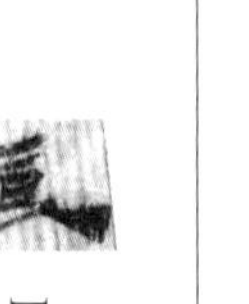

73EJF3:84

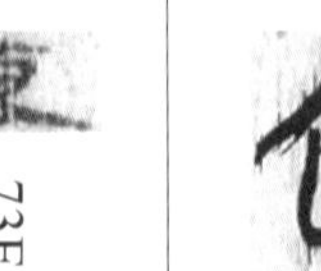
73EJF3:85

73EJF3:86

73EJF3:87

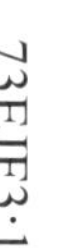
73EJF3:88

73EJF3:94

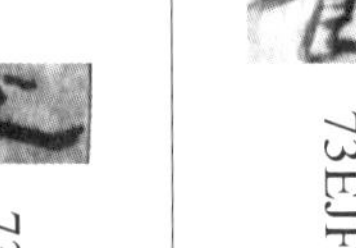
73EJF3:105
73EJF3:105
73EJF3:108
73EJF3:147
73EJF3:147

73EJF3:179B
73EJF3:349
73EJF3:355

73EJF3:355

73EJF3:394

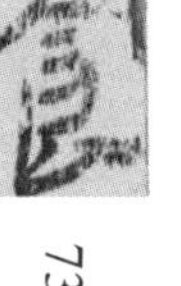

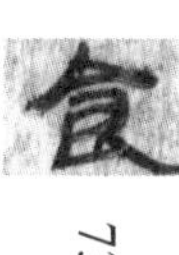
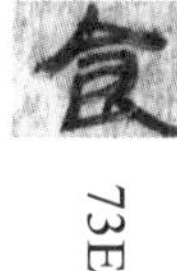
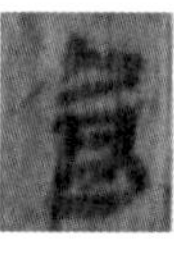
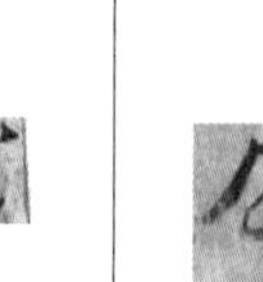

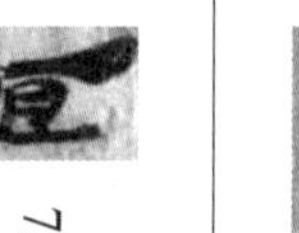

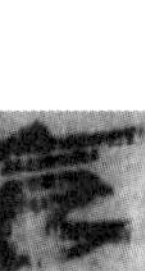
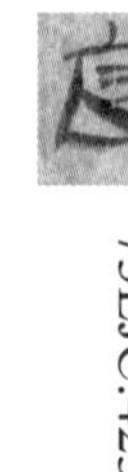

73EJF3:418
73EJF3:420
73EJF3:458
73EJD:5
73EJD:26A

73EJD:34
73EJD:34
73EJD:93
73EJD:153
73EJD:154A

73EJD:185
73EJD:218
73EJD:280+250A
73EJD:252

73EJD:287
73EJD:287
72EJC:3
72EJC:79B
72EJC:237

72EJC:280
72EJC:290
73EJC:303
73EJC:311
73EJC:417

73EJC:423
73EJC:572
72ECC:13
72EBS7C:4

餱 0682

T06:092

養 0683

T01:001

T05:064

T21:097

T23:692

T24:201A

T24:201B

T26:132

T28:027

飯 0684

T02:053A

T07:003

T11:005

T23:704

T25:047

T26:144

T31:118

73EJF3:124B

73EJF3:127A

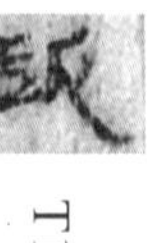

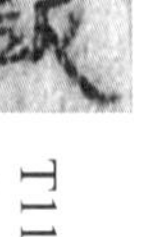

飧 0685

T24:204A

餔 0686

T04:058

T07:001

T10:207

T21:073A

T23:236

T23:630

T23:764

T23:776

T23:873

T23:931

T24:046

T26:103

T30:206

73EJF3:311

73EJD:39A

73EJD:141

73EJD:271

72EJC:158B

72ECC:23

餐 0687

73EJF3:480B+282B　按：《說文》，湌「餐或从水」。

饒 0688

T08:089A

餘

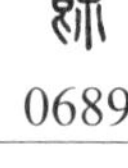

0689

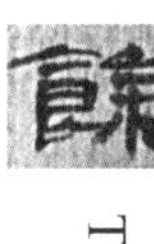
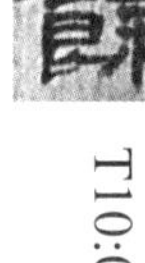

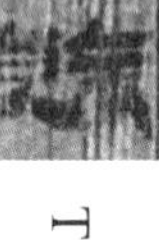

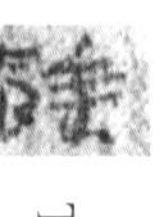

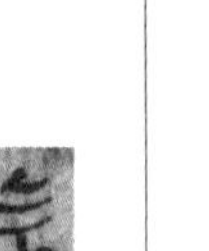

T01:017　T02:074　T04:061　T06:188　T08:018

T10:072　T10:073　T10:089　T10:096　T10:101

T10:117　T10:180　T10:325　T14:010　T21:189

T21:447　T22:095　T22:103　T23:279A　T23:733A

T23:917A　T24:292　T24:543　T24:630　T27:001

T27:017B　T27:077　T28:042　T30:004　T30:032

T30:080B

T30:104

T37:057

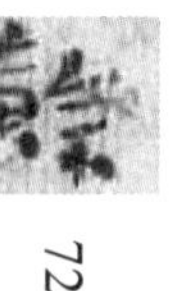
T37:262

T37:379

T37:769

T37:1151A

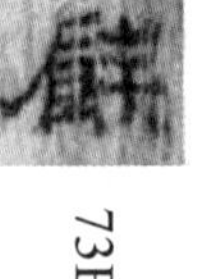
T37:1169

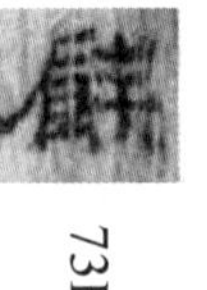
T37:1487

F01:002

73EJF3:159B

73EJF3:430B+263B

 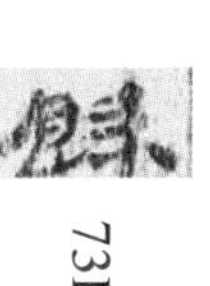
73EJF3:433+274

73EJF3:352

73EJD:11

73EJD:101B

73EJD:116A

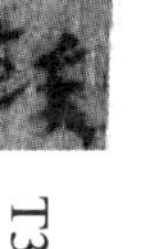
73EJD:231

73EJD:231

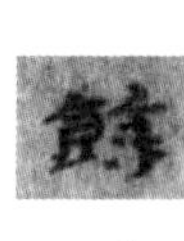
72EJC:104

72EDIC:3

72EDIC:3

72EDIC:3

72EDIC:3

館

0690

 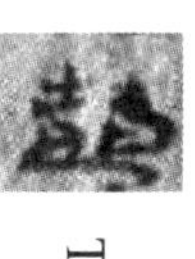
T09:069

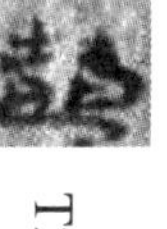 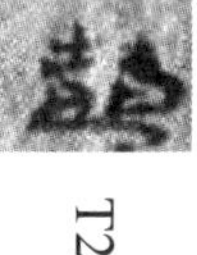
T23:496

T23:506

 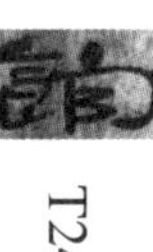
T24:541

T24:765

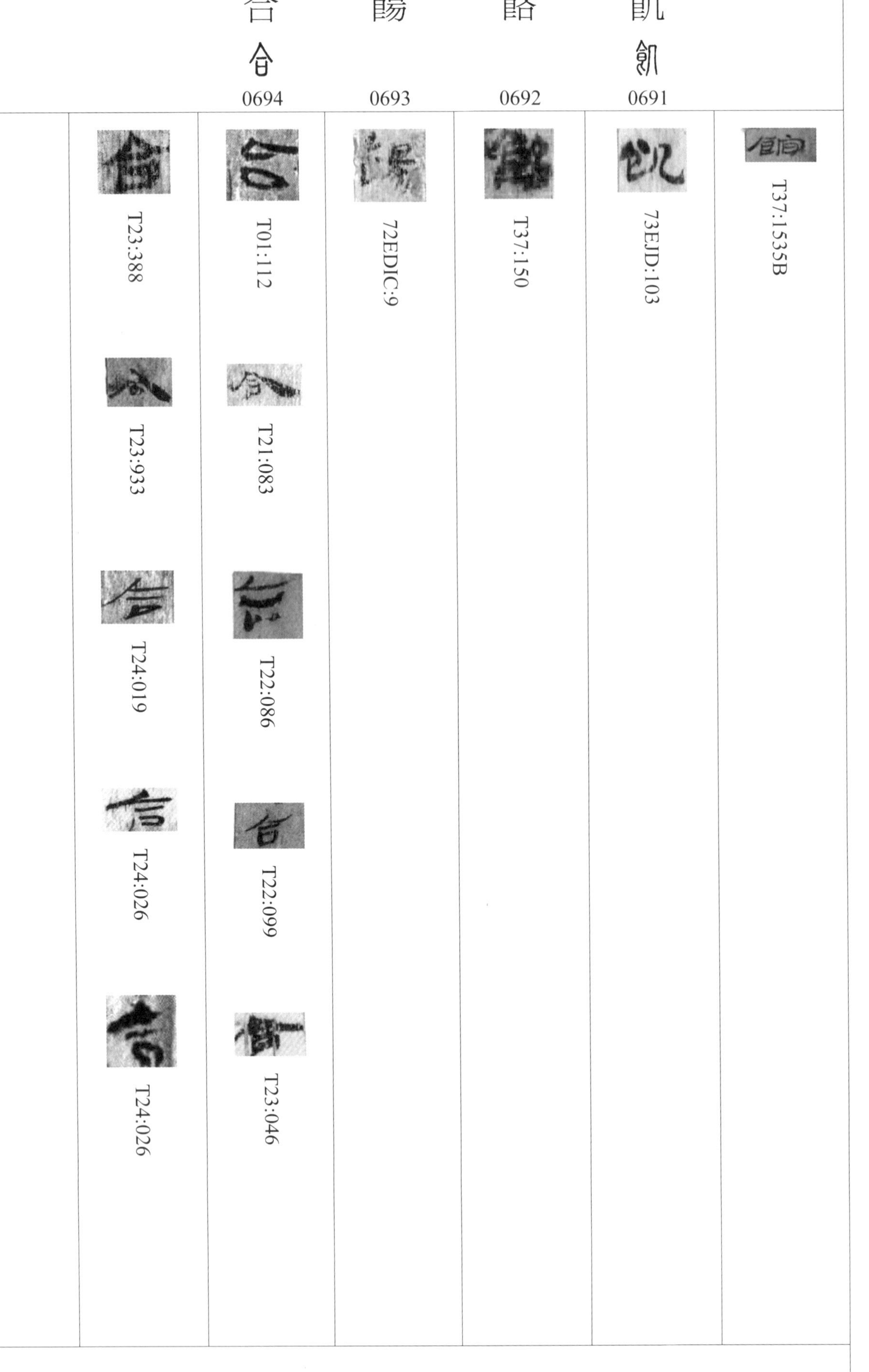

0691 飢	0692 餡	0693 餳	0694 合
73EJD:103	T37:150	72EDIC:9	T01:112
			T21:083
			T22:086
			T22:099
			T23:046
			T23:388
			T23:933
			T24:019
			T24:026
			T24:026

T37:1535B

今

0695

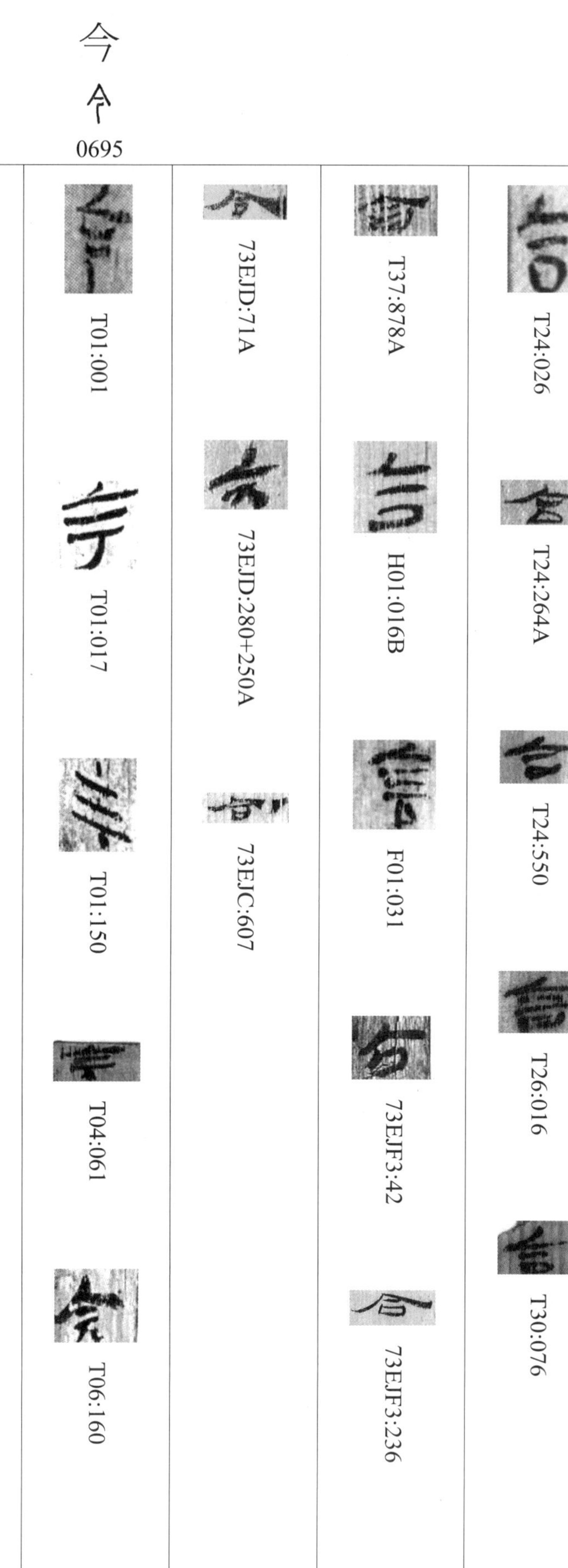

T24:026 T24:264A T24:550 T26:016 T30:076

T37:878A H01:016B F01:031 73EJF3:42 73EJF3:236

73EJD:71A 73EJD:280+250A 73EJC:607

T01:001 T01:017 T01:150 T04:061 T06:160

T07:003 T07:075 T08:016 T09:061B T10:072

T10:096 T10:101 T10:116 T21:056 T21:059

T21:170
T21:312A
T22:026
T22:103
T23:040A
T23:124
T23:227
T23:253A
T23:279A
T23:298
T23:386
T23:564
T23:708A
T23:788B
T23:866B
T23:919A
T23:947A
T24:011
T24:015A
T24:025
T24:040
T24:055
T24:065A
T24:073A
T24:073A
T24:190A
T24:201B
T24:402B
T24:417B
T24:442B

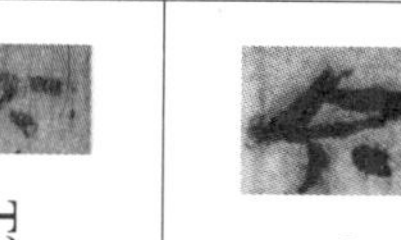
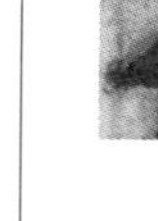
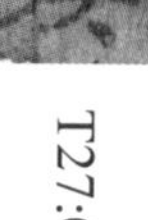

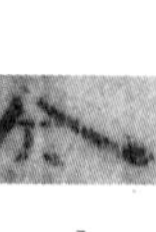

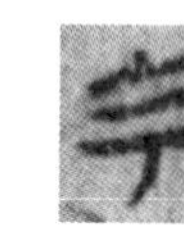

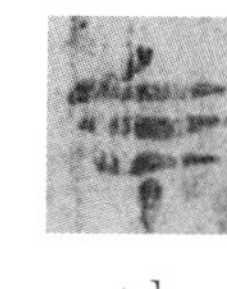

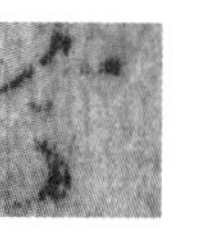
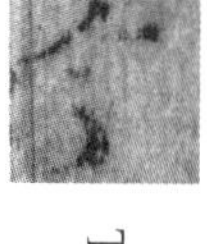
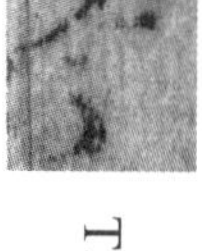
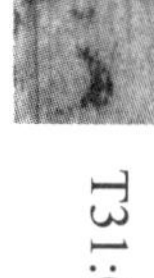

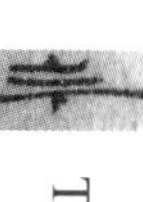

T24:586 T24:792 T24:979 T26:219 T27:017B

T27:068 T28:107 T28:107 T31:075 T31:097B

T31:140 T32:024 T33:007A T34:001A T34:006A

T35:006 T37:024A T37:119 T37:262 T37:271

T37:520A T37:522A T37:724 T37:769 T37:776A

T37:1052A T37:1139 T37:1169 H01:040 H01:048

H02:046

F01:010

F01:027

73EJF3:112

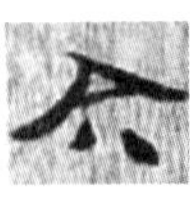
73EJF3:124B

73EJF3:164

73EJF3:182A

73EJF3:183B

73EJF3:287A

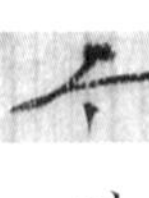
73EJF3:440

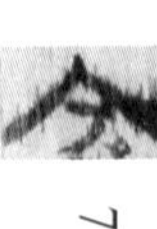
73EJF3:535

73EJF3:630A

73EJD:42

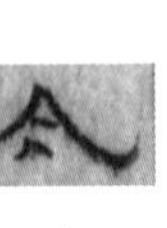

73EJD:48

73EJD:187A

73EJD:202

73EJD:202

73EJD:260A

72EJC:74+78

72EJC:89A

72EJC:146

72EJC:158B

72EJC:197

73EJC:300

73EJC:447A

73EJC:557

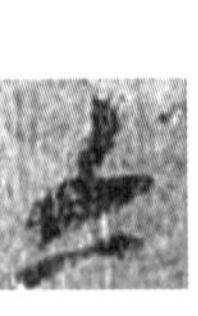
72ECC:1+2B

舍

0696

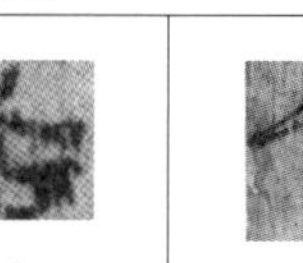
72ECC:4

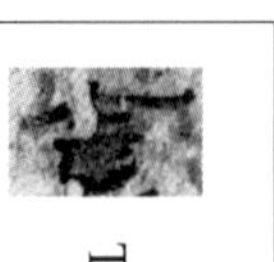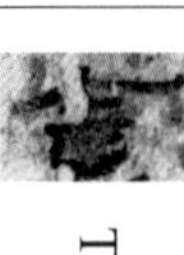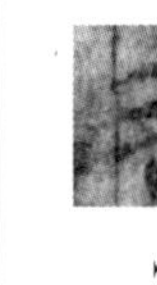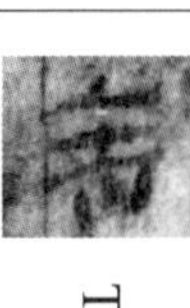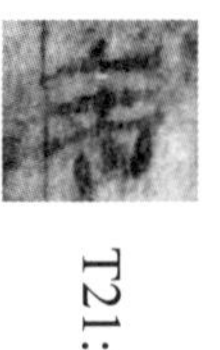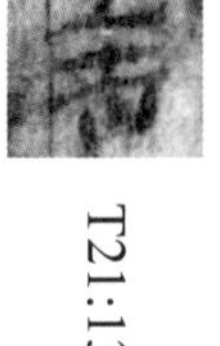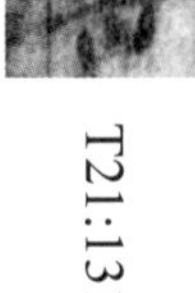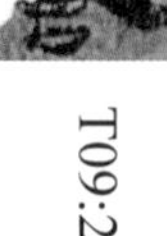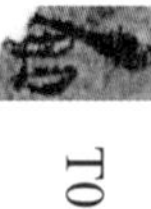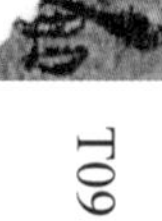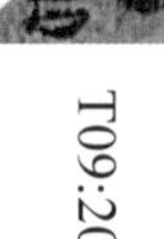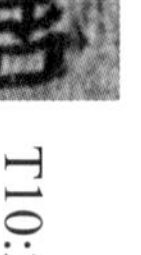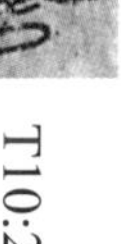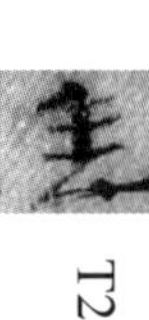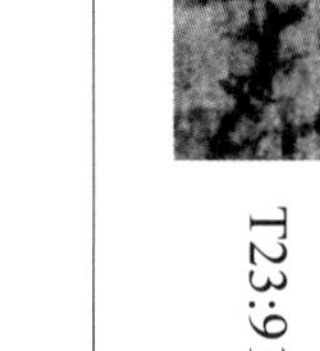

T01:002

T02:103

T04:018

T04:085

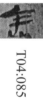

T04:102

T04:102

T06:023A

T06:023A

T06:078A

T07:023

T09:208

T10:163A

T10:221A

T10:226A

T10:259

T21:131A

T21:177

T21:227A

T23:276

T23:359A

T23:394

T23:620

T23:727

T23:888

T23:917A

T23:948 T23:955 T23:969 T24:011 T24:065A
T24:149 T24:245 T24:247A T24:264A T24:264A
T24:268A T30:022 T31:097A T31:155 T31:155
T37:055 T37:450 T37:450 T37:480A T37:528
T37:528 T37:615 T37:615 T37:645 T37:706
T37:706 T37:722 T37:722 T37:725 T37:725

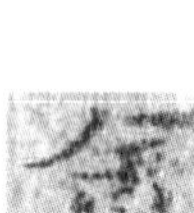
T37:836A
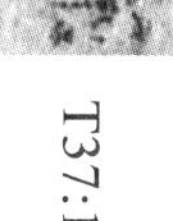
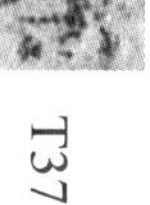
T37:836A

T37:1064

T37:1064

T37:1070

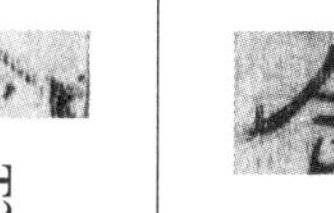
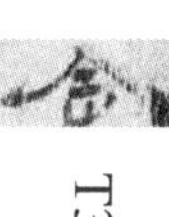
T37:1097A

T37:1167A

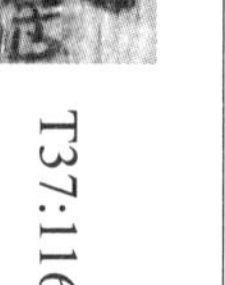
T37:1309

T37:1367B

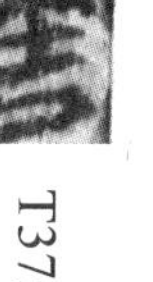
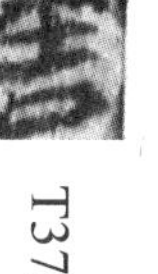

T37:1450

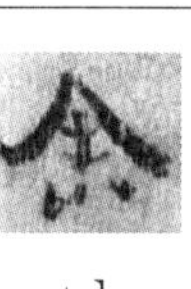
T37:1450

73EJF3:76+448A
73EJF3:76+448A
73EJF3:92

73EJF3:92

73EJF3:92
73EJF3:118A

73EJF3:118A

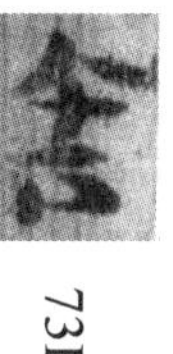

73EJF3:169
73EJF3:169
73EJF3:181

73EJF3:181

73EJF3:382A

73EJD:22

73EJD:22

73EJD:49A

會

0697

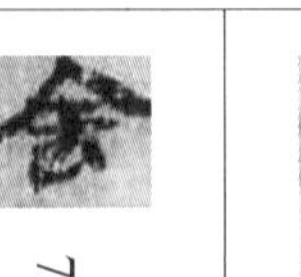
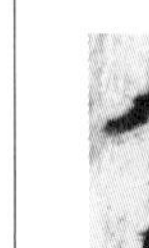

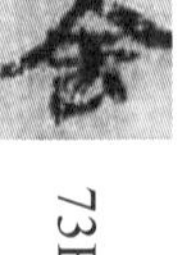

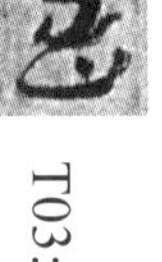

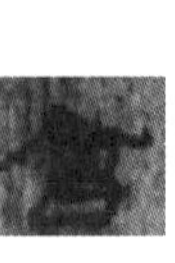
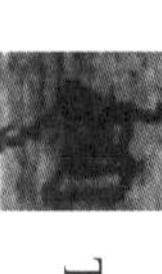

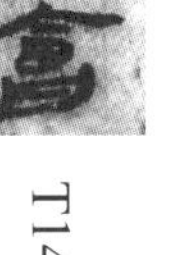

73EJD:362　73EJD:365　73EJD:365　73EJD:380　73EJC:308

73EJC:308　73EJC:631

T01:022A　T01:085A　T02:023　T03:022A　T03:055

T04:084　T08:016　T09:102A　T09:122　T10:299

T10:301　T10:400　T10:409　T14:030　T15:006

T21:176　T21:224　T22:035　T23:359A　T23:491B

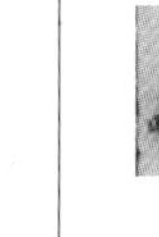

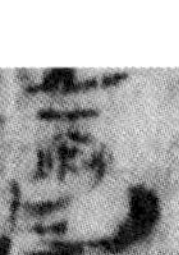

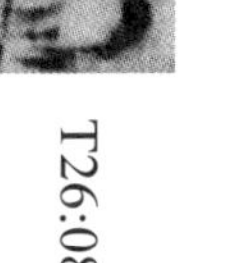

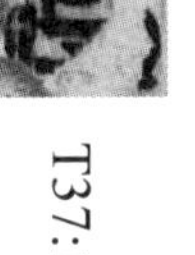

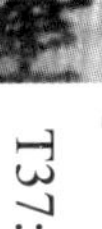

T23:570A
T23:620
T23:947B
T23:969
T24:010A

T24:015A
T24:024A
T24:040
T24:059
T24:858

T25:086
T26:002A
T26:088A
T26:120
T30:028A

T30:161
T31:062
T32:064
T32:075
T33:011

T34:006A
T37:067
T37:126
T37:519A
T37:526

T37:615
T37:743
T37:870
T37:1098B
T37:1160

倉

倉

0698

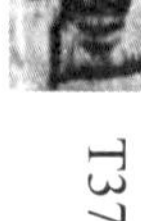

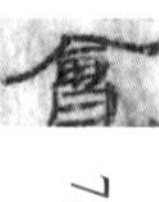
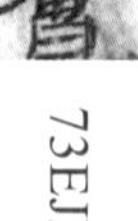

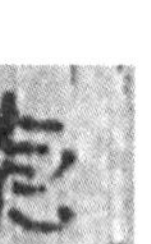

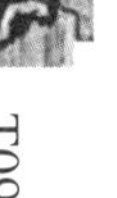

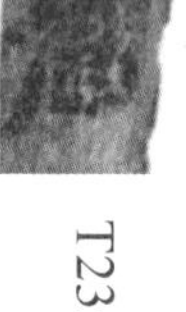
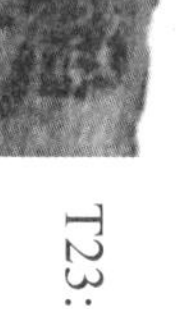

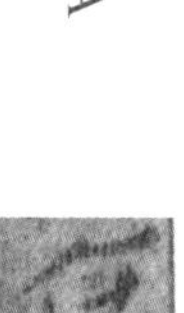

T37:1501
T37:1530
H01:003A
73EJF3:207
73EJD:2

73EJD:75B
73EJD:203
73EJD:238
73EJD:260A

T01:001
T01:008
T02:100
T03:055
T03:113

T04:108A
T09:030
T09:101
T09:120
T11:018

T11:031A
T21:021
T21:427
T21:429
T22:002

T23:024
T23:404A
T23:717A
T23:907B
T24:014

倉部 倉

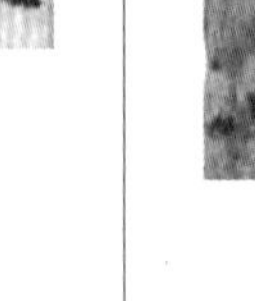
T24:060B

T24:113A

T24:144

T24:149

T24:510

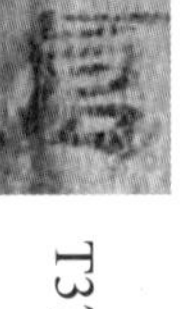
T24:514

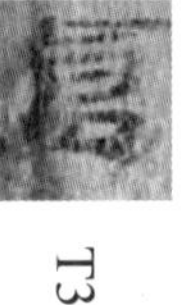
T24:558

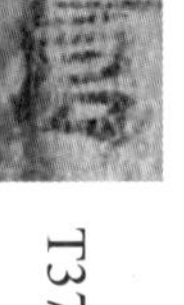
T24:817

T24:969

T25:023

T26:087

T26:162

T27:082

T30:168

T31:021

T35:006

T37:131

T37:248

T37:526

T37:566B

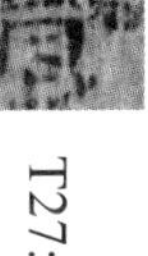
T37:603

T37:749A

T37:1389

T37:1491

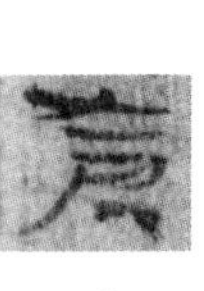
T37:1499A

H02:012

H02:076

73EJF2:7

73EJF3:2

73EJF3:122

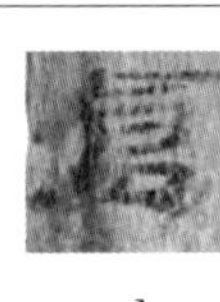

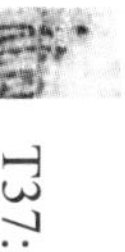

 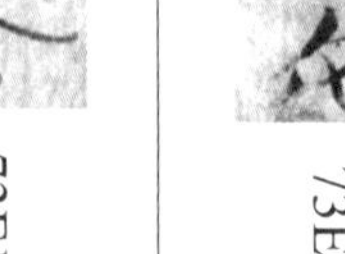     

73EJF3:164　73EJF3:184A　73EJF3:249　73EJF3:261　73EJF3:336+324

73EJF3:347　73EJF3:347　73EJF3:510A　73EJF3:551　73EJD:39B

73EJD:65　73EJD:73B　73EJD:174　73EJD:201　73EJC:600

      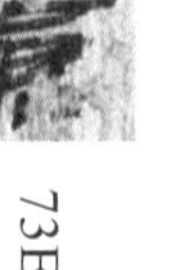 

73EJC:617

入

0699

   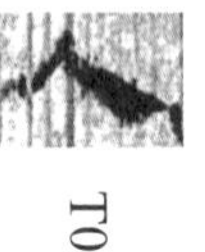 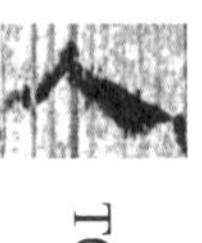 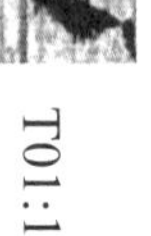    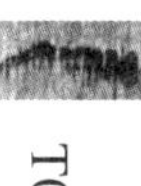

T01:034　T01:080B　T01:117　T02:079　T03:047A　T03:047B

 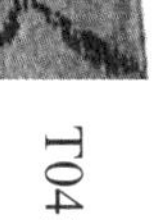     

T03:113　T04:017　T04:058　T04:075　T04:080　T04:098B

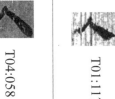

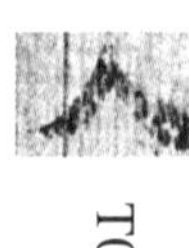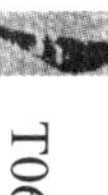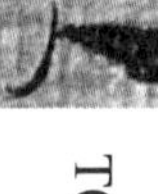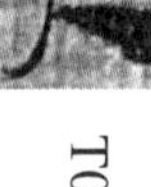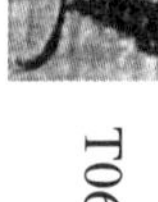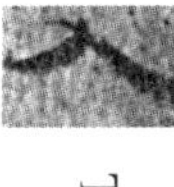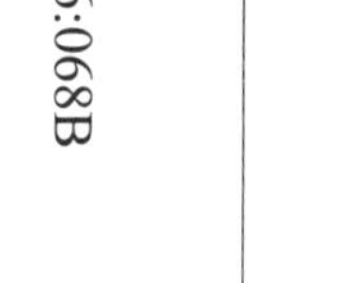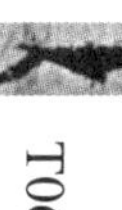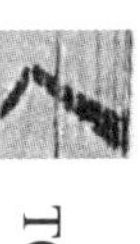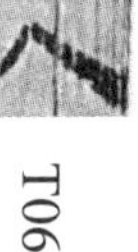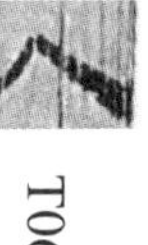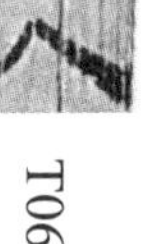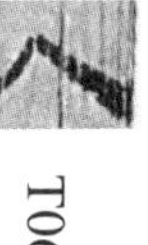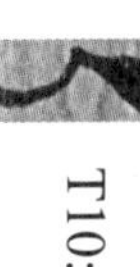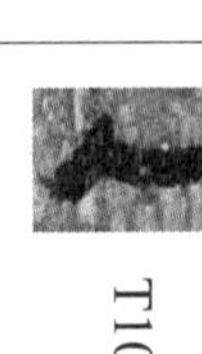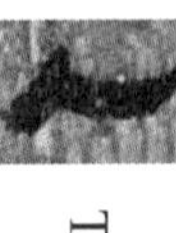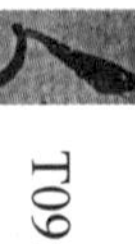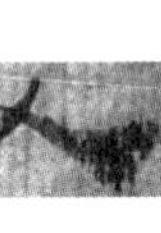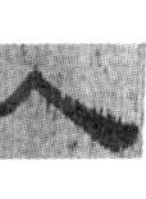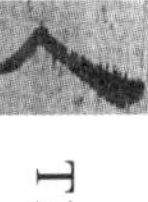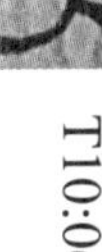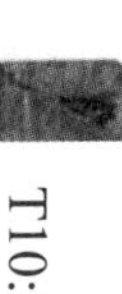

T05:008B T06:014B T06:016 T06:017 T06:036 T06:052

T06:068B T06:111B T06:144 T06:156 T07:035

T07:094 T07:108 T07:156 T07:158A T08:016 T08:051A

T09:059B T09:102B T09:270 T10:043 T10:062 T10:065

T10:107 T10:127 T10:150 T10:186 T10:238 T10:277

T10:295 T10:328 T10:349 T10:397 T11:031B T14:027

T21:001
T21:102A
T21:136
T21:162A
T21:206A
T21:234
T21:291
T21:367
T21:374A
T22:002
T22:011C
T22:039
T22:058
T22:099
T22:100
T23:055
T23:079A
T23:200:②
T23:236
T23:277
T23:297
T23:335
T23:425
T23:483
T23:563
T23:653
T23:776
T23:777
T23:821
T23:855A
T23:896B
T23:969
T23:969
T23:974
T24:003

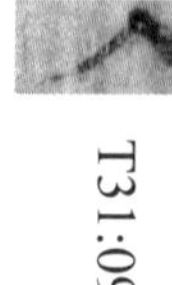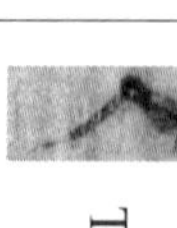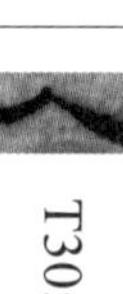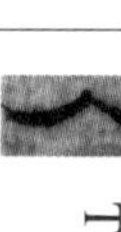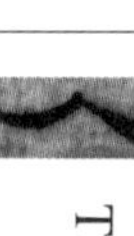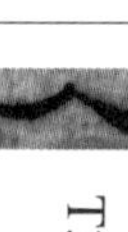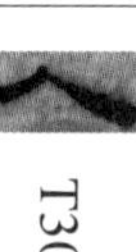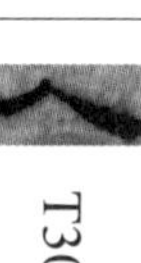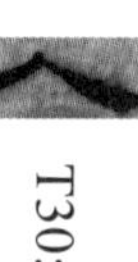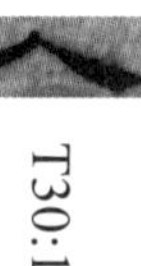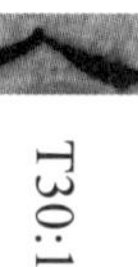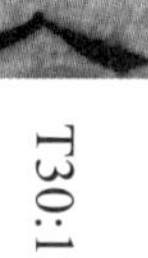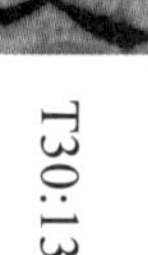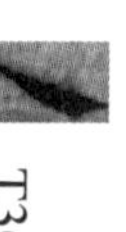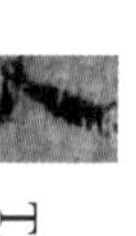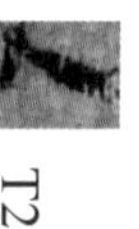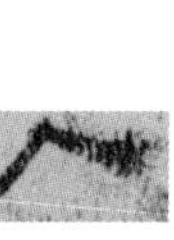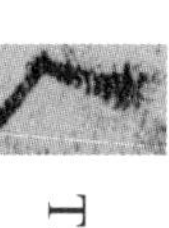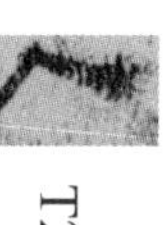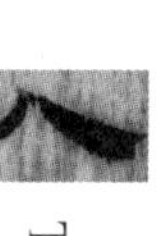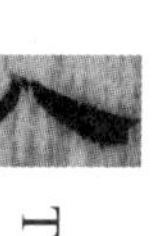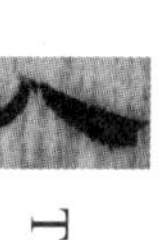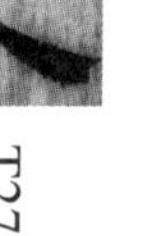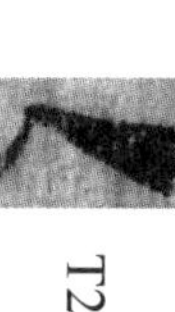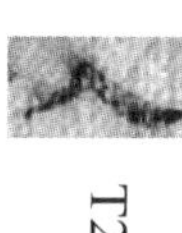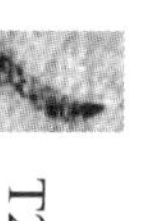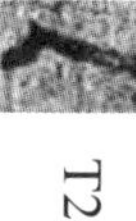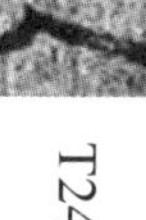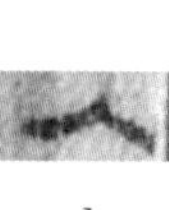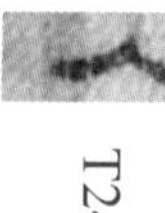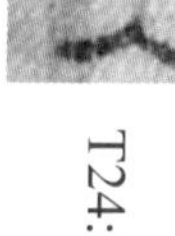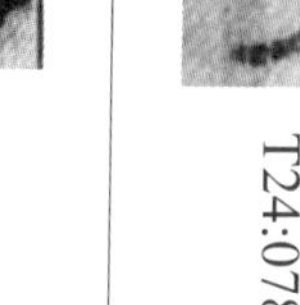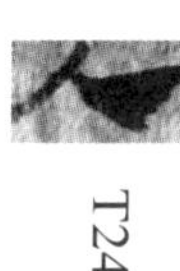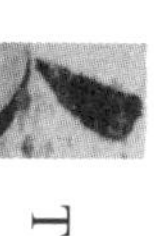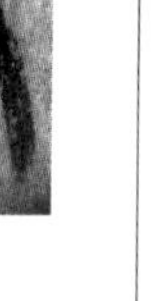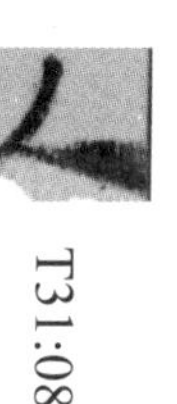

T24:007
T24:019
T24:032
T24:032
T24:046
T24:078
T24:088
T24:108
T24:148
T24:313
T24:382A
T24:386
T24:399
T24:434
T24:622B
T25:058
T25:084
T25:100
T26:023
T26:116
T26:226
T27:060A
T30:002
T30:023
T30:136
T30:145
T30:176
T30:179
T31:083
T31:089
T31:098
T31:148
T32:013
T32:017
T33:028
T35:002

T37:004 T37:058 T37:061A T37:088A T37:138

T37:172 T37:176 T37:294A T37:308 T37:342 T37:349

T37:414 T37:529 T37:530 T37:616A T37:659A T37:678

T37:690 T37:696 T37:707A T37:724 T37:727A

T37:744B T37:758 T37:762 T37:771 T37:775 T37:779

T37:783A T37:785 T37:788A T37:800A T37:877

入部 入

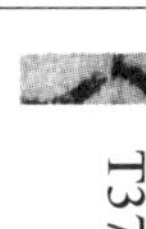
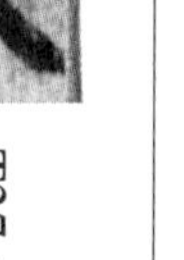

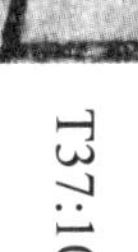

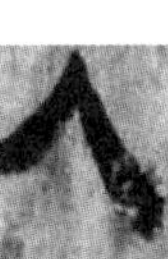
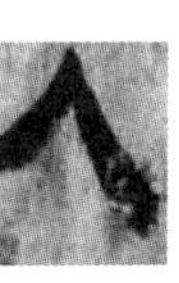
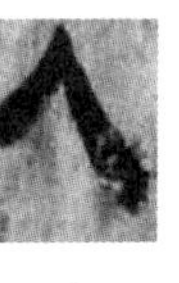

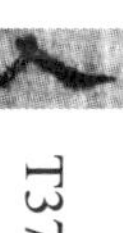

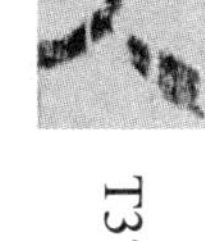

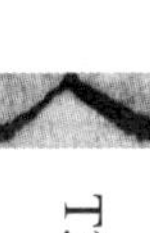
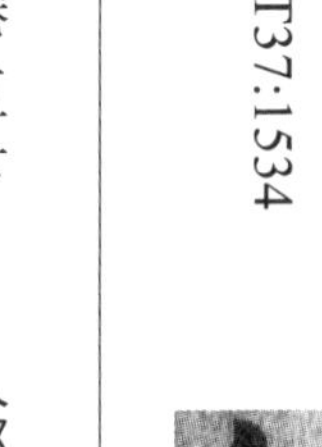
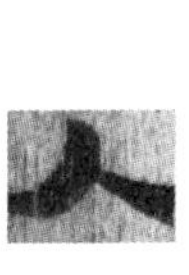
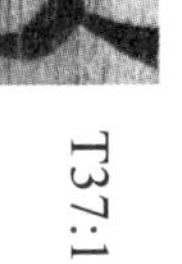
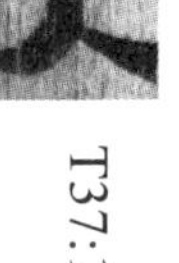

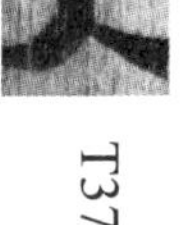
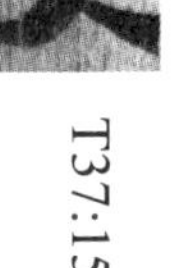

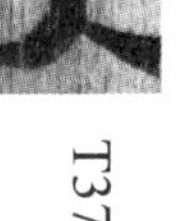

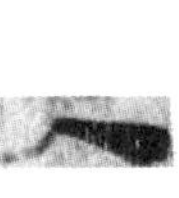

T37:918
T37:960
T37:964
T37:975
T37:992
T37:1009

T37:1017
T37:1061A
T37:1078
T37:1092
T37:1096A

T37:1149
T37:1162A
T37:1191A
T37:1235
T37:1311

T37:1342
T37:1343
T37:1409
T37:1410
T37:1424

T37:1483
T37:1502A
T37:1503A
T37:1504B
T37:1519

T37:1533B
T37:1534
T37:1582
H02:020
H02:051

F01:031

F01:076

F01:088

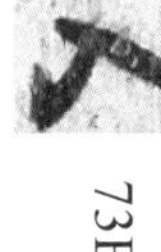
F01:115

73EJF2:30+31

73EJF3:40A

73EJF3:57B

73EJF3:92

73EJF3:92

73EJF3:110

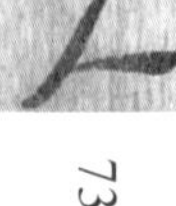
73EJF3:110

73EJF3:116B

73EJF3:117A

73EJF3:120A

73EJF3:123B

73EJF3:125A

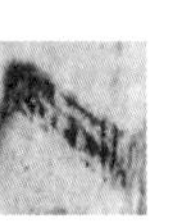
73EJF3:133

73EJF3:153

73EJF3:155A

73EJF3:171

73EJF3:175+219+583+196+407

73EJF3:184A

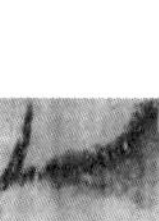
73EJF3:184B

73EJF3:189+421

73EJF3:209+200

73EJF3:249

73EJF3:296

73EJF3:311

73EJF3:326

入部 入

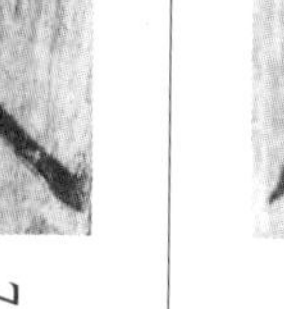
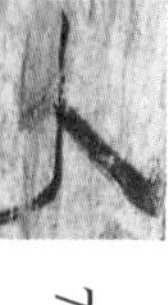
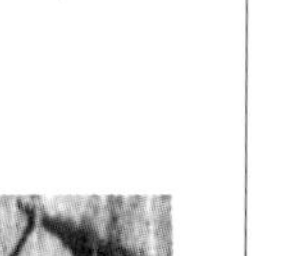
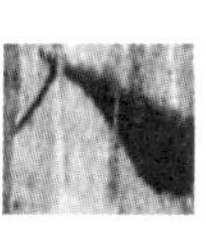

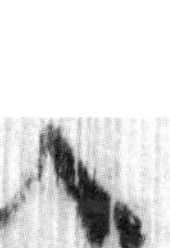
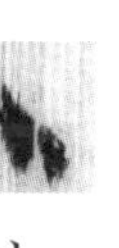
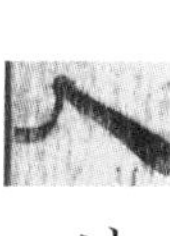
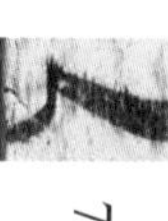
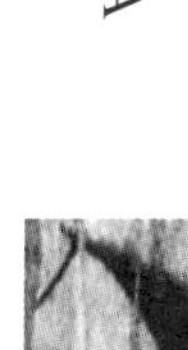
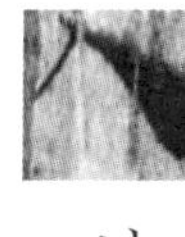

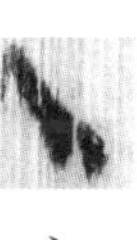

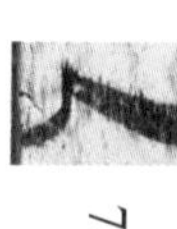
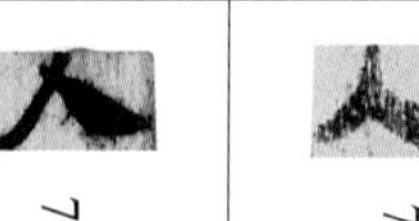
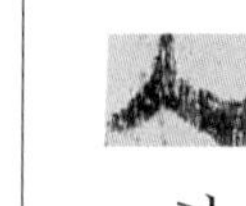

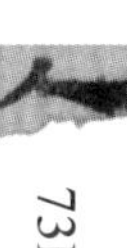

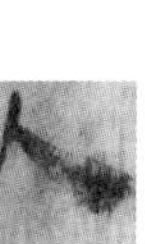

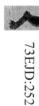

73EJF3:326　73EJF3:326　73EJF3:370　73EJF3:384A　73EJF3:384A

73EJF3:384A　73EJF3:443　73EJF3:457　73EJF3:550

73EJD:36A　73EJD:39A　73EJD:43A　73EJD:73B　73EJD:94

73EJD:127　73EJD:167　73EJD:193　73EJD:198　73EJD:252

73EJD:265A　73EJD:270　73EJD:379　72EJC:1　72EJC:2A

72EJC:3　72EJC:102　72EJC:188　72EJC:288　73EJC:331

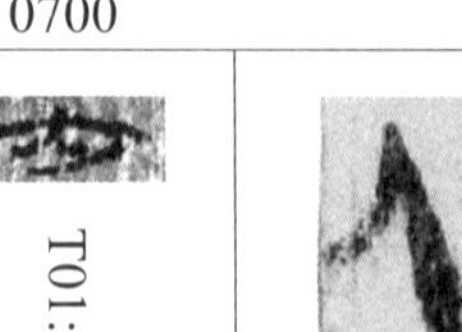
73EJC:488
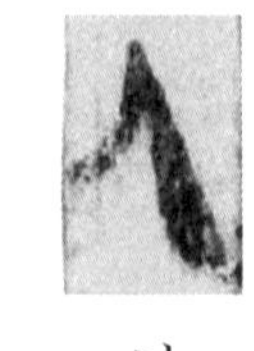
73EJC:521

73EJC:537
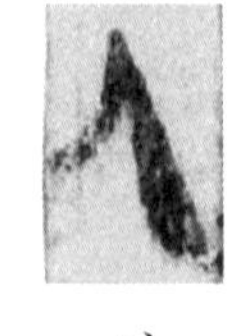
73EJC:590

73EJC:606

73EJC:641B

72ECC:33

72ECC:49A

內

0700

T01:114

T01:155
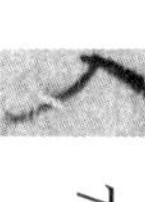
T03:054A
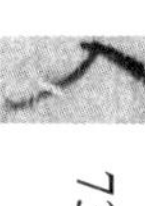
T03:083
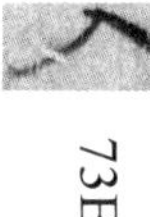
T03:098
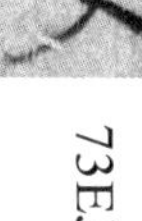

T04:008

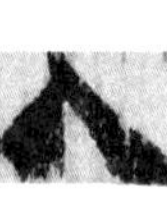
T04:019

T05:068A

T06:100

T07:063
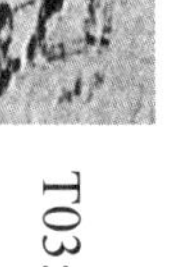
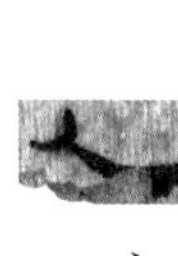
T07:063
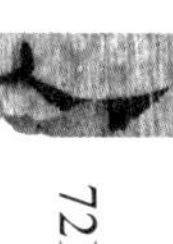
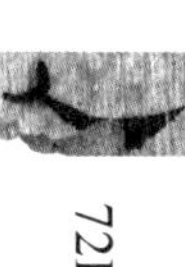
T09:064
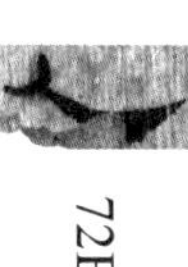
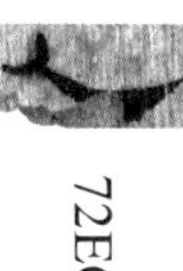
T09:074

T09:082

T09:093
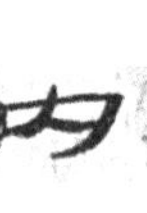
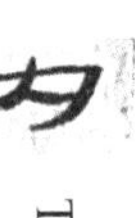
T10:221A

T21:124

T21:229

T22:056

T23:249

T23:250

T23:648

T23:817

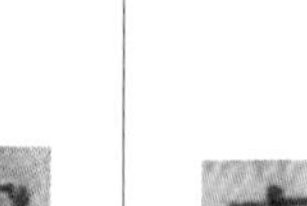

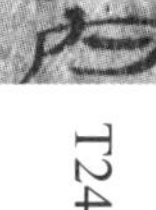

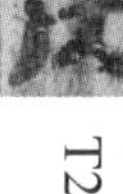
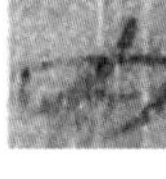

T23:867　T23:879　T23:933　T24:152　T24:194　T24:267A

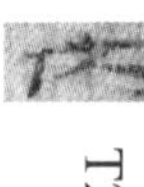

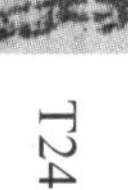

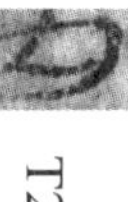

T24:270　T24:337　T24:534　T24:715　T24:922　T26:035

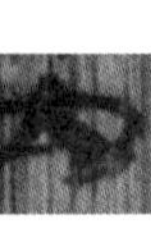

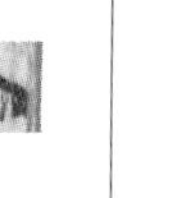

T28:061　T29:128　T30:200　T37:105　T37:705　T37:993

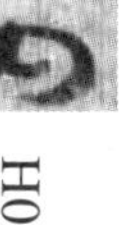

T37:994　H01:073A　H02:005B　F01:118A　73EJF3:183B

73EJF3:384A　73EJD:42　73EJD:304B　72EJC:131　72EJC:145

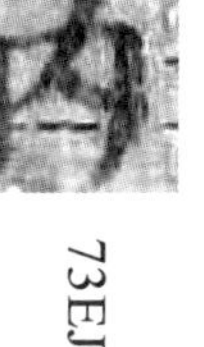

72EJC:160　72EJC:164　73EJC:492　73EJC:643

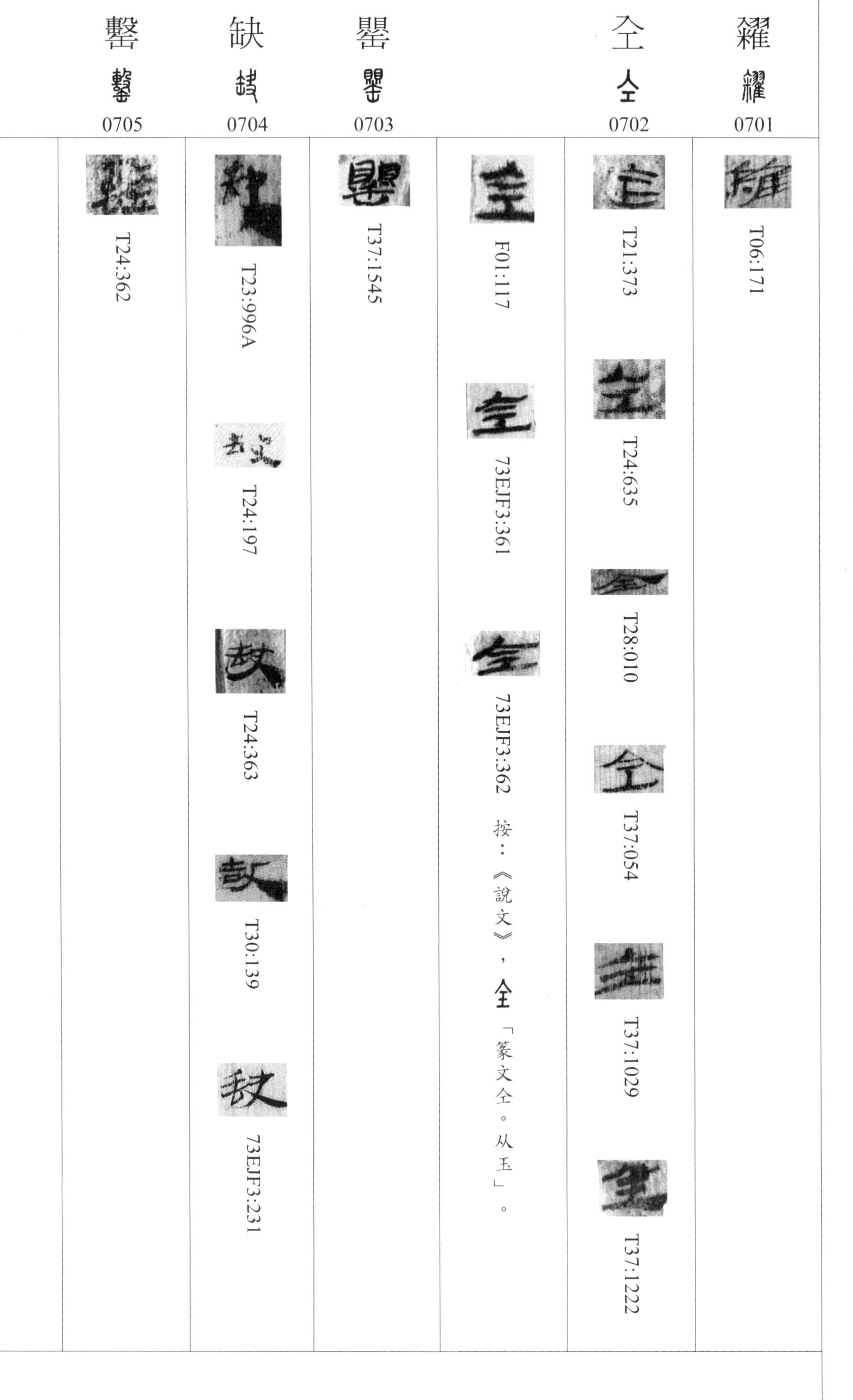

編號	字頭	字形出處
0701	糴	T06:171
0702	仝	T21:373；T24:635；T28:010；T37:054；T37:1029；T37:1222；F01:117；73EJF3:361；73EJF3:362
0703	罌	T37:1545
0704	缺	T23:996A；T24:197；T24:363；T30:139；73EJF3:231
0705	罄	T24:362

按：《說文》，全「篆文仝。从玉」。

矢

0706

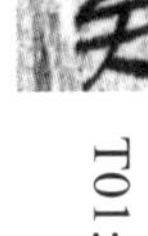
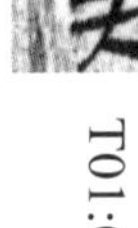
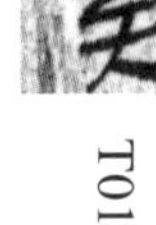

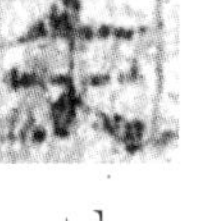

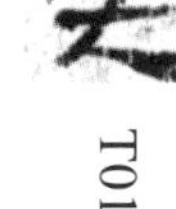

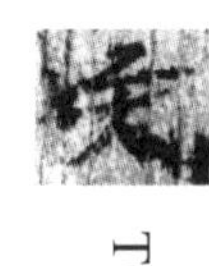
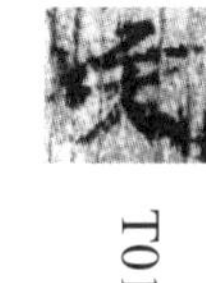
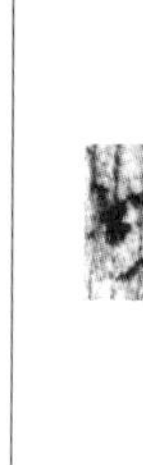

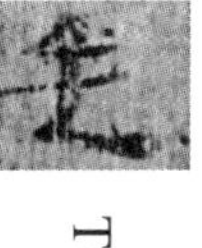

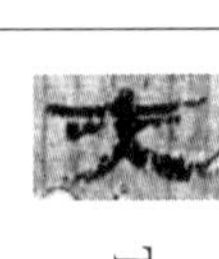
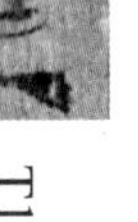

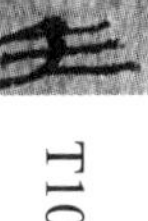

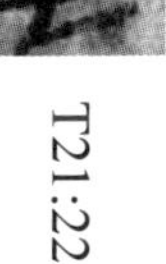

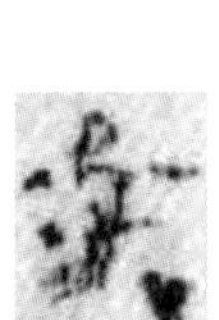

T01:037
T01:082
T01:143
T01:148
T01:152

T01:152
T01:284
T02:031
T04:018
T04:153

T05:026
T07:078
T09:057
T09:078
T09:199

T09:378
T10:063
T10:131
T10:206
T10:268
T10:279

T10:395
T21:016
T21:061
T21:077
T21:078

T21:151
T21:210A
T21:225
T21:319
T21:407

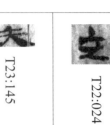

矢部 矢

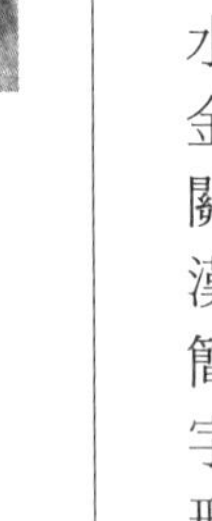

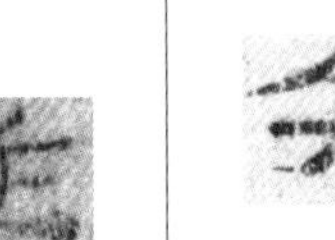
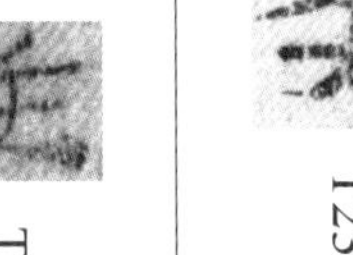
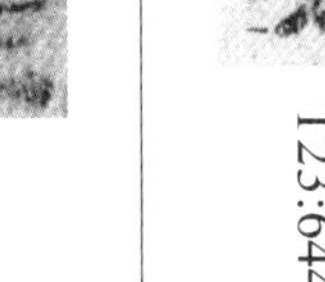

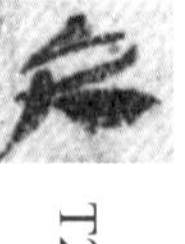
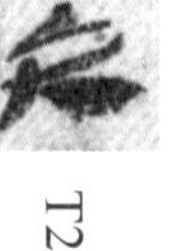

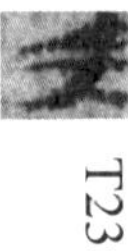

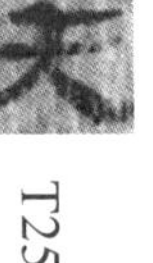

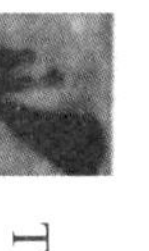

T22:024
T22:030
T22:033
T22:124
T23:039

T23:145
T23:538
T23:644
T23:768
T23:937
T23:970

T24:051
T24:102
T24:129
T24:771
T24:771

T24:913
T24:985
T25:048
T25:056
T25:056

T25:061
T25:109
T28:107
T29:003
T29:108

T30:009
T30:010
T30:120
T30:137
T30:181

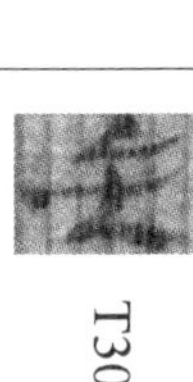
T30:248

T30:265

T30:266

T31:031

T37:388

T37:624

T37:986

T37:1126

T37:1382

T37:1383

T37:1545
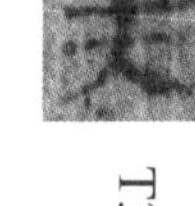
T37:1554
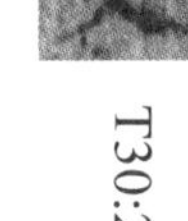
T37:1589
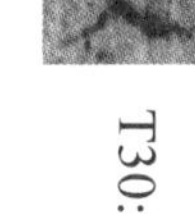
H01:034

H01:062

H02:008
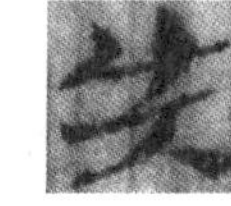
H02:016
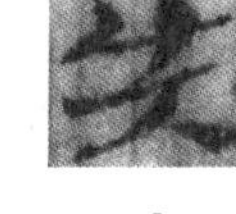
73EJF3:487
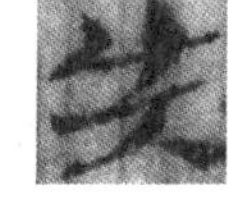
73EJD:224
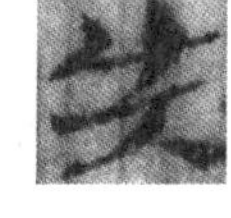
72EJC:162

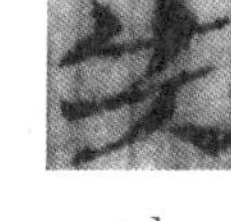
73EJC:587

䠶

0707

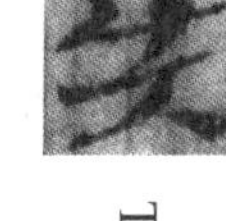
T06:168
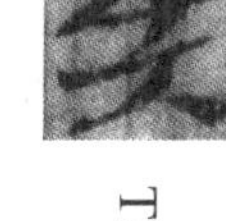
T07:054
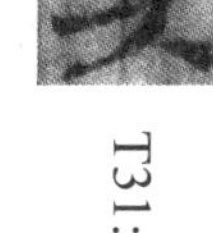
T10:206

T10:298

T21:078

T22:141

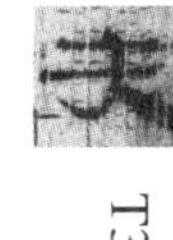

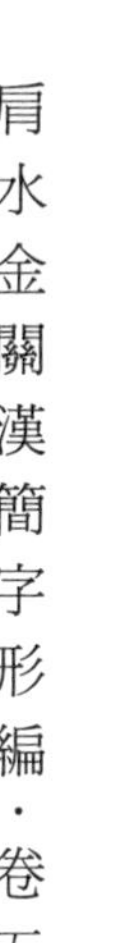

T23:310

T23:866B

T24:005

T28:097

T30:214

T33:024

T37:1552

H01:047

按：《說文》，「篆文䠶，从寸」。

矦

0708

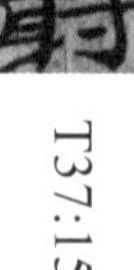
T01:001

T02:077

T03:056

T04:017

T07:010

T09:028

T09:247
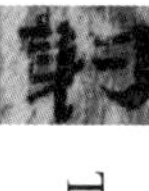
T09:257
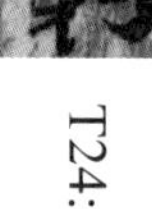
T10:066

T10:120A

T10:120A

T10:124A

T10:232A

T10:236A
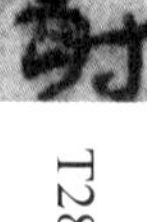
T10:286

T10:315A

T21:104
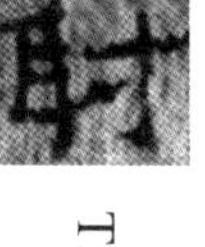
T21:200

T23:619

T23:674

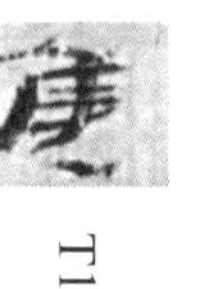

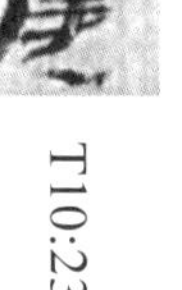

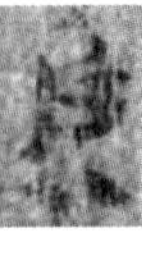
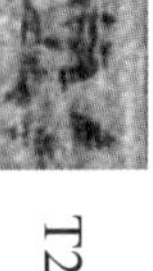

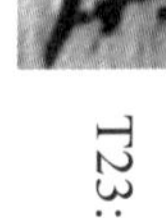

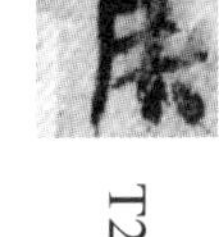
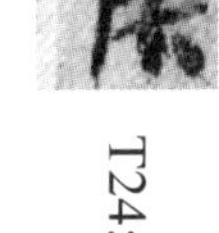
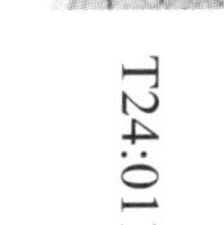
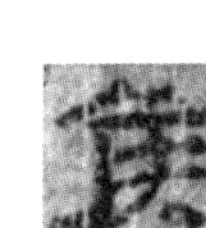

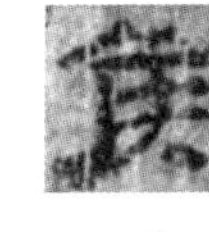
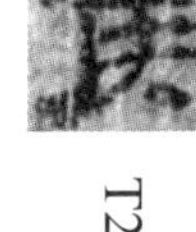

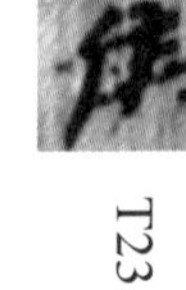

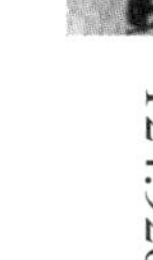

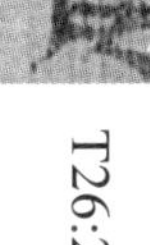

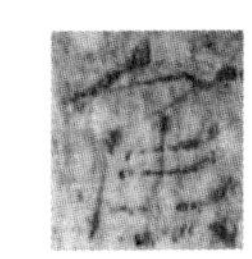
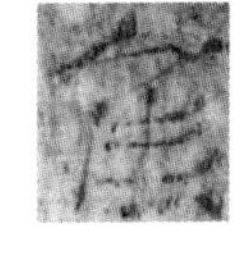
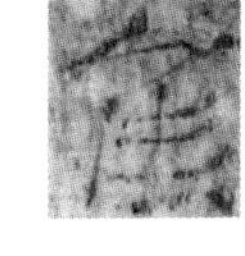
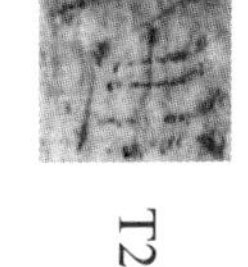

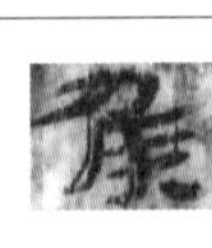

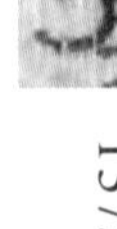

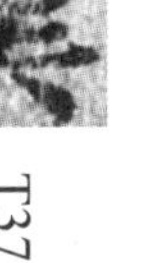

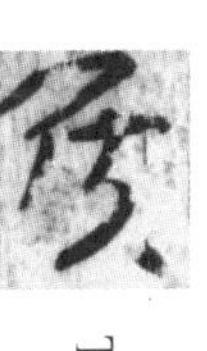

T23:776
T23:878
T24:011
T24:035A
T24:063
T24:427A
T24:920
T26:208
T26:273
T29:068
T29:109
T30:016
T30:119
T30:202
T30:210A
T31:034A
T31:042A
T37:554
T37:564
T37:733
T37:745
T37:792
T37:799A
T37:1058
T37:1095A
T37:1106
T37:1123
T37:1184
T37:1216
T37:1260

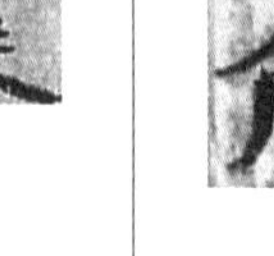
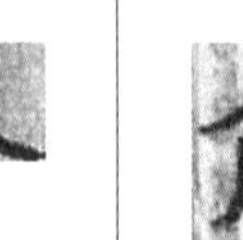

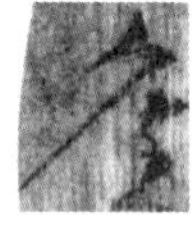

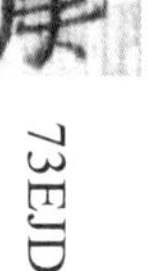

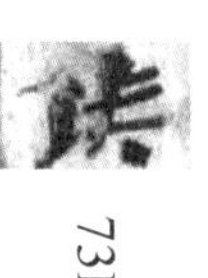

T37:1453

H02:005A

F01:020A

F01:022

73EJF3:100

73EJF3:290+121

73EJF3:181

73EJF3:375

73EJF3:525B

73EJD:38

73EJD:49A

73EJD:52

73EJD:124A

73EJD:124B

73EJD:200+175

73EJD:187A

73EJC:599B

短

0709

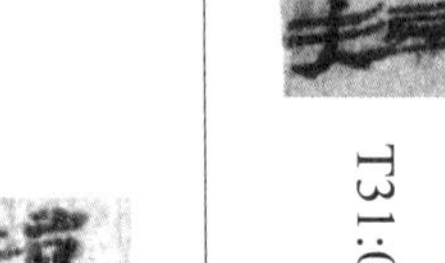
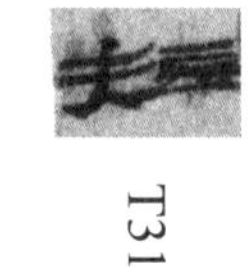
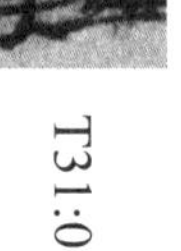

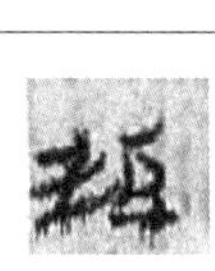
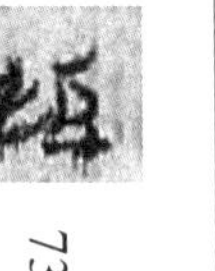

T04:086

T24:268A

T31:075

T37:660

T37:675

73EJF3:57A

72EJC:119

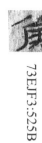

73EJC:306

知

0710

T01:001

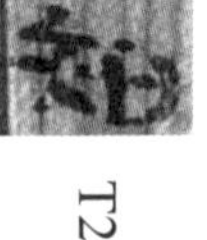
T04:182

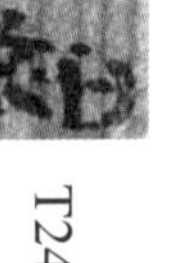
T05:071

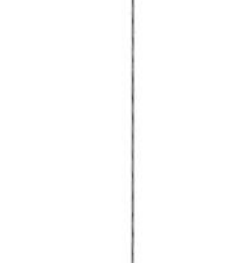
T06:067A

T10:056

T10:372

T21:047

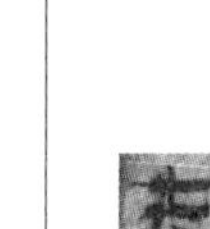
T21:112

T21:176

T22:006

T22:053

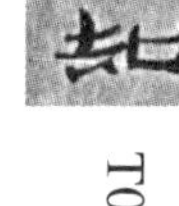
T23:446

T23:710

T24:198

T24:277

T24:346

T24:712

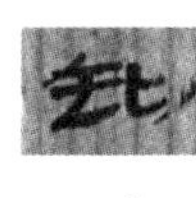
T26:088A

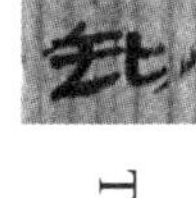
T26:177

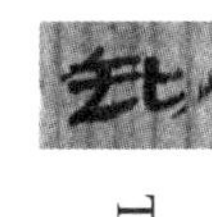
T28:026

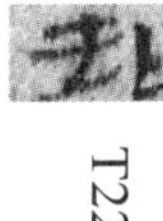
T30:028A

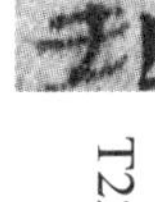
T30:070

T30:150

T31:064

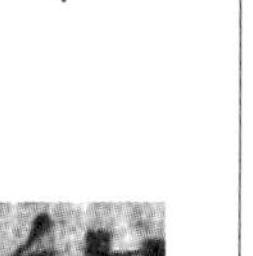
T31:139

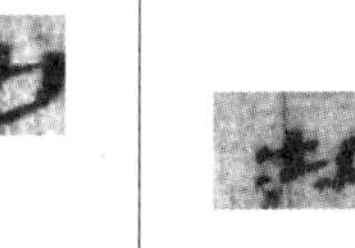
T32:019

T34:024

T37:124

T37:524

T37:708A

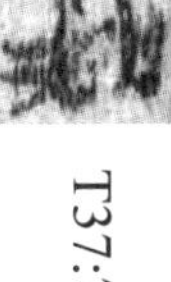

T37:1155

F01:013

73EJF3:54

73EJF3:124B

73EJF3:124B

73EJF3:179B

73EJF3:523

73EJT4H:5A

73EJD:103

73EJC:311

73EJC:557

73EJC:607

73EJC:611

矣 0711

T21:058

T24:833

T31:075

T31:141

73EJF3:382B

72EJC:60

高 0712

T01:100

T03:077

T04:054

T07:111

T08:065

T09:125
T09:139
T10:110A
T10:128
T10:182
T10:231A
T10:300
T14:013
T21:048
T21:107
T21:174
T21:209
T21:265
T21:483
T23:083
T23:174
T23:346
T23:384
T23:427
T23:481B
T23:599
T23:631
T23:905
T23:919B
T23:967
T24:195
T24:212
T24:248
T24:321
T24:412

高部 高

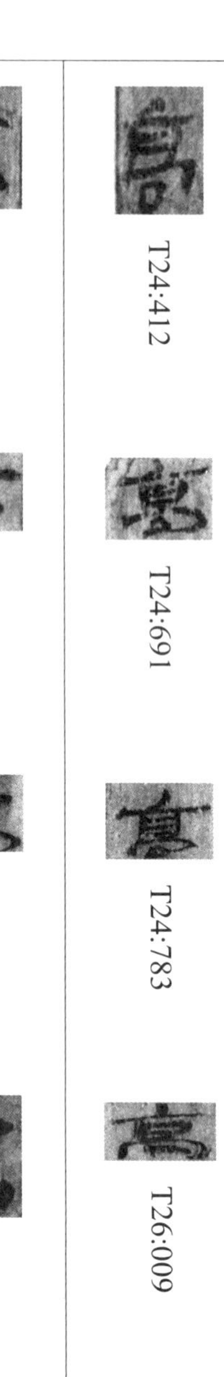

T24:412

T24:691

T24:783

T26:009

T26:076

T27:004

T27:061

T30:013

T30:020

T30:267

T31:123

T34:006A

T34:040

T37:003A

T37:007

T37:359

T37:365

T37:618

T37:623

T37:712

T37:764

T37:772

T37:785

T37:845

T37:896

T37:905A

T37:952

T37:999

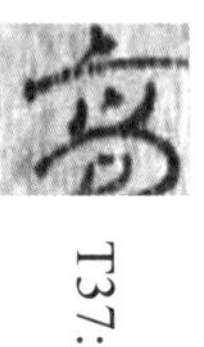

T37:1138

T37:1206

亭

0713

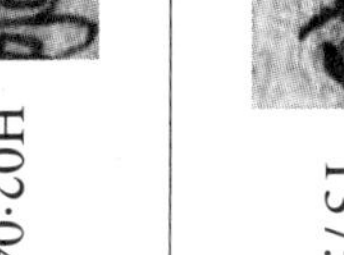

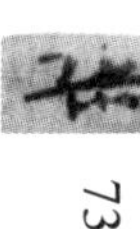

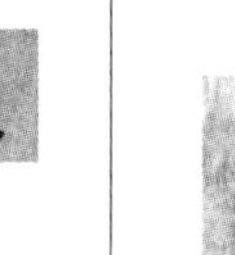

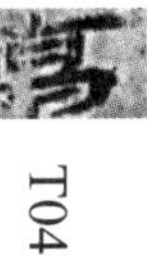
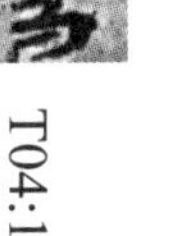

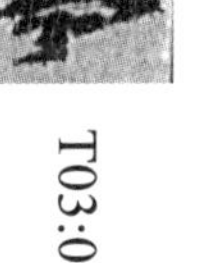

T37:1321
T37:1394
T37:1405
T37:1443
T37:1492

T37:1577
T37:1584
H02:041
73EJF3:290+121
73EJF3:145

73EJF3:156
73EJF3:256
73EJF3:311
73EJF3:344

73EJF3:347
73EJD:54
73EJC:599B
72EBS7C:4

T01:022A
T01:174C
T01:179
T03:065
T04:102

T04:111
T04:157
T04:189
T06:020
T07:009

T07:023
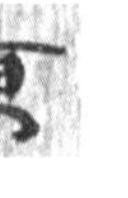
T07:026B

T07:080A
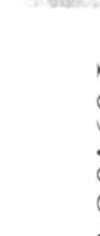
T08:009

T09:007
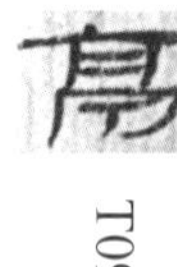
T09:084
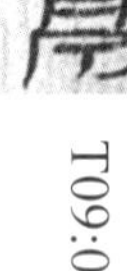
T09:087

T09:087

T09:104

T09:105
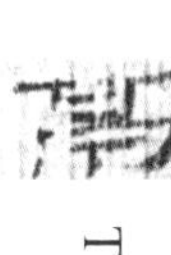
T09:138

T09:233
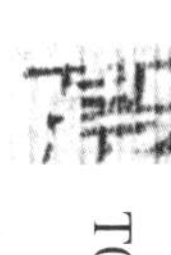
T09:247
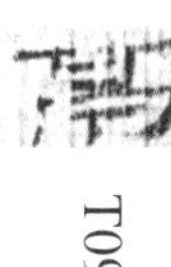
T09:281

T10:125

T10:339
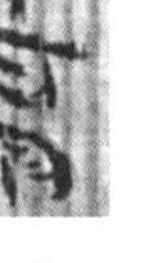
T14:016

T14:031A

T14:033A

T15:001A

T21:001
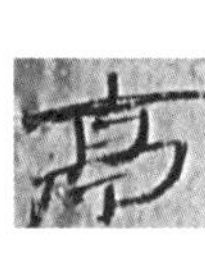
T21:046

T21:061
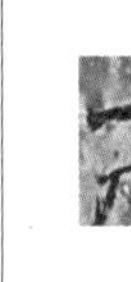
T21:063A

T21:083

T21:086A

T21:106

T21:106

T21:114
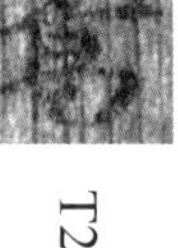
T21:161

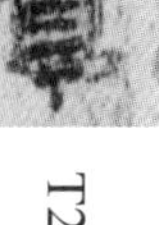

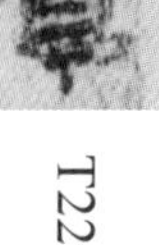

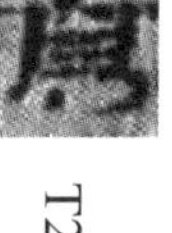

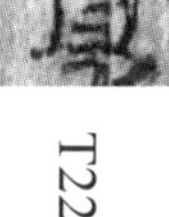

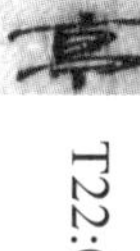

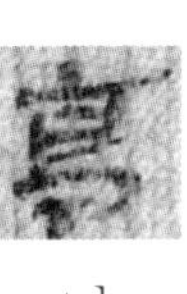

T21:410A
T21:494
T22:005
T22:008
T22:033

T22:041
T22:075
T22:077
T23:259
T23:268

T23:286A
T23:286B
T23:287B
T23:302B

T23:330
T23:349A
T23:452
T23:489
T23:505

T23:522
T23:573
T23:784
T23:787
T23:797B

T23:932
T23:933
T23:938
T24:013
T24:026

高部　亭

T24:034

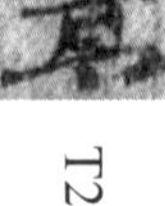
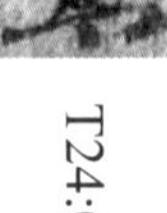
T24:041

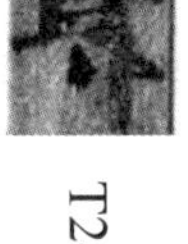
T24:191

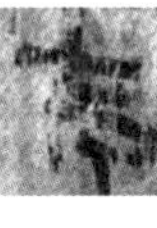
T24:221

T24:359

T24:387

T24:447

T24:592

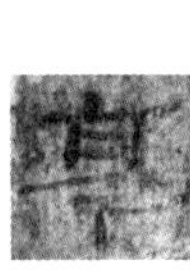
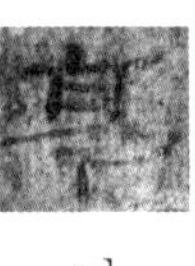
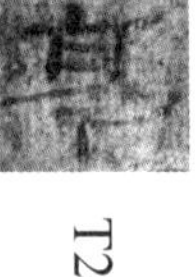
T24:738

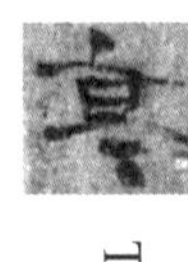
T24:822

T24:911

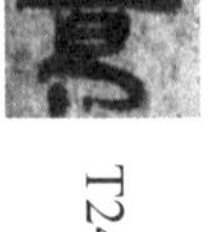
T24:955

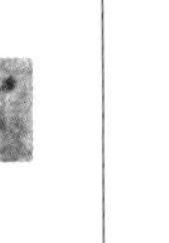

T24:960

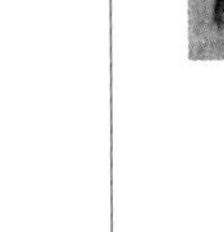
T25:047

T25:090

T25:122

T26:081

T26:083

T26:115

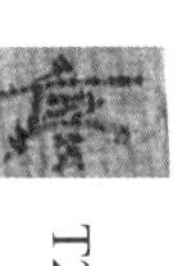

T26:210

T26:233A

T27:044A

T27:044B

T27:044C

T27:044D

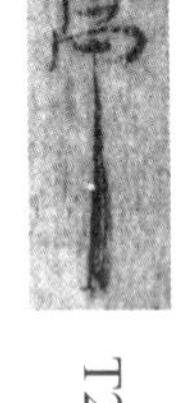
T27:048

T28:039

T28:097

T29:016

T29:050

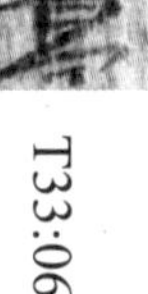
T29:089

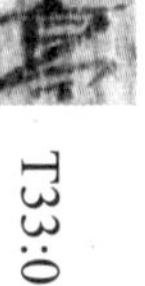
T29:101

T29:122

T29:123

T29:126B

T30:011

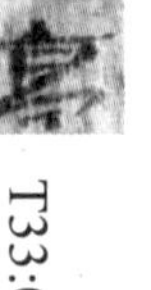
T30:018

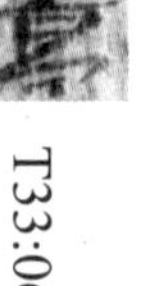
T30:023

T30:061

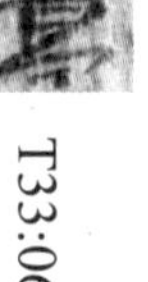
T30:102

T30:134

T30:204

T30:244

T31:066

T31:069

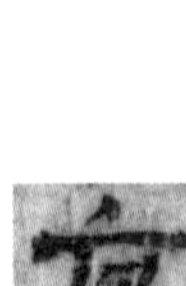
T31:069

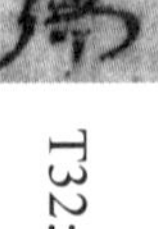
T32:012

T32:026

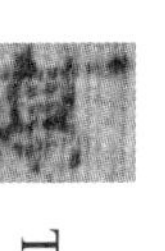
T33:053A

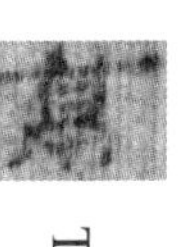
T33:068

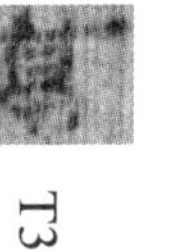
T33:068

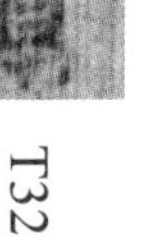
T34:017

T34:028

T35:003

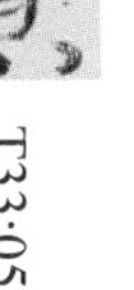
T35:009A

T37:024A

T37:055

T37:303

T37:310

T37:420

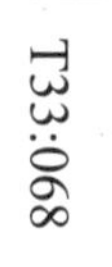

T37:523A

T37:631

T37:641

T37:644

T37:697

T37:740A

T37:740B

T37:761

T37:762

T37:787

T37:795

T37:798

T37:833A

T37:843
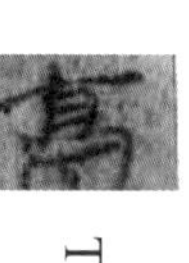
T37:870
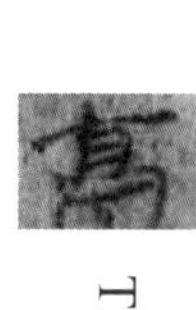
T37:927

T37:928
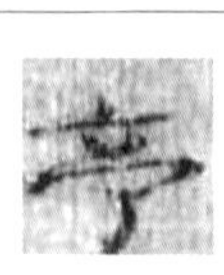
T37:1007

T37:1008B

T37:1059

T37:1066

T37:1091
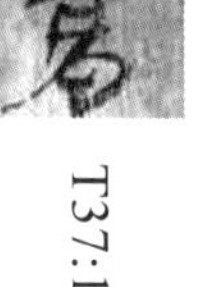
T37:1151A

T37:1184
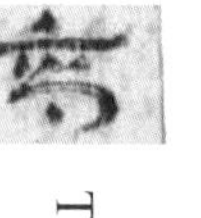
T37:1216

T37:1266

T37:1311

T37:1325
T37:1397A
T37:1416

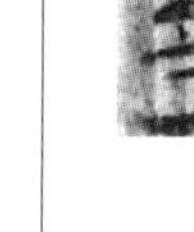
T37:1453

T37:1472

T37:1494

T37:1501

T37:1515

T37:1516

H01:025

H01:054

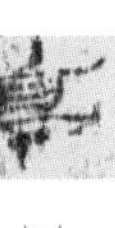
H02:030

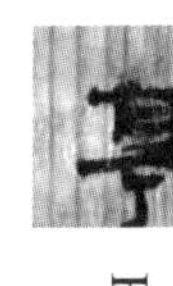
H02:042

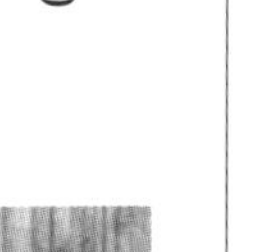
H02:088

F01:013

F01:015

F01:110

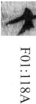

F01:118A

73EJF2:14

73EJF2:16

73EJF3:48+532+485

73EJF3:81+80

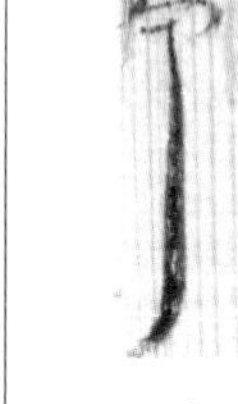
73EJF3:82B

73EJF3:112

73EJF3:112

73EJF3:114+202+168

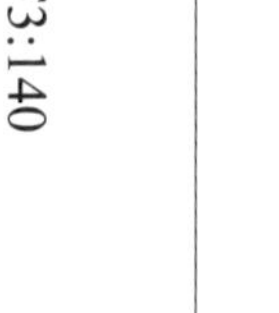
73EJF3:140

73EJF3:157

73EJF3:160

73EJF3:164

73EJF3:165

73EJF3:181

73EJF3:185

73EJF3:284A

73EJF3:311

73EJF3:328A

73EJF3:394

73EJF3:400

73EJF3:429+434

73EJF3:460A

73EJF3:467

73EJF3:634

73EJD:8A

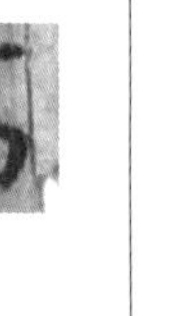
73EJD:39A

73EJD:44

73EJD:61

73EJD:192

73EJD:203

73EJD:246

73EJD:306A

73EJD:309A

73EJD:309B

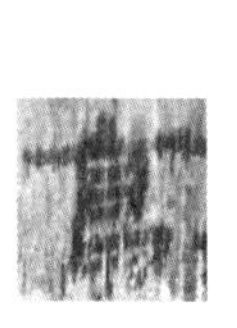
73EJD:315B

73EJD:319A

73EJD:350

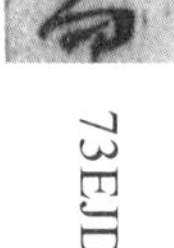

73EJD:363

72EJC:3

72EJC:46

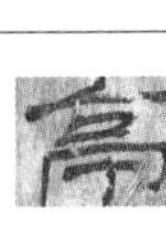
72EJC:75

72EJC:114

72EJC:137

72EJC:152

72EJC:196

72EJC:266

73EJC:293

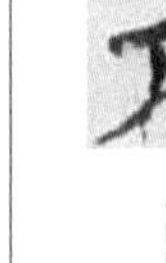
73EJC:293

73EJC:417

73EJC:422

73EJC:443

73EJC:529A

73EJC:551

73EJC:585

73EJC:591

73EJC:591

73EJC:595A

73EJC:611

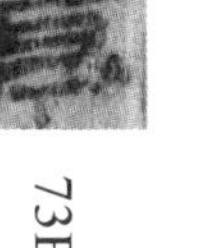
73EJC:675

72EBS7C:1A　按：或省與「丁」同形。

市

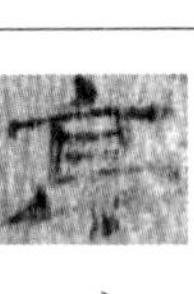

0714

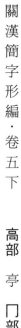

T01:001

T01:027

T01:062

T01:264

T02:074

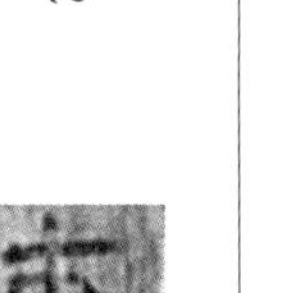

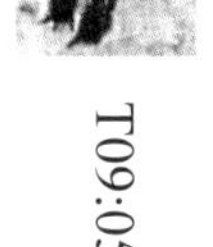

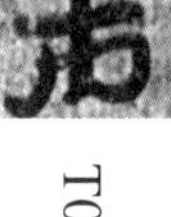

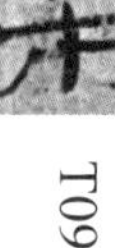

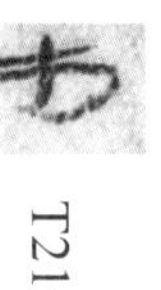

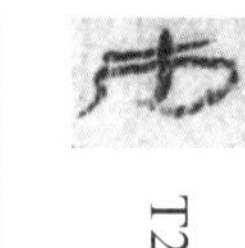

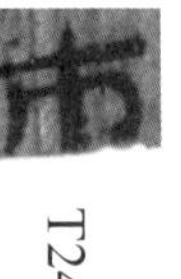

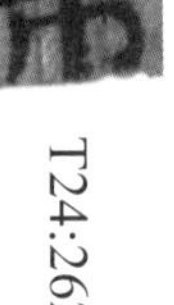

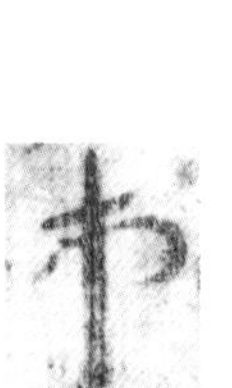

T04:020　T05:023A　T05:023A　T06:027A　T07:136

T08:032　T08:040　T09:052A　T09:231　T09:248

T10:120A　T10:121A　T10:123A　T10:124A　T10:285

T10:312A　T10:313A　T10:370　T21:223　T21:227B

T23:032　T23:498　T23:505　T23:675　T23:685

T24:035A　T24:132　T24:262　T24:383　T24:583

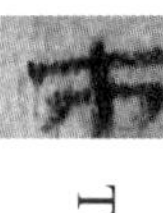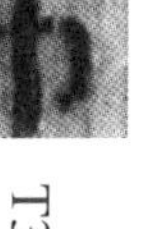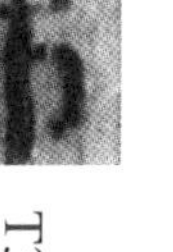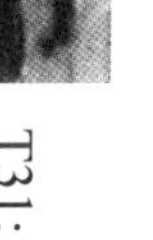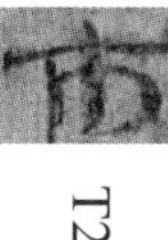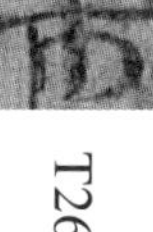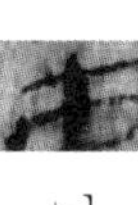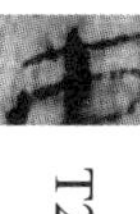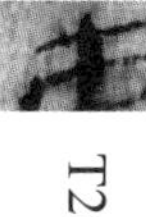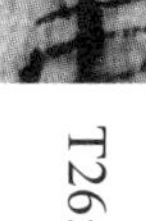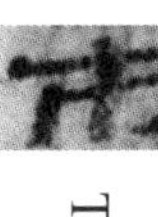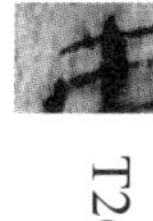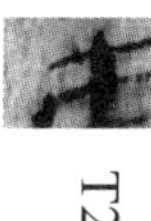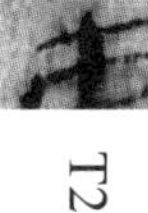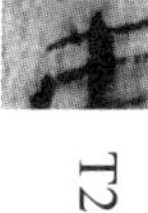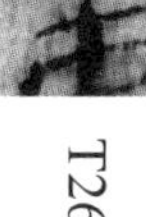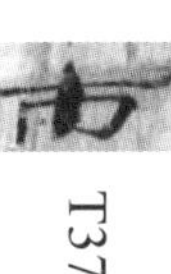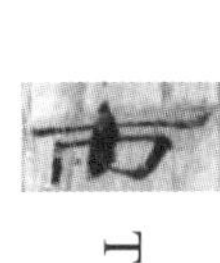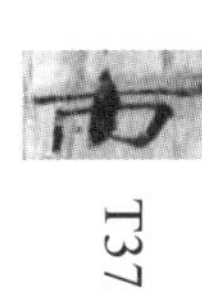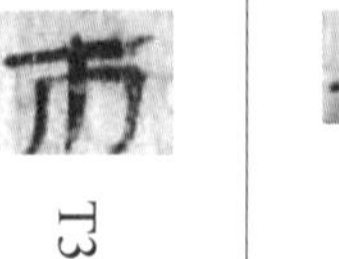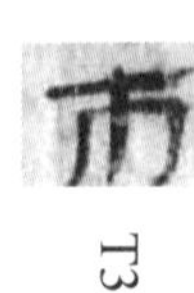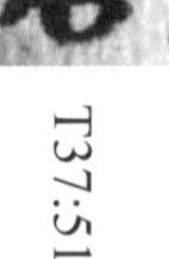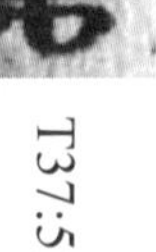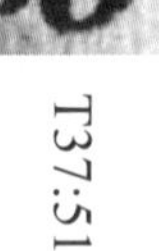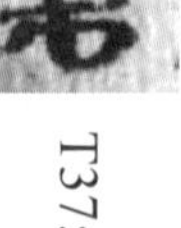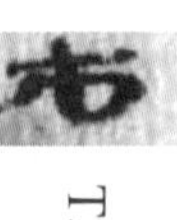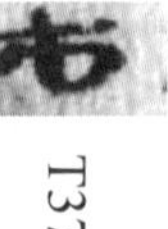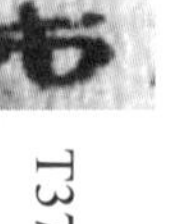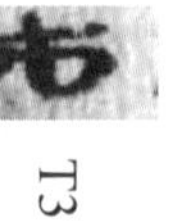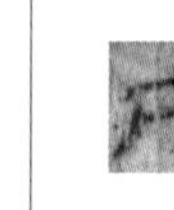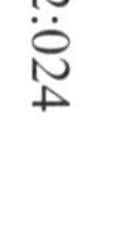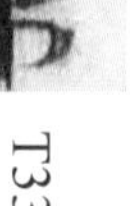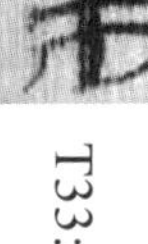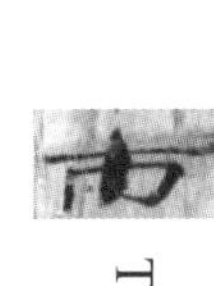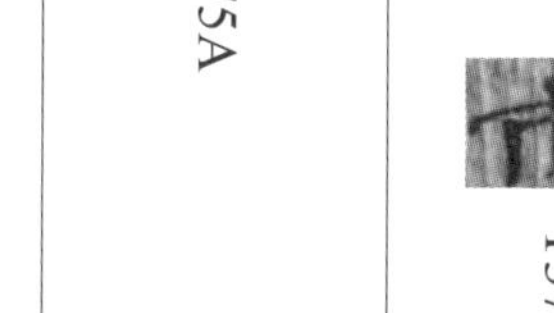

T24:725
T24:850
T25:007A
T26:025
T26:075
T26:126

T27:074
T28:115
T29:002
T30:028A
T30:166

T30:243A
T31:097B
T31:127
T31:135
T32:020

T32:024
T33:039
T33:041A
T37:043
T37:106
T37:460

T37:519A
T37:524
T37:528
T37:554
T37:617
T37:692

T37:778
T37:799A
T37:859
T37:1014
T37:1075A

T37:1154

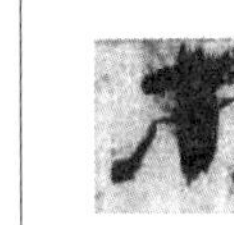
T37:1203A

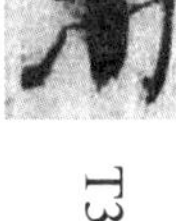
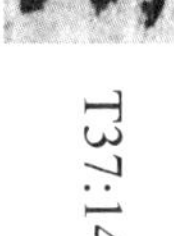
T37:1450

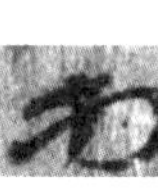
T37:1454

H01:019

H02:014

F01:118A

73EJF2:6

73EJF2:8

73EJF3:44

73EJF3:107

73EJF3:115

73EJD:43A

73EJD:60

73EJD:160

72EJC:102

72EJC:115

72EJC:121

73EJC:499

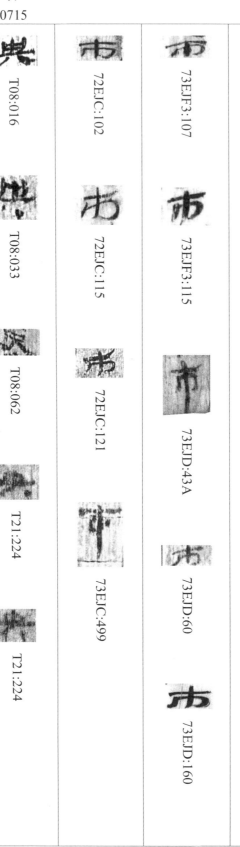

央

0715

T08:016

T08:033

T08:062

T21:224

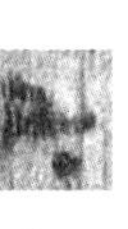

T21:224

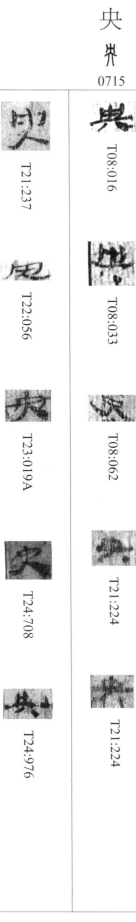

T21:237

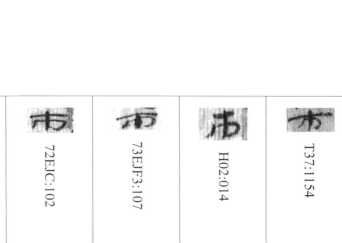

T22:056

T23:019A

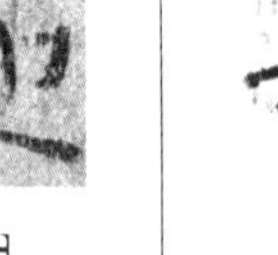
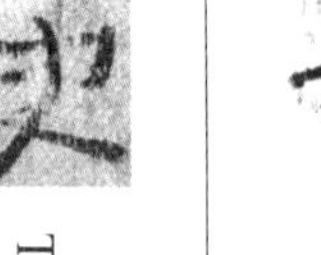
T24:708

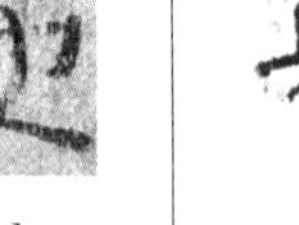
T24:976

T28:123

T30:189

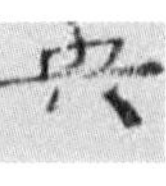
T33:039

T33:044A

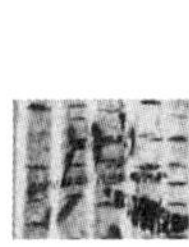
T33:053A

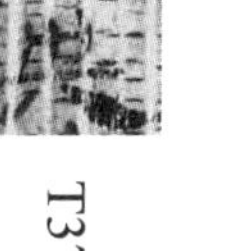
T37:767

T37:799A

T37:802

T37:829

73EJD:61

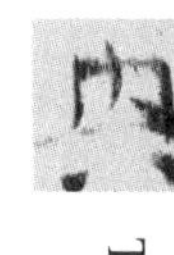
72EJC:50

京

0716

T09:094A

T09:258

T10:148

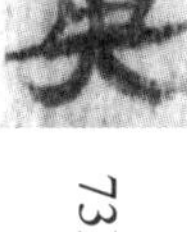
T10:152

T23:696

T23:878

T23:923

T24:954

T29:050

T30:137

T37:1022

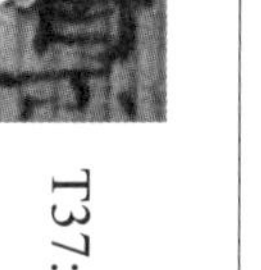
T37:1081

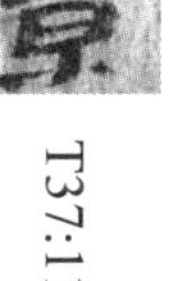
T37:1173

73EJT4H:37

73EJC:474

就

0717

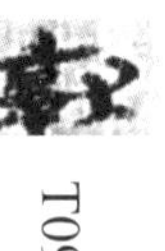
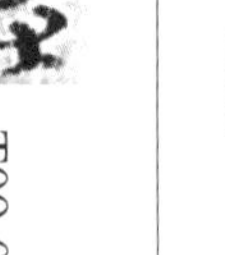

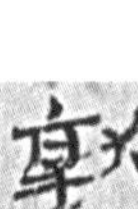
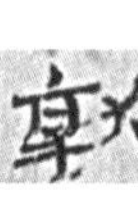

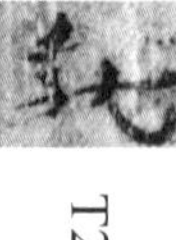

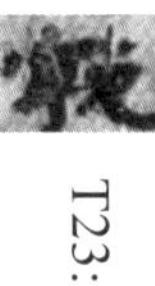
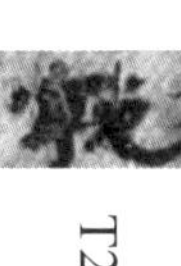

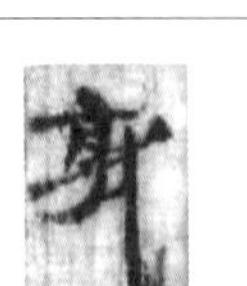
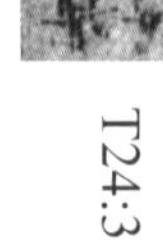

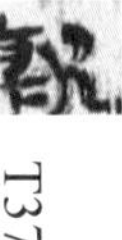

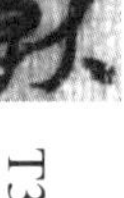

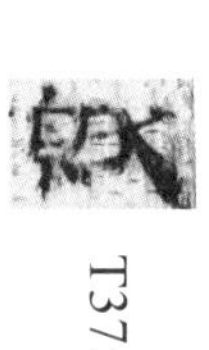

T01:001
T03:113
T04:100
T06:065
T07:039
T07:043
T09:059A
T09:138
T21:109A
T23:253A
T23:289
T23:323A
T23:345
T23:364B
T23:364B
T23:810
T23:877A
T23:907A
T23:951A
T23:979
T24:333
T24:954
T37:015
T37:151
T37:251
T37:568
T37:641
T37:752A
T37:835A
T37:1028

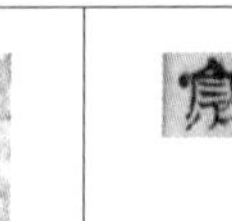
T37:1159

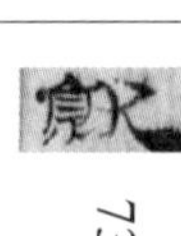
T37:1192

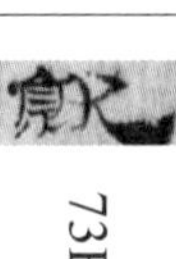
F01:082

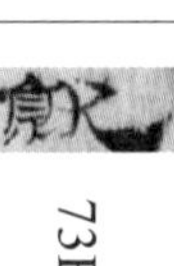
73EJF3:57A

73EJF3:101

73EJF3:106

73EJF3:107

73EJF3:131

73EJF3:161

73EJF3:170

73EJF3:384A

73EJF3:394

73EJF3:431

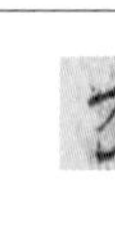
73EJF3:535

73EJF3:537

73EJF3:558

73EJD:7

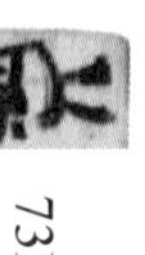
73EJD:36A

73EJD:39A

73EJD:56

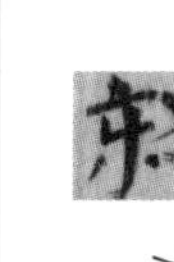
73EJD:233

73EJD:245

73EJD:289A

73EJC:299

73EJC:313A

厚

0718

T01:041

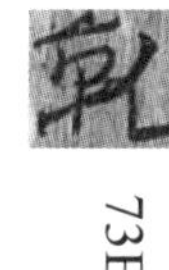
T01:276

T04:108A

T07:013A

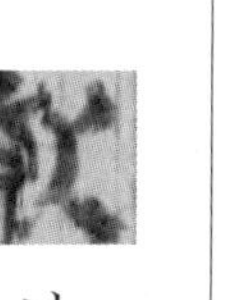
T09:008

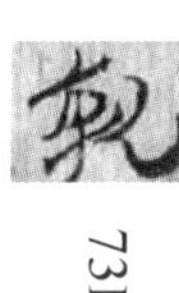
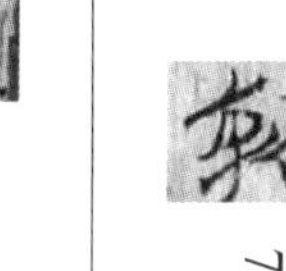
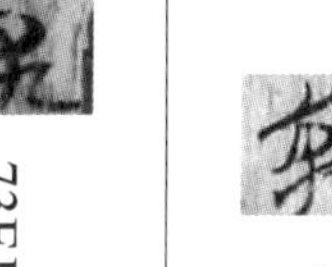
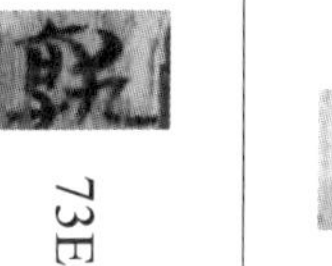
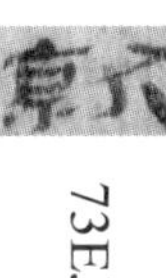

T09:103A

T23:405

T23:610A

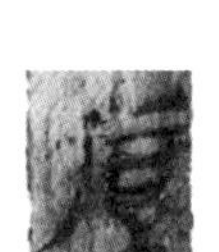
T23:708A

T24:513B

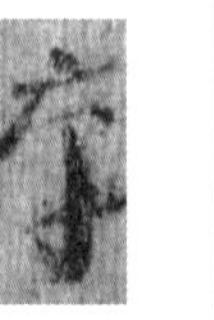

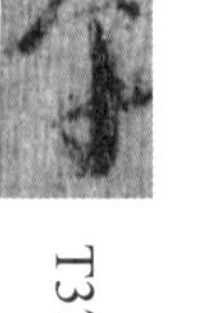
T37:086

T37:1052B

H01:078

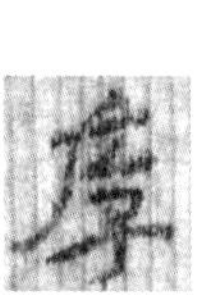

73EJF3:127A

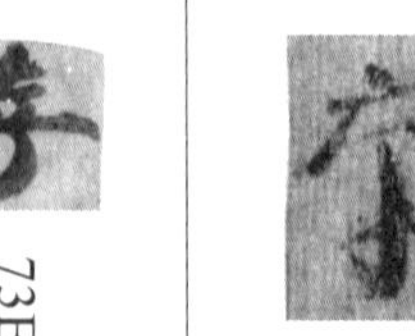

73EJF3:159B

73EJF3:182A

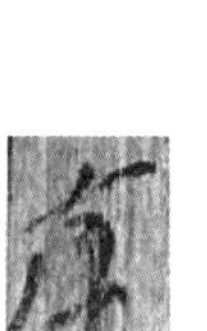
73EJT4H:5A

72EJC:230

72EJC:272B

72ECC:1+2B

良

0719

T10:343B

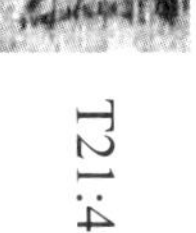
T21:484

T23:017A

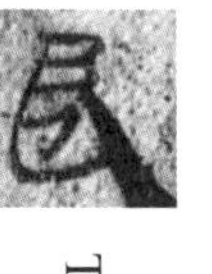

T23:287A

T23:291B

T23:811A

T23:885A

T23:885A

T23:897A

T23:897A

T24:627A

T24:627A
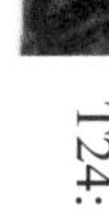
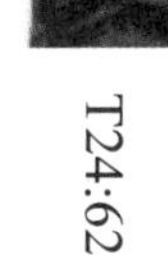
T24:724

T29:012

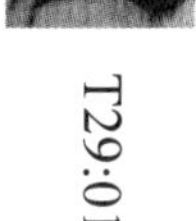
T30:020

T30:105

T31:009

T35:008

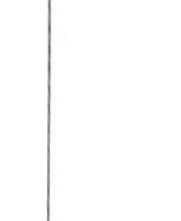
T37:133

T37:972

73EJF3:76+448A

73EJF3:98

73EJF3:182A

73EJF3:430A+263A

73EJF3:327

73EJF3:330

73EJF3:525B

73EJD:155

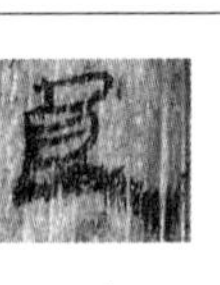
73EJD:266A

73EJC:316A

㐭

0720

T21:051

T24:328 按：《說文》，「㐭或从广从禾」。

稟

0721

T01:023　T03:074　T06:055　T08:015

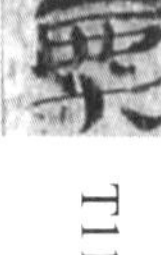

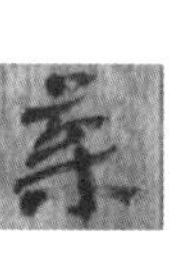

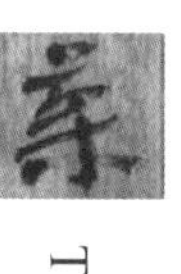
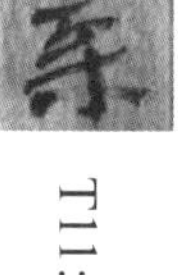

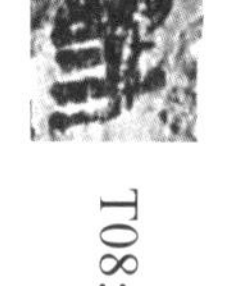

T10:099

T10:320　T11:002　T11:018　T21:100　T21:108

T21:137　T21:149　T21:162A　T21:264　T21:278A

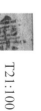

T21:293　T22:077　T22:087　T23:109　T23:113

T23:116　T23:253A　T23:262　T23:284　T23:291B

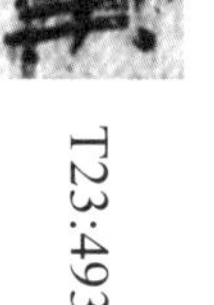
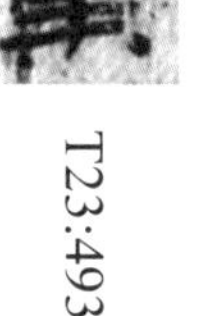

T23:372　T23:392　T23:493　T23:500　T23:906A

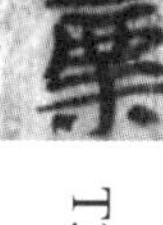

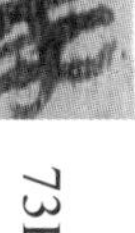

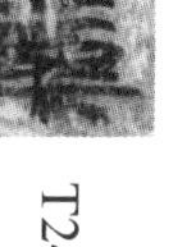

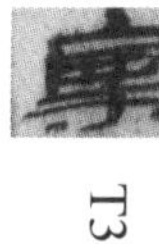

T23:912
T24:024A
T24:043
T24:052
T24:288

T24:336
T24:539
T24:593
T24:606
T31:033

T31:168
T34:019
73EJF2:44
73EJF3:54
73EJF3:83

73EJF3:84
73EJF3:85
73EJF3:86
73EJF3:87
73EJF3:88

73EJF3:108
73EJF3:279
73EJF3:397+403
73EJF3:401

73EJF3:420
73EJF3:458
73EJF3:501
73EJD:154A
73EJD:214

73EJD:223

72EJC:192

72EJC:196

72EJC:198

72EJC:280

72EJC:290

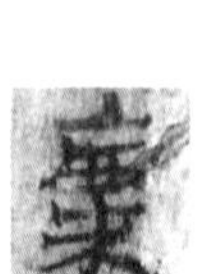
73EJC:296

73EJC:296

73EJC:303

73EJC:394

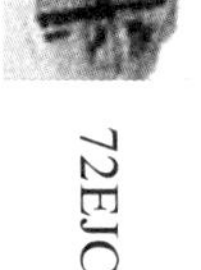
73EJC:603　按：所从「禾」或訛與「米」「未」「木」同形。

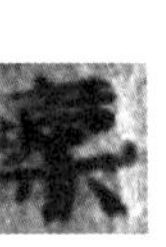

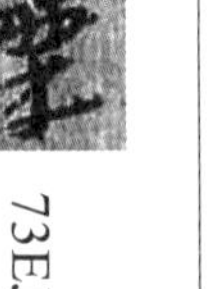

亶

亶

0722

T24:247B

嗇

嗇

0723

T01:002

T01:018

T01:066

T02:057

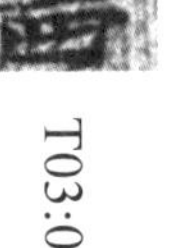
T03:055

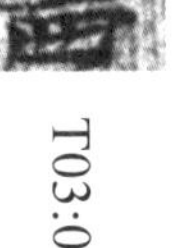
T03:055

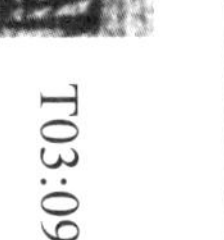
T03:073

T03:098

T04:050

T04:089

T04:098A

T04:147

T05:007

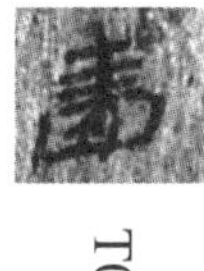
T06:038A

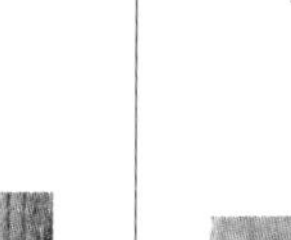
T07:148

T08:008

T08:031

T08:051B

T08:112

T09:019B

T09:029A

T09:030

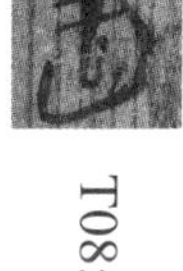
T09:054

T09:092A

T09:120

T10:120A

T10:135

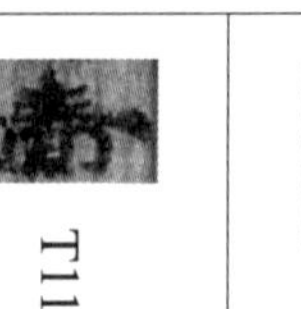
T10:140

T10:163A

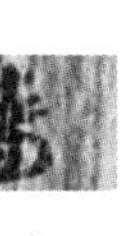
T10:213A

T10:309

T10:313A

T10:406

T11:001

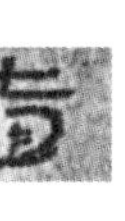
T11:006

T11:031A

T14:011A

T14:035

T14:036

T15:013

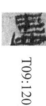

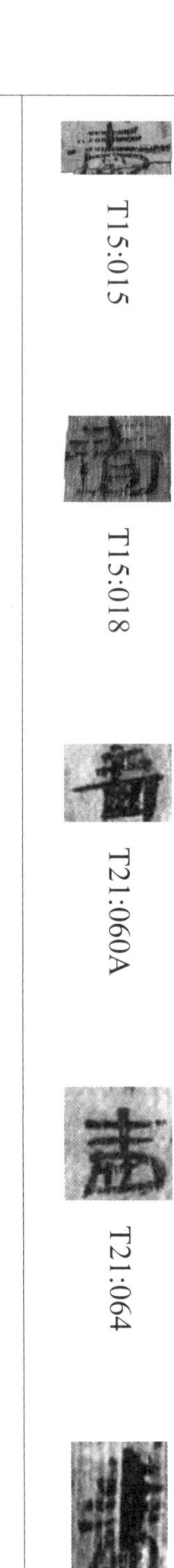
T15:015

T15:018

T21:060A

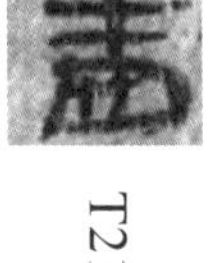
T21:064

T21:175A

T21:287

T21:291

T21:310

T21:379

T21:463

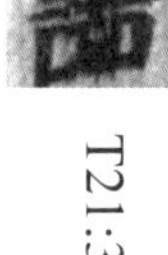
T22:003

T23:024

T23:041

T23:066A

T23:079A

T23:217B

T23:290

T23:328

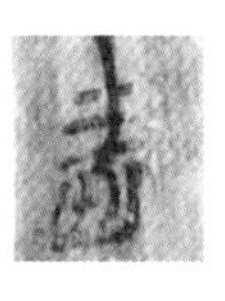
T23:353

T23:405

T23:587

T23:629A

T23:637B

T23:653

T23:686

T23:694B

T23:797B

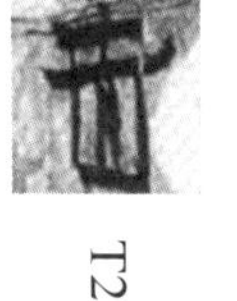
T23:897A

T23:897B

T23:936

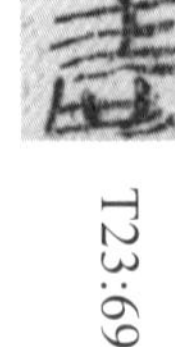

T24:009A

T24:037

T24:113A

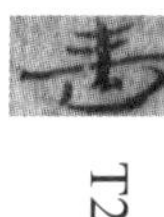

T26:047

T26:087

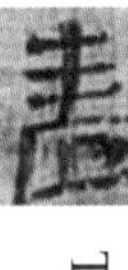
T26:236

T29:028A

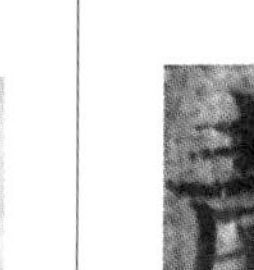

T30:020

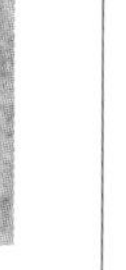

T30:064

T30:065

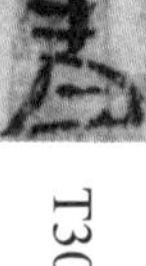
T30:154

T30:240

T33:039

T33:040A

T33:058

T34:004B

T34:027

T34:039

T37:003A

T37:052

T37:059

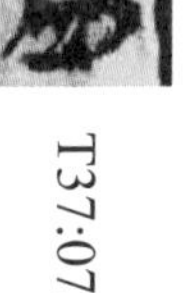
T37:073B

T37:097

T37:120

T37:162

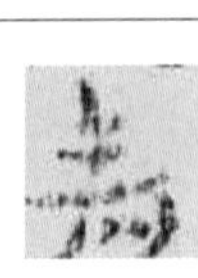
T37:228

T37:308

T37:521

T37:523A

T37:524

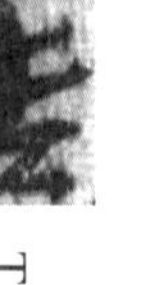
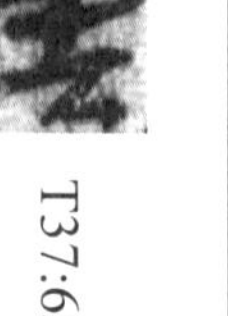

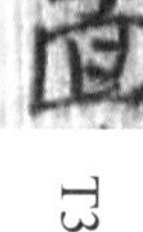

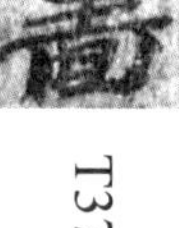

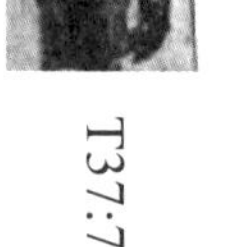

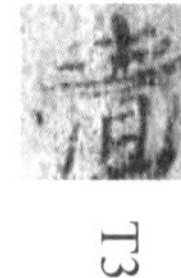

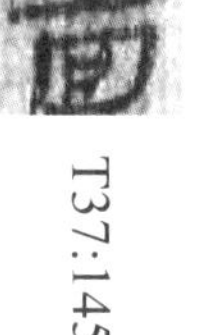

T37:526
T37:527
T37:530
T37:609
T37:617
T37:636
T37:753
T37:765
T37:785
T37:788A
T37:835A
T37:852
T37:871
T37:962A
T37:1013
T37:1061B
T37:1076A
T37:1100
T37:1105
T37:1107
T37:1118
T37:1134
T37:1189
T37:1233A
T37:1375A
T37:1406
T37:1451A
T37:1491
T37:1499A
T37:1519

T37:1523

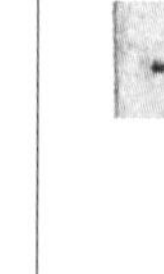
H02:002

H02:034

F01:015

F01:018

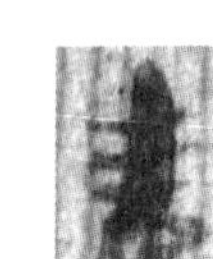
F01:025

73EJF2:28

73EJF2:46A

73EJF3:39B

73EJF3:93

73EJF3:119A

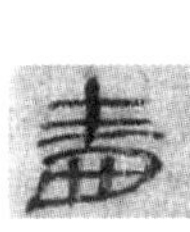
73EJF3:120B

73EJF3:132

73EJF3:153

73EJF3:159A

73EJF3:164

73EJF3:172

73EJF3:178A

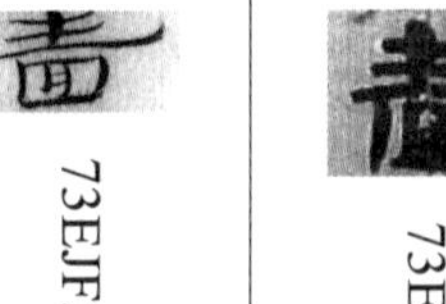
73EJF3:209+200

73EJF3:338+201

73EJF3:344

73EJF3:370

73EJF3:378

73EJF3:382A

73EJF3:436A

73EJF3:534+521

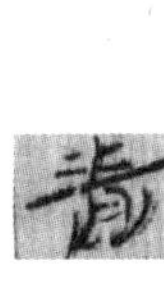

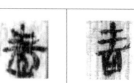

73EJF3:550

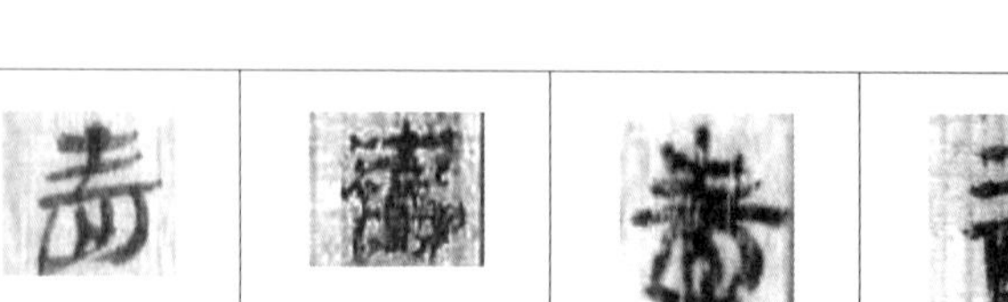
73EJT4H:44A

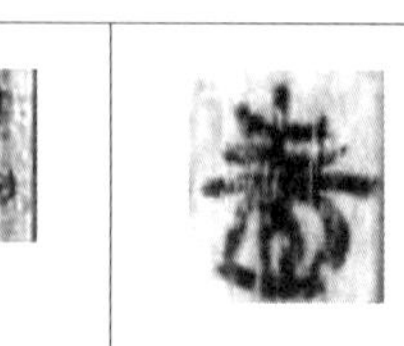
73EJD:19A

73EJD:36B

73EJD:37A

72EJC:2A

72EJC:2B

72EJC:7

72EJC:145

72EJC:164

72EJC:245A

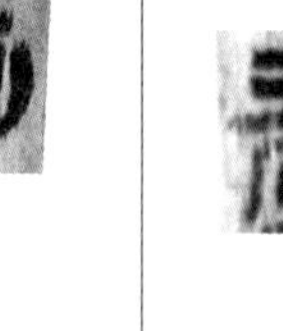
72EJC:267A

73EJC:299

73EJC:316A

73EJC:480

73EJC:519

73EJC:589

來

0724

T01:014A

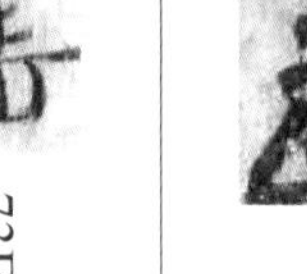
T01:127A

T01:157

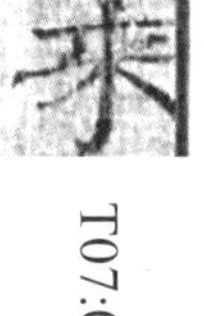
T02:006A

T02:098

T03:022B

T06:014A

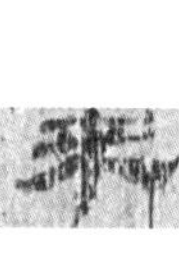
T07:070B

T07:098A

T07:168

T09:012A

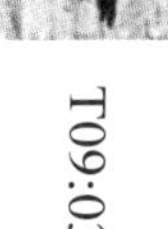

T09:035

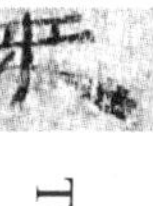

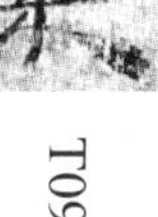

T09:059A

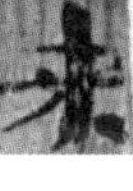

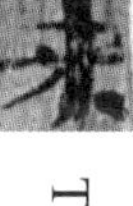
T09:141

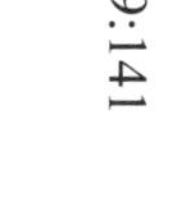

T10:023

T10:071

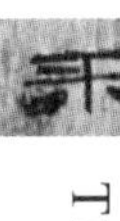
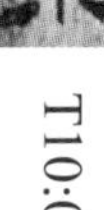

T10:078

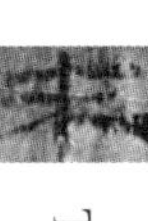
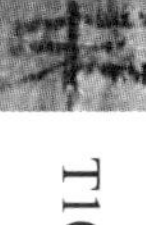
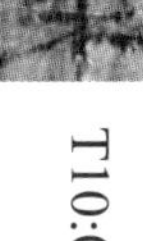

T10:083

T10:160

T10:177B

T10:208

T10:208

T10:312B

T10:339

T21:001

T21:009

T21:026

T21:027

T21:142

T21:176

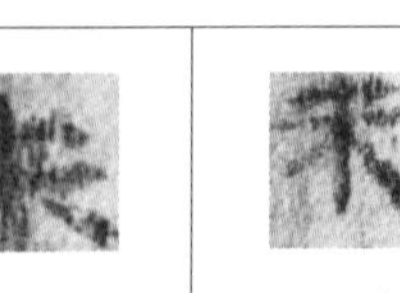

T23:001B

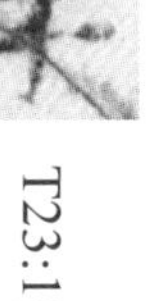
T23:196A

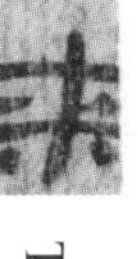
T23:212B

T23:237A

T23:302B

T23:335

T23:364A

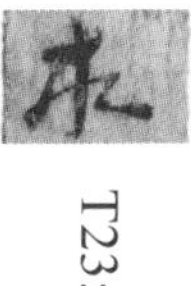

T23:364B

T23:502A

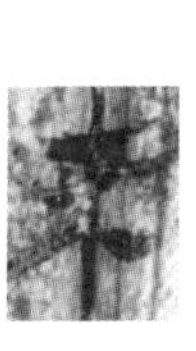
T23:610B

T23:637A　T23:807　T23:855B　T23:885A　T23:896B

T23:897B　T23:947A　T23:951A　T23:954B　T23:995A

T24:073A　T24:078　T24:269B　T24:276　T24:384B

T24:533A　T24:792　T24:921　T25:013　T26:084B

T26:304A　T27:006　T28:113　T29:028A　T29:115B

T30:012　T30:057B　T30:172A　T30:179　T31:026

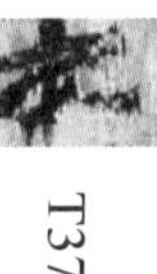
T31:097A

T31:148

T31:154

T33:037

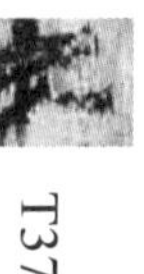
T33:054B

T37:039A

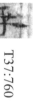

T37:519B

T37:520A

T37:520B

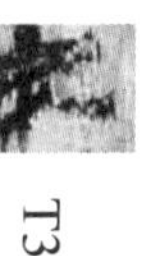
T37:616B

T37:744A

T37:757

T37:760

T37:786B

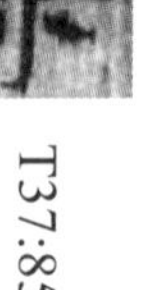
T37:788B

T37:803B

T37:851B

T37:993

T37:1052A

T37:1058

T37:1061B

T37:1092

T37:1133

T37:1396B

T37:1499B

T37:1535B

H02:022

H02:048A

H02:071

H02:076

73EJF3:39B

73EJF3:159B

73EJF3:179B

73EJF3:183B

73EJF3:430A+263A

73EJF3:380

73EJF3:464

73EJF3:525B

73EJT4H:5B

73EJD:48

73EJD:187A

72EJC:2B

72EJC:57+148

72EJC:140

73EJC:296

73EJC:316B

73EJC:526A

73EJC:599B

72ECC:83A

72ECC:83B

按：第一形从「辵」。

麥

0725

T01:110

T04:073

T05:113

T06:028

T06:182

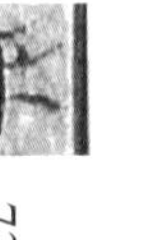

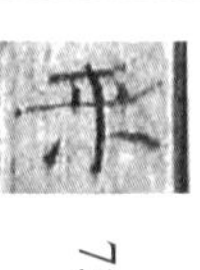

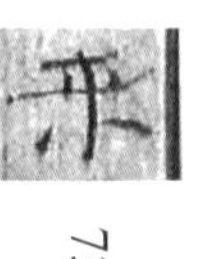

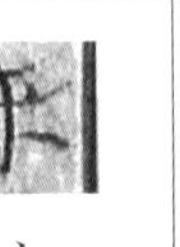
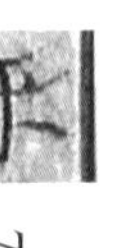
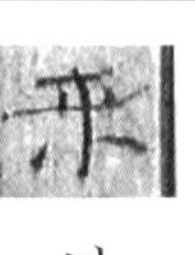
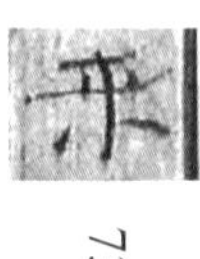

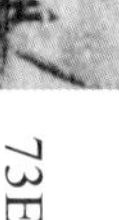

T07:015

T07:100A

T08:016

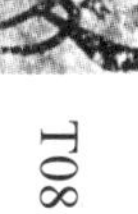
T08:066

T10:066

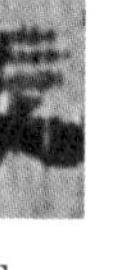

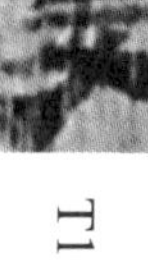
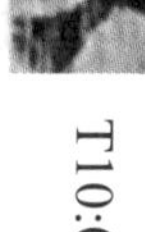

T10:067

T10:073

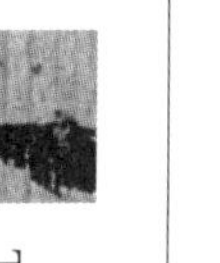

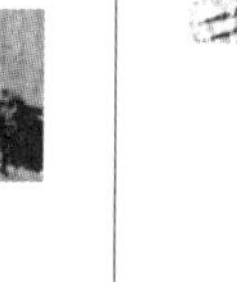
T10:082

T10:085

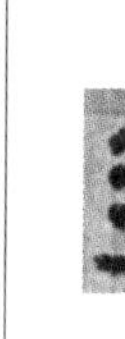

T10:117

T21:017

T21:021

T21:073A

T21:073B

T21:122

T21:125A

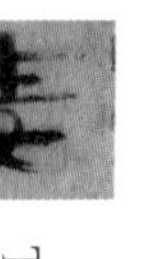
T21:125A

T21:129

T21:166

T21:207

T21:233

T21:284

T22:007

T22:075

T22:089

T23:038

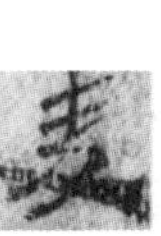

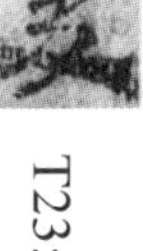

T23:057

T23:374

T23:561

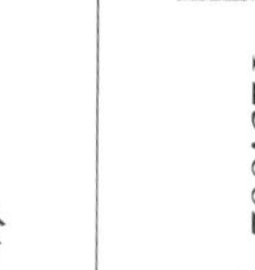
T23:662

麥部 麥

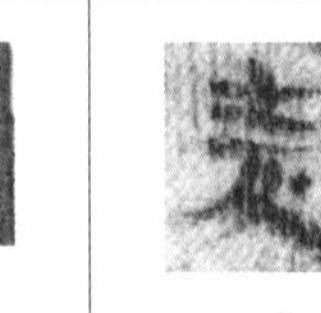

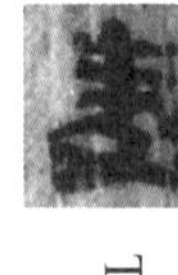

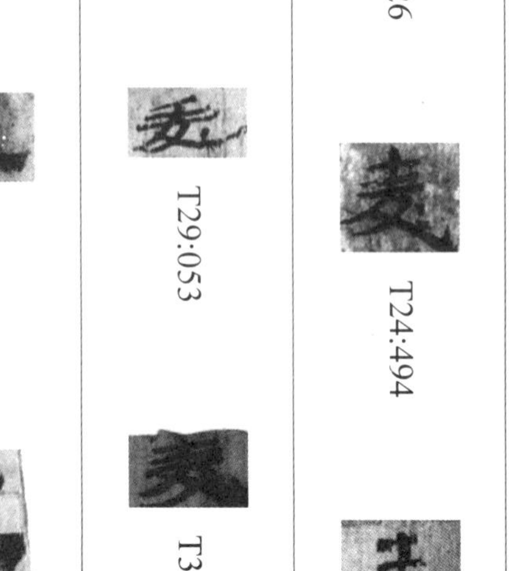
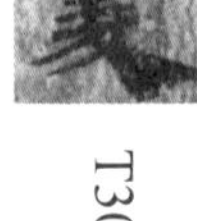

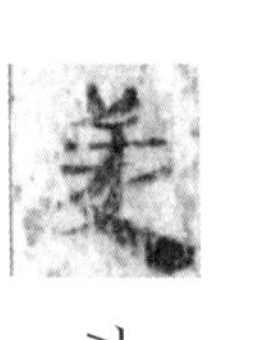

T23:769B
T23:936
T24:043
T24:205
T24:235

T24:326
T24:494
T24:539
T24:714
T24:928

T28:032
T29:053
T30:024B
T30:032
T30:085

T30:178
T31:033
73EJF3:83
73EJF3:86
73EJF3:108

73EJF3:396
73EJF3:545
73EJD:38
73EJD:193
72EJC:192

72EJC:198
72EJC:277
72EJC:278
73EJC:303
73EJC:318

0726 麴

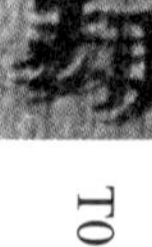
T05:024

T24:061A

T29:118A

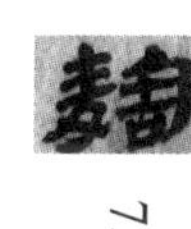
73EJD:306A

0727 致

T02:078

T03:047A

T03:047B

T06:083A

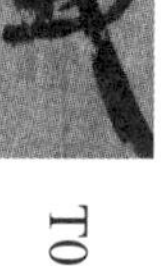
T06:131

T07:049

T07:049

T08:021

T09:007

T09:011

T09:013

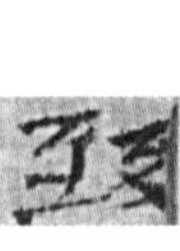
T09:059B

T10:218A

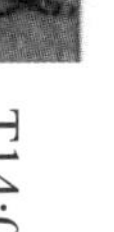

T14:020

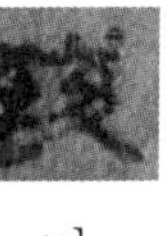

T21:097

T21:097

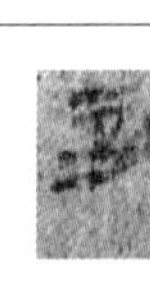
T21:278A

T23:066A

T23:200:②

T23:238

T23:247

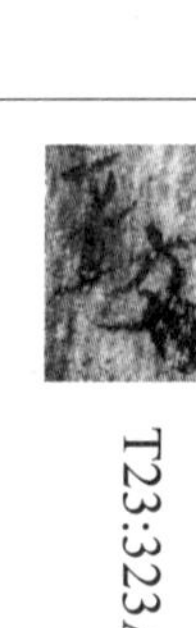
T23:323A

T23:328

T23:359B

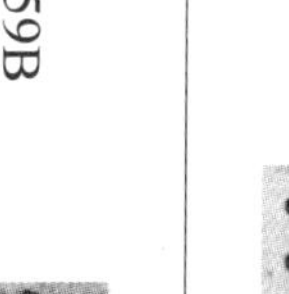
T23:456

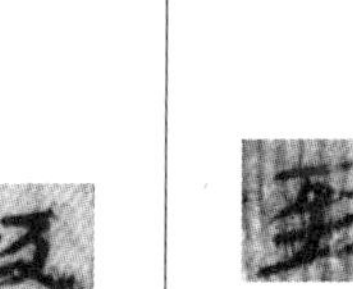
T23:929

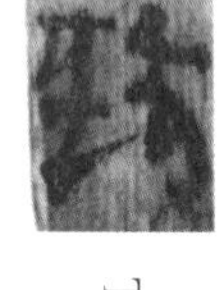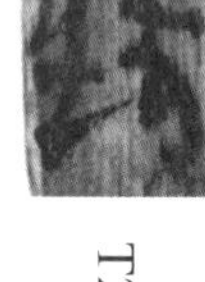

T24:073A　T24:130　T24:377　T24:630　T30:026

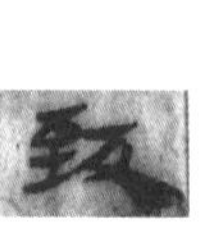

T30:179　T34:006A　T37:245B　T37:529　T37:530

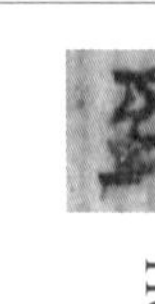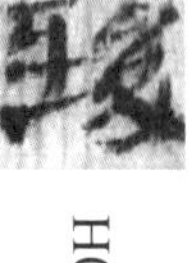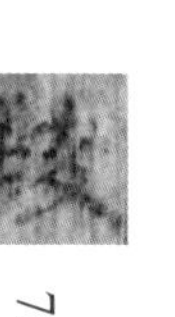

T37:530　T37:532　T37:659A　T37:1073　T37:1215

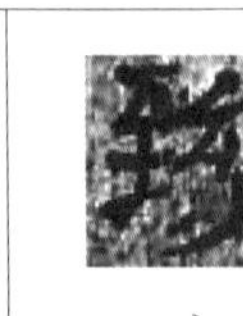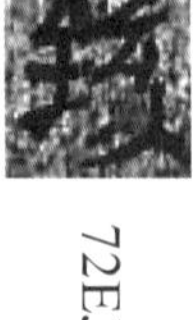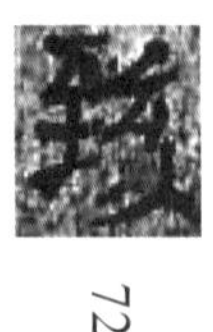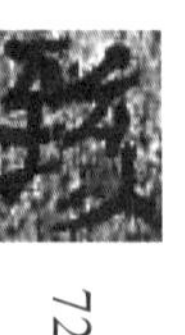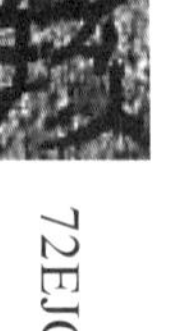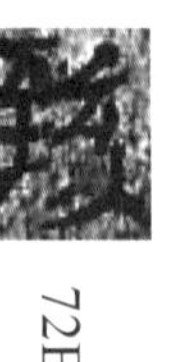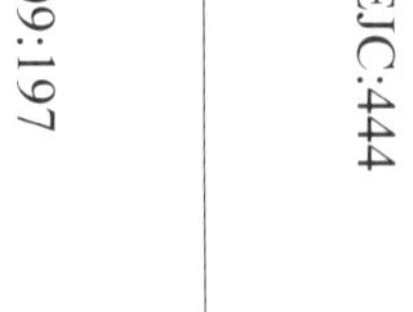

H02:006　H02:075　73EJF3:57B　73EJF3:127B　73EJD:49A

72EJC:121　73EJC:444　73EJC:537　73EJC:590　73EJC:599A

憂

0728

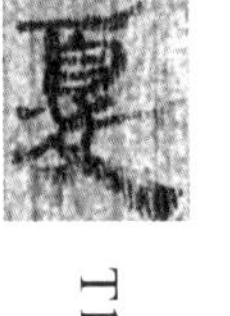

T07:005　T09:197　T10:208　T24:417B　T26:169

T27:073B

73EJF3:522

73EJD:39B

73EJC:607

愛

0729

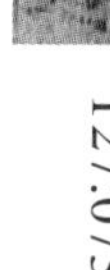

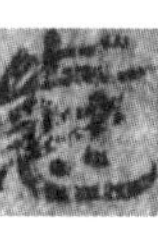

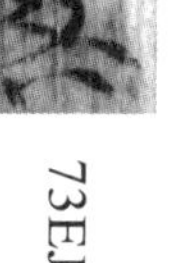
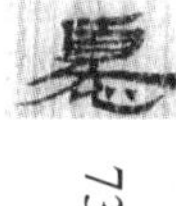
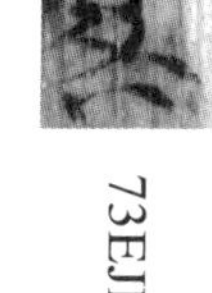
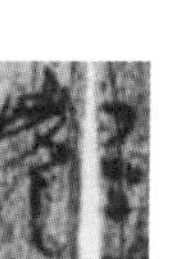
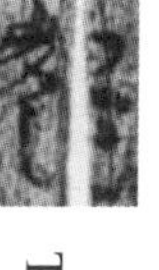
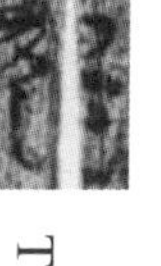

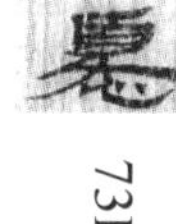
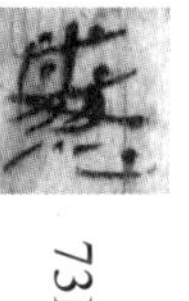

T23:861B

T23:896A

T24:047

T24:061A

T24:073A

T24:728A

T24:843

T31:047

T31:139

T31:141

73EJF3:124B

73EJF3:127A

73EJF3:127B

73EJD:49A

夏

0730

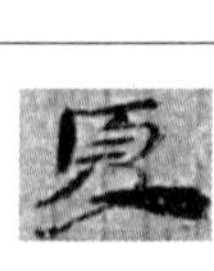

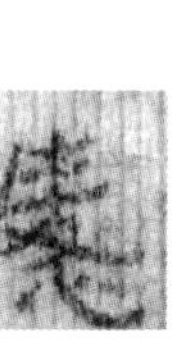

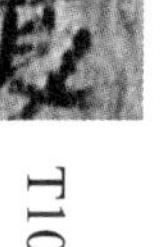
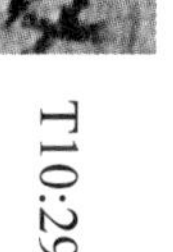

T01:036

T01:100

T01:150

T09:090

T10:066

T10:118A

T10:286

T10:291

T21:261

T21:396

T21:439 T23:776 T24:063 T24:974 T27:026

T27:048 T29:040 T30:012 T30:102 T30:102

T30:119 T31:145 T33:007A T33:007A T33:085

T37:1106 T37:1260 T37:1375A T37:1589 72EJC:20

72EJC:116B 72EDIC:5 72EDIC:22

舛

0731

T10:165

舞 0732

T03:095

舜 0733

T10:103

T25:072

韋 0734

T03:038A

T21:052B

T21:084

T24:138

T24:138

T37:522A

73EJF3:242

73EJC:292

韎 0735

T23:964

T37:861

T37:1151A

73EJC:475 按：金關簡从「糸」。

𩏂 0736

T21:262 按：金關簡从「糸」。

韓

0737

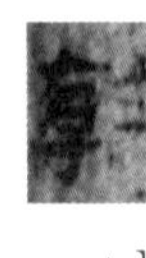

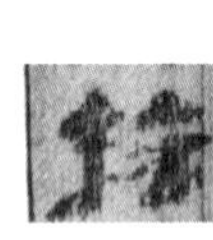

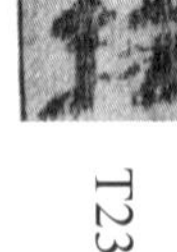

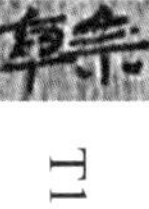

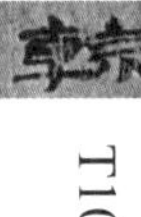

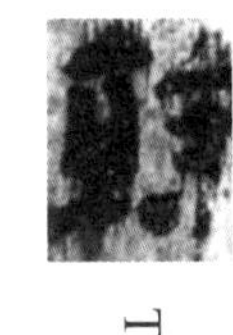

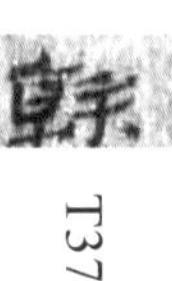

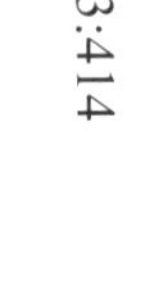
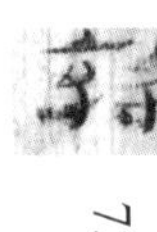

T01:032
T01:151
T10:131
T10:288
T23:024

T23:295
T23:866A
T24:010B
T24:248
T24:355B

T24:579
T30:007+019
T37:107
T37:525
T37:871

T37:983
F01:026
F01:036
73EJF3:22
73EJF3:52

73EJF3:230
73EJF3:326
73EJF3:326
73EJF3:406

73EJF3:414
73EJD:169
73EJD:171
73EJD:296
73EJD:306A

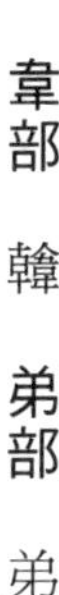

弟

0738

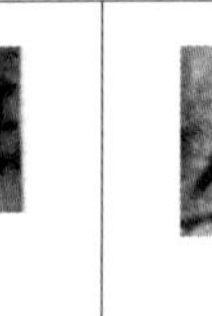
73EJD:317A

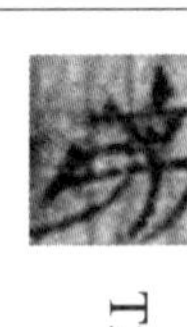
73EJC:336

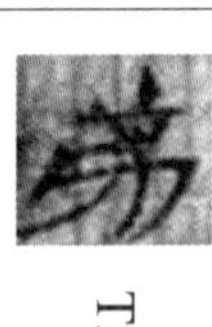
T03:093

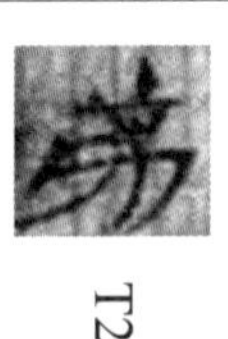
T03:094

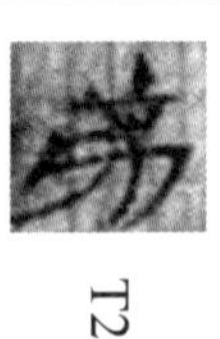
T05:052

T05:078

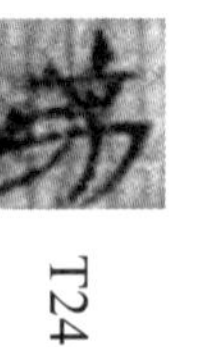
T07:107B

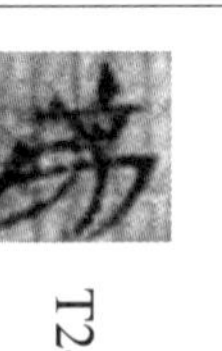
T10:222

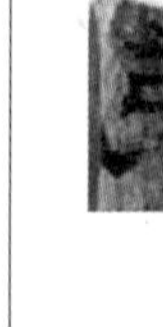
T23:016

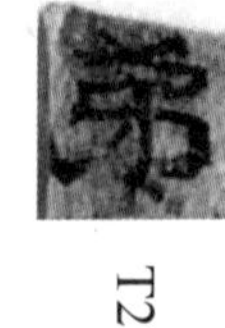
T23:237A

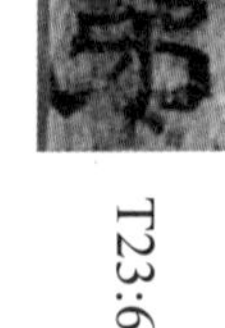
T23:245

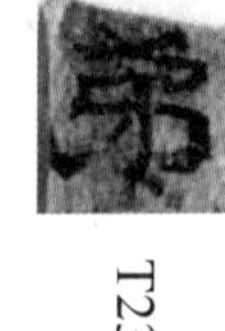
T23:341

T23:692

T23:919A

T23:953

T24:155

T24:321

T24:321

T24:428

T30:062

T30:062

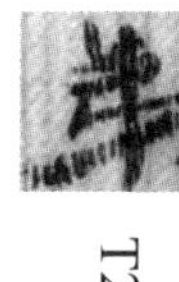
T31:141

T32:073

T33:043

T37:177

T37:787

T37:810

弟部　弟　夊部　夆　久部　久

T37:1058
T37:1058
T37:1058
T37:1058
T37:1110

T37:1174
T37:1447
T37:1590
F01:110
73EJF3:172

73EJF3:278
73EJF3:604B
73EJD:256
73EJD:284A

72EJC:13
72EJC:180
73EJC:590

夆
0739

T30:124+96+123
T32:010

久
0740

T09:067
T09:238
T21:270
T23:302A
T23:359A

椉

0741

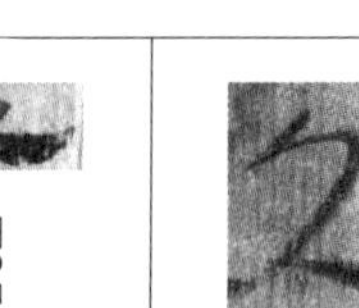
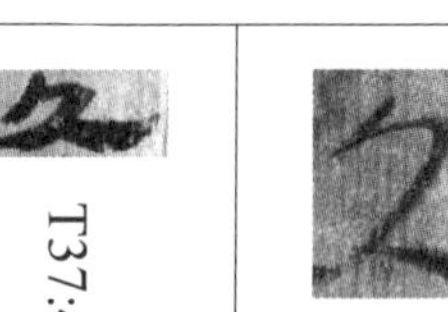

T23:731A

T23:913

T24:015B

T30:081B

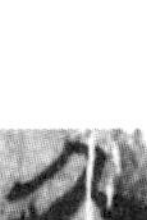
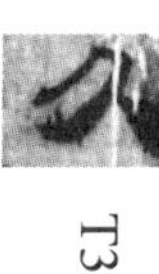

T33:028

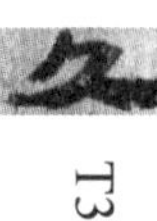

T37:454

T37:787

H01:017

H01:046

73EJD:97

73EJC:302

73EJC:599A

73EJC:612

T01:034

T01:042

T01:065

T01:285

T03:049

T03:050

T03:051

T03:083

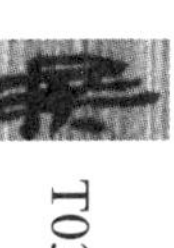
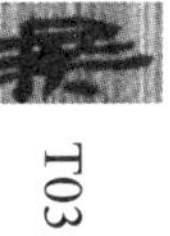

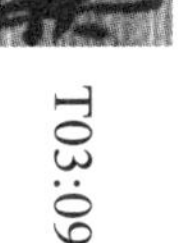

T03:095

T03:098

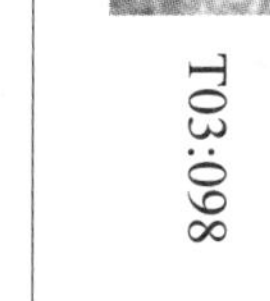

T03:098

T03:102

T04:017

T04:066

T04:110A

T05:025

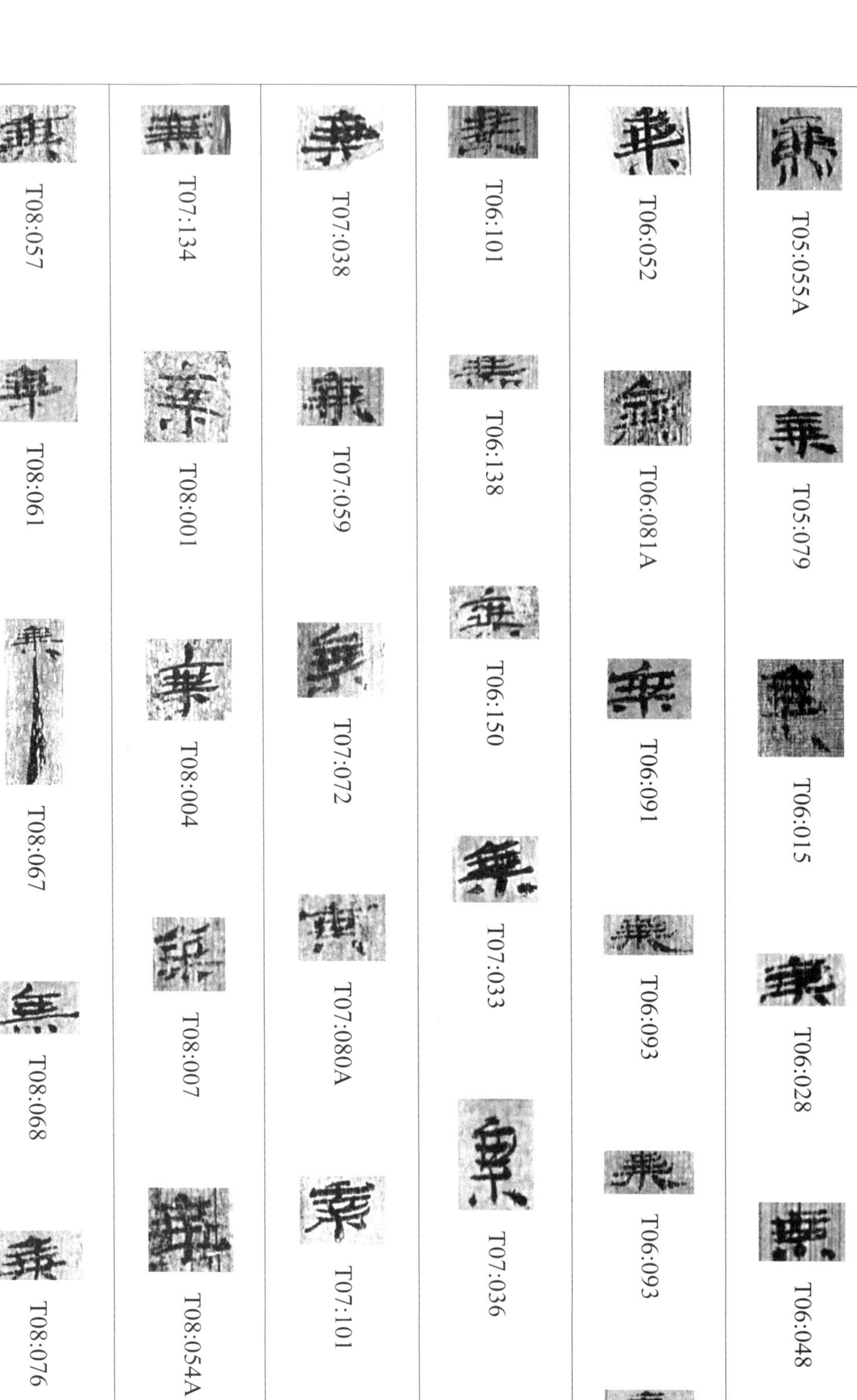
T05:055A
T05:079
T06:015
T06:028
T06:048
T06:052
T06:081A
T06:091
T06:093
T06:093
T06:094
T06:101
T06:138
T06:150
T07:033
T07:036
T07:038
T07:059
T07:072
T07:080A
T07:101
T07:134
T08:001
T08:004
T08:007
T08:054A
T08:057
T08:061
T08:067
T08:068
T08:076

桀部 椉

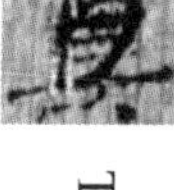
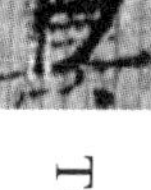
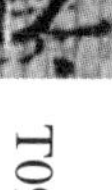
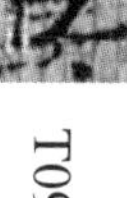

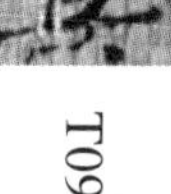

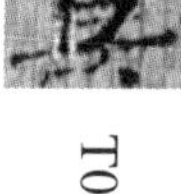

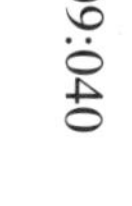

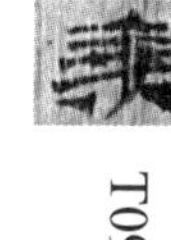

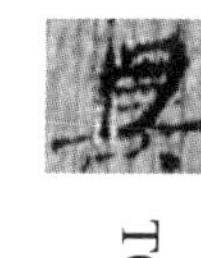

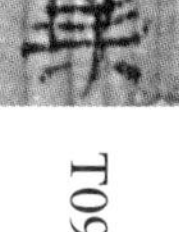

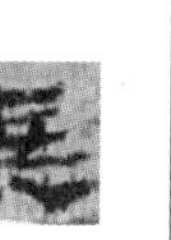

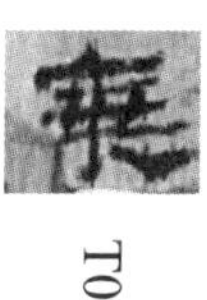
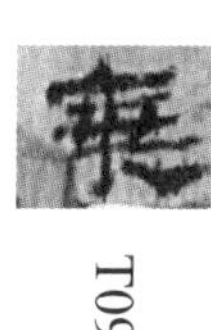

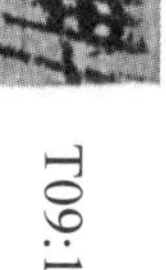
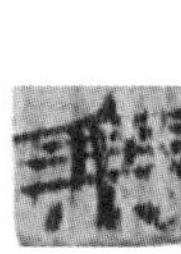

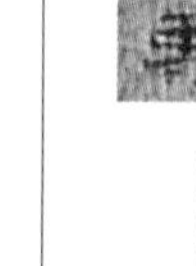

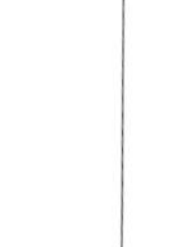

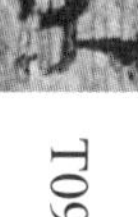

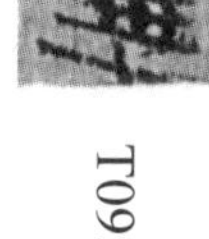

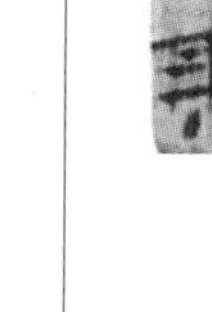

T08:076 T09:001 T09:040 T09:046 T09:048

T09:073 T09:081 T09:082 T09:082 T09:086

T09:095 T09:097 T09:104 T09:104 T09:120

T09:123 T09:130 T09:140 T09:143 T09:157

T09:208 T09:224 T09:228 T09:238 T09:256

T09:271B T10:063 T10:083 T10:088 T10:106

T10:110A
T10:115A
T10:118A
T10:119
T10:121A
T10:126
T10:133
T10:134
T10:134
T10:147
T10:148
T10:151
T10:153
T10:155
T10:159
T10:176
T10:181
T10:183
T10:212
T10:219A
T10:244
T10:261
T10:262
T10:264
T10:269
T10:279
T10:280
T10:281
T10:282
T10:290

T10:292　T10:297　T10:324A　T10:326　T10:380

T10:419　T11:001　T14:001　T14:005　T14:006

T14:009　T14:017　T15:004　T21:062　T21:106

T21:221　T21:459　T22:001　T22:041　T22:054

T23:091　T23:153　T23:174　T23:237A　T23:329

T23:341　T23:354A　T23:467　T23:577　T23:620　T23:623

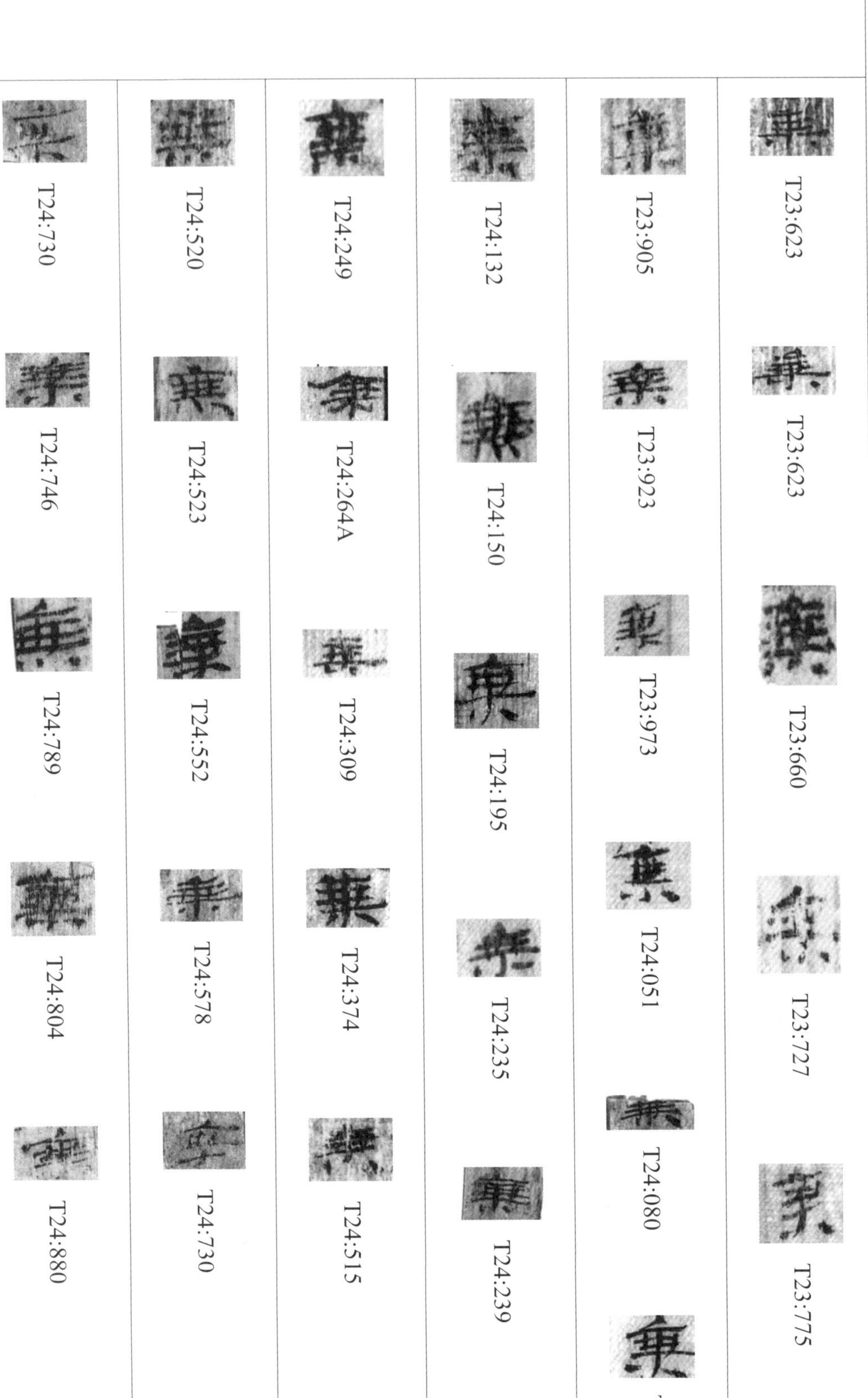
T23:623 T23:623 T23:660 T23:727 T23:775
T23:905 T23:923 T23:973 T24:051 T24:080 T24:117
T24:132 T24:150 T24:195 T24:235 T24:239
T24:249 T24:264A T24:309 T24:374 T24:515
T24:520 T24:523 T24:552 T24:578 T24:730
T24:730 T24:746 T24:789 T24:804 T24:880

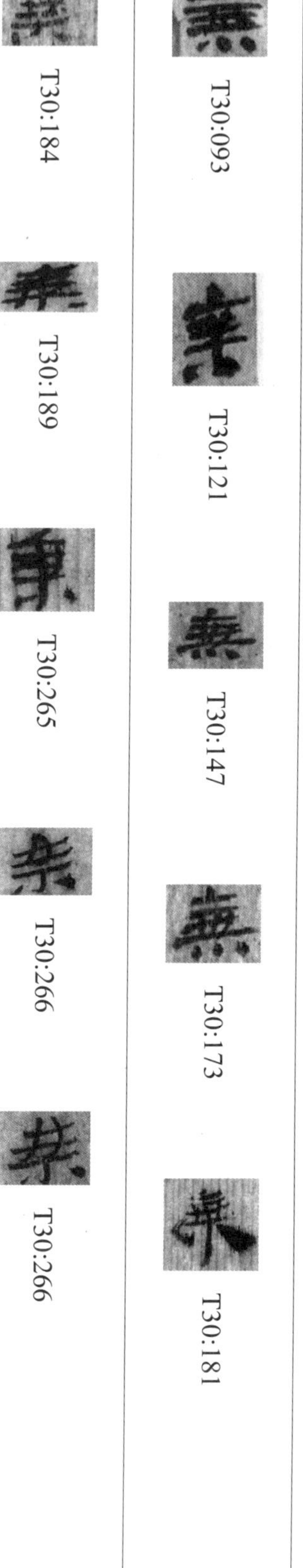

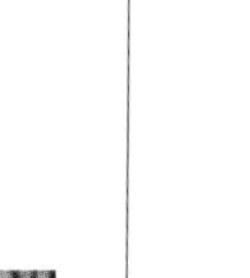
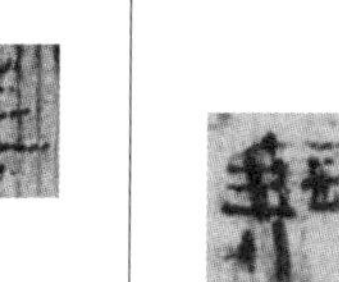

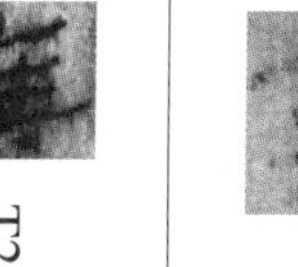
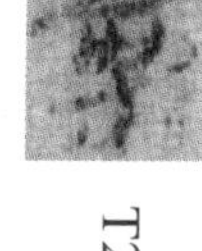

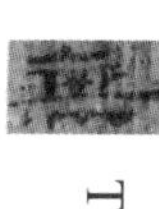

T25:020　T25:020　T25:049　T25:113　T25:121A

T25:168　T26:034　T26:035　T26:036　T26:036

T26:075　T26:088A　T26:191　T27:009　T27:020

T29:046　T29:066　T29:073　T30:020　T30:065

T30:093　T30:121　T30:147　T30:173　T30:181

T30:184　T30:189　T30:265　T30:266　T30:266

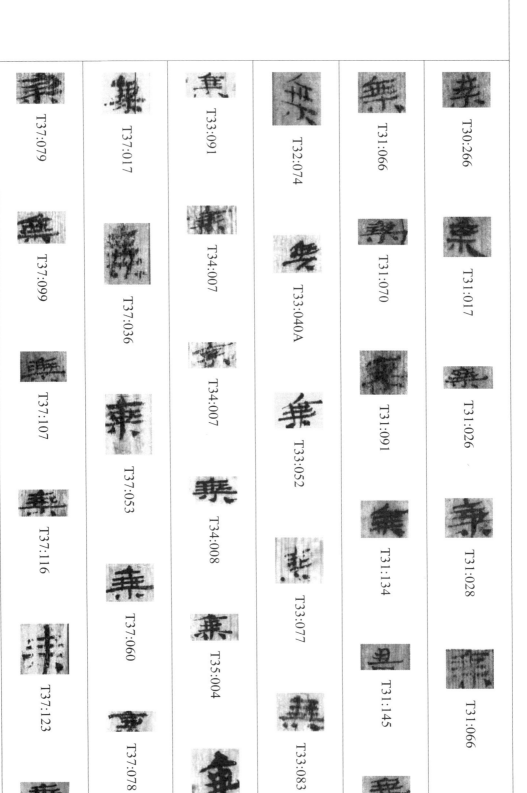

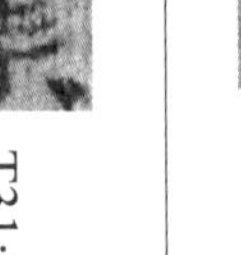

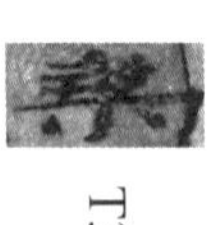

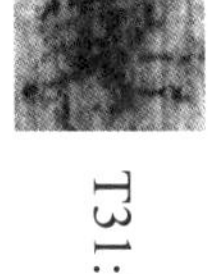

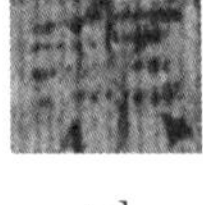

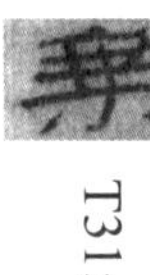

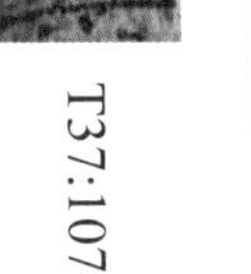
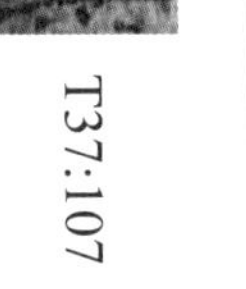

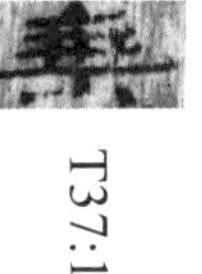

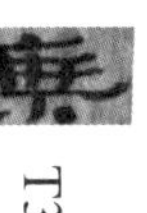

T30:266
T31:017
T31:026
T31:028
T31:066

T31:066
T31:070
T31:091
T31:134
T31:145
T31:150

T32:074
T33:040A
T33:052
T33:077
T33:083

T33:091
T34:007
T34:007
T34:008
T35:004
T35:004

T37:017
T37:036
T37:053
T37:060
T37:078

T37:079
T37:099
T37:107
T37:116
T37:123
T37:224

桀部 椉

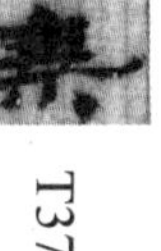
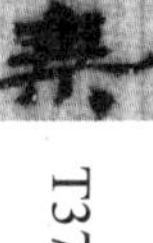

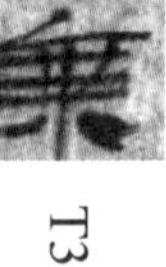

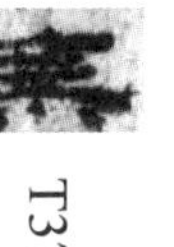

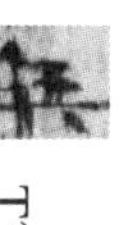
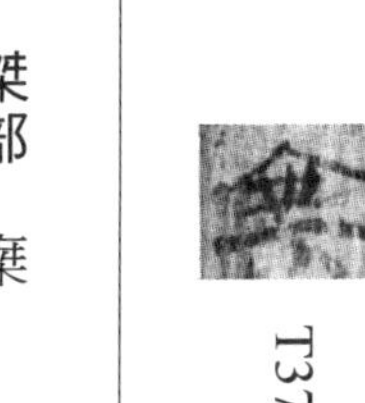

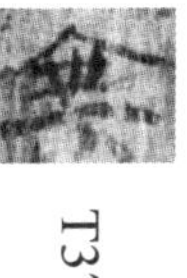
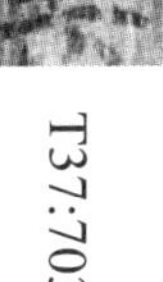

T37:247 T37:339 T37:365 T37:452 T37:456

T37:465 T37:476 T37:519A T37:521 T37:521

T37:524 T37:525 T37:525 T37:525 T37:536

T37:552 T37:562 T37:564 T37:618 T37:621

T37:628 T37:631 T37:632 T37:641 T37:670 T37:692

T37:695 T37:696 T37:703 T37:711 T37:712

T37:739

T37:742

T37:748

T37:755
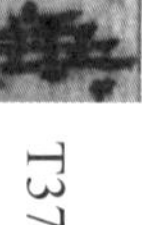
T37:759

T37:764

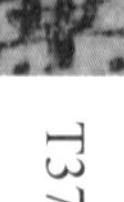

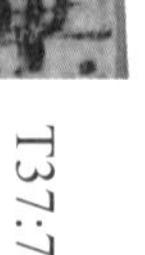
T37:766

T37:779

T37:789

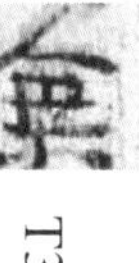

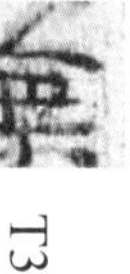
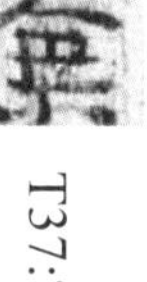

T37:796

T37:802

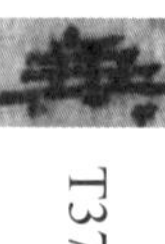
T37:806+816

T37:829

T37:830

T37:836A

T37:837

T37:856

T37:858

T37:859

T37:859
T37:870

T37:870

T37:885

T37:889
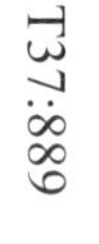
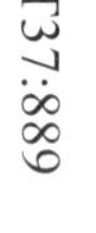

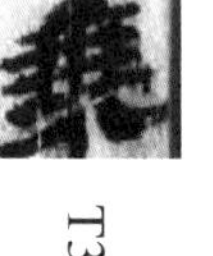
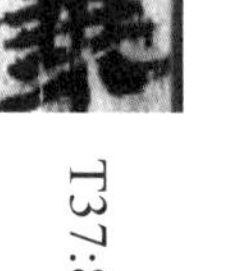

T37:899

T37:900

T37:916

T37:919

T37:925

T37:933
T37:957

T37:982

T37:989

T37:996

T37:996

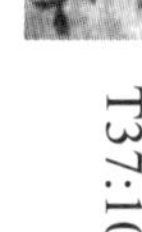
T37:997

T37:999

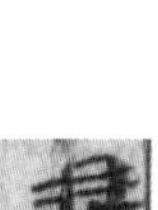
T37:1004

T37:1010

T37:1015

T37:1016

T37:1022

T37:1034

T37:1042

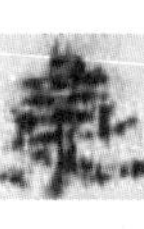
T37:1057A

T37:1077

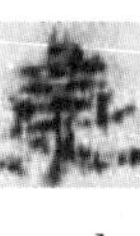
T37:1078

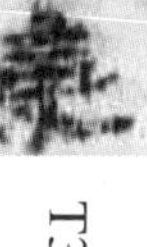
T37:1079

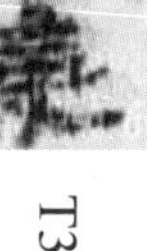
T37:1097A

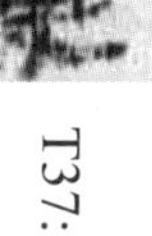
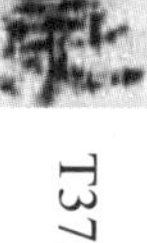
T37:1105

T37:1107

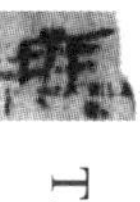

T37:1109

T37:1114

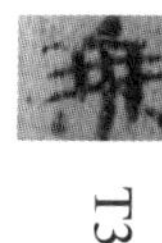

T37:1128

T37:1130

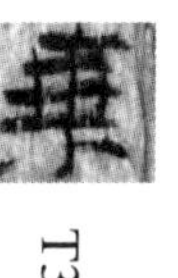

T37:1154

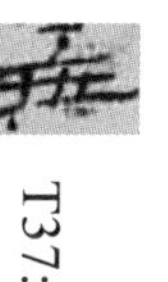
T37:1159

T37:1160

T37:1167A

T37:1184

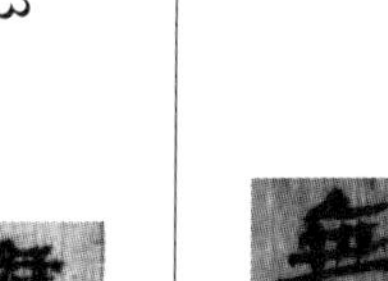
T37:1193

T37:1381

桀部 棄

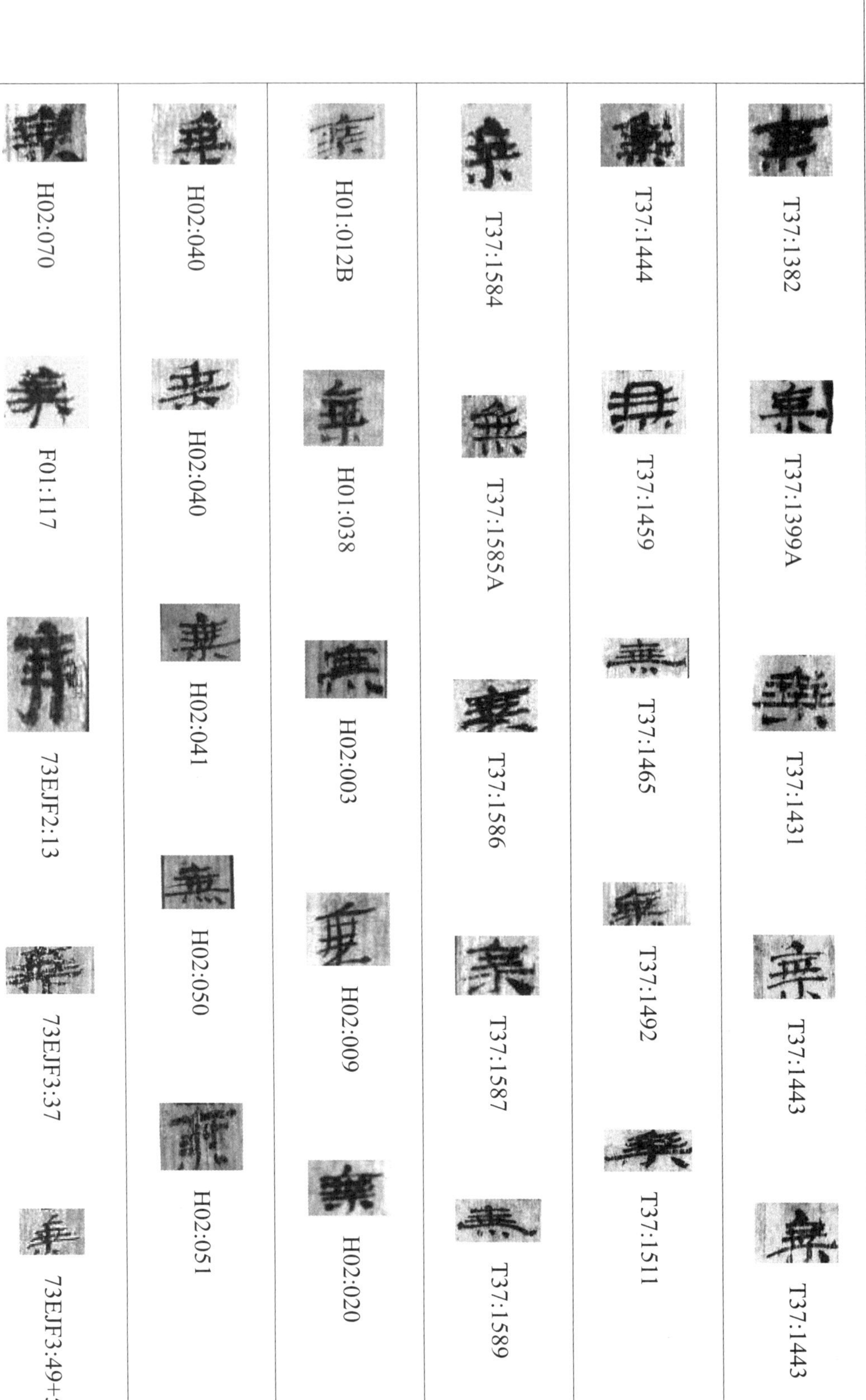

T37:1382
T37:1399A
T37:1431
T37:1443
T37:1443
T37:1444
T37:1459
T37:1465
T37:1492
T37:1511
T37:1584
T37:1585A
T37:1586
T37:1587
T37:1589
H01:012B
H01:038
H02:003
H02:009
H02:020
H02:040
H02:040
H02:041
H02:050
H02:051
H02:070
F01:117
73EJF2:13
73EJF3:37
73EJF3:49+581

73EJF3:290+121

73EJF3:129

73EJF3:129

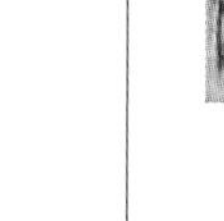
73EJF3:129

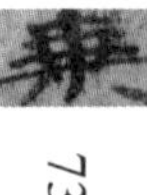
73EJF3:132

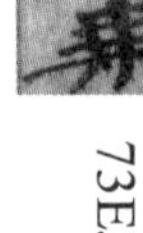
73EJF3:133

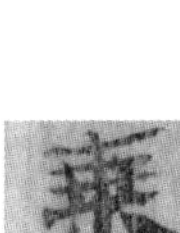
73EJF3:156

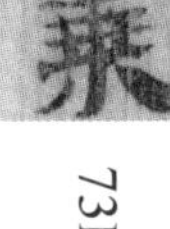
73EJF3:156

73EJF3:172

73EJF3:189+421

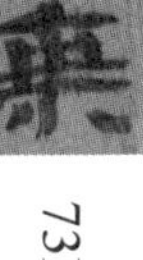
73EJF3:194+198

73EJF3:209+200

73EJF3:240

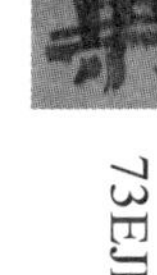
73EJF3:256

73EJF3:272

73EJF3:276

773EJF3:511+306+291

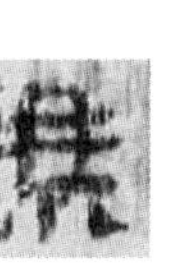
73EJF3:321

73EJF3:326

73EJF3:335

73EJF3:344

73EJF3:347

73EJF3:369

73EJF3:393

73EJF3:423 73EJF3:427 73EJF3:431 73EJF3:462 73EJF3:484
73EJF3:538 73EJD:1 73EJD:17 73EJD:27 73EJD:37A
73EJD:48 73EJD:58A 73EJD:62 73EJD:65 73EJD:65
73EJD:75B 73EJD:79B 73EJD:96 73EJD:128 73EJD:233
73EJD:335 72EJC:32 72EJC:33 72EJC:120 72EJC:128
72EJC:149 72EJC:152 72EJC:236 72EJC:285 73EJC:294

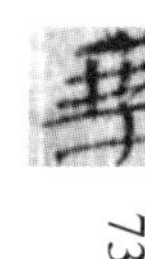
73EJC:336

73EJC:337

73EJC:352

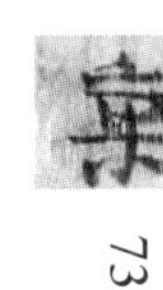

73EJC:529A

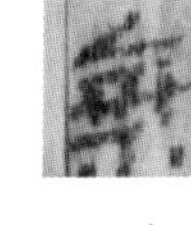

73EJC:565

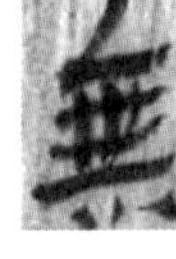
73EJC:610

73EJC:613

73EJC:642

73EJC:643

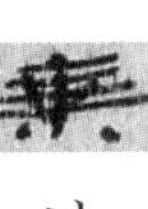

73EJC:647

73EJC:650

73EJC:662

73EJC:663

72ECC:18

72ECC:30A

72EBS7C:1A

肩水金關漢簡字形編·卷六上

木

0742

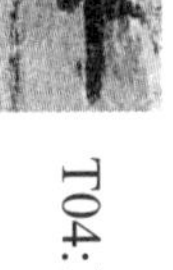
T04:162

T08:064

T10:362

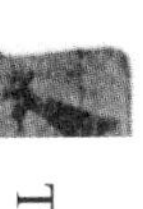
T21:028B

T21:116

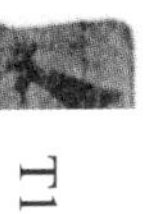
T21:116

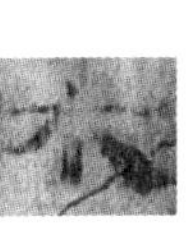
T22:005

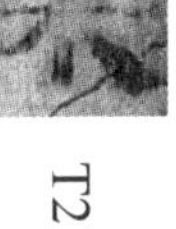
T23:521

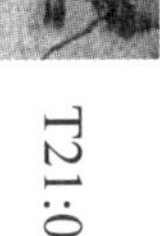
T30:103

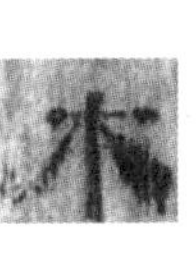
T31:105

T32:072

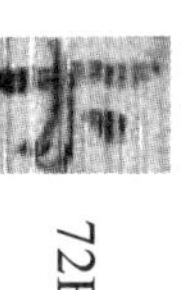
T37:1547

T37:1548

T37:1553

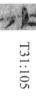

73EJD:61

73EJD:311A

72EDIC:5

杏 0743

柰 0744

李 0745

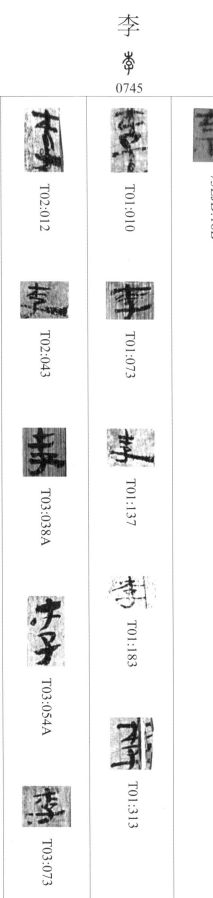

T01:275　T05:034

T10:476　T21:213　T21:272　T23:068B　T23:068B

T25:038　T27:086　T37:024B　73EJF3:179B

73EJD:16B

T01:010　T01:073　T01:137　T01:183　T01:313

T02:012　T02:043　T03:038A　T03:054A　T03:073

木部 李

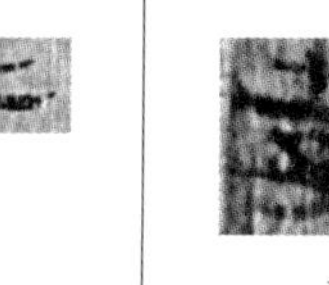

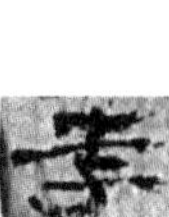

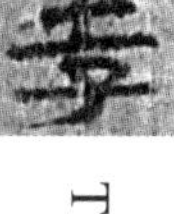

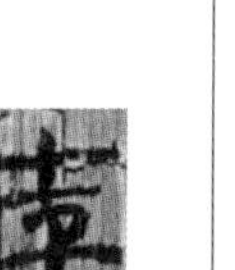

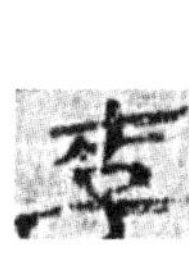
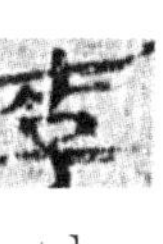

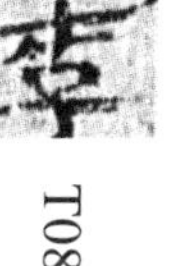

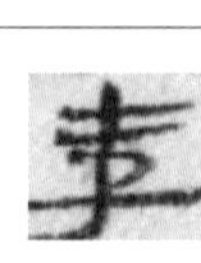

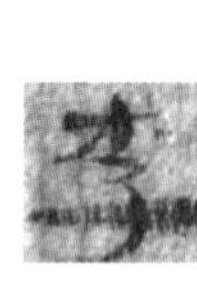

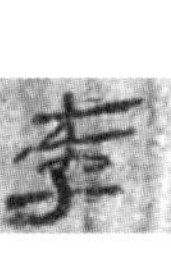

T04:008
T04:153
T04:156
T05:055A
T06:028

T06:138
T07:104
T08:024
T08:041
T08:106B

T09:059A
T09:082
T09:113
T10:128
T10:162

T10:219A
T10:312A
T11:001
T14:025
T21:014

T21:101
T21:232B
T21:265
T21:312A
T21:451

T22:056
T22:060
T22:077
T22:129
T23:287A

T23:328

T23:334

T23:366
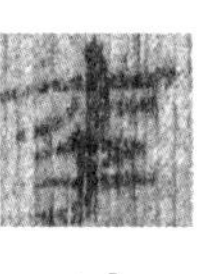
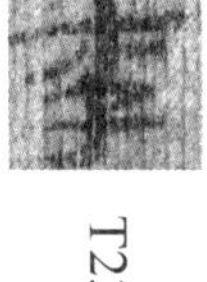
T23:481B

T23:621

T23:731A
T23:750
T23:804A
T24:073B
T24:274

T24:287

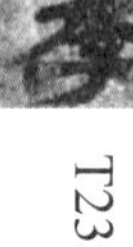

T24:559

T24:773
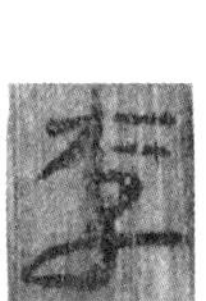
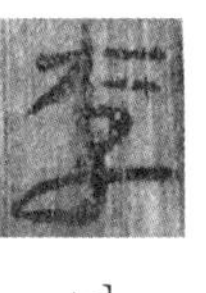
T24:896A

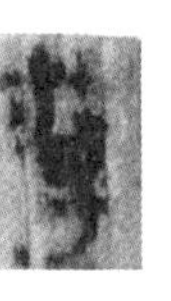

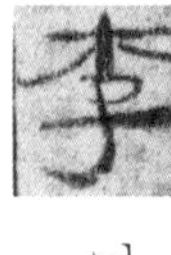
T24:923

T26:027
T26:054
T26:060
T27:020
T27:022

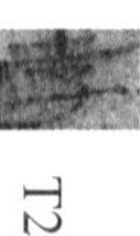
T28:042

T30:007+019

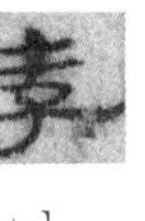

T30:145

T30:267

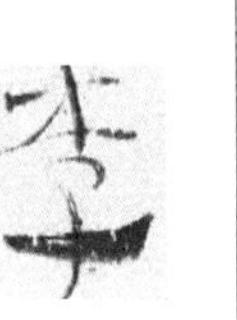
T33:053A

T33:054B
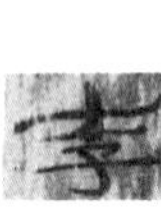
T37:116

T37:132
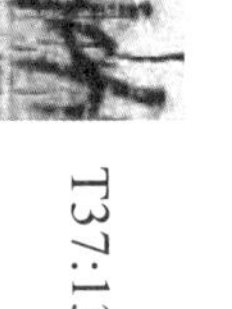
T37:456

T37:536

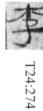

T37:548

T37:700

T37:741

T37:778

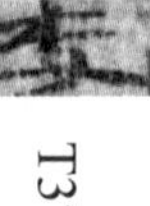
T37:858

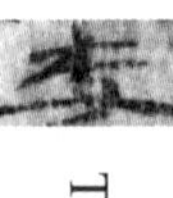
T37:961

T37:989

T37:1105

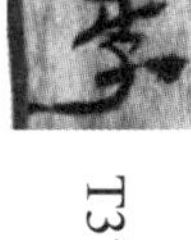
T37:1121

T37:1192

T37:1224

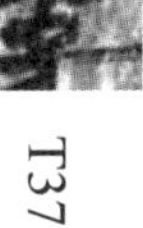
T37:1395

T37:1464

T37:1500

T37:1520

H01:012B

H02:001

H02:007

H02:040

F01:010

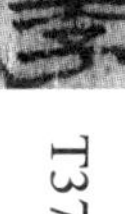
F01:026

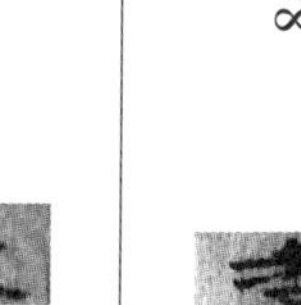
F01:117

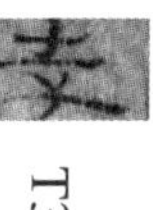
73EJF2:3

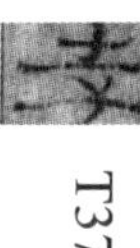
73EJF3:5

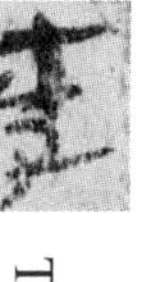
73EJF3:8

73EJF3:415+33

73EJF3:415+33

73EJF3:47

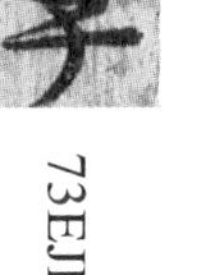
73EJF3:57A

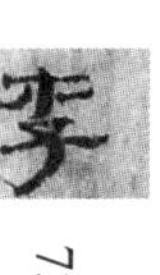

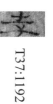

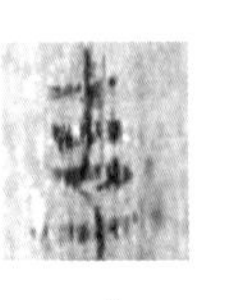
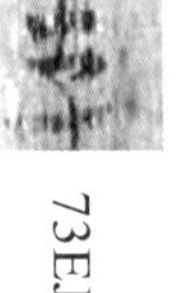

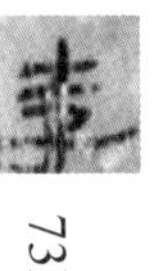
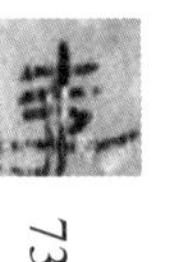

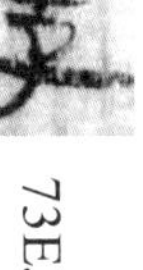

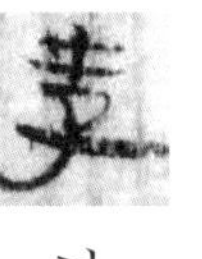

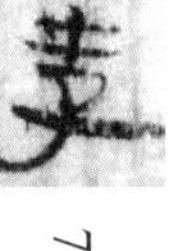

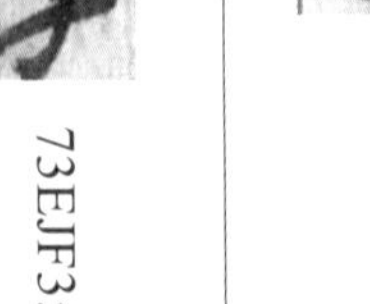
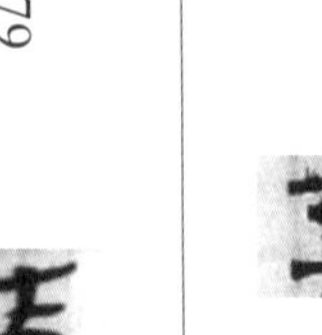

73EJF3:85
73EJF3:94
73EJF3:107
73EJF3:165

73EJF3:279
73EJF3:372
73EJF3:408A
73EJF3:431

73EJF3:467
73EJD:252
72EJC:42
72EJC:53
72EJC:284

73EJC:426
73EJC:432
73EJC:439
73EJC:440
73EJC:466

73EJC:599B
73EJC:678
72ECC:38
72ECC:56

桃

0746

T24:167
T25:007A
T37:052
H02:041
73EJD:62

72EDIC:21

桂
桂（篆）
0747

T37:1320

72EJC:116B

73EJC:529A

棠
棠（篆）
0748

73EJF3:430A+263A

杜
杜（篆）
0749

T02:099

T03:035

T03:049

T06:094

T07:168

T08:040

T08:051A

T08:052A

T10:174

T23:660

T27:001

T30:234

T37:064

T37:303

T37:525

T37:780

T37:1130

T37:1392

T37:1428

H01:023

73EJF2:44

73EJF3:2

73EJF3:48+532+485

73EJF3:93

73EJF3:114+202+168

73EJF3:139

73EJD:236

72EDIC:1

椲

0750

T05:053

枇

0751

T07:214

桔

0752

72EJC:44+67

楊

0753

T01:031

T02:035

T04:019

T06:021

T08:019

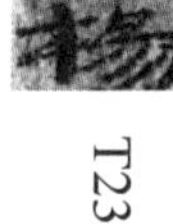
T09:304

T10:155

T10:265

T11:003

T22:024

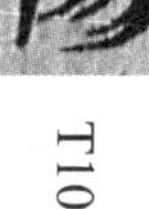
T23:146

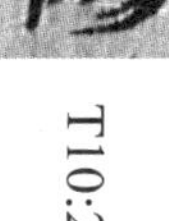
T23:481A

T23:636

T23:819

T23:842B

T24:143

T24:416A

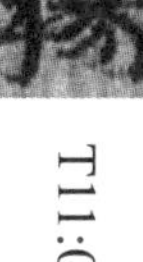
T24:574

T24:863

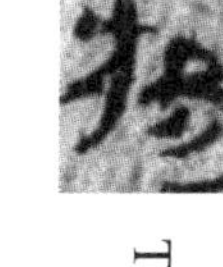
T24:990

T25:106

T26:088A

T32:002

T32:032A

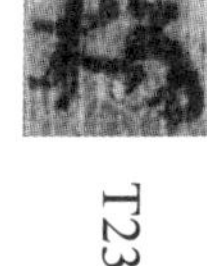
T33:041A

T33:070

T37:499

T37:527

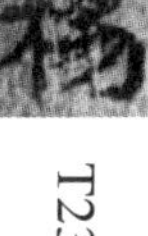
T37:710

T37:782

T37:912

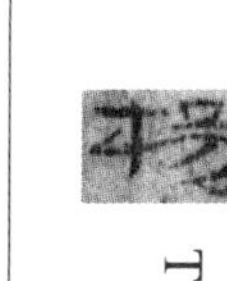
T37:974

T37:1027

T37:1318

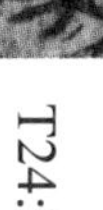
H02:040

73EJF3:273+10

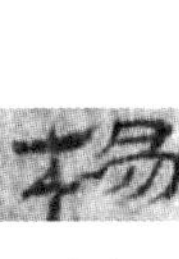

權	欒	桺
0756	0755	0754

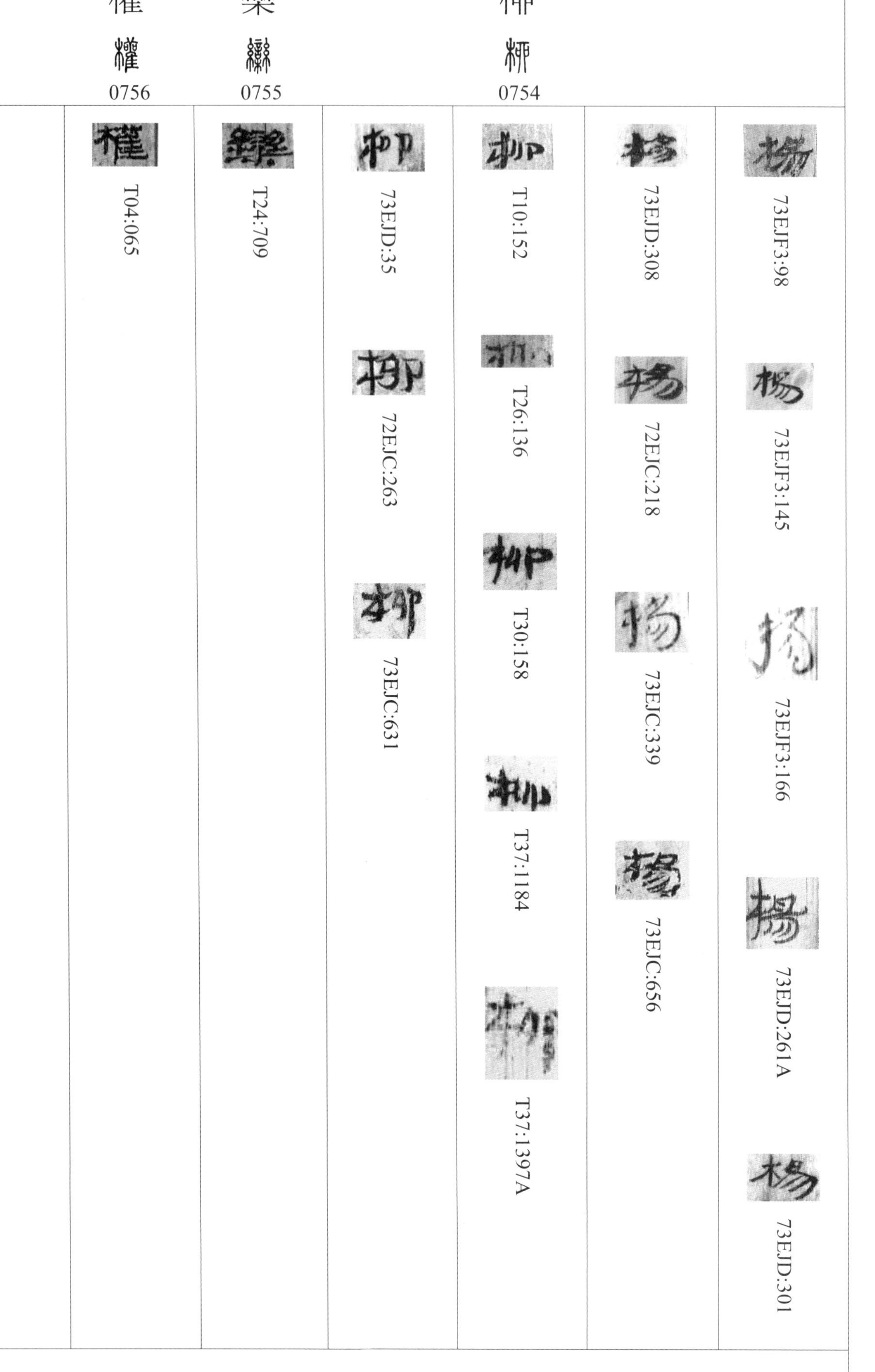

楊：73EJF3:98　73EJF3:145　73EJF3:166　73EJD:261A　73EJD:301　73EJD:308　72EJC:218　73EJC:339　73EJC:656

桺：T10:152　T26:136　T30:158　T37:1184　T37:1397A　73EJD:35　72EJC:263　73EJC:631

欒：T24:709

權：T04:065

柜 0757	槐 0758	杞 0759	柘 0760	榮 0761	桐 0762
T26:107A	T10:176	T22:016	T01:164	T10:105	T27:048
	T37:741	T24:064	T37:1084	T24:532A	T37:670
	T37:760			73EJF3:535	T37:750
	H02:040			73EJC:419	

榆 0763

T01:005

T24:204A

T37:1220

T37:1445

72EJC:42

72EJC:44+67

72EJC:44+67

72EJC:96

72EJC:96

72EJC:96

樵 0764

T37:1380A

松 0765

T33:056A

73EJD:201

柏 0766

T01:136

T10:225

T10:267A

T21:424

T31:104A

T32:004

T37:099

T37:829

T37:870

T37:900

T37:1206

木部 某 樹 本

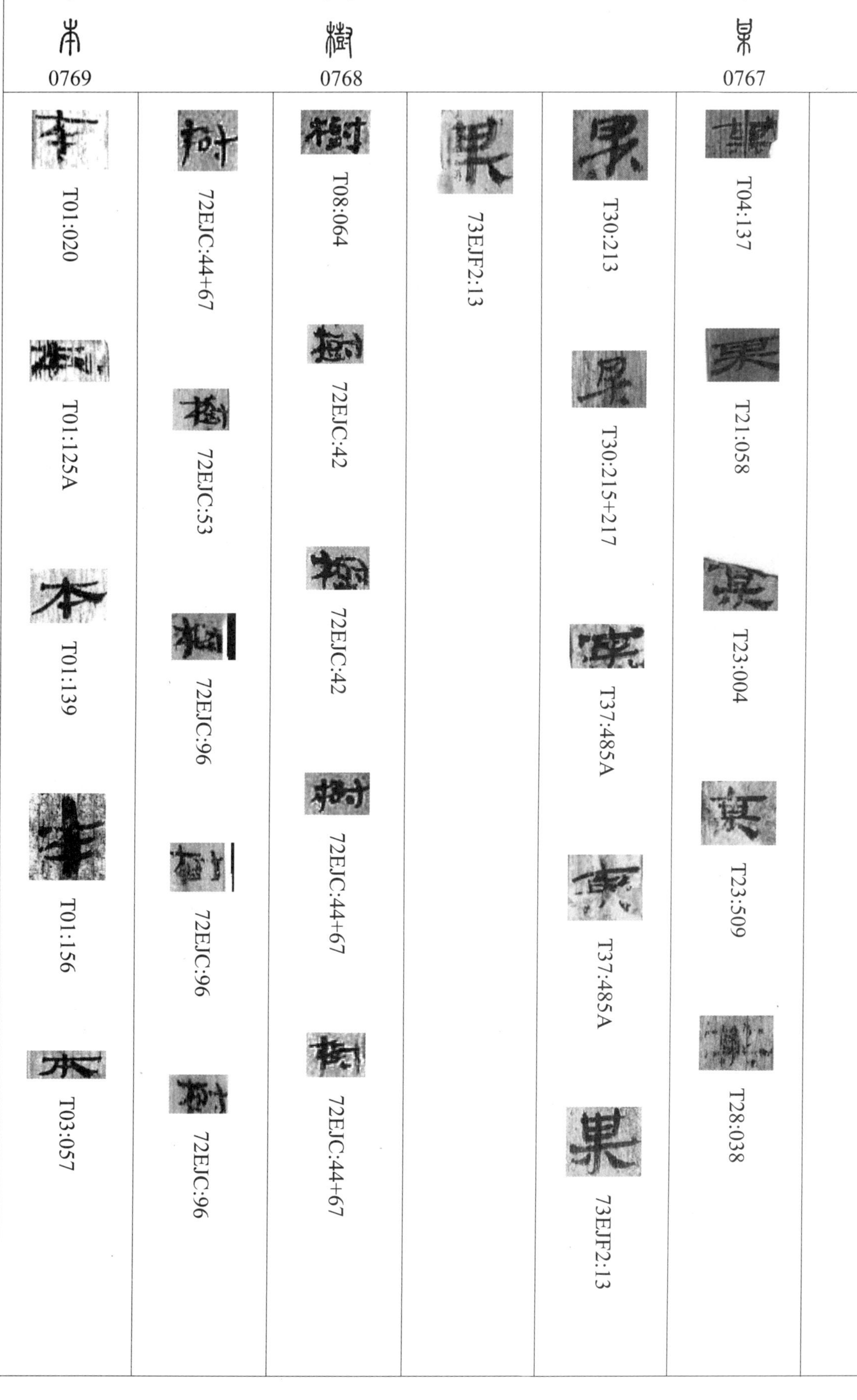
某
0767
T04:137
T21:058
T23:004
T23:509
T28:038
T30:213
T30:215+217
T37:485A
T37:485A
73EJF2:13
73EJF2:13
樹
0768
T08:064
72EJC:42
72EJC:42
72EJC:44+67
72EJC:44+67
72EJC:44+67
72EJC:53
72EJC:96
72EJC:96
72EJC:96
本
0769
T01:020
T01:125A
T01:139
T01:156
T03:057

朱

0770

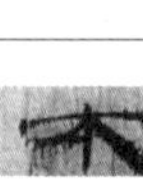

T03:090

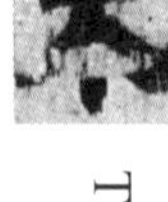
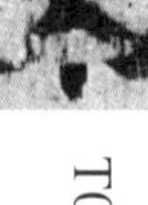

T05:108

T21:047

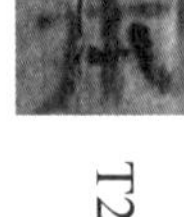
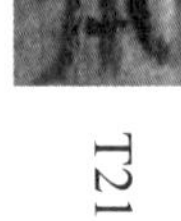

T21:064

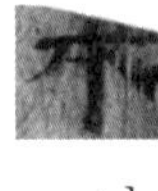
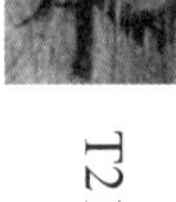
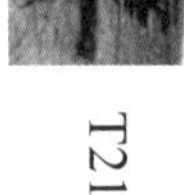
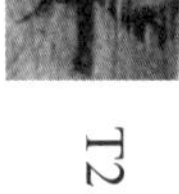
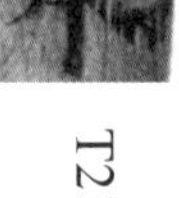
T21:123

T21:137

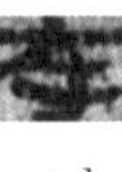

T23:385

T24:097

T24:262

T26:033

T26:259

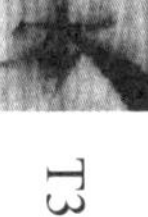
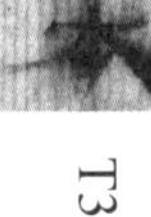
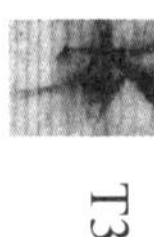

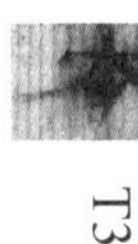
T30:009

T31:084

H01:014

73EJC:392

T02:103

T04:004

T05:039

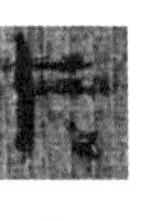
T06:015

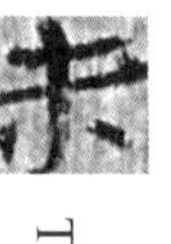
T07:009

T09:083

T10:225

T23:066A

T23:324A

T23:481A

T23:640

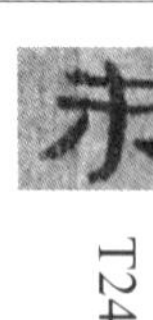
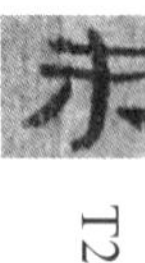
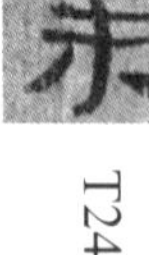
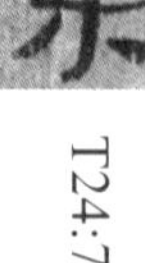

T24:725

T24:815

T26:184

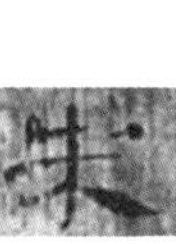
T26:236

T31:140

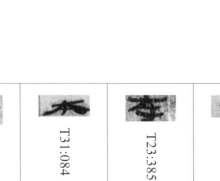

T35:011

T37:057

T37:408

T37:672

T37:859

T37:1218

T37:1459

T37:1496

T37:1585A

73EJF3:97

73EJF3:384A

73EJF3:394

73EJC:556A

73EJC:614

根

0771

T09:238

T24:148

T24:148

T24:824

T24:970

末

0772

F01:005

果

0773

T28:050

枝 0774

72EJC:119

條 0775

T26:065

T31:124

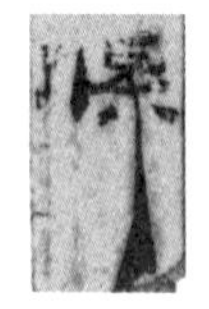

F01:002

73EJC:291

枚 0776

T01:148

T04:047A

T04:078

T04:090

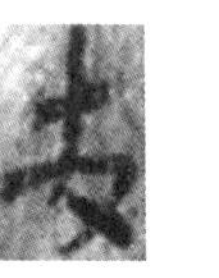

T09:102B

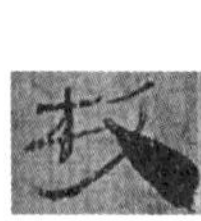

T21:124

T21:210A

T22:153

T23:804B

T23:964

T24:096

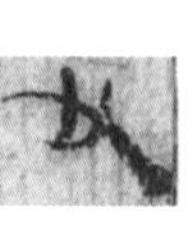

T24:138

T24:138

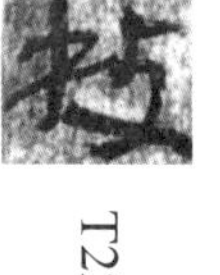

T24:138

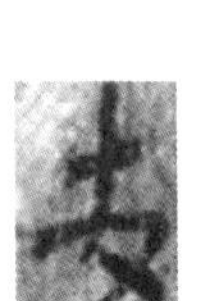

T24:372

T25:070B

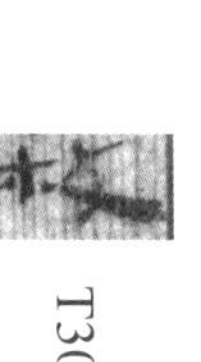
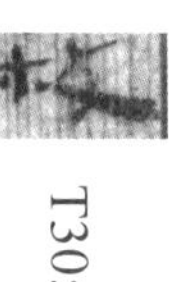

T25:093

T26:062

T30:181

T30:257

T31:031

T31:031

T37:199

T37:972

H01:032B

73EJF2:7

73EJF2:38

73EJF3:55

73EJF3:383

73EJD:307A

73EJC:332

72ECC:13

梃

0777

T24:592

T37:1551+1555

格

0778

T23:464

T30:070

T30:202

73EJD:293

73EJD:360

枯

0779

T30:202

橐	楨	材	栽	極	柱
0780	0781	0782	0783	0784	0785
T23:917A	73EJD:214	T01:001	73EJD:26A	T24:065A	T06:069
		T05:066		T24:597	T06:069
		T30:137			T21:396
					T30:152
					T30:214

T34:012
73EJD:231 
72EJC:120 

櫨
0786 
T22:037 

樓
0787 
T21:124 
T21:177 
73EJF3:35 

楯
0788 
T24:551 
T25:005 
T34:036 

槍
0789 
T21:134 
T23:852 
T37:1550 
73EJD:307A 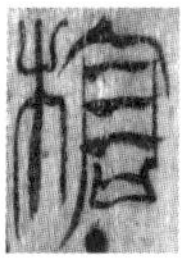
73EJD:315A 

桓
0790 
T06:055 
T10:326 
T37:1497 
72EJC:155A

桯
0791
T21:024
牀
0792
T10:425
T27:062
櫝
0793
T01:024
T01:025
T06:014B
T24:142
T37:773
73EJF3:298
73EJD:47
柃
0794
T30:214
梧
0795
T07:035
T07:035
T31:127
T32:020
T37:778
按：金關簡或从「不」。

案

0796

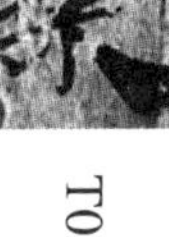

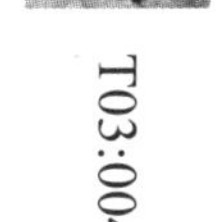

T01:025　T01:116　T02:020　T03:004　T03:055

T04:071　T04:120　T04:189　T05:068A　T05:071

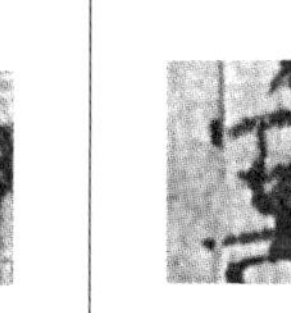

T06:038A　T06:135A　T06:173　T07:035　T07:137

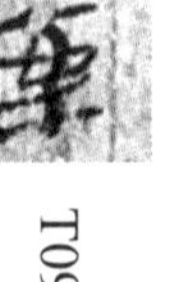

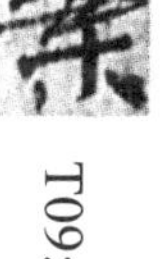

T07:164　T08:050　T08:096　T09:019B　T09:029A

T09:029A　T09:035　T09:052A　T09:068A　T09:092A

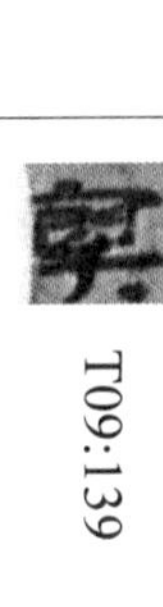
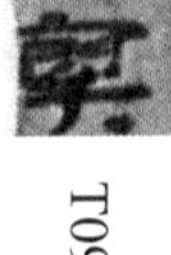

T09:139　T10:081　T10:120A　T10:120A　T10:121A

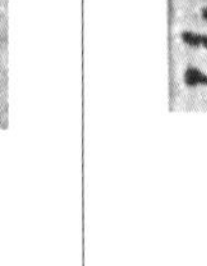

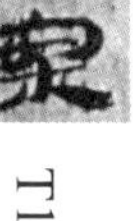

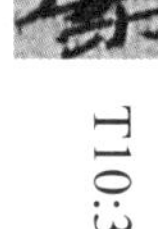

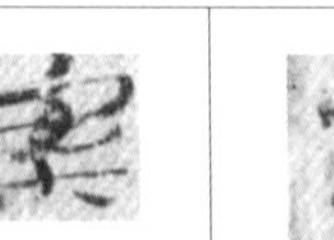

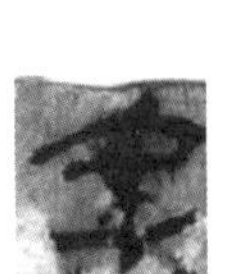

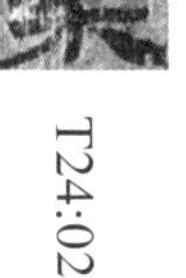

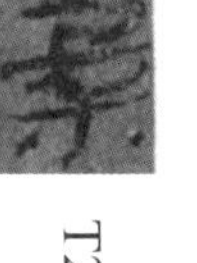

T10:121A
T10:214
T10:218A
T10:229A
T10:310

T10:312A
T10:313A
T10:315A
T10:315A
T10:338

T10:406
T21:064
T21:175A
T22:017
T23:200:②

T23:335
T23:345
T23:432
T23:450
T23:789A

T23:897A
T24:023A
T24:024A
T24:078
T24:132

T24:140
T24:245
T24:247A
T24:266A
T24:322

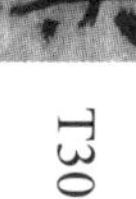

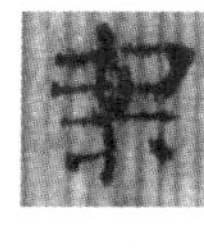

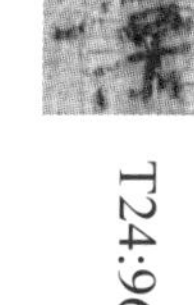
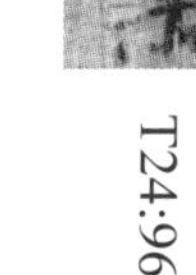

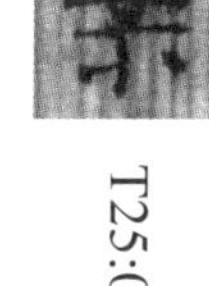

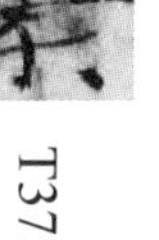
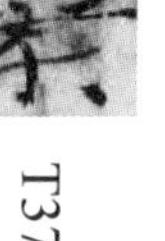
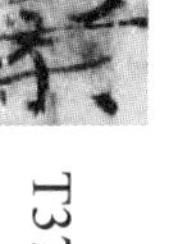

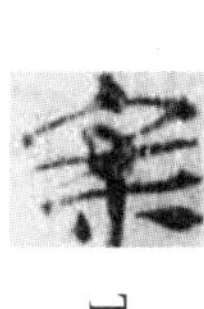

T24:407
T24:873A
T24:961
T25:006
T25:015A

T25:036
T26:025
T30:026
T30:108
T30:234

T30:243A
T31:149
T32:045A
T33:039
T33:040A

T34:001A
T37:033
T37:151
T37:400A
T37:521

T37:527
T37:540
T37:637
T37:692
T37:733

T37:774
T37:784A
T37:932A
T37:968A
T37:1014

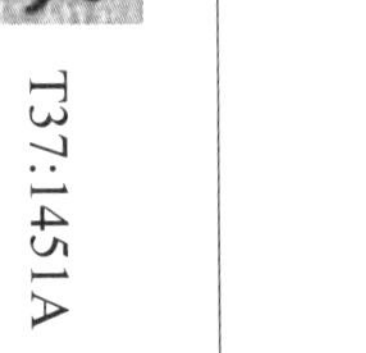
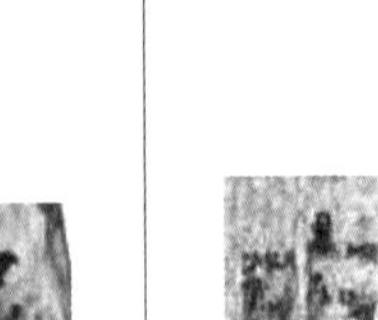
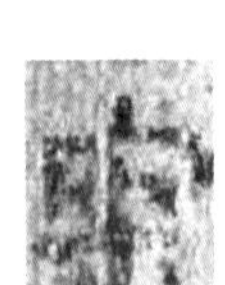

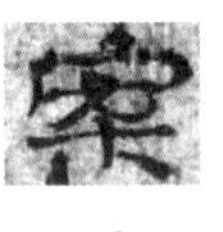

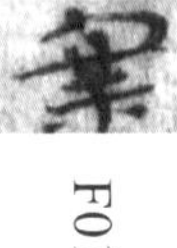

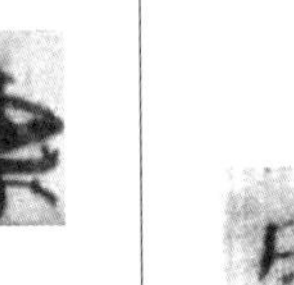

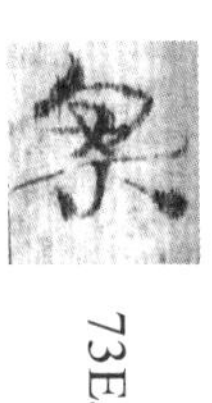

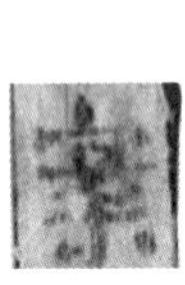

T37:1047A
T37:1075A
T37:1076A
T37:1188

T37:1451A
T37:1491
H01:012B
H01:014
H02:042

F01:025
F01:036
F01:117
73EJF3:175+219+583+196+407

73EJF3:260
73EJF3:316
73EJF3:328A
73EJF3:566

73EJD:2
73EJD:37A
72EJC:140
72EJC:147A

73EJC:451
73EJC:529A
73EJC:590

枓	椑	榼	櫝	榺	杼
0797	0798	0799	0800	0801	0802
T04:023B	T01:079	73EJD:47	T37:673	73EJF3:447A	T05:039
T23:068A	T22:011B	73EJD:47			T21:126
T23:068A	T23:062				
T37:1542	T23:208B				
T37:1550	73EJF3:53				

杖 0803	棓 0804	椎 0805	柯 0806	柲 0807	檄 0808
73EJF3:383	T30:214	T01:142A	T24:592	73EJD:11	T06:062A
	T37:1553	T24:592	T25:104		T06:069
		T37:1547	73EJC:550		T06:069
		T37:1554			73EJD:91A

椄 0809

T37:1556+1558

F01:055

櫓 0810

T26:283

樂 0811

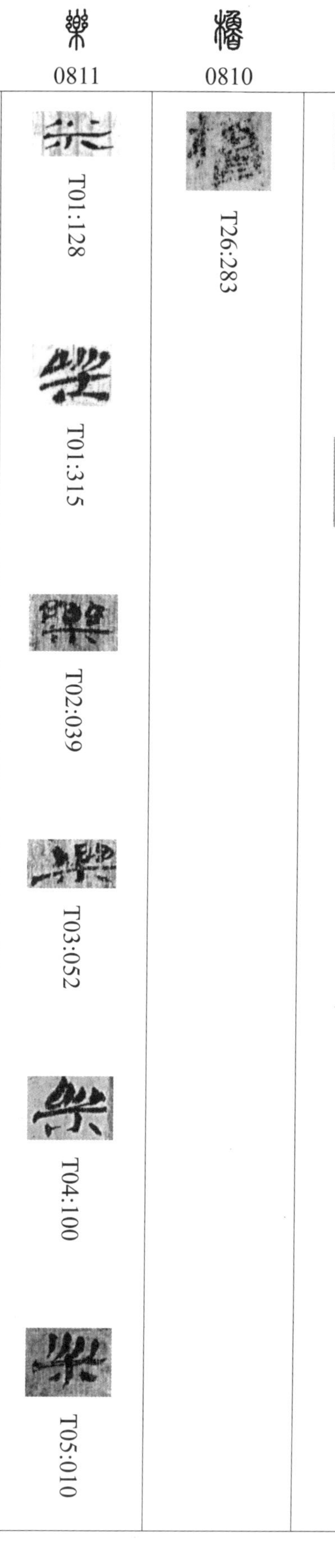

T01:128

T01:315

T02:039

T03:052

T04:100

T05:010

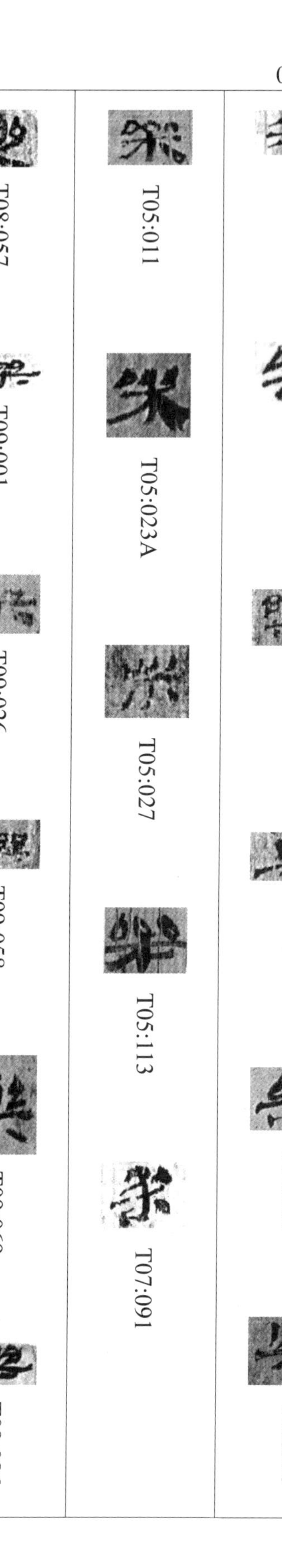

T05:011

T05:023A

T05:027

T05:113

T07:091

T08:057

T09:001

T09:026

T09:058

T09:069

T09:086

T09:114

T09:123

T09:206

T09:228

T09:241

T10:120A

木部　樂

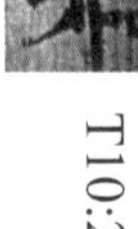

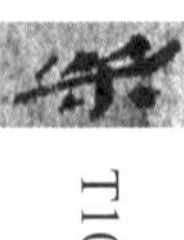
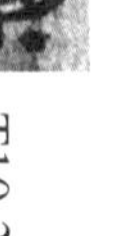

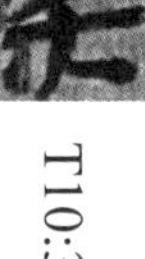
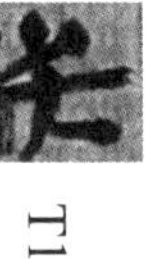

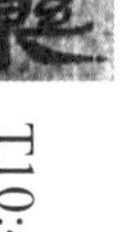

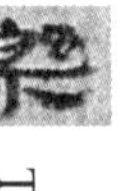

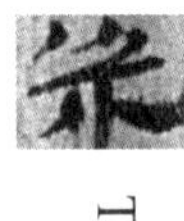
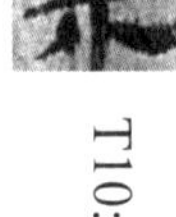

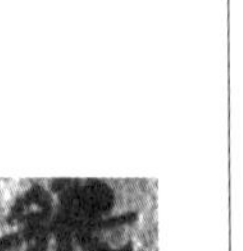

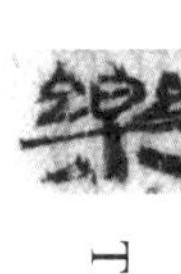
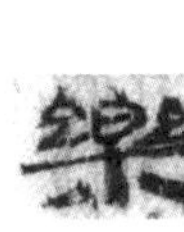
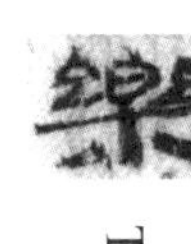
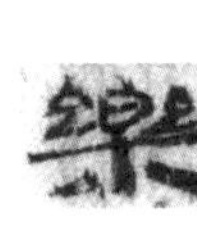

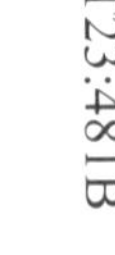

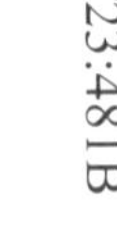

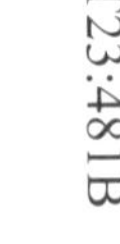
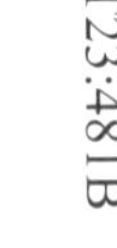

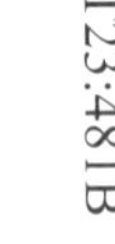

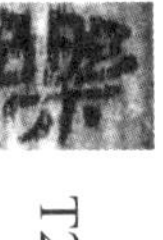

T10:153
T10:164
T10:183
T10:227
T10:289

T10:289
T10:312A
T10:340
T10:404
T10:424
T21:040

T21:095
T21:137
T21:211
T21:221
T21:313

T21:356
T22:034
T22:056
T22:098
T23:303
T23:451

T23:481B
T23:492B
T23:789A
T23:877A
T23:980

T23:991
T24:046
T24:052
T24:128
T24:248

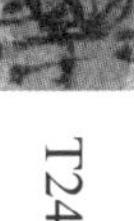

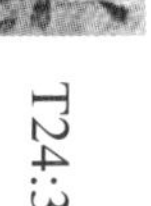

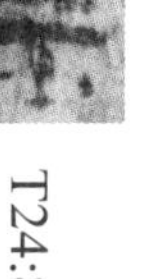
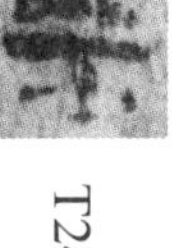

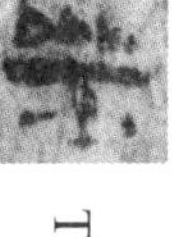
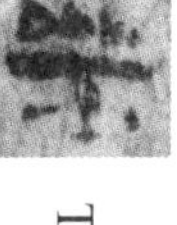
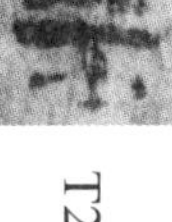

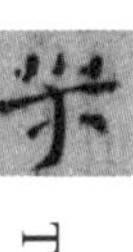
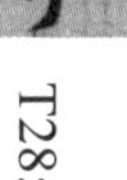
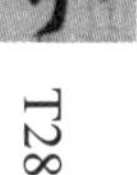

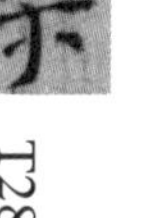

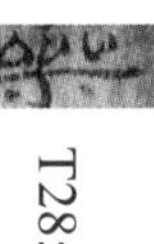

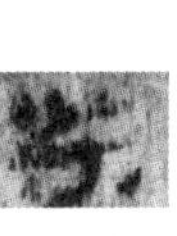

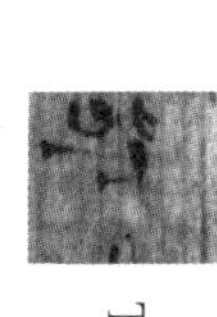

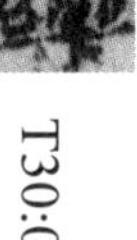

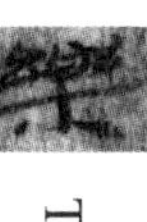

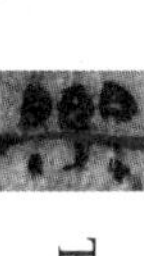

T24:250
T24:250
T24:266A
T24:333
T24:541

T24:549
T24:590
T24:791
T24:794
T24:866
T24:970

T24:970
T24:974
T25:107
T25:133
T26:086
T26:120

T26:126
T28:007
T28:011
T28:016
T28:036
T28:095

T28:097
T28:104
T29:039
T29:040
T30:017

T30:035A
T30:062
T30:105
T30:219
T30:266

T31:080

T31:091

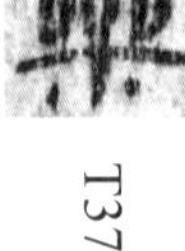
T31:117

T31:126

T31:160

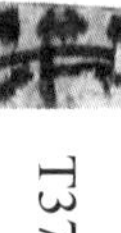
T32:039

T33:040A

T33:041A

T37:020

T37:083

T37:099

T37:102

T37:125

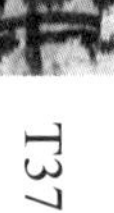
T37:240

T37:521

T37:529

T37:548

T37:560

T37:719

T37:745

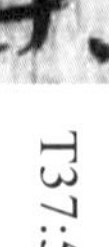
T37:765

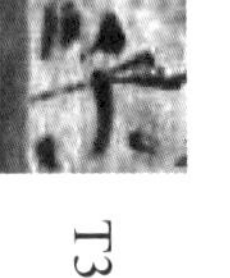
T37:782

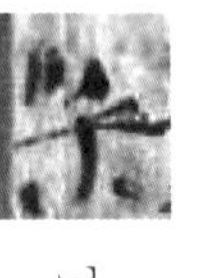
T37:814

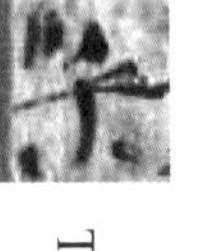
T37:827

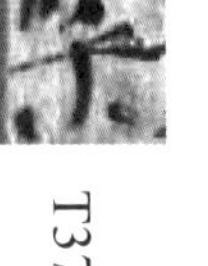
T37:858

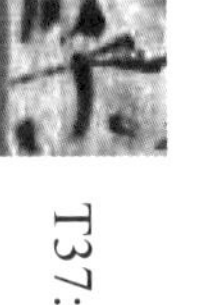
T37:871

T37:924

T37:993

T37:1027

T37:1028

T37:1052A

T37:1075A

T37:1075A

T37:1111

T37:1189

T37:1326

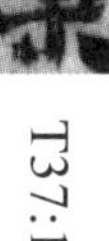
T37:1399A

T37:1516

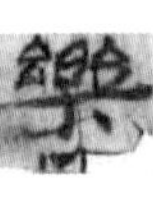
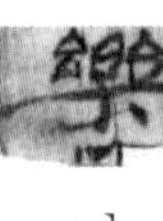
T37:1523

T37:1586

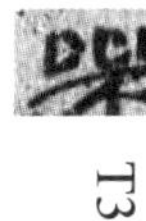
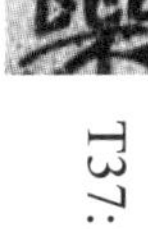
73EJF3:16

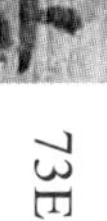
73EJF3:415+33

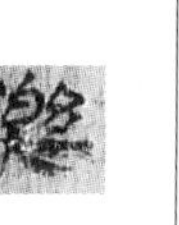

73EJF3:35

73EJF3:52

73EJF3:139

73EJF3:165

73EJF3:178A

73EJF3:178A

73EJF3:251B+636A+562B+234B+445B

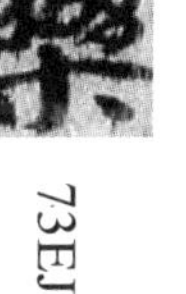

73EJF3:254

73EJF3:416+364

73EJF3:366

73EJF3:374

73EJF3:408A

73EJF3:536+424

73EJD:27

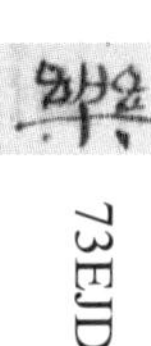

73EJD:93

73EJD:173

73EJD:204

72EJC:63A

72EJC:154

72EJC:223
73EJC:352
73EJC:352
73EJC:425
73EJC:471

73EJC:479
73EJC:603
73EJC:615
73EJC:642

柎 0812

T09:102B
T30:026

札 0813

T21:444
T26:240
T37:905A
73EJF3:429+434
72EJC:60

檢 0814

T03:033A
T03:055
T09:065
T24:532A
T37:052

T37:162
T37:523A
T37:527
T37:527
T37:974

檄

檄

0815

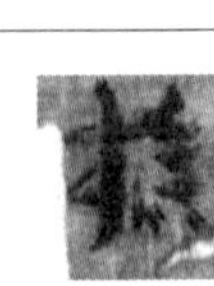
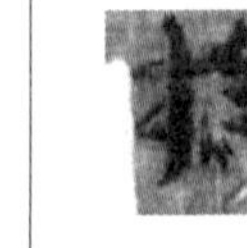

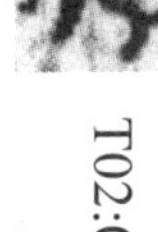

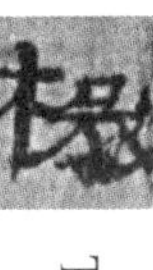

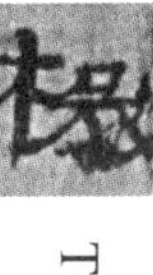
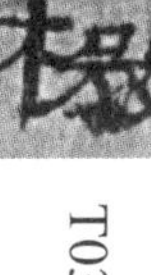

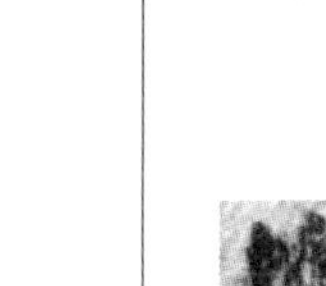
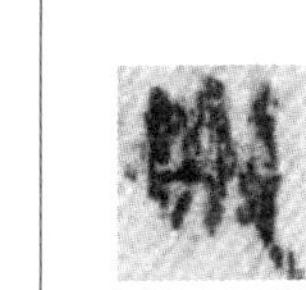

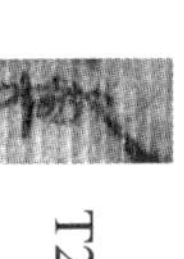

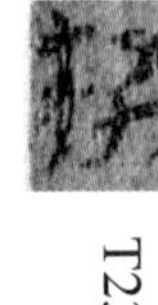

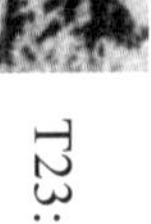

F01:110
73EJF3:163

T01:063
T02:023
T03:032
T03:082
T09:103A

T10:125
T10:154A
T21:028B
T21:274
T21:302

T21:357
T22:026
T22:026
T22:114
T23:157A

T23:213
T23:292
T23:311
T23:727
T23:797B

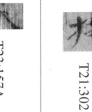

T23:918B
T23:938
T24:026
T24:026
T24:026

T24:026

T24:026

T24:236

T26:109

T28:013B

T28:054

T28:107

T29:098

T30:026

T30:048

T31:035
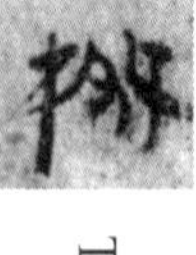
T31:117

T37:049B

T37:1533B

T37:1535B

H02:053A

H02:053A

73EJF3:39A

73EJF3:41B

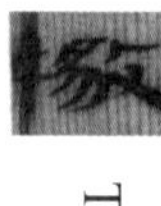
73EJF3:42

73EJF3:185

73EJF3:432

73EJF3:449B

73EJD:35

73EJD:71A

72EJC:94

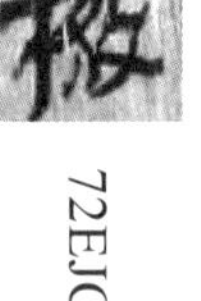
72EJC:131

72ECC:18

橾 0816

橋 0817

梁 0818

橾 0816：73EJC:607　73EJC:607

橋 0817：T01:030　T05:053　T22:055　T23:385　T37:085

梁 0818：T01:075　T01:081　T01:134　T01:135　T01:157　T01:161　T02:043　T03:102　T03:104　T04:153　T05:014　T05:039　T06:027A　T07:006　T08:005　T21:037　T21:064　T21:373　T21:419　T21:430

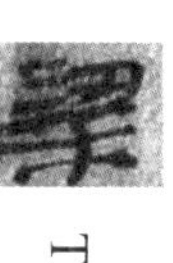
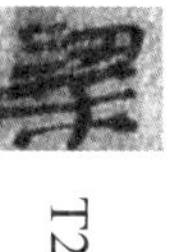

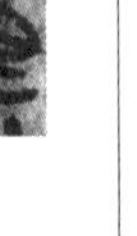

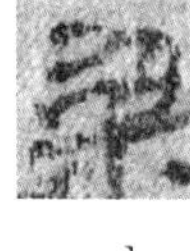

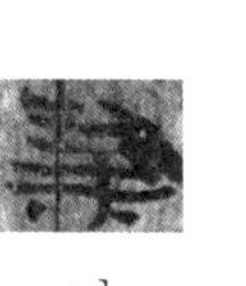

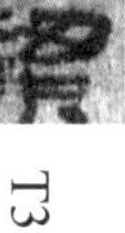

T23:296A
T23:498
T23:767
T23:810
T23:896B

T23:939
T24:028
T24:256
T24:541
T24:706

T24:754
T24:776
T24:889
T24:938
T24:970

T27:021
T29:071
T29:096
T30:028A
T33:052

T37:550
T37:750
T37:849
T37:852
T37:1111

T37:1120
T37:1497
H02:094
73EJF3:124A
73EJF3:125B

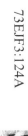

73EJF3:288

73EJF3:355

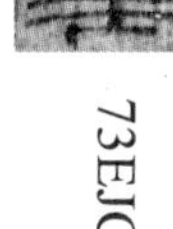
73EJD:38

73EJD:44

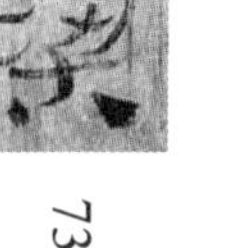
73EJC:344

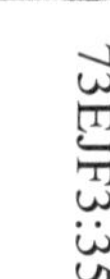
73EJC:427

73EJC:593

按：所从「木」或訛同「未」「米」。

校

0819

T01:014A

T21:097

T21:097

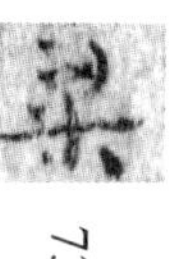
T23:142

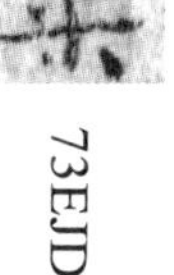
T23:272

T23:289

T23:731B

T23:887

T23:887

T24:032

T24:245

T24:455

T37:049B

T37:779

T37:788A

T37:949

T37:1167A

73EJF3:54

73EJF3:150A

73EJF3:163

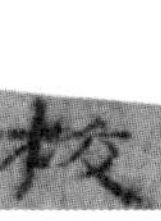

73EJF3:520

采 0820

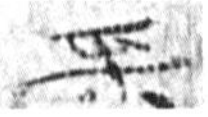

T06:062A

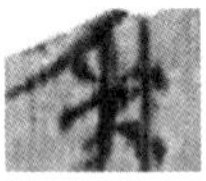

T10:058

横 0821

T02:073

T10:361

T24:035A

T26:056

T26:217

T30:014

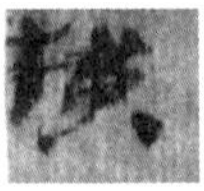

T30:113

T37:267

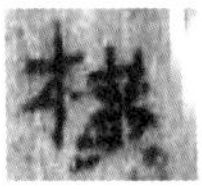

T37:719

T37:992

H01:035A

檮 0822

T23:286A

T23:286B

T27:044A

T27:044B

T27:044C

T27:044D

73EJD:320A

73EJD:320C

析 0823

T06:069

休 0824

T28:002

T37:1052A

械 0825

T30:006

槥 0826

T06:014B

T09:103A

T26:284

73EJF3:298

楬 0827

72ECC:16

杌	板		棻	椒	棰
0828	0829		0830	0831	0832
T01:001	T01:041	H02:094	T01:001	T30:193	T01:142A
	T21:124	73EJC:590			
	T31:142				
	T37:660				
	T37:849				
	T37:1544				

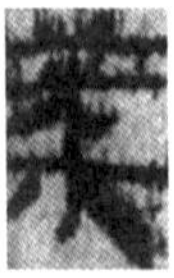

0833 楪	0834 椹	0835 榬	0836 榑	0837 槧	0838 東
T31:067	T27:063	73EJD:209	T24:297	T37:1164	T01:115
T37:1556+1558					T01:149
					T01:155
					T02:005
					T02:061

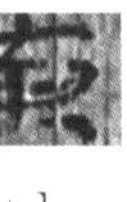

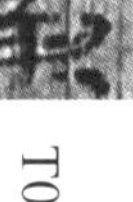

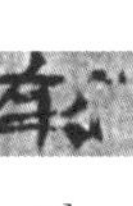
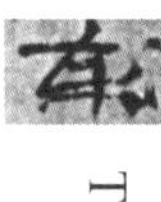
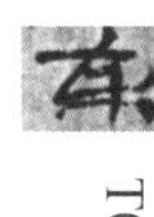
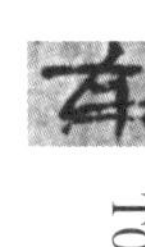

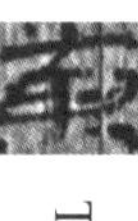
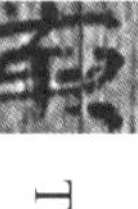
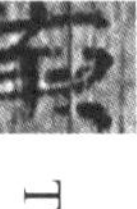
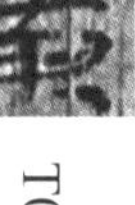
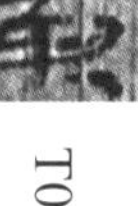

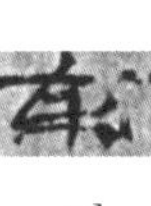
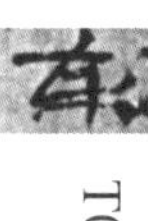

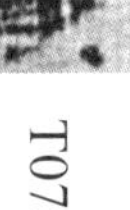

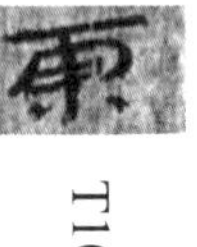

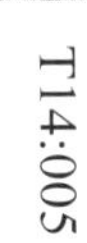

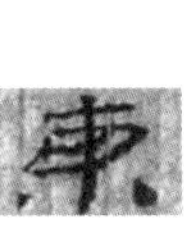
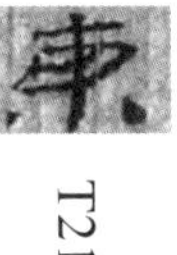

T02:100
T02:100
T03:050
T05:019
T05:019
T05:039

T06:028
T06:134
T07:003
T07:028
T07:033

T07:034
T07:041
T07:042
T07:090
T08:024

T09:040
T09:090
T09:090
T09:101
T09:194

T09:349
T10:128
T10:312A
T10:315A
T14:005

T14:006
T21:107
T21:107
T21:206A
T21:310

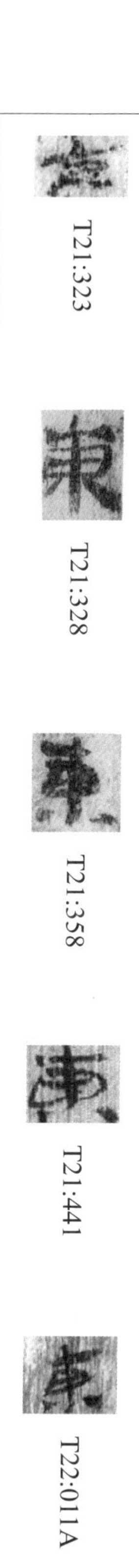

T21:323
T21:328
T21:358
T21:441
T22:011A

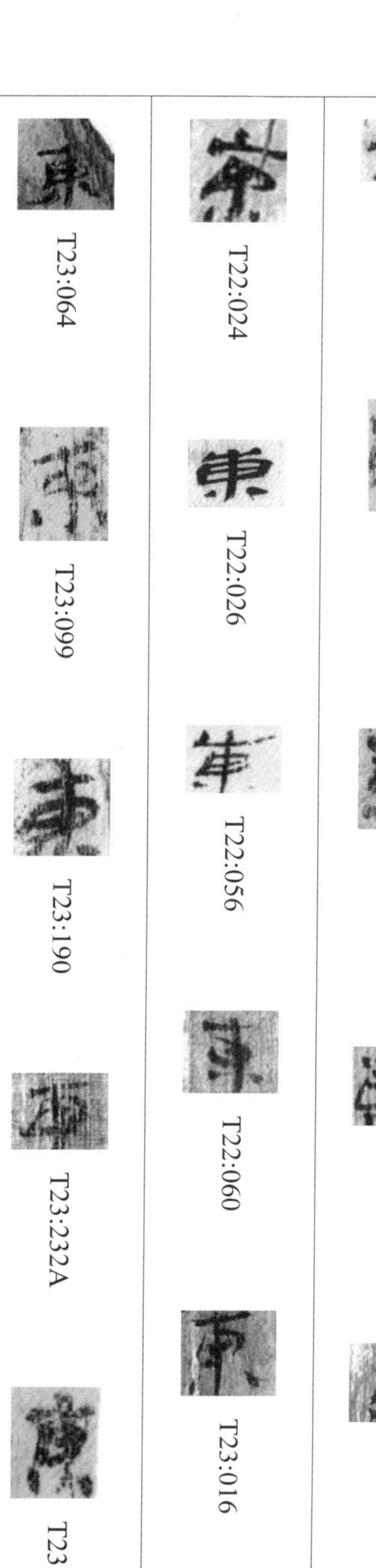

T22:024
T22:026
T22:056
T22:060
T23:016

T23:064
T23:099
T23:190
T23:232A
T23:260

T23:295
T23:335 
T23:348 
T23:481B 
T23:568 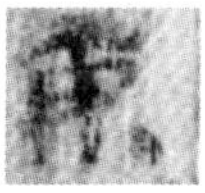

T23:608
T23:657 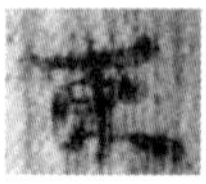
T23:764 
T23:804B 
T23:855A 

T23:906A
T23:922 
T23:969 
T23:969 
T23:992

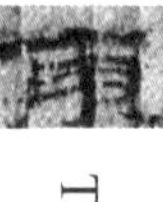
T23:992

T23:992

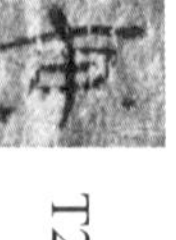
T24:004

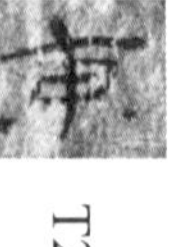

T24:023A

T24:046

T24:148

T24:241

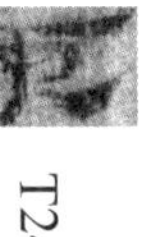
T24:256

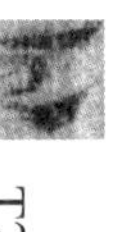

T24:258

T24:258

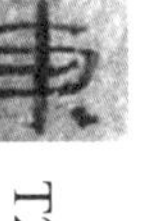
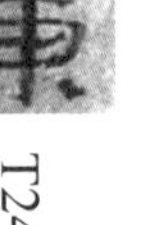
T24:372

T24:379

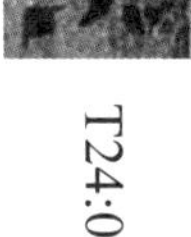

T24:392

T24:520

T24:543

T24:550

T24:627A

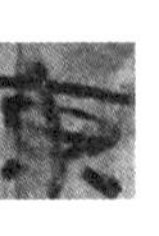
T24:706

T24:709

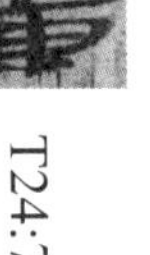

T24:749

T24:791

T24:852

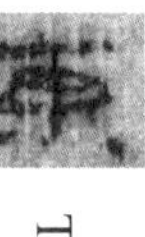
T24:863

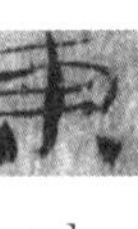

T24:897

T24:953

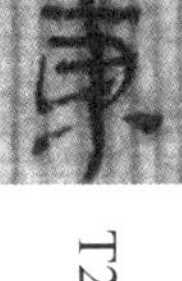
T24:953

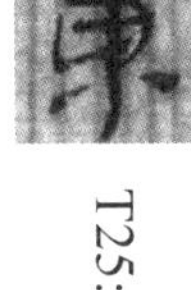
T24:974

T25:006

T25:018

T25:087

T25:090

東部 東

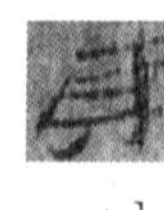

T25:094

T25:096

T26:034

T26:072

T26:182

T27:031

T27:047

T27:049

T28:001

T28:020

T28:029

T28:054
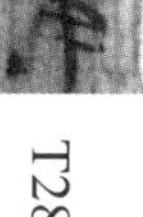
T28:075

T28:095
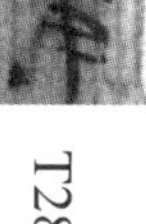
T28:110

T29:054

T29:115A

T29:120

T29:123

T29:124
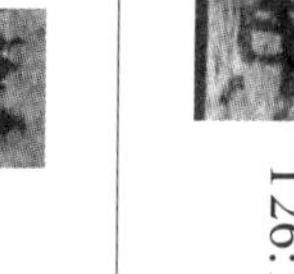
T30:008

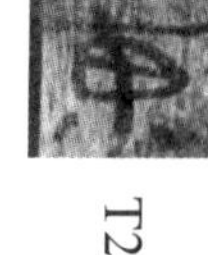
T30:070

T31:026

T31:026

T31:065
T31:076

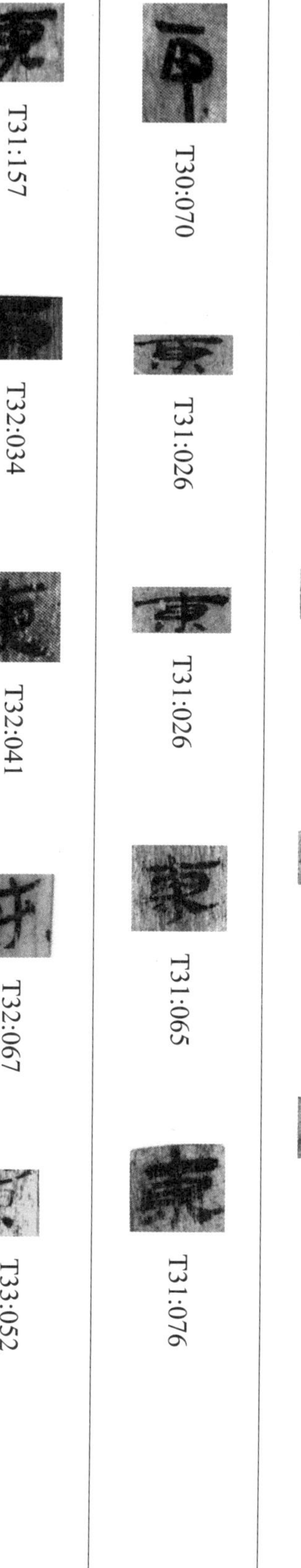
T31:157
T32:034
T32:041
T32:067
T33:052

東部 東

T33:083

T35:011

T37:055

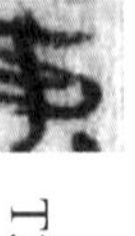
T37:064

T37:460

T37:460

T37:641

T37:741

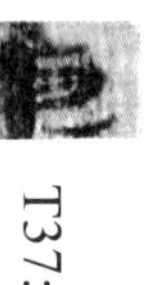
T37:750

T37:753

T37:768

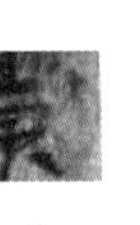
T37:834

T37:844

T37:852

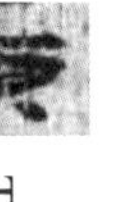
T37:871

T37:994

T37:1151A

T37:1333

T37:1386

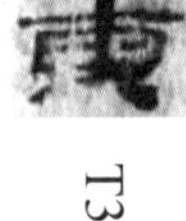
T37:1397A

T37:1415

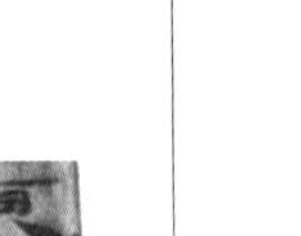
T37:1451A

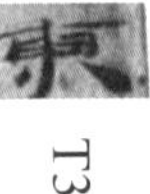
T37:1453

T37:1470

T37:1587

H01:050

H02:011

H02:050

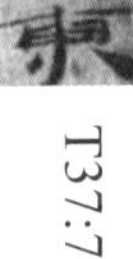
73EJF3:35

73EJF3:118A

73EJF3:270

73EJF3:276

73EJF3:298

73EJF3:377

73EJD:27

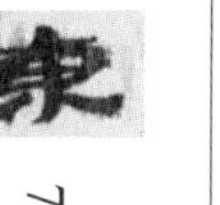
73EJD:101A

73EJD:105

73EJD:191

73EJD:233

73EJD:256

73EJD:286A

72EJC:135

72EJC:193

72EJC:198

72EJC:290

73EJC:335

73EJC:376

73EJC:425

73EJC:425

73EJC:604

73EJC:643

林

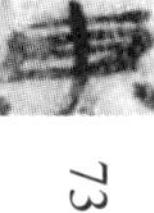

0839

T02:075

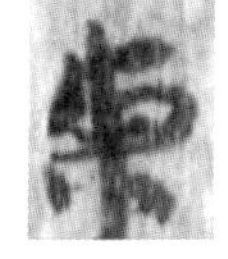
T04:019

T09:042

T09:178A

T10:266

T22:001

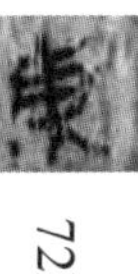
T23:323A

T23:484

T24:681B

T31:123

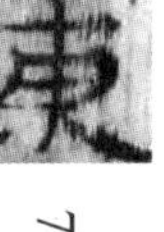
T37:1481

T37:1517

73EJF3:273+10

73EJF3:242

73EJF3:311

73EJC:358

73EJC:614

楚

0840

T32:058

麓

0841

T09:303

肩水金關漢簡字形編・卷六下

桑  0842

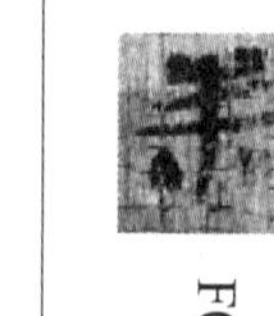
F01:006

之  0843

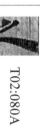

T01:029

T01:066

T01:080A

T01:126

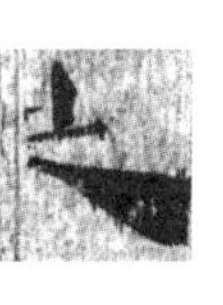
T01:166

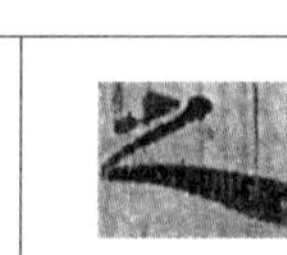

T02:080A

T02:082B

T02:083

T03:001

T03:004

T03:054A

T03:055

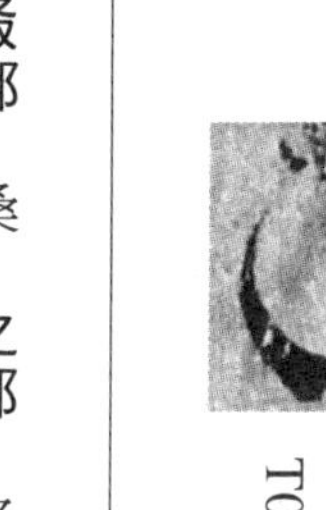
T03:055

T03:114

T03:114

T04:021

T04:022

T04:028

T04:041A

T04:063A

T04:108B

T04:110B

T04:117

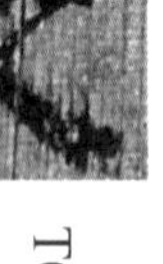
T04:119

T04:138

T05:005

T06:038A

T06:052

T06:120

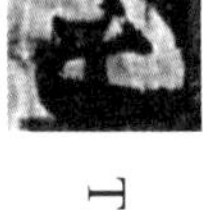

T06:138

T06:178

T06:187

T07:051

T07:081

T07:146

T07:159

T07:166A

T08:009

T08:078

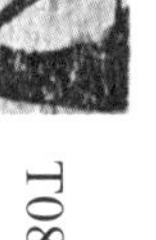

T09:012A

T09:035

T09:044

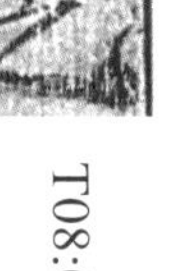
T09:050

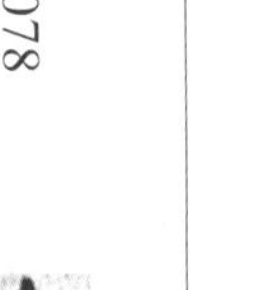
T09:059B

T09:062A

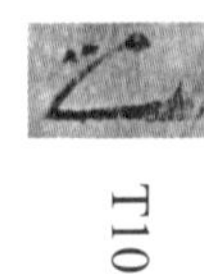
T09:092A

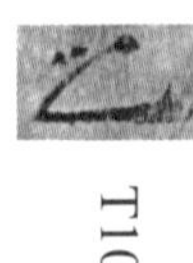
T09:104

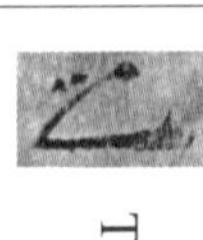
T09:104

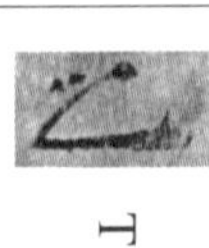
T09:138

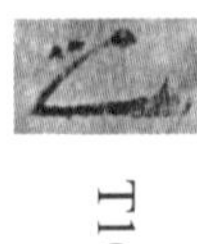
T09:139

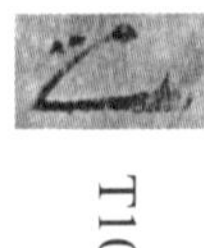
T09:242

T09:250

T09:251

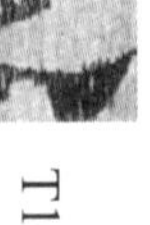
T10:002A

T10:058

T10:115A

T10:120A

T10:120A

T10:120A

T10:125

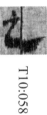

T10:155

T10:206

T10:210A

T10:212

T10:212

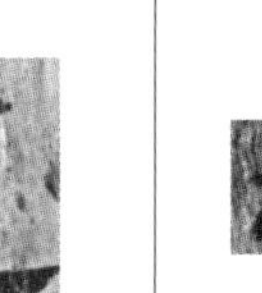
T10:214

T10:286

T10:292

T10:311

T10:311

T10:312A

T10:312A

T10:313A

T10:313A

T10:315A

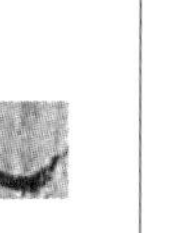
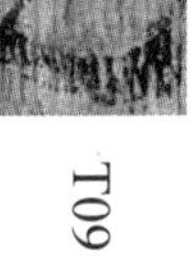

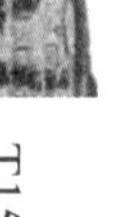

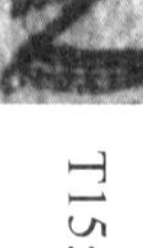

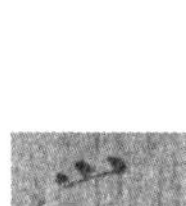
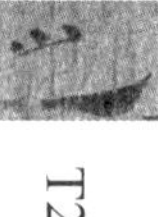
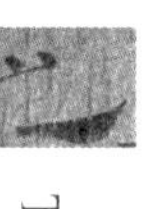

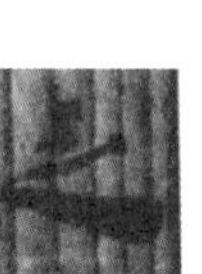

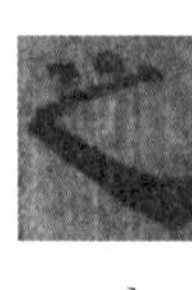
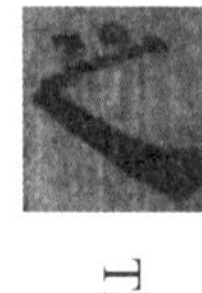

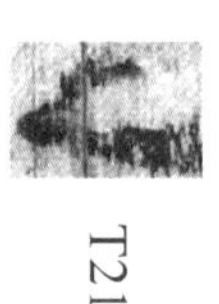
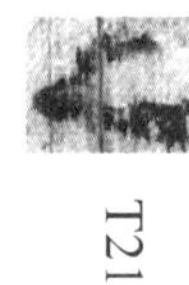

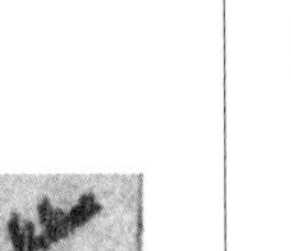
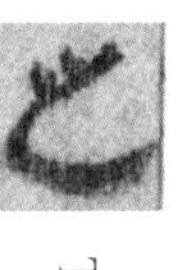
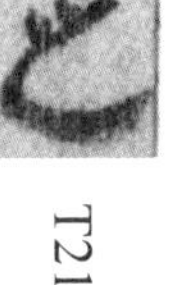

T10:315A T10:321 T11:001 T11:010 T14:042

T15:007 T15:024B T21:031 T21:039 T21:044

T21:047 T21:059 T21:059 T21:060A T21:060A

T21:065 T21:089A T21:108 T21:125A T21:127

T21:131B T21:154 T21:173 T21:176 T21:176

T21:240A T21:249A T21:350A T21:384 T22:003

T22:006
T22:006 
T22:011A 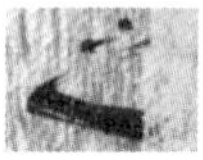
T22:051 
T23:019A 
T23:044 

T23:061
T23:090 
T23:133B 
T23:260 
T23:279A 

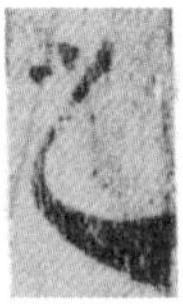

T23:282A
T23:345 
T23:573 
T23:575A 
T23:623 

T23:641
T23:710 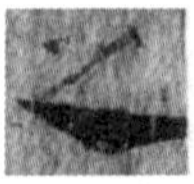
T23:731B 
T23:737 
T23:823 

T23:855A
T23:855A 
T23:866B 
T23:877A 
T23:880A 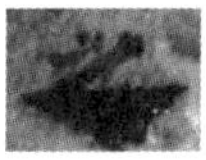

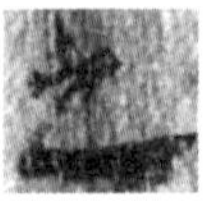

T23:894B
T23:896B 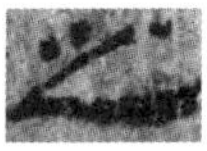
T23:897A 
T23:897B 
T23:929

之部 之

T23:929

T24:023A

T24:023A

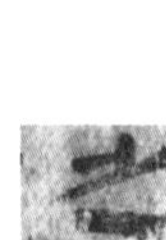

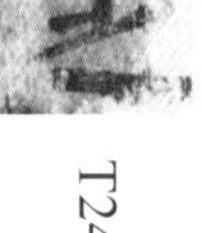
T24:024A

T24:031A

T24:031A

T24:059

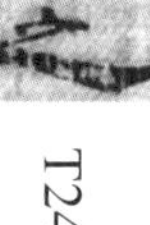
T24:104

T24:132

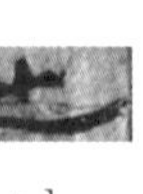

T24:148

T24:191

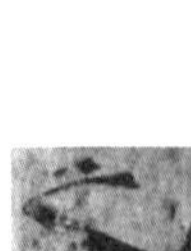

T24:245

T24:247A

T24:250

T24:264A

T24:266A

T24:317

T24:334A

T24:345A

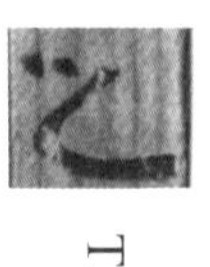
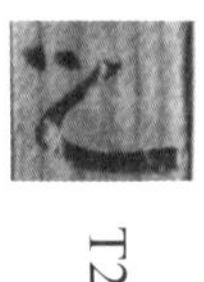
T24:346

T24:377

T24:431

T24:527

T24:532A

T24:555

T24:567

T24:577

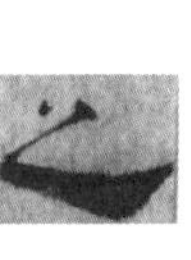
T24:712

T24:763

T24:773

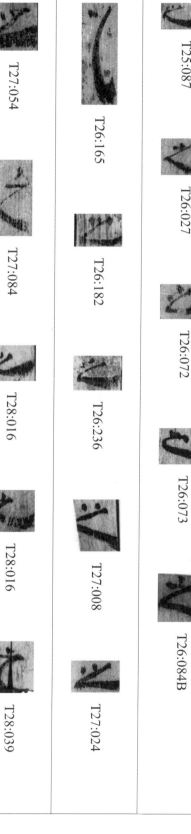

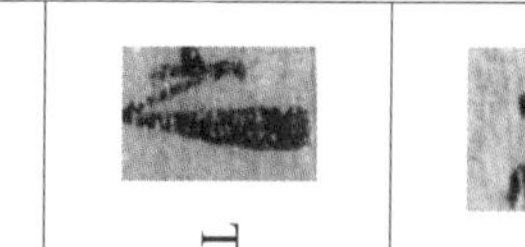
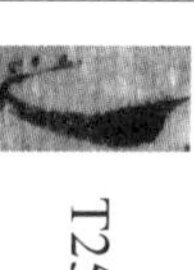
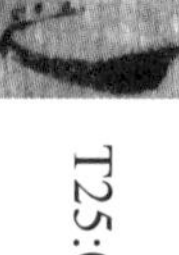
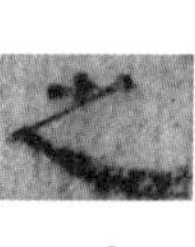

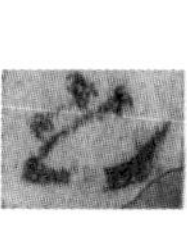
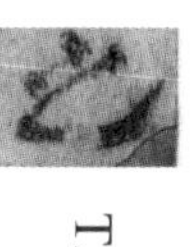
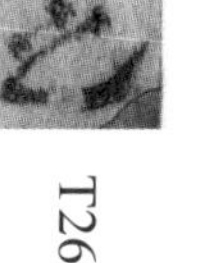
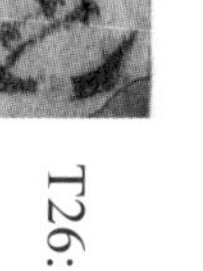

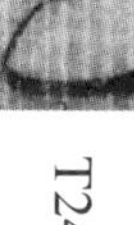
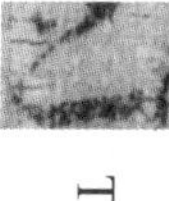
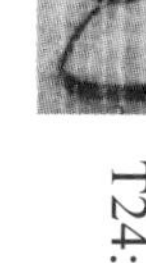
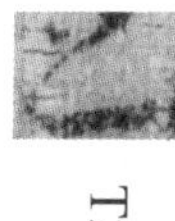

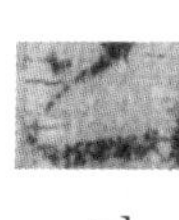

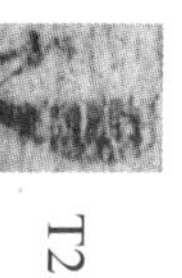
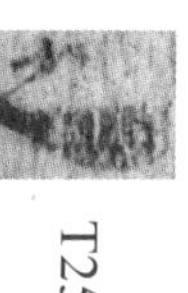
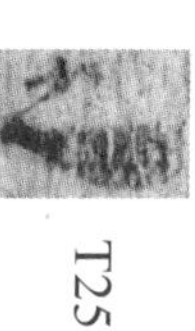
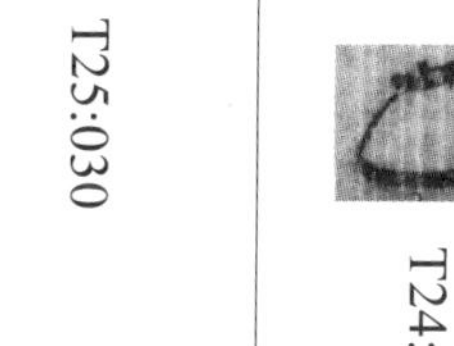

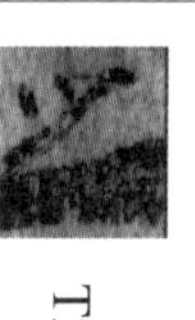

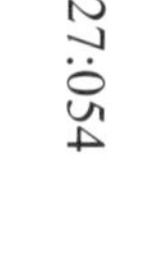

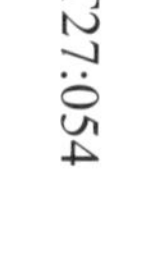

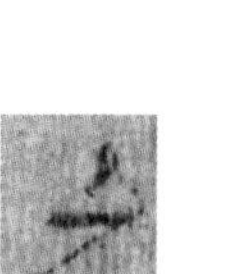

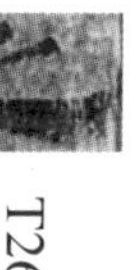

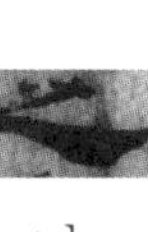
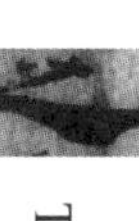
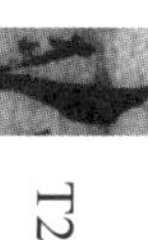

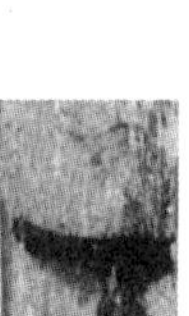

T24:833　T24:911　T24:949　T24:953　T24:961

T24:965　T25:006　T25:030　T25:030　T25:057　T25:074

T25:087　T26:027　T26:072　T26:073　T26:084B

T26:165　T26:182　T26:236　T27:008　T27:024

T27:054　T27:084　T28:016　T28:016　T28:039

T28:044　T28:044　T28:071　T28:092　T28:113

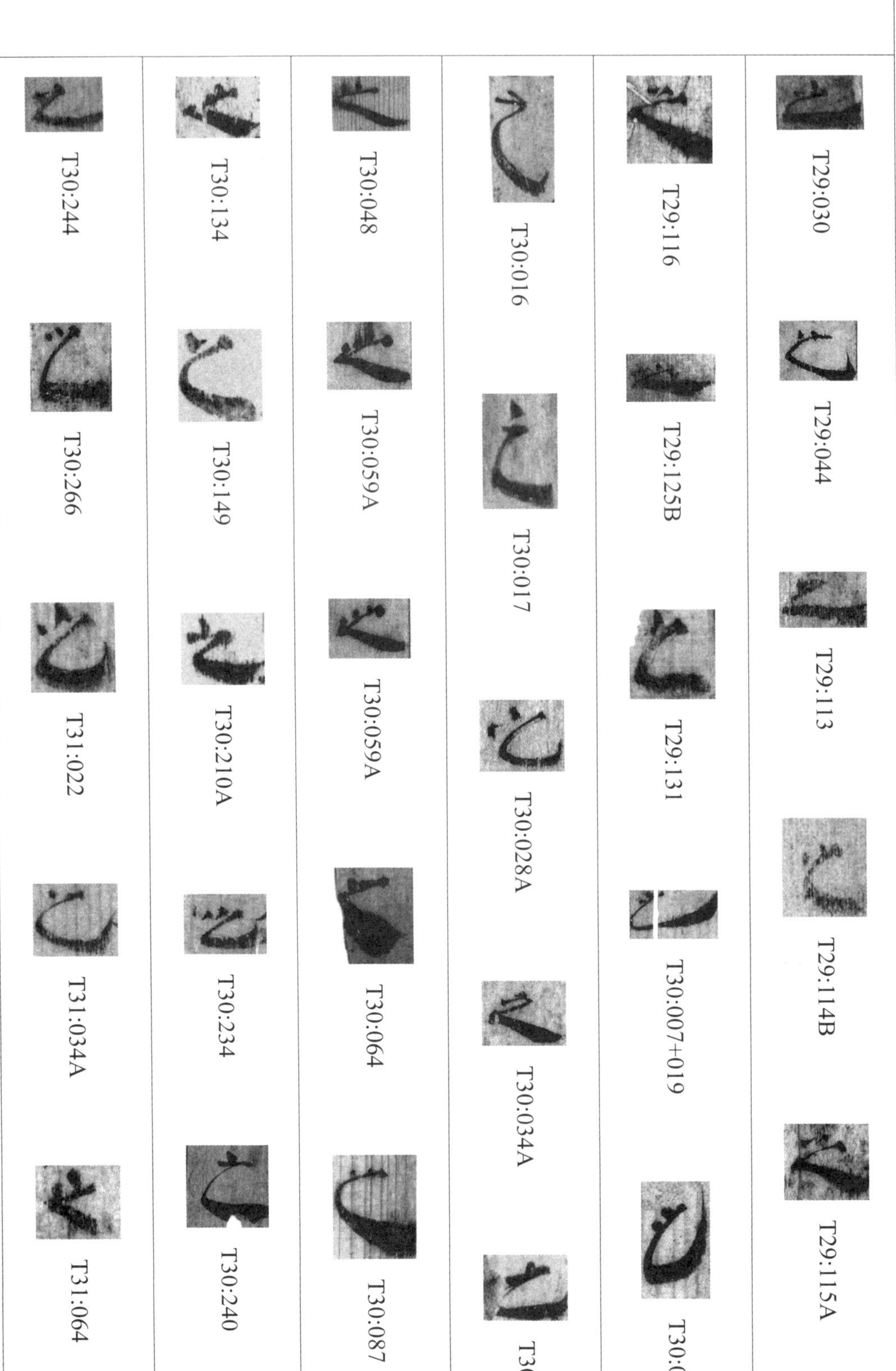

T29:030 T29:044 T29:113 T29:114B T29:115A

T29:116 T29:125B T29:131 T30:007+019 T30:007+019

T30:016 T30:017 T30:028A T30:034A T30:041

T30:048 T30:059A T30:059A T30:064 T30:087

T30:134 T30:149 T30:210A T30:234 T30:240

T30:244 T30:266 T31:022 T31:034A T31:064

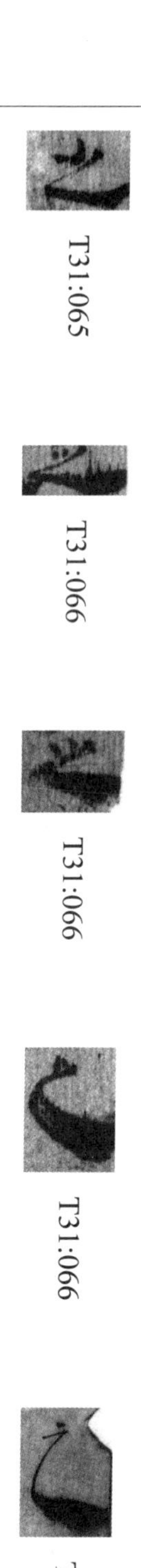

T31:065　T31:066　T31:066　T31:066　T31:069

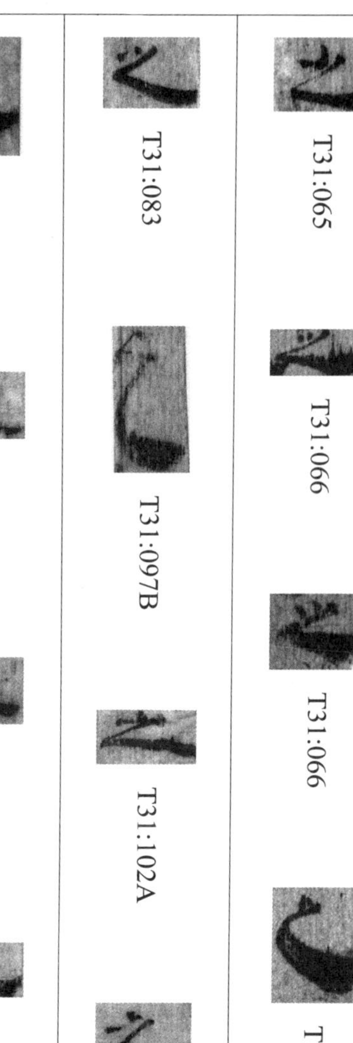

T31:083　T31:097B　T31:102A　T31:105　T31:105

T31:111　T31:139　T31:139　T31:141　T32:006

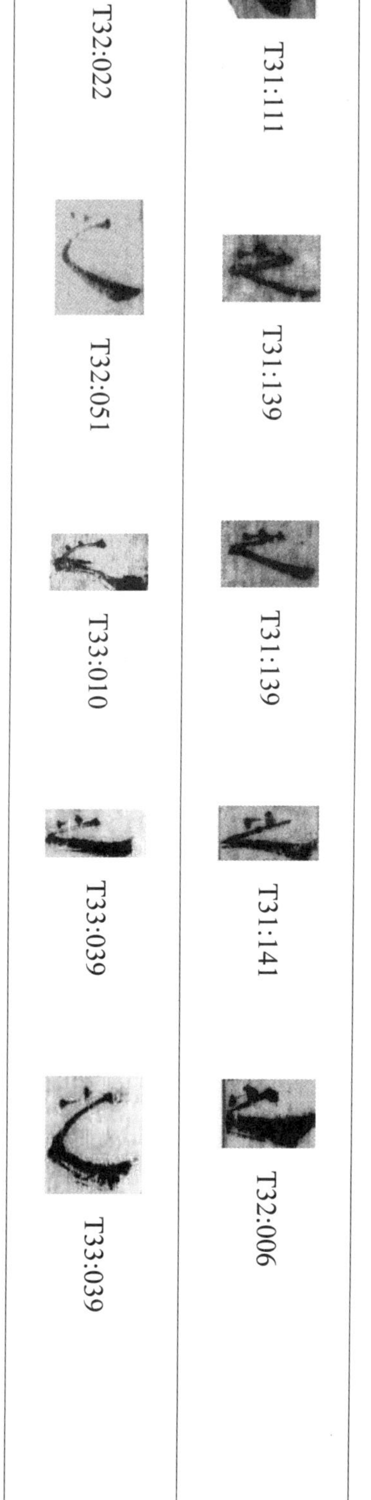

T32:022　T32:051　T33:010　T33:039　T33:039

T33:039　T33:040A　T33:040A　T33:040A　T33:041A

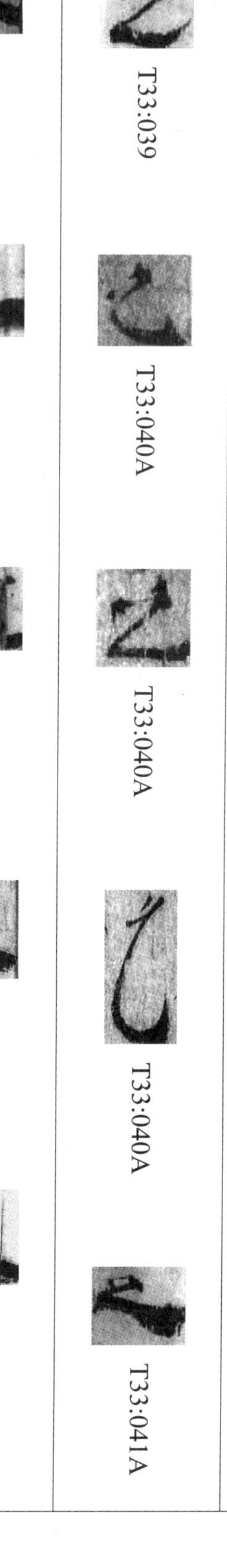

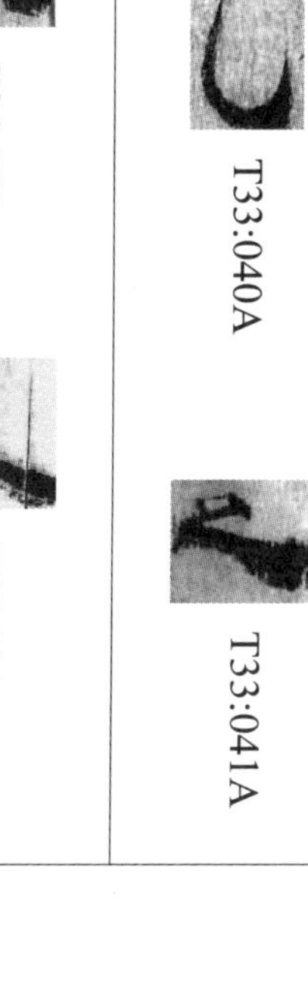

T33:072　T34:006A　T34:006A　T34:027　T37:001

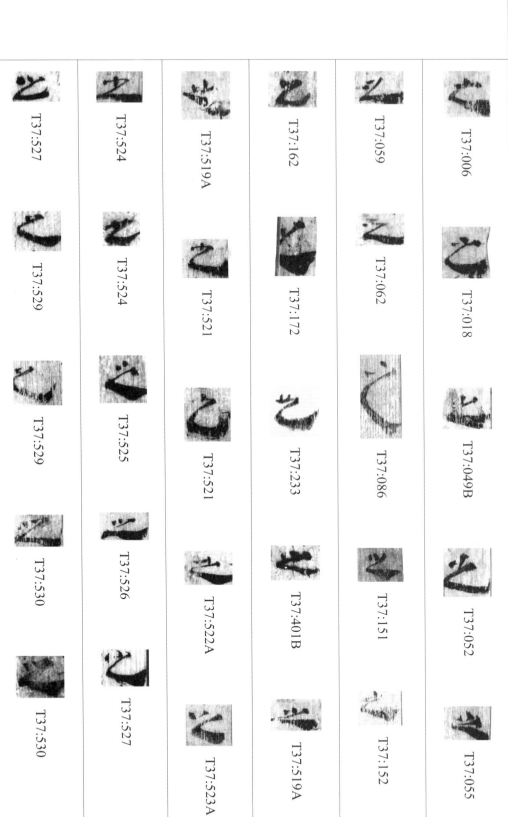

T37:006

T37:018

T37:049B

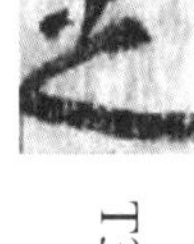
T37:052

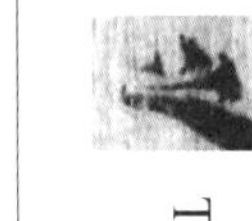
T37:055

T37:059

T37:062

T37:086

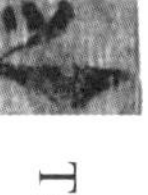
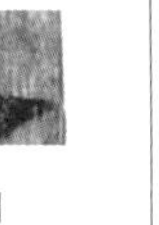

T37:151

T37:152

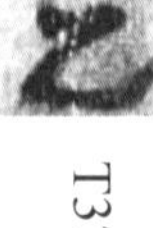

T37:162

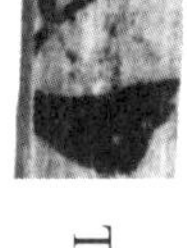
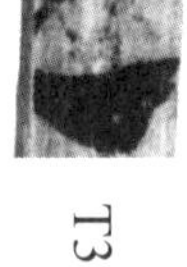

T37:172

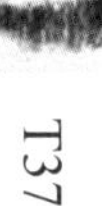
T37:233

T37:401B

T37:519A

T37:519A

T37:521

T37:521

T37:522A

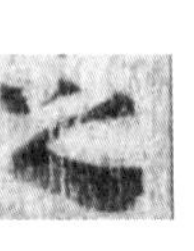

T37:523A

T37:524

T37:524

T37:525

T37:526

T37:527

T37:527

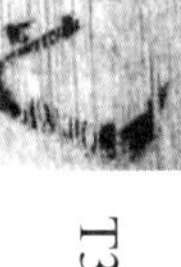
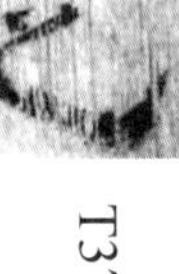

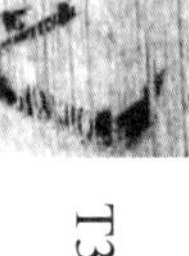
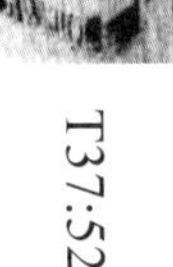
T37:529

T37:529

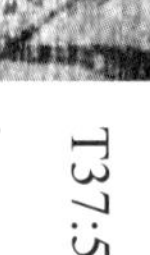
T37:530

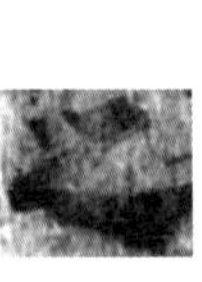
T37:530

T37:531

T37:531

T37:617
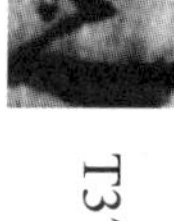
T37:629

T37:684

T37:692

T37:721

T37:757
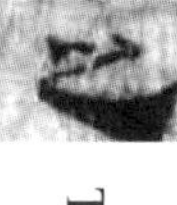

T37:770A
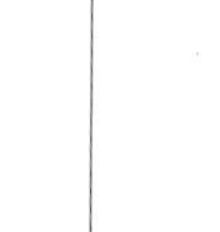

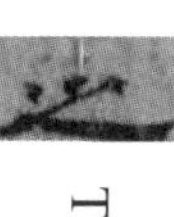

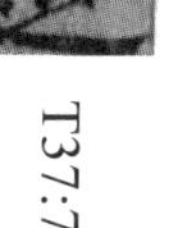
T37:780

T37:780

T37:781A
T37:784A
T37:786A
T37:799A

T37:806+816

T37:828A

T37:845

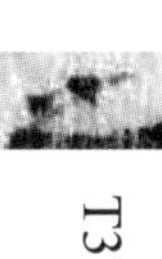
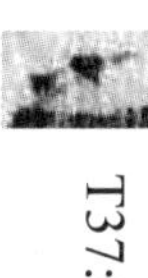
T37:851B
T37:871

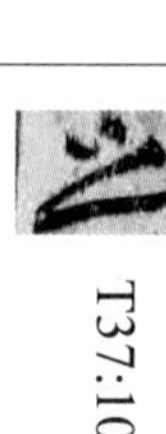

T37:898

T37:898
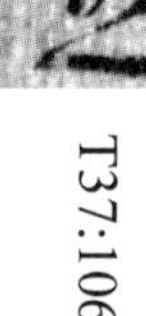

T37:975

T37:1029
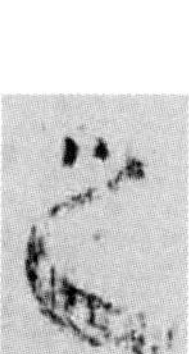
T37:1059

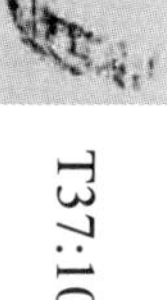
T37:1061A

T37:1063
T37:1063

T37:1075A
T37:1075A

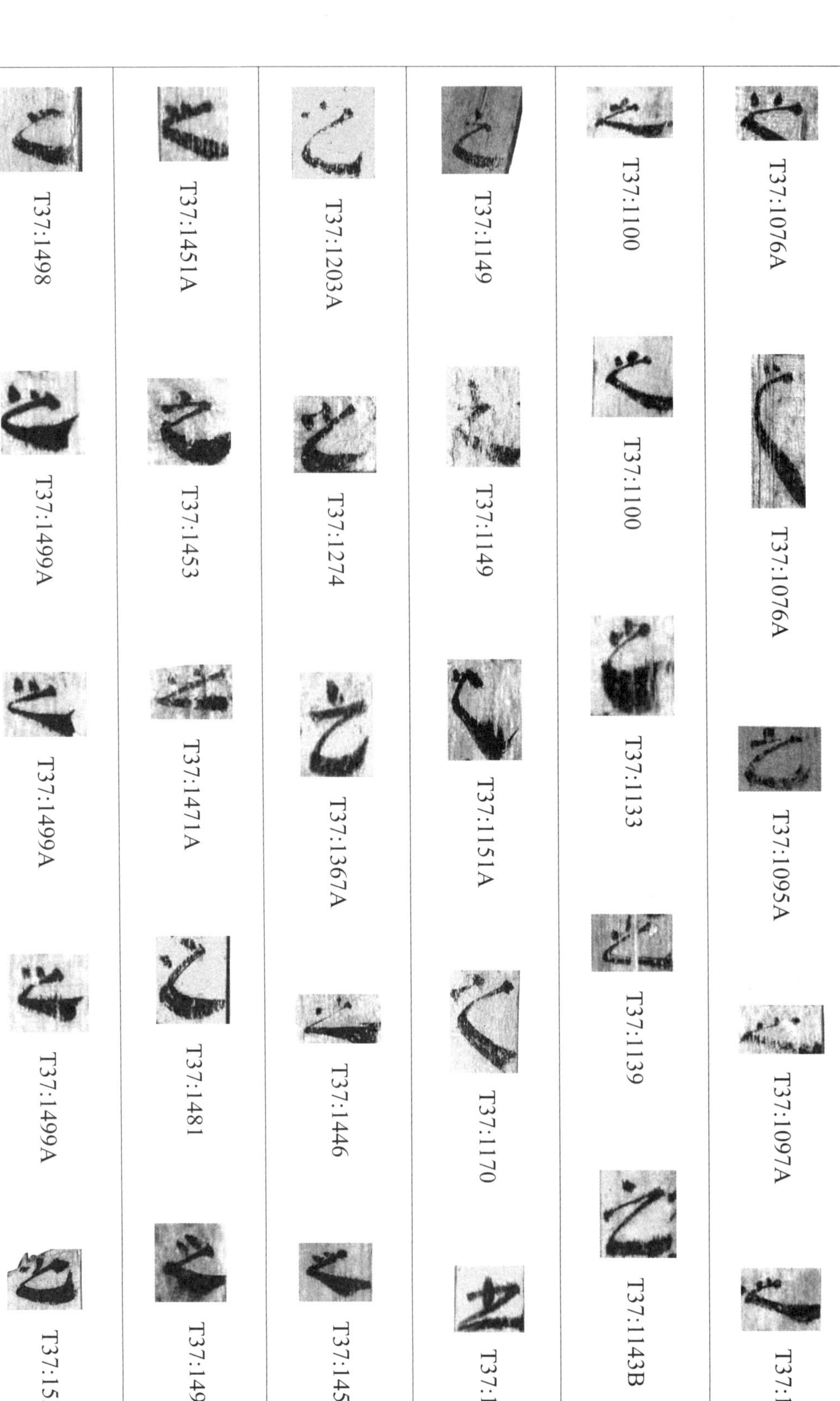
T37:1076A
T37:1076A
T37:1095A
T37:1097A
T37:1100
T37:1100
T37:1100
T37:1133
T37:1139
T37:1143B
T37:1149
T37:1149
T37:1151A
T37:1170
T37:1189
T37:1203A
T37:1274
T37:1367A
T37:1446
T37:1451A
T37:1451A
T37:1453
T37:1471A
T37:1481
T37:1491
T37:1498
T37:1499A
T37:1499A
T37:1499A
T37:1530

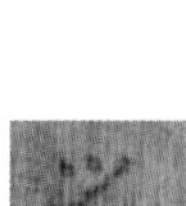

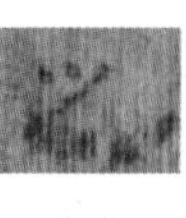
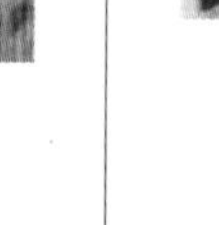

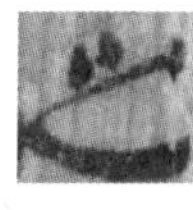

T37:1537A

H01:003A

H01:014

H01:078

H02:007

H02:028

H02:044

H02:048B

H02:076

H02:082

F01:013

F01:025

F01:025

F01:076

F01:084A

F01:086

F01:118A

73EJF3:43

73EJF3:46

73EJF3:50+533

73EJF3:67

73EJF3:76+448B

73EJF3:87

73EJF3:119A

73EJF3:159B

73EJF3:182A

73EJF3:182A

73EJF3:183B

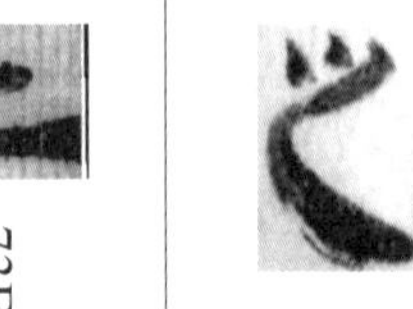
73EJF3:183B

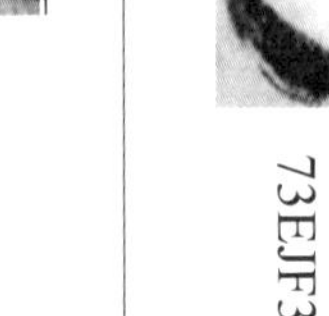
73EJF3:184A

73EJF3:254

73EJF3:313

73EJF3:325

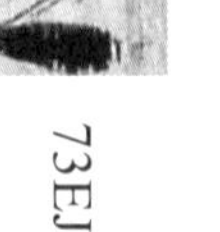
73EJF3:328A

73EJF3:328A

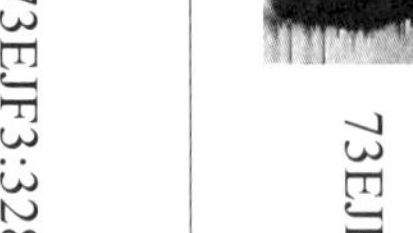
73EJF3:329B

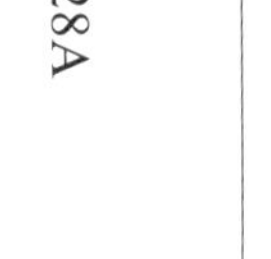
73EJF3:329B

73EJF3:330

73EJF3:331

73EJF3:335

73EJF3:384A

73EJF3:392B

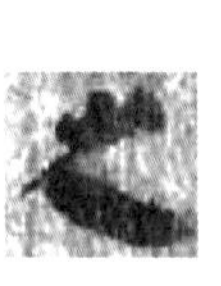
73EJF3:510A

73EJF3:518+517

73EJD:6

73EJD:37A

73EJD:37A

73EJD:44

73EJD:45

73EJD:45

73EJD:63

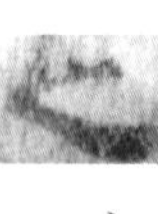
73EJD:68

73EJD:75B

73EJD:236

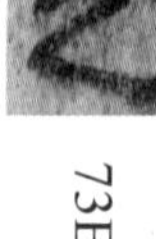
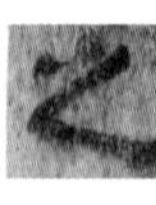

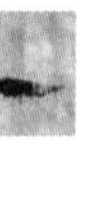

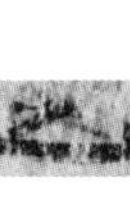

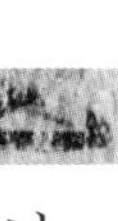

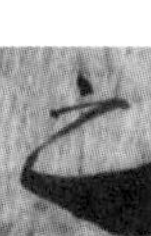

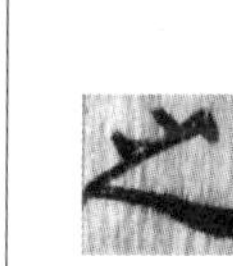

73EJD:265A
73EJD:277
73EJD:281A
73EJD:304B

73EJD:304B
72EJC:7
72EJC:8
72EJC:147A
72EJC:171

72EJC:179
73EJC:291
73EJC:291
73EJC:293
73EJC:419

73EJC:445A
73EJC:522
73EJC:555A
73EJC:557
73EJC:557

73EJC:600
73EJC:600
73EJC:603
73EJC:603
73EJC:607

73EJC:607
73EJC:607
73EJC:653
73EJC:653
73EJC:665

72EBS7C:1A

72EBS7C:1A

72EBS7C:1A

帀 0844

T05:008B

師 0845

T01:130

T21:021

T23:883

T25:005

T29:135

T37:752A

T37:1416

T37:1582

出 0846

T01:110

T01:144

T02:034

T02:047

T03:047A

T03:047B

T03:049

T03:061

T03:099

T03:100

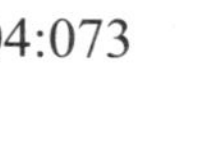

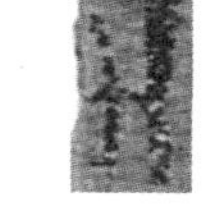
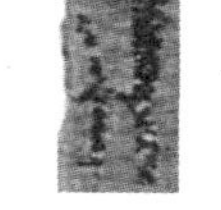
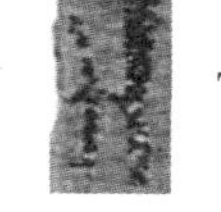
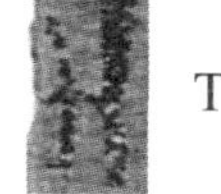

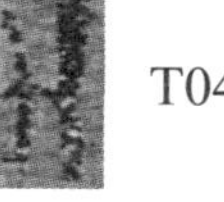
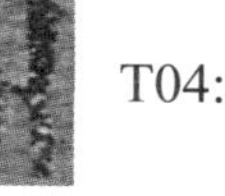
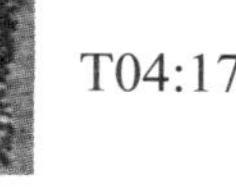
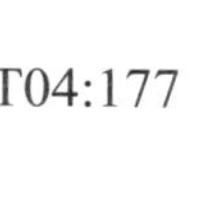

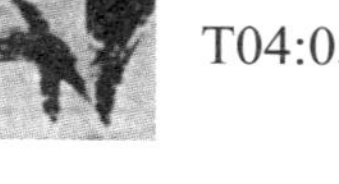
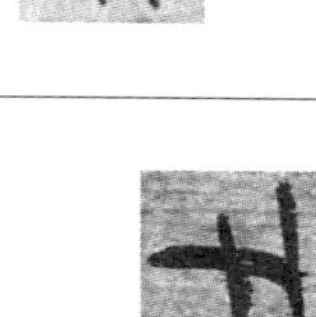

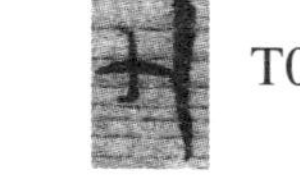

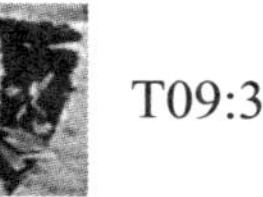
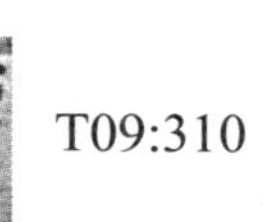

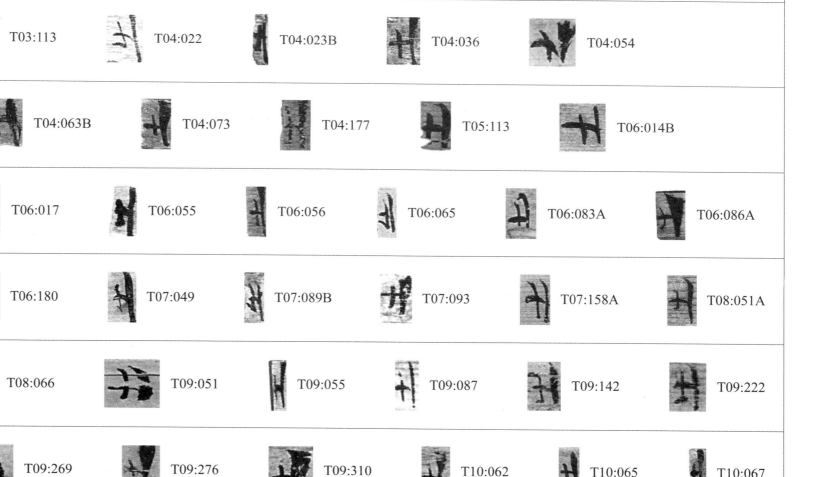

T03:113 T04:022 T04:023B T04:036 T04:054

T04:063B T04:073 T04:177 T05:113 T06:014B

T06:017 T06:055 T06:056 T06:065 T06:083A T06:086A

T06:180 T07:049 T07:089B T07:093 T07:158A T08:051A

T08:066 T09:051 T09:055 T09:087 T09:142 T09:222

T09:269 T09:276 T09:310 T10:062 T10:065 T10:067

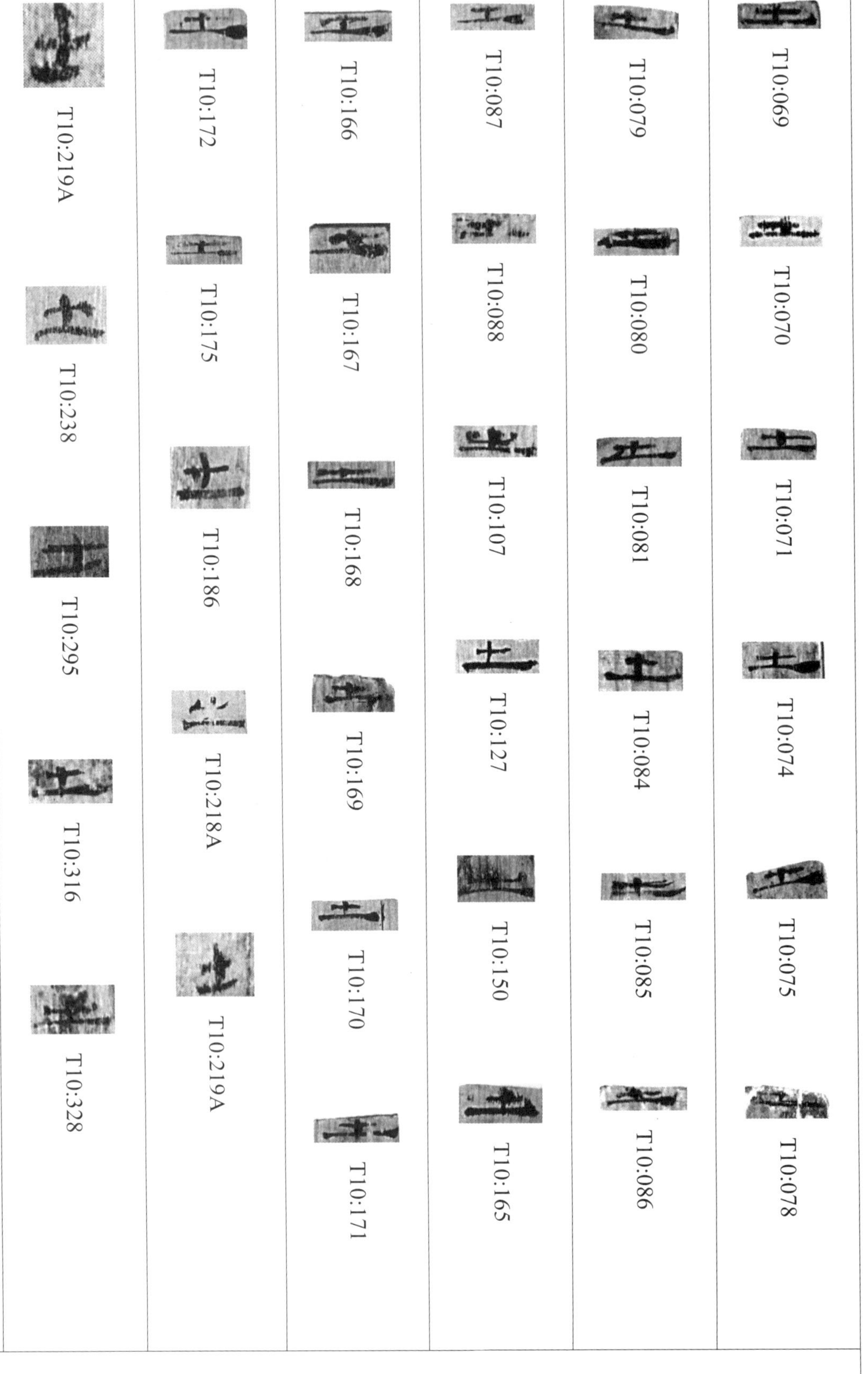

T10:069 T10:070 T10:071 T10:074 T10:075 T10:078

T10:079 T10:080 T10:081 T10:084 T10:085 T10:086

T10:087 T10:088 T10:107 T10:127 T10:150 T10:165

T10:166 T10:167 T10:168 T10:169 T10:170 T10:171

T10:172 T10:175 T10:186 T10:218A T10:219A

T10:219A T10:238 T10:295 T10:316 T10:328

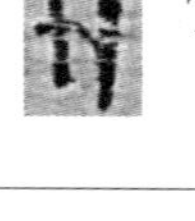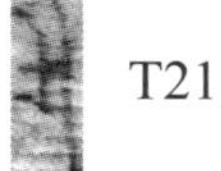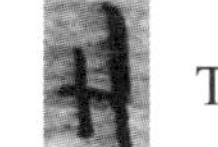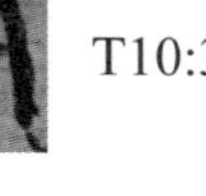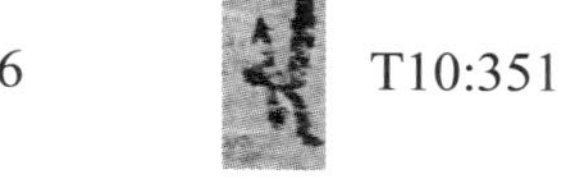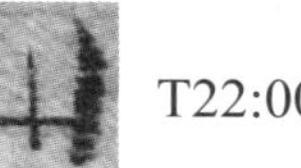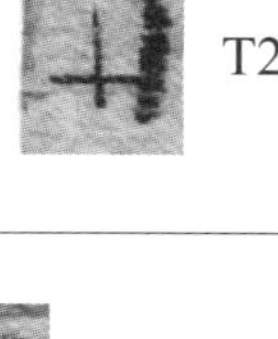

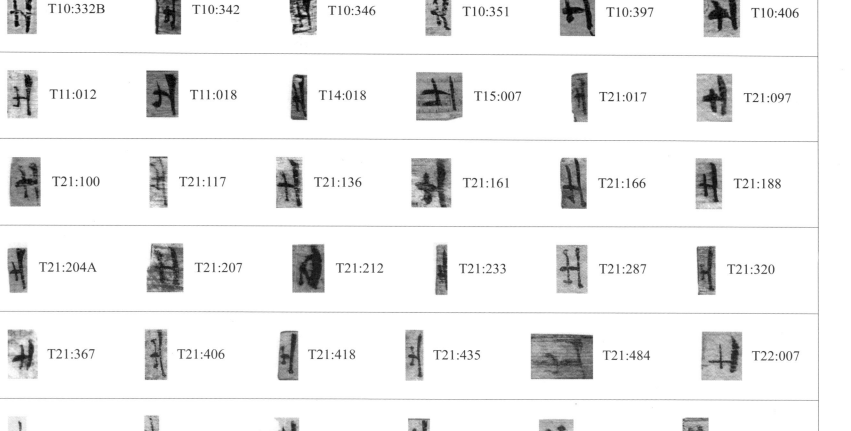

T10:332B	T10:342	T10:346	T10:351	T10:397	T10:406
T11:012	T11:018	T14:018	T15:007	T21:017	T21:097
T21:100	T21:117	T21:136	T21:161	T21:166	T21:188
T21:204A	T21:207	T21:212	T21:233	T21:287	T21:320
T21:367	T21:406	T21:418	T21:435	T21:484	T22:007
T22:011B	T22:034	T22:039	T22:058	T22:066	T22:075

T22:085
T22:089
T22:099
T22:100
T22:149
T23:038
T23:042
T23:079A
T23:119
T23:200:②
T23:277
T23:284
T23:301
T23:329
T23:335
T23:355
T23:360B
T23:417
T23:425
T23:483
T23:560
T23:561
T23:571
T23:662
T23:670
T23:684
T23:688
T23:730
T23:731B
T23:752A
T23:752B
T23:777
T23:822

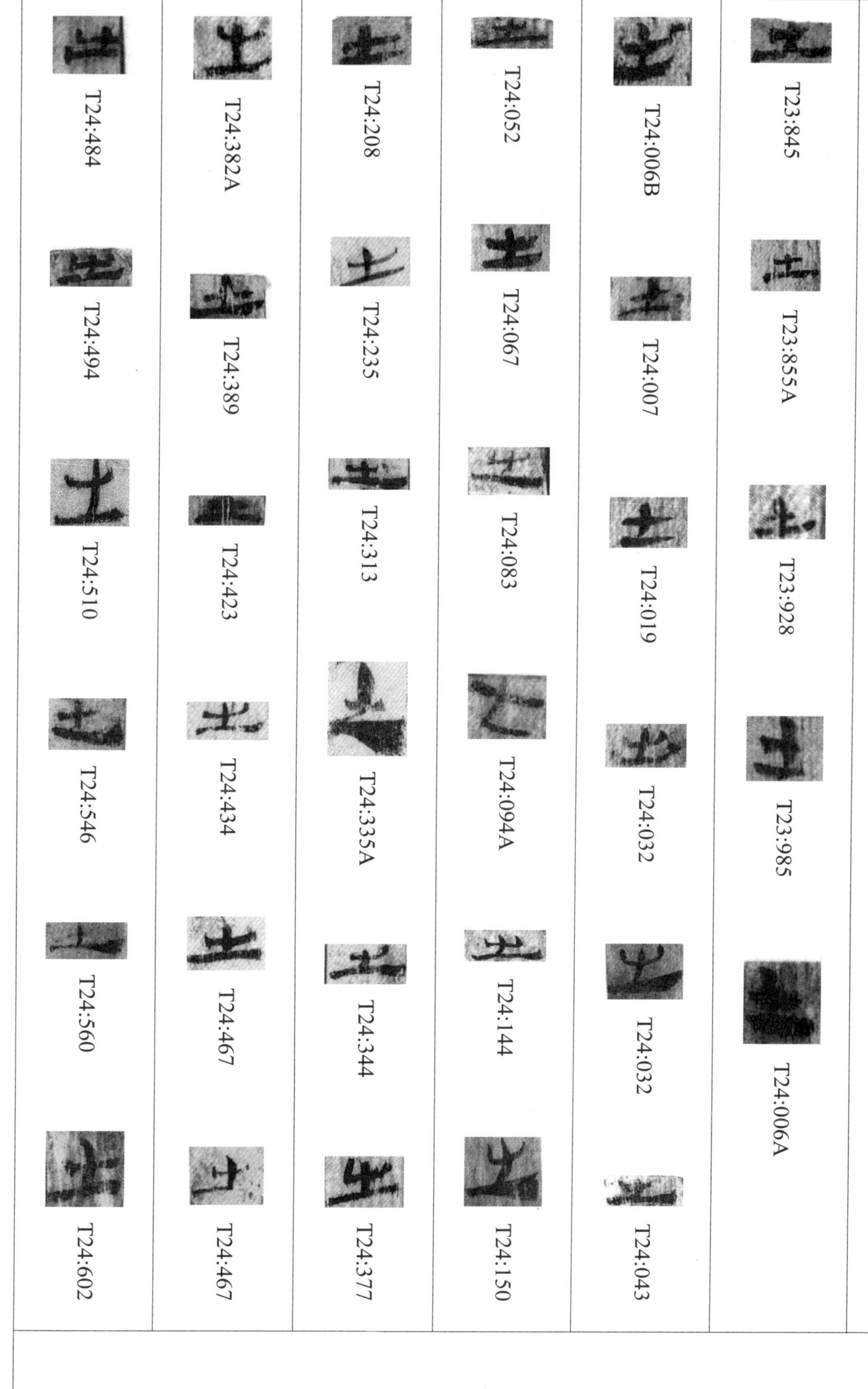

T23:845 T23:855A T23:928 T23:985 T24:006A

T24:006B T24:007 T24:019 T24:032 T24:032 T24:043

T24:052 T24:067 T24:083 T24:094A T24:144 T24:150

T24:208 T24:235 T24:313 T24:335A T24:344 T24:377

T24:382A T24:389 T24:423 T24:434 T24:467 T24:467

T24:484 T24:494 T24:510 T24:546 T24:560 T24:602

T24:803
T24:896B
T24:928
T25:070B
T25:079A
T25:100
T25:211
T26:039
T26:165
T26:219
T29:001
T29:028A
T29:051
T29:053
T30:020
T30:032
T30:032
T30:032
T30:032
T30:032
T30:040
T30:045
T30:076
T30:085
T30:178
T30:179
T30:180
T30:180
T30:257
T31:033
T31:069
T31:083
T31:087
T31:148
T31:174

T32:003
T32:018 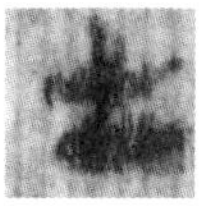
T32:023 
T32:055 
T32:057 
T33:028 

T34:011
T34:011 
T34:011 
T34:020 
T34:022A
T35:002

T37:003A
T37:050 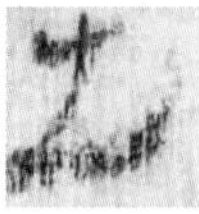
T37:061A 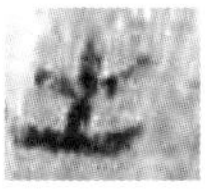
T37:088A 
T37:120

T37:129
T37:138 
T37:176
T37:177 
T37:228 

T37:230
T37:236
T37:269 
T37:294A 
T37:349 

T37:448
T37:478 
T37:514 
T37:522A 
T37:529 
T37:530

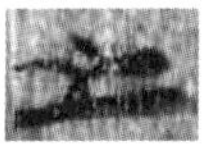

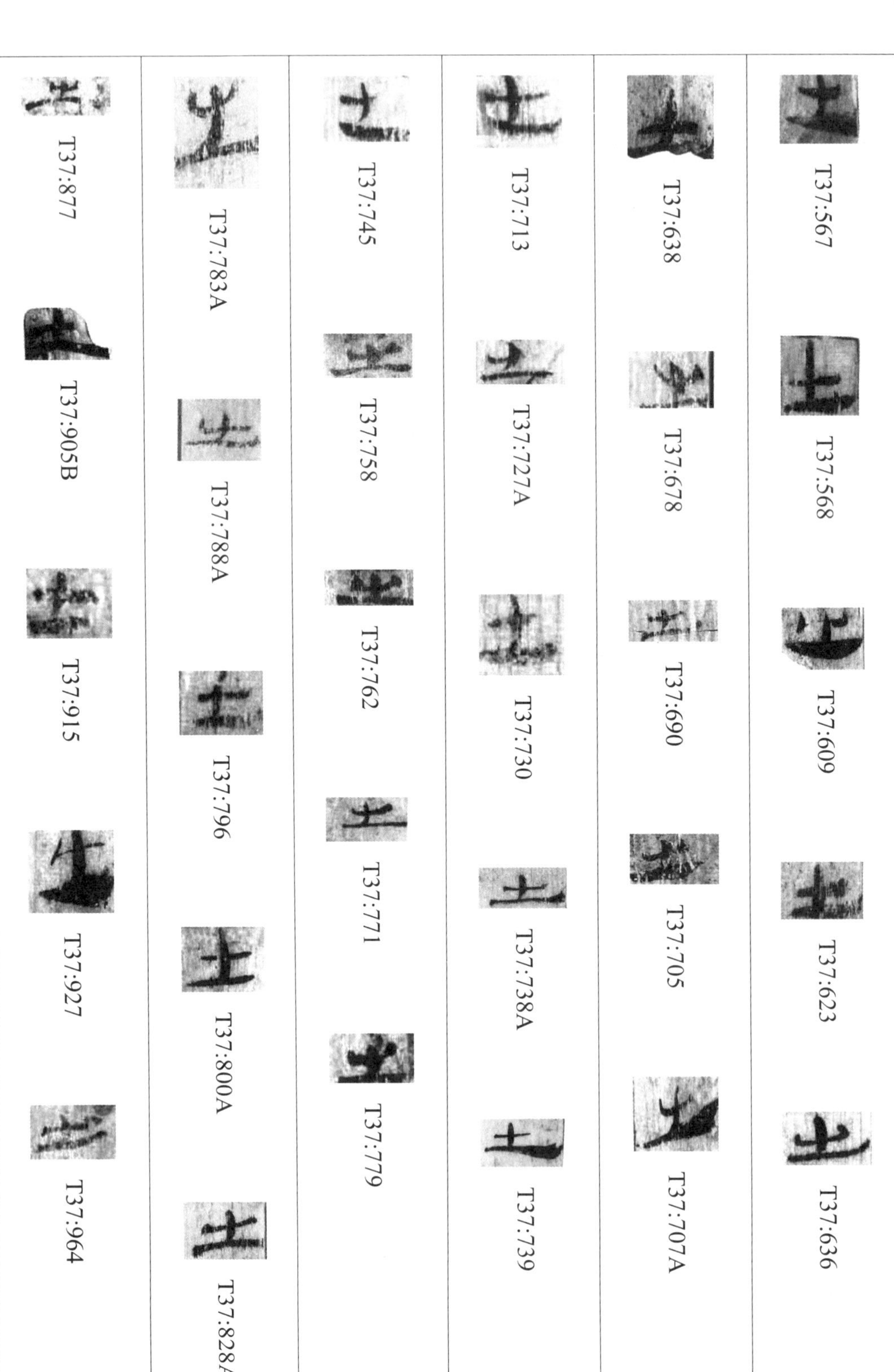
T37:567
T37:568
T37:609
T37:623
T37:636
T37:638
T37:678
T37:690
T37:705
T37:707A
T37:713
T37:727A
T37:730
T37:738A
T37:739
T37:745
T37:758
T37:762
T37:771
T37:779
T37:783A
T37:788A
T37:796
T37:800A
T37:828A
T37:877
T37:905B
T37:915
T37:927
T37:964

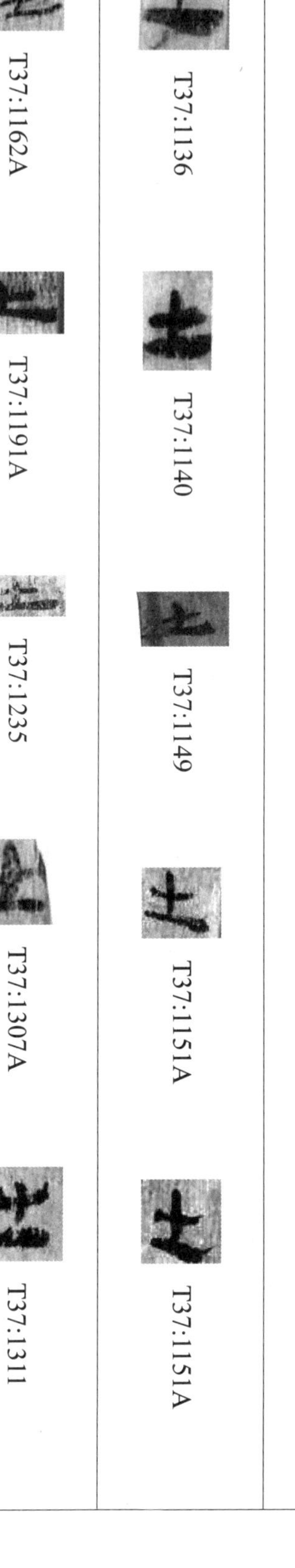

T37:975
T37:983
T37:1009
T37:1021
T37:1032A
T37:1061A
T37:1070
T37:1092
T37:1096A
T37:1098B
T37:1100
T37:1107
T37:1118
T37:1121
T37:1133
T37:1136
T37:1140
T37:1149
T37:1151A
T37:1151A
T37:1162A
T37:1191A
T37:1235
T37:1307A
T37:1311
T37:1343
T37:1409
T37:1410
T37:1502A
T37:1503A

出部 出

T37:1504B

T37:1513

T37:1515

T37:1519

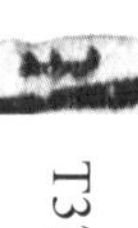
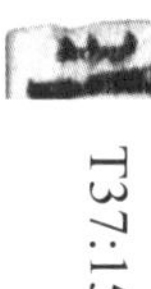
T37:1525

T37:1533B

T37:1534

T37:1587

H01:016B

H01:032B

H01:032B

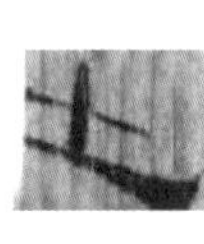
H01:040

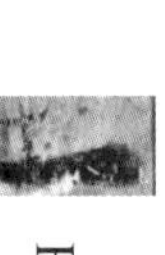

H01:073A

H02:007

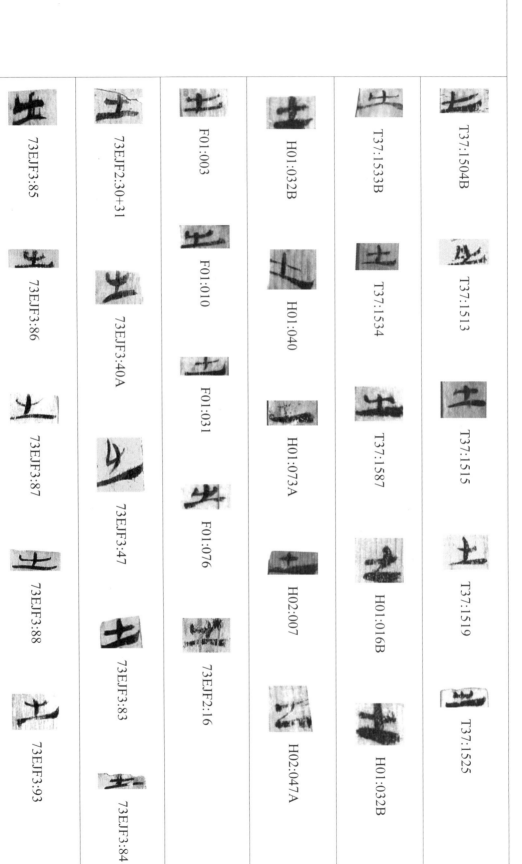

H02:047A

F01:003

F01:010

F01:031

F01:076

73EJF2:16

73EJF2:30+31

73EJF3:40A

73EJF3:47

73EJF3:83

73EJF3:84

73EJF3:85

73EJF3:86

73EJF3:87

73EJF3:88

73EJF3:93

73EJF3:94

73EJF3:108

73EJF3:117A

73EJF3:120A

73EJF3:120B

73EJF3:290+121

73EJF3:123A

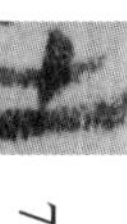

73EJF3:125A

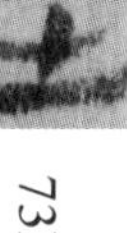
73EJF3:132

73EJF3:146

73EJF3:153

73EJF3:155A

73EJF3:158

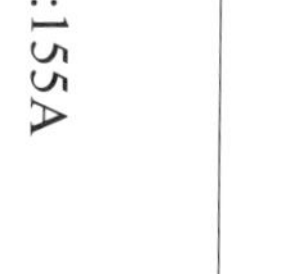

73EJF3:171

73EJF3:172

73EJF3:175+219+583+196+407

73EJF3:178A

73EJF3:183B

73EJF3:183B

73EJF3:184A

73EJF3:237

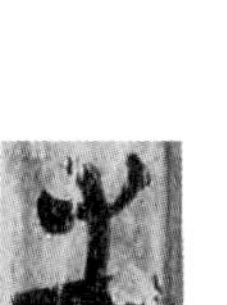
73EJF3:265

73EJF3:296

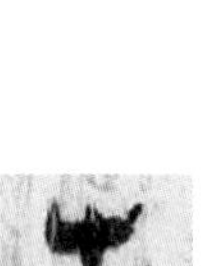

73EJF3:312

73EJF3:319

73EJF3:344

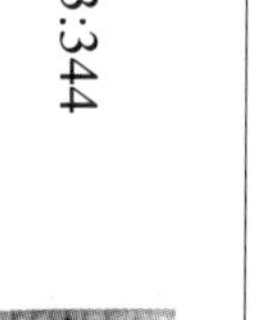

73EJF3:349

73EJF3:371

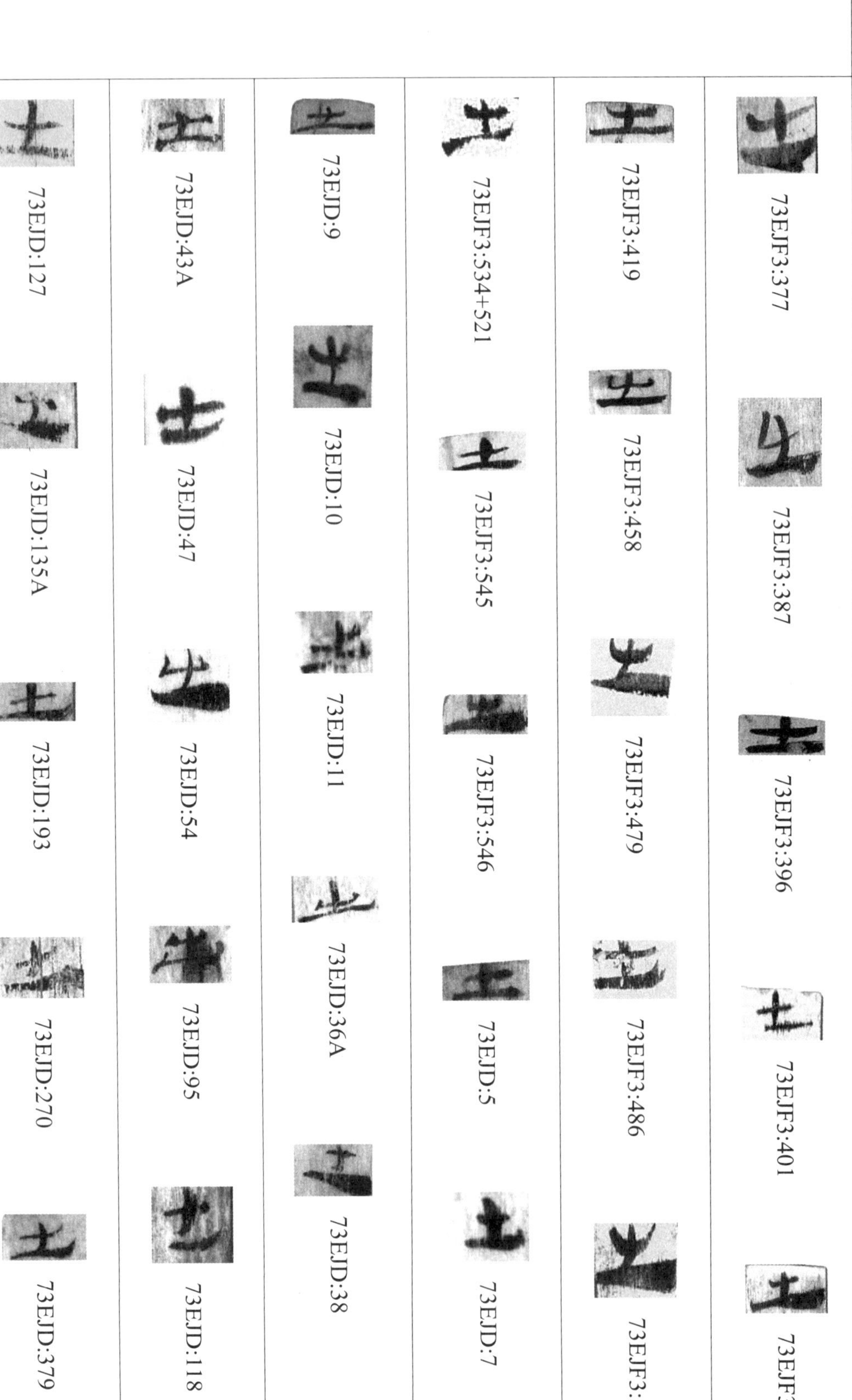
73EJF3:377
73EJF3:387
73EJF3:396
73EJF3:401
73EJF3:418
73EJF3:419
73EJF3:458
73EJF3:479
73EJF3:486
73EJF3:503
73EJF3:534+521
73EJF3:545
73EJF3:546
73EJD:5
73EJD:7
73EJD:9
73EJD:10
73EJD:11
73EJD:36A
73EJD:38
73EJD:43A
73EJD:47
73EJD:54
73EJD:95
73EJD:118
73EJD:127
73EJD:135A
73EJD:193
73EJD:270
73EJD:379

72EJC:2A 
72EJC:34 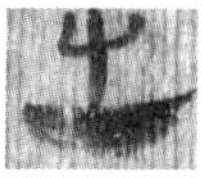
72EJC:46 
72EJC:55 
72EJC:64

72EJC:116A 
72EJC:184 
72EJC:192 
72EJC:198 
72EJC:278

72EJC:288 
72EJC:290 
73EJC:299
73EJC:303 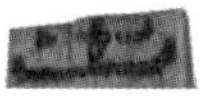
73EJC:307

73EJC:316B 
73EJC:328 
73EJC:331 
73EJC:389 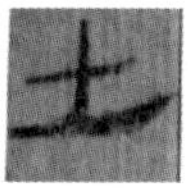
73EJC:409

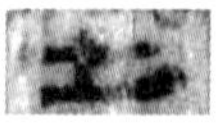

73EJC:417 
73EJC:488 
73EJC:506 
73EJC:571 
73EJC:590

73EJC:609
73EJC:676

賣

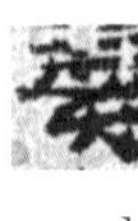

0847

T03:104

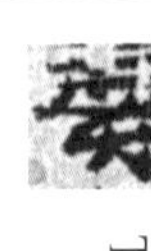
T07:025

T10:214

T11:015

T21:141

T21:405

T21:451

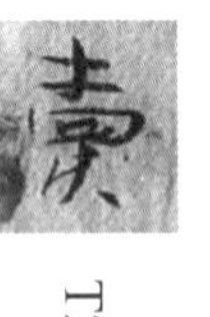
T22:129

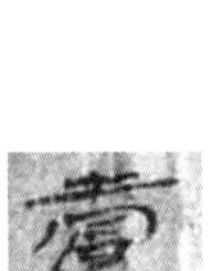
T23:320

T23:687

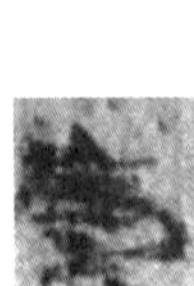
T23:934

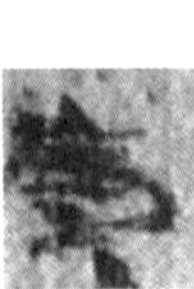
T23:963

T23:964

T23:965

T24:275A

T24:275A

T26:054

T28:055

T29:114A

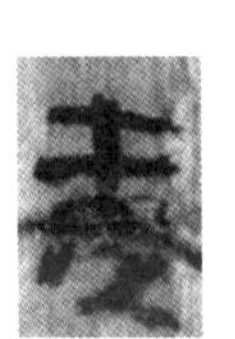
T30:070

T33:056A

T37:767

T37:774

73EJD:231

72ECC:40A

索

0848

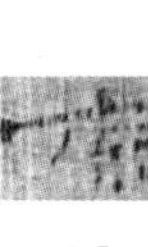
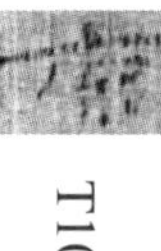

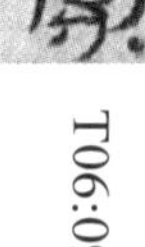
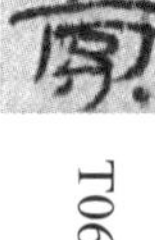
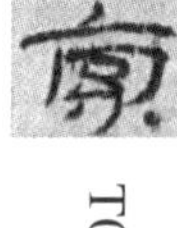
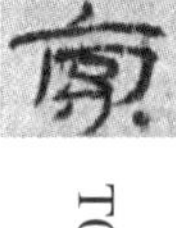

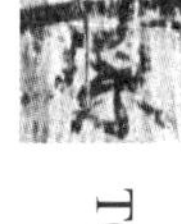
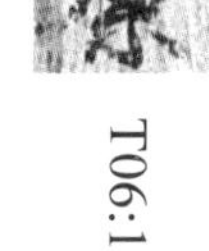

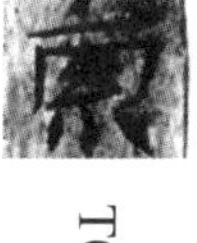

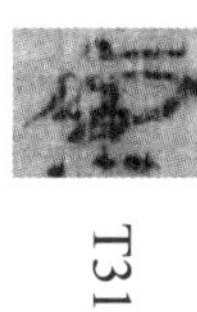
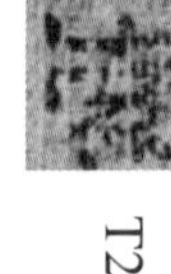
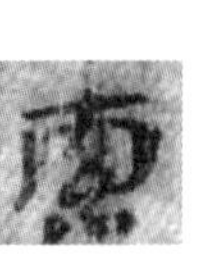

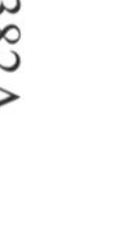

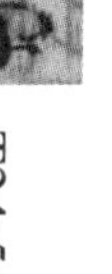

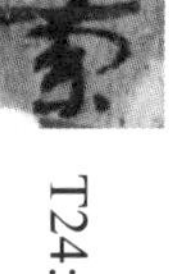

T03:005
T06:091
T06:129
T07:022A
T07:105A

T08:051A
T10:135
T10:166
T10:185
T15:007

T21:213
T23:015A
T23:133A
T23:238
T23:499

T23:620
T23:647
T23:768
T23:955
T23:955

T24:157
T24:382A
T24:549
T24:934
T28:107

T30:031
T31:105
T35:009A
T37:067
T37:451

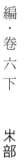

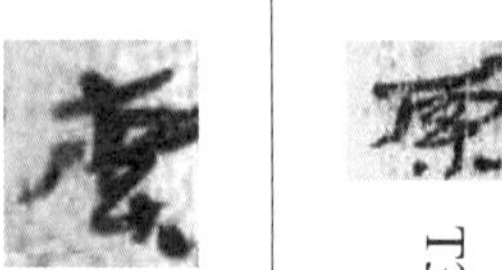
T37:529

T37:530

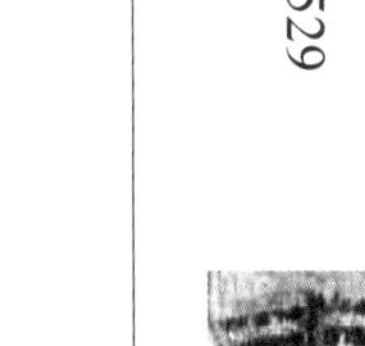
T37:638

T37:678

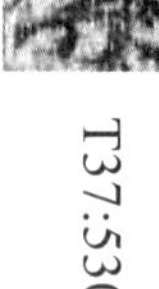
T37:707A

T37:909

T37:913A

T37:975

T37:1013

T37:1020A

T37:1067A

T37:1310

T37:1441A

T37:1518

H02:093

F01:010

73EJF2:27

73EJF3:116A

73EJF3:117A

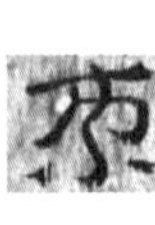
73EJF3:120A

73EJF3:122

73EJF3:175+219+583+196+407

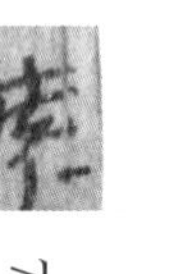
73EJF3:261

73EJF3:327

73EJF3:383

73EJF3:441

73EJT4H:72

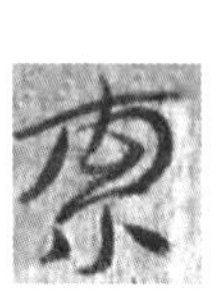

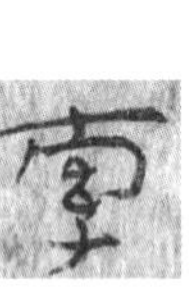

73EJD:22

73EJD:289B

73EJD:307B

72EJC:94

73EJC:292

73EJC:446A

南

0849

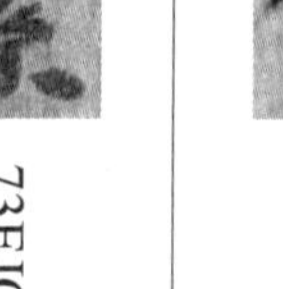

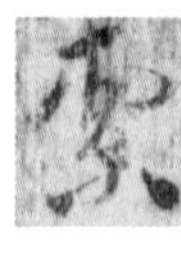
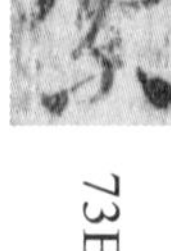

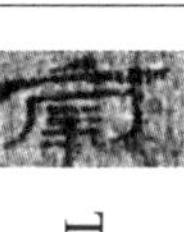

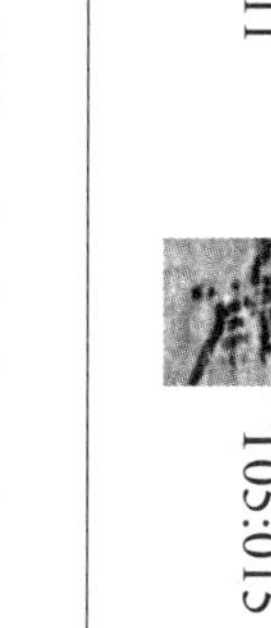
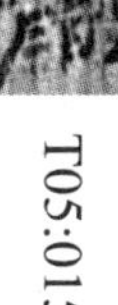
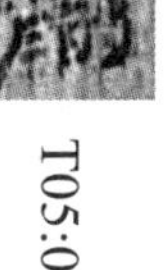
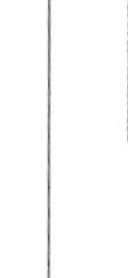

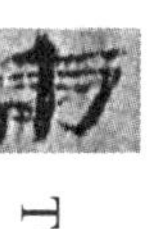

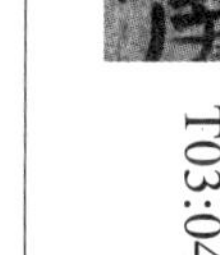

T01:006

T01:008

T01:028

T01:035

T01:039

T01:115

T01:128

T01:128

T01:131

T01:154

T01:163

T02:003

T02:004

T02:042

T03:049

T03:051

T04:052

T05:011

T05:015

T05:034

T05:051

T05:053

T05:069

T05:086 T07:075 T08:006 T08:032 T08:040

T08:041 T08:049 T08:089A T08:090 T09:040 T09:087

T09:092A T09:108 T09:137 T09:241 T09:241 T10:069

T10:081 T10:103 T10:106 T10:120A T10:121A

T10:123A T10:124A T10:147 T10:148 T10:157

T10:176 T10:182 T10:182 T10:183 T10:267A T10:290

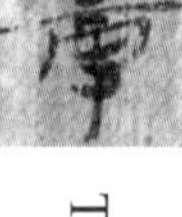

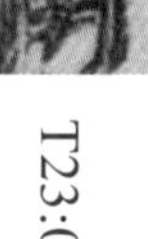

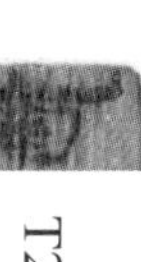
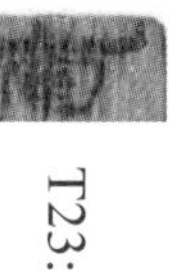
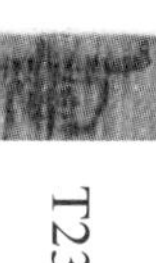

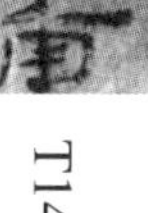
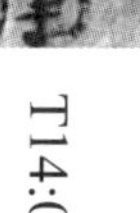

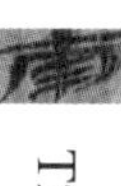
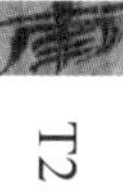
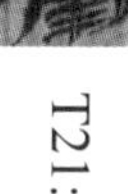
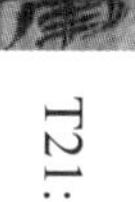

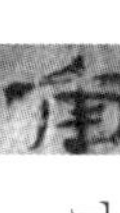
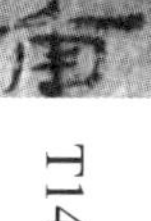
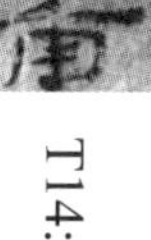
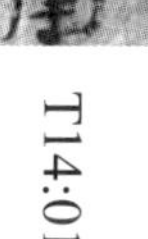

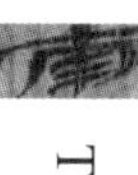
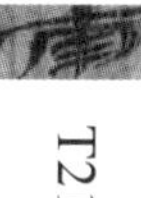

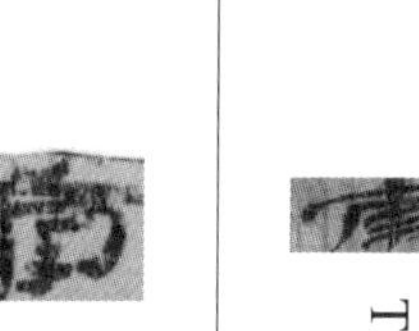

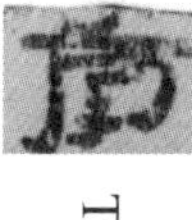
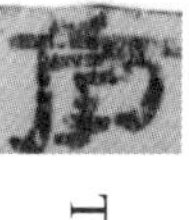

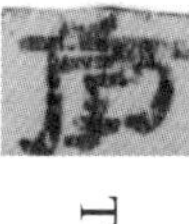
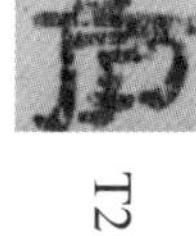

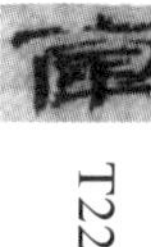
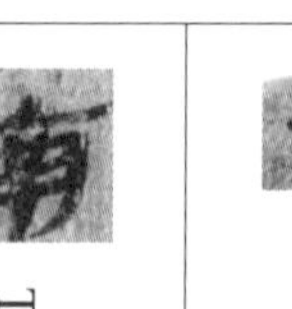

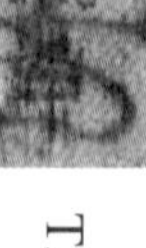

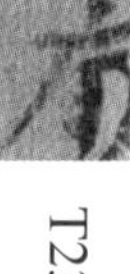
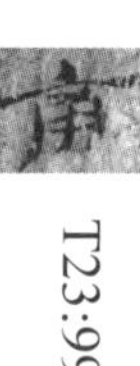
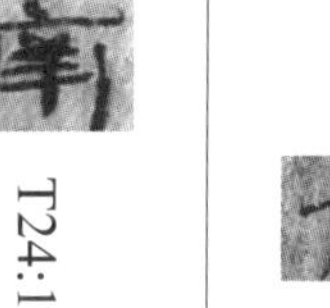

T10:294
T10:298
T11:001
T14:015
T21:016
T21:021

T21:049
T21:099
T21:120
T21:137
T21:201
T22:033

T23:027
T23:046
T23:157A
T23:205
T23:229A

T23:413
T23:515A
T23:652
T23:653
T23:699

T23:896B
T23:897B
T23:921
T23:974
T23:991

T23:992
T23:997
T24:004
T24:046
T24:117

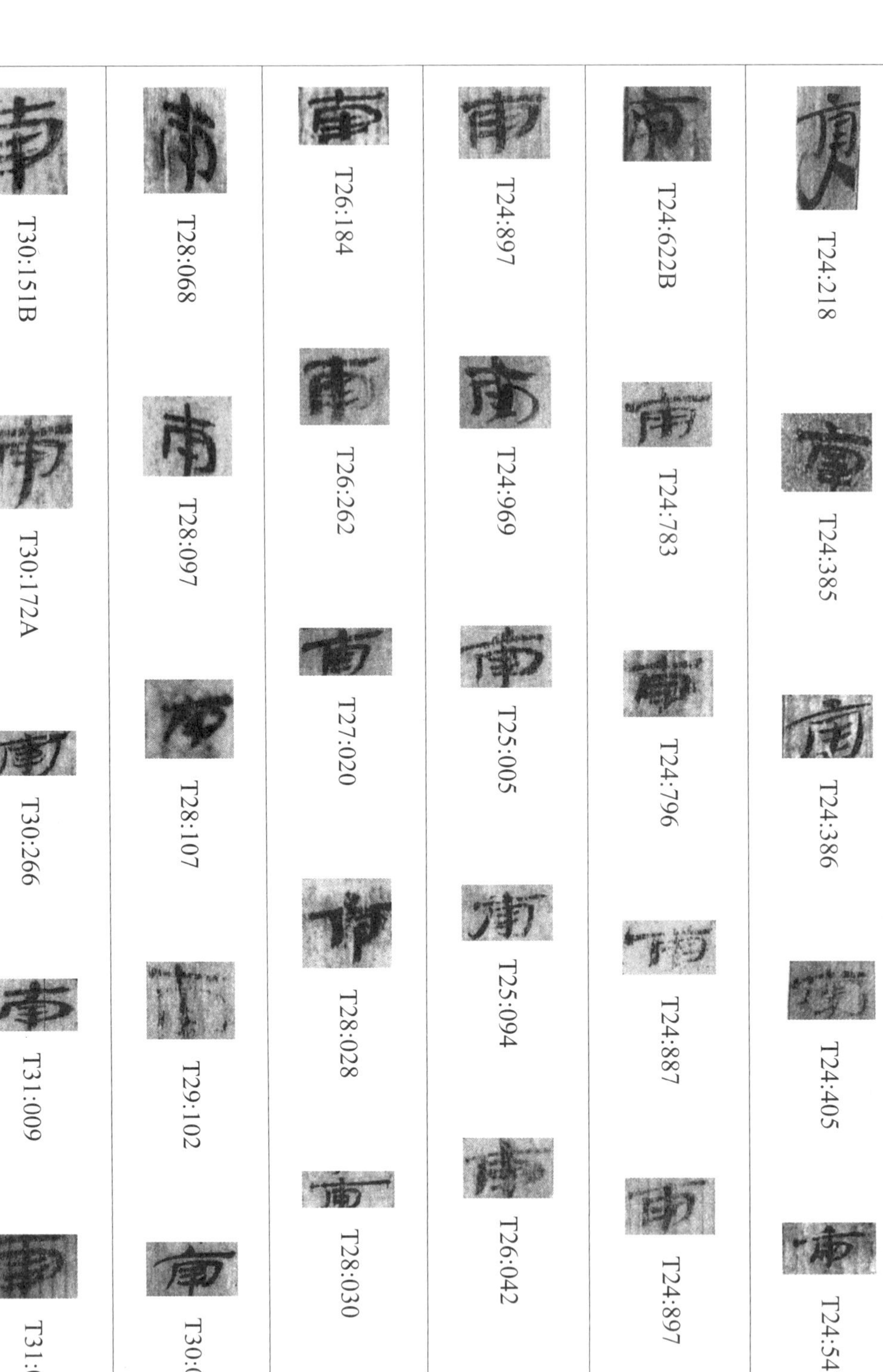
T24:218
T24:385
T24:386
T24:405
T24:542
T24:622B
T24:783
T24:796
T24:887
T24:897
T24:897
T24:969
T25:005
T25:094
T26:042
T26:057
T26:184
T26:262
T27:020
T28:028
T28:030
T28:068
T28:097
T28:107
T29:102
T30:026
T30:151B
T30:172A
T30:266
T31:009
T31:038

T31:070
T32:002 
T32:004 
T32:019 
T32:039 
T33:041A 

T33:058
T33:091 
T33:091 
T35:011 
T37:014 
T37:023A 

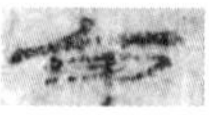

T37:064
T37:078 
T37:132 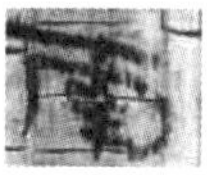
T37:156 
T37:241 
T37:244 

T37:274
T37:308 
T37:342 
T37:361 
T37:408 

T37:452
T37:460 
T37:486 
T37:564 
T37:633 

T37:696
T37:703 
T37:709 
T37:713 
T37:758

T37:762 T37:764 T37:766 T37:779 T37:785 T37:812

T37:830 T37:859 T37:870 T37:893 T37:982 T37:987

T37:988 T37:989 T37:991 T37:1006 T37:1007 T37:1026

T37:1060 T37:1084 T37:1089 T37:1109 T37:1222

T37:1250 T37:1318 T37:1342 T37:1368 T37:1386

T37:1415 T37:1444 T37:1445 T37:1459 T37:1472

T37:1476

T37:1476

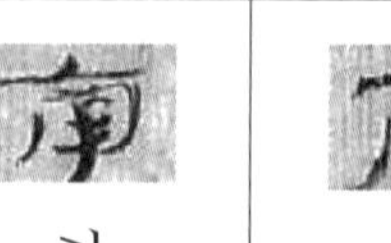
T37:1534

T37:1587

H01:068

H01:068

H02:014

H02:018

H02:040

F01:088

F01:115

73EJF3:48+532+485

73EJF3:290+121

73EJF3:125B

73EJF3:164

73EJF3:178A

73EJF3:178A

73EJF3:183A

73EJF3:209+200

73EJF3:276

73EJF3:369

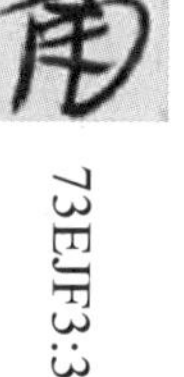
73EJF3:370

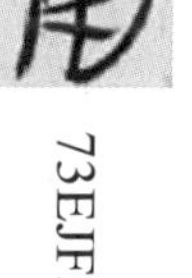
73EJF3:394

73EJF3:429+434

73EJF3:473

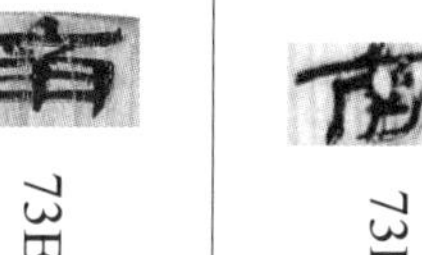
73EJF3:479

73EJF3:488

73EJF3:544

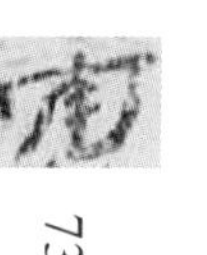

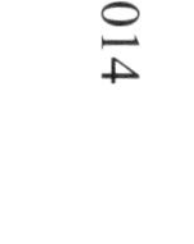

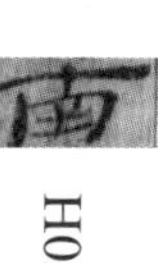

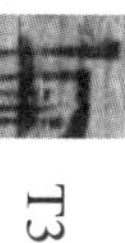

73EJF3:550

73EJT4H:90

73EJD:33A

73EJD:35

73EJD:68

73EJD:71A

73EJD:88A

73EJD:105

73EJD:171

73EJD:204

73EJD:271

73EJD:295

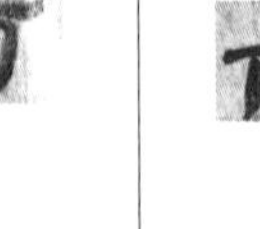
73EJD:296

73EJD:297

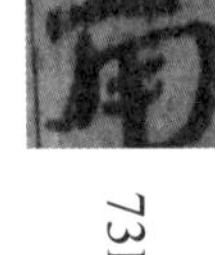
73EJD:301

73EJD:302

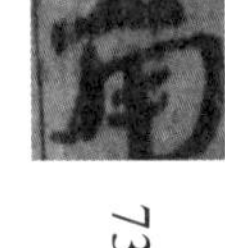
73EJD:313A

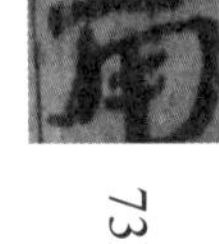

72EJC:3

72EJC:4

72EJC:6

72EJC:26

72EJC:40

72EJC:119

72EJC:141

72EJC:161

72EJC:238

73EJC:307

73EJC:362

73EJC:363

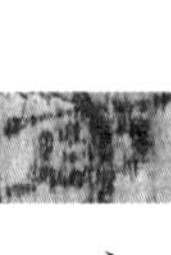
73EJC:371

73EJC:415

73EJC:556A

73EJC:614

72ECC:1+2B

72ECC:12A

72ECC:13

生

0850

T01:002

T01:124

T06:019

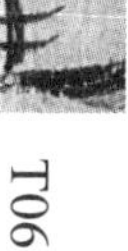
T06:035

T21:126

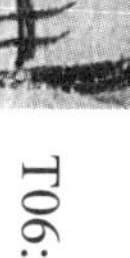
T22:003

T22:005

T23:390

T23:627

T23:976A

T23:976A

T24:903

T24:992

T25:087

T27:007B

T30:089

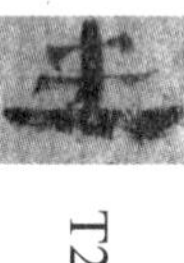
T31:102A

T37:871

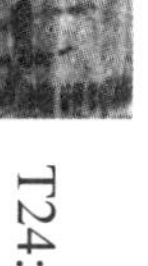
72EJC:13

72EJC:206

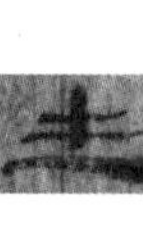
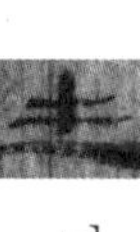

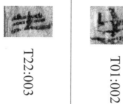

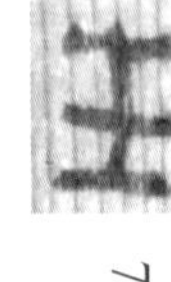

73EJC:504

73EJC:529A

72ECC:30A

產
0851

T01:001

T01:002

T04:064

T07:060

T27:001

T27:002B

T29:052

T37:1414

隆
0852

T23:236

T23:284

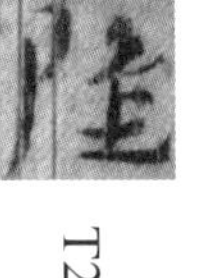

T23:364A

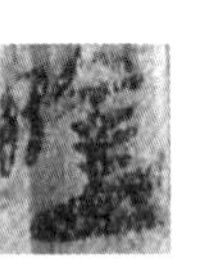
T23:645

T23:767

T23:778

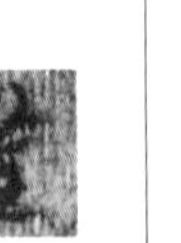
T23:918B

T24:074

T37:178

73EJF2:42

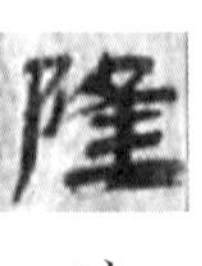
73EJF3:140

73EJF3:280

73EJF3:361

73EJF3:369

72EBS7C:2B

華

0853

T01:079

T05:014

T08:063

T10:294

T21:209

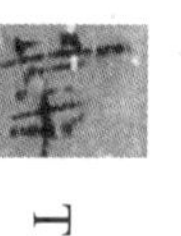

T24:022

T24:836

T37:456

T37:525

T37:849

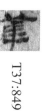

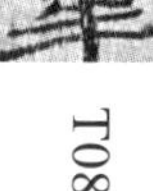

T37:1003

T37:1397A

T37:1454

H01:014

H02:041

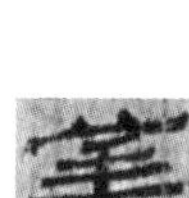
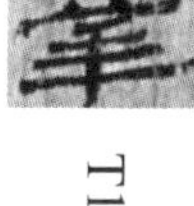

73EJF3:87

72EJC:262

73EJC:677

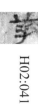

72EDIC:21

稽

0854

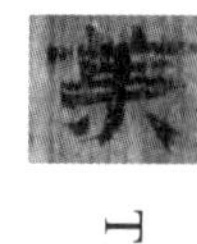

T10:299

T10:300

T10:301

T21:131A

T21:131B

T22:110

T24:441

T24:751

T24:960

T29:101

桼

0855

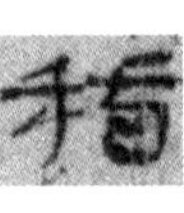
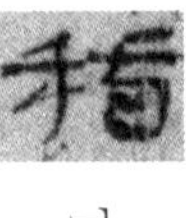
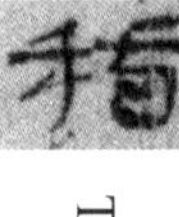
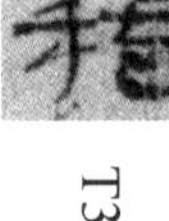
T30:038

T31:069

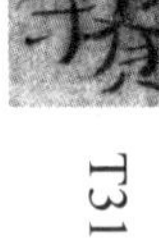

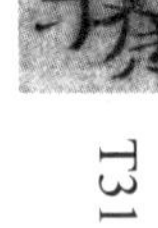
T31:069

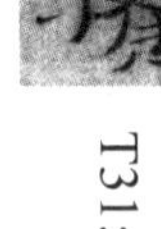

T37:1073

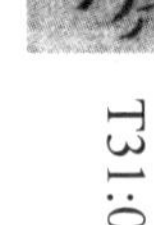

73EJF3:361

73EJF3:362

73EJF3:389

73EJD:306A

73EJC:448A

T07:044

T24:036

73EJF3:90

73EJF3:92

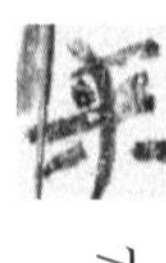
73EJF3:110

73EJF3:165

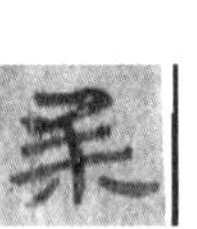

73EJF3:242

73EJF3:268

73EJF3:471+302

73EJF3:529A+304A

73EJF3:412

73EJF3:417

73EJF3:437

73EJF3:437

73EJT4H:5B

73EJD:8A

髤 0856

T03:088

束 0857

T02:026A
T06:018A
T06:018A
T07:082
T10:418

T21:320
T21:418
T21:435
T22:004
T22:035

T23:299
T23:373
T23:414
T23:788B
T23:979

T24:319
T25:079A
T26:227A
T31:078
T32:055

73EJF3:233
73EJD:9
72EJC:6
72EJC:283

橐

0858

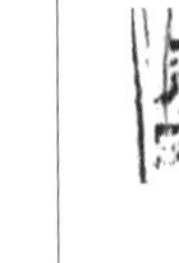

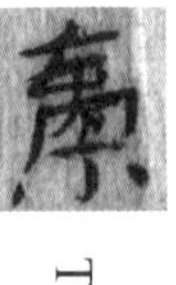
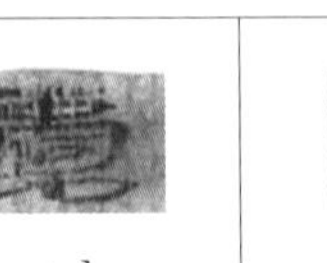

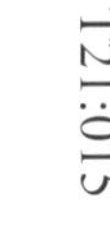

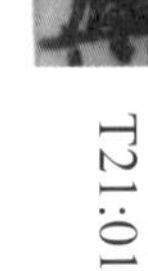

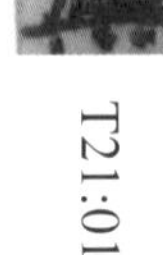

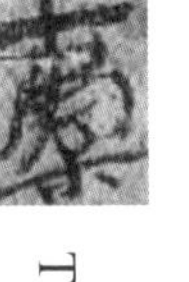
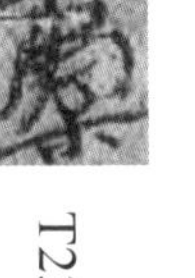

T01:179　T02:023　T02:078　T04:085　T05:078

T06:042　T06:124　T07:005　T07:020　T07:024

T07:030　T07:031　T08:028A　T08:074　T09:087

T09:105　T10:179　T10:179　T10:258　T15:025

T21:015　T21:109A　T21:136　T21:178　T22:045

T22:082　T22:099　T23:079A　T23:081　T23:131

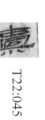

㯻部 㯻

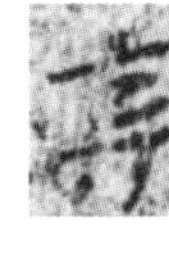
T23:292
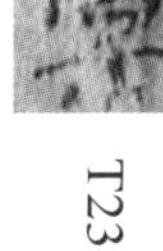

T23:310

T23:335

T23:357

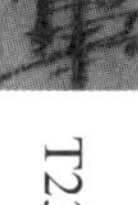
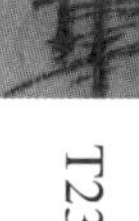

T23:762A

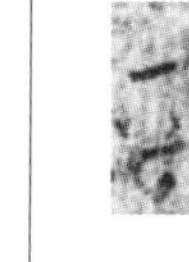

T23:770

T23:824
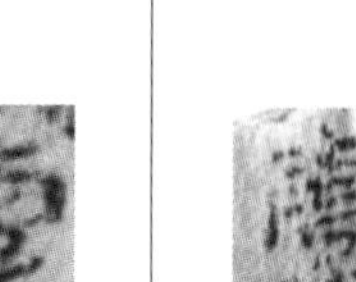
T23:877A

T24:019

T24:025

T24:026

T24:032
T24:257
T24:268A
T24:333

T24:416B
T24:435
T24:621
T24:634B
T24:896A

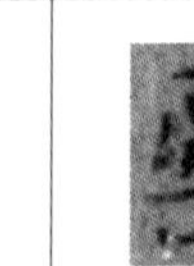
T25:077
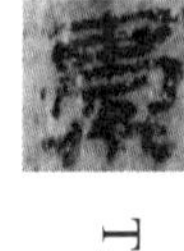

T25:093

T25:105

T26:054
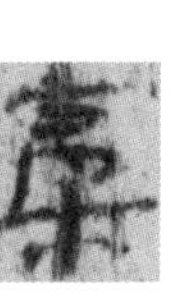
T27:017A

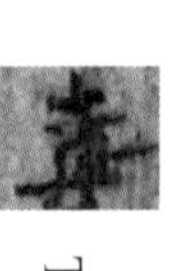

T28:032
T28:078

T28:102
T28:116

T30:026

T30:038

T30:062

T30:206

T31:040

T31:069

T32:003

T32:026

T32:033

T33:010

T33:018

T33:088

T37:081

T37:103

T37:175

T37:178

T37:261

T37:273

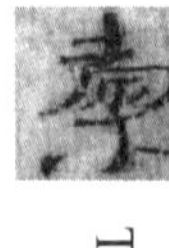
T37:566A

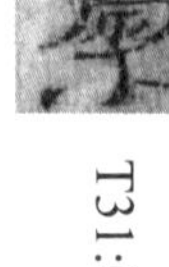
T37:582

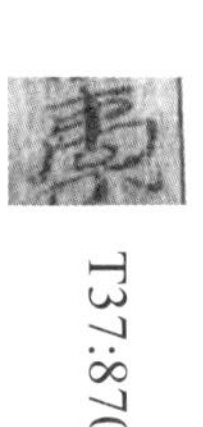
T37:754

T37:756

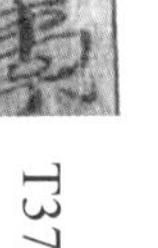
T37:758

T37:761

T37:762

T37:783A

T37:788A

T37:862

T37:870

T37:930A

T37:949

T37:1007
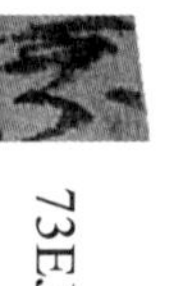
T37:1058

T37:1059
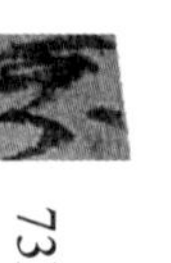
T37:1061A

T37:1061B

T37:1065A
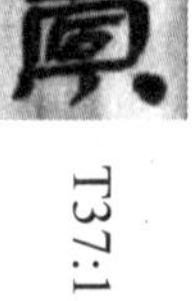
T37:1106

T37:1149

T37:1168
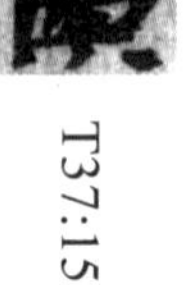
T37:1396A

T37:1425
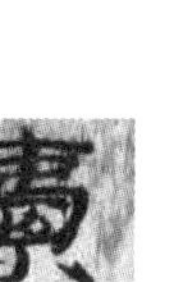
T37:1432
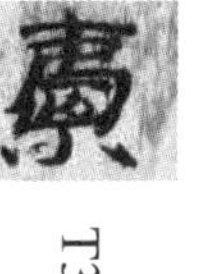
T37:1472

T37:1528

T37:1535A

T37:1537A

T37:1538

T37:1545

T37:1546

73EJF3:36

73EJF3:39B
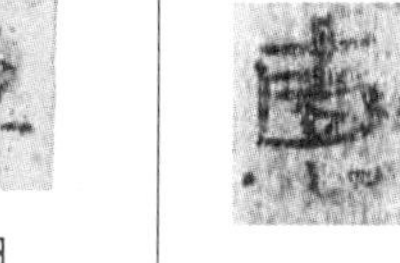
73EJF3:55
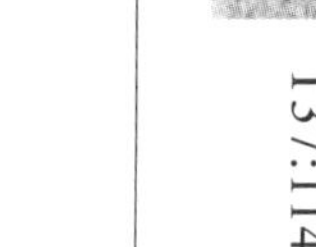
73EJF3:112

73EJF3:117A

73EJF3:117B

73EJF3:120A

73EJF3:120B
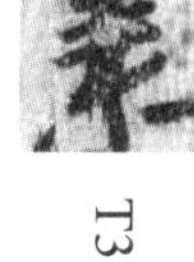
73EJF3:194+198

73EJF3:375

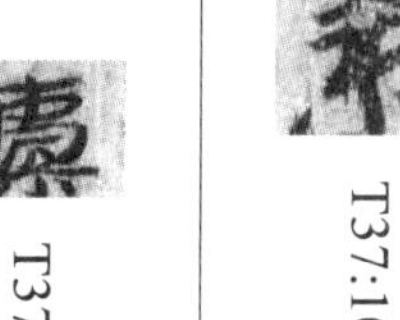

囊

0859

73EJD:3

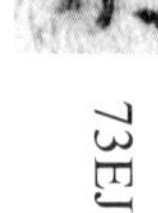
73EJD:5

73EJD:30

73EJD:36A

73EJD:39A

73EJD:42

73EJD:47

73EJD:79A

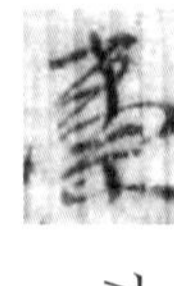
73EJD:93

73EJD:169

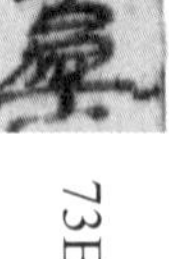
73EJD:231

73EJD:231

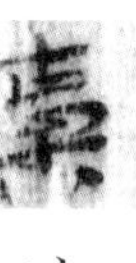
73EJD:308

73EJD:360

72EJC:107

73EJC:310B

73EJC:420

73EJC:589

73EJC:591

73EJC:611

72ECC:34

T25:047

T37:024B

73EJF3:267

回
0860

T27:142A
T37:741

圖
0861

T33:068

國
0862

T01:001
T01:005
T01:013
T01:013
T01:019
T01:032
T01:068
T01:073
T01:075
T01:081
T01:118
T01:134
T01:135
T01:165
T02:059
T02:059
T02:077
T02:086
T03:104
T04:088
T04:153
T05:014
T05:039
T06:038A

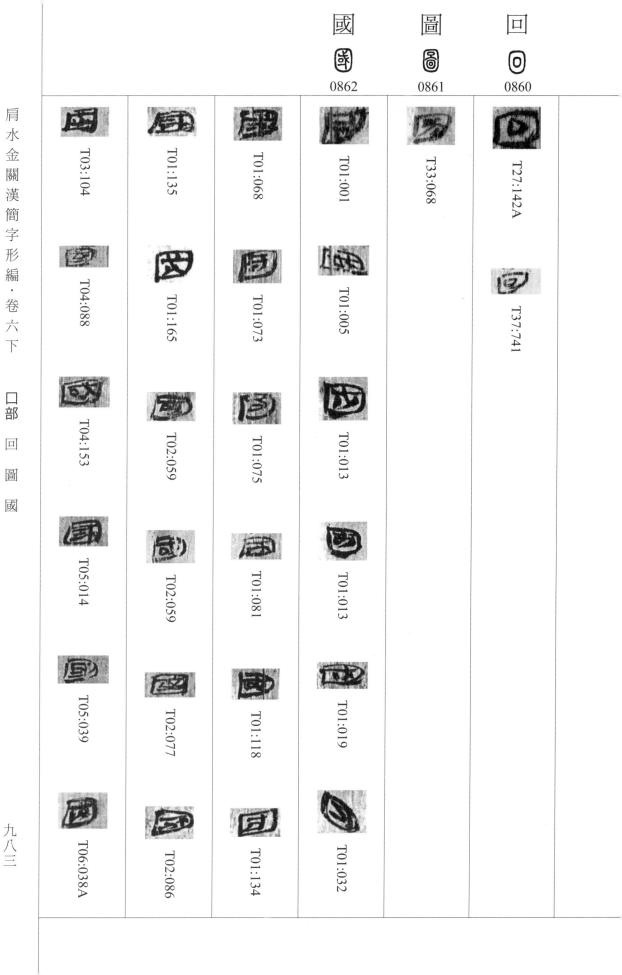

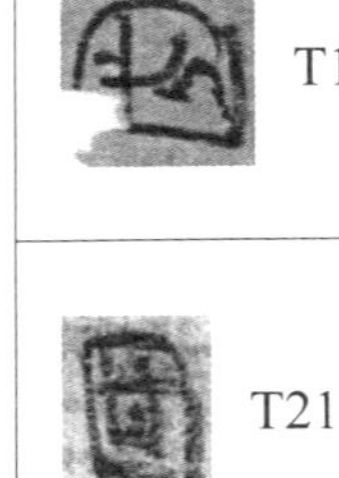

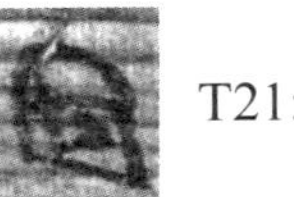
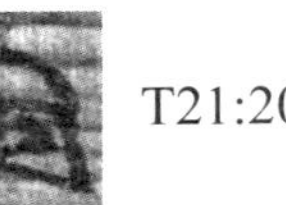

T07:006	T07:023	T07:038	T07:042	T07:093	T07:172A
 T08:010	T08:040	T09:087	T09:148	T09:196	T09:247
 T09:310	T10:118A	T10:120A	T10:120A	T10:132	T10:132
 T10:232A	T10:236A	T10:288	T10:313A	T10:315A	
 T10:411	T14:002	T14:002	T21:021	T21:037	T21:101
 T21:104	T21:200	T21:223	T21:239	T21:248	T21:373

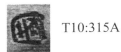

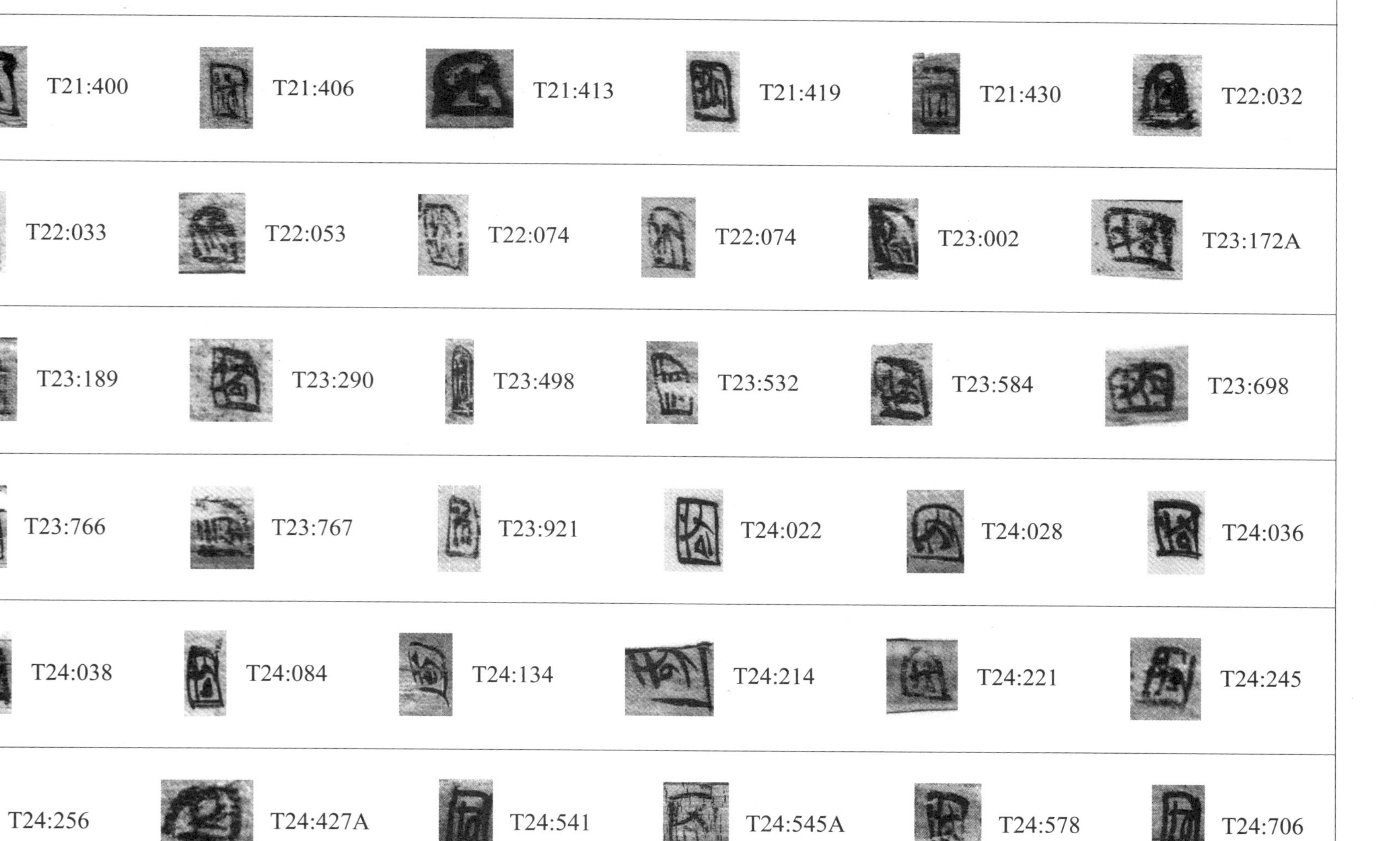

T21:400 T21:406 T21:413 T21:419 T21:430 T22:032

T22:033 T22:053 T22:074 T22:074 T23:002 T23:172A

T23:189 T23:290 T23:498 T23:532 T23:584 T23:698

T23:766 T23:767 T23:921 T24:022 T24:028 T24:036

T24:038 T24:084 T24:134 T24:214 T24:221 T24:245

T24:256 T24:427A T24:541 T24:545A T24:578 T24:706

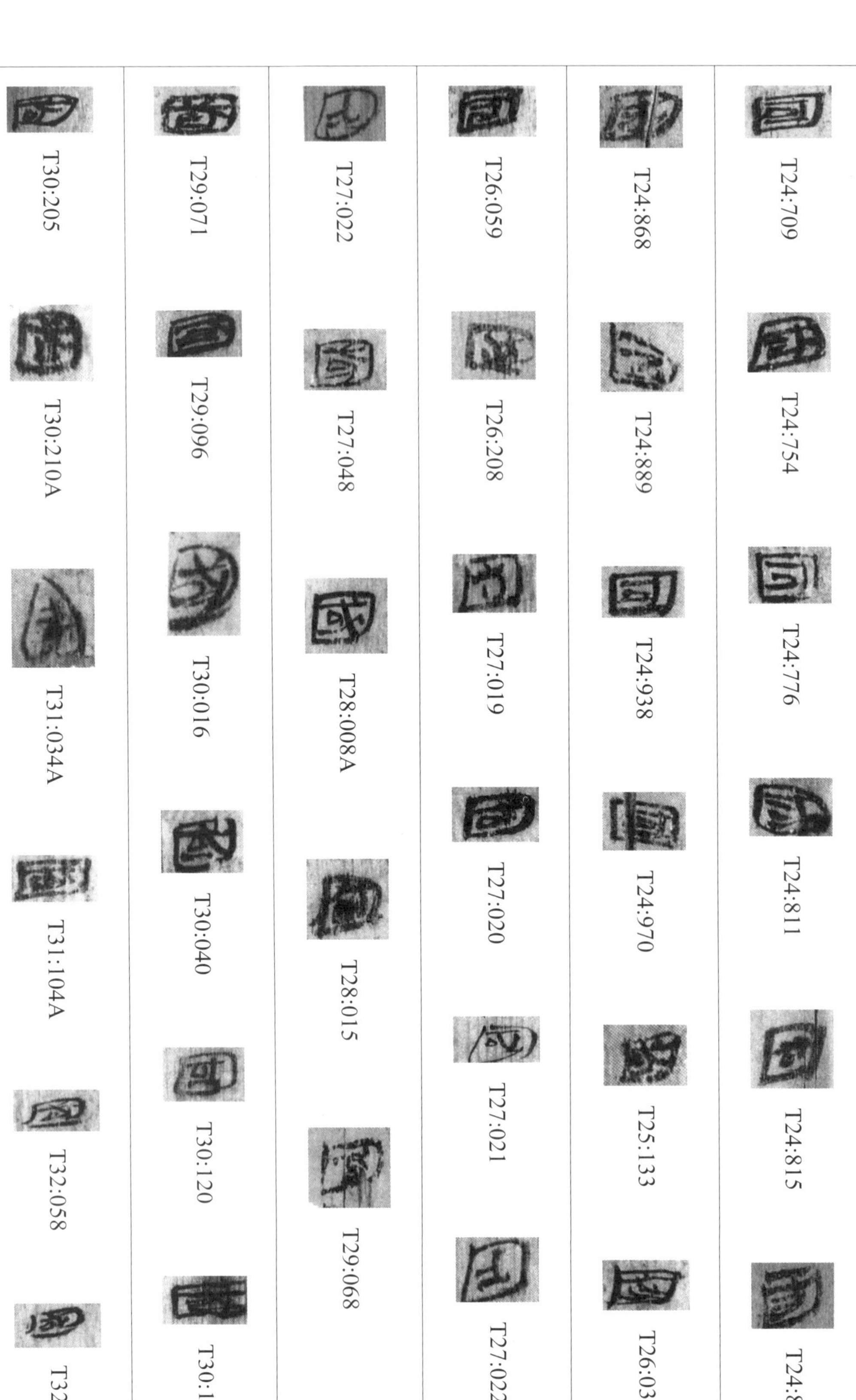
T24:709 T24:754 T24:776 T24:811 T24:815 T24:816

T24:868 T24:889 T24:938 T24:970 T25:133 T26:031

T26:059 T26:208 T27:019 T27:020 T27:021 T27:022

T27:022 T27:048 T28:008A T28:015 T29:068

T29:071 T29:096 T30:016 T30:040 T30:120 T30:144

T30:205 T30:210A T31:034A T31:104A T32:058 T32:058

T32:060
T37:099
T37:231
T37:536
T37:550
T37:562
T37:562
T37:631
T37:670
T37:733
T37:750
T37:767
T37:779
T37:792
T37:799A
T37:829
T37:834
T37:847
T37:849
T37:866
T37:900
T37:988
T37:1011
T37:1078
T37:1095A
T37:1111
T37:1184
T37:1206
T37:1209
T37:1216
T37:1244
T37:1251
T37:1317
T37:1319
T37:1321

T37:1453

T37:1496

T37:1497

T37:1537A

T37:1538

T37:1546

H01:017

H01:045

H02:005A

H02:019

H02:039

H02:064

H02:067

H02:094

F01:004

F01:010

73EJF2:10

73EJF3:2

73EJF3:13

73EJF3:281+18

73EJF3:20

73EJF3:39A

73EJF3:44

73EJF3:57A

73EJF3:65

73EJF3:76+448A

73EJF3:79+509

73EJF3:97

73EJF3:101

73EJF3:104

73EJF3:106

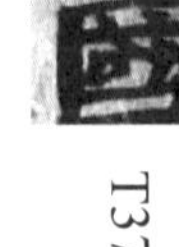

73EJF3:107

73EJF3:111

73EJF3:115

73EJF3:116A

73EJF3:117A

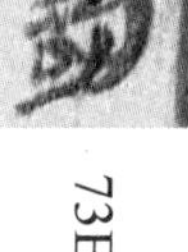

73EJF3:118A

73EJF3:119A

73EJF3:120A

73EJF3:290+121

73EJF3:123A

73EJF3:125A

73EJF3:153

73EJF3:154

73EJF3:155A

73EJF3:179A
73EJF3:181
73EJF3:199
73EJF3:249

73EJF3:327

73EJF3:349

73EJF3:362
73EJF3:393

73EJF3:405

73EJF3:463

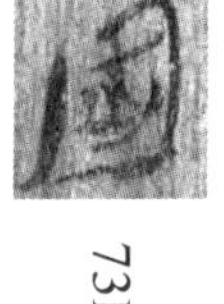
73EJF3:468+502
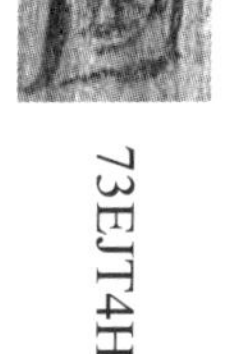
73EJF3:483

73EJT4H:39

73EJD:38

73EJC:344

 73EJC:363

 73EJC:427

 73EJC:607

 73EJC:607

 73EJC:659

 72EDIC:5

 72EBS7C:2A

園

0863

 T21:217

 T23:765

 T37:1064

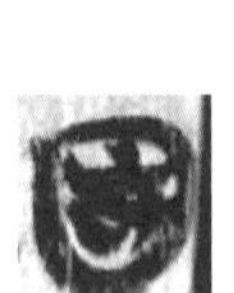 H02:019

 72EJC:238

因

0864

 T04:108A

 T04:108B

 T04:110A

 T04:200

 T07:013A

 T10:221A

 T15:008A

 T21:463

 T21:493A

 T23:019B

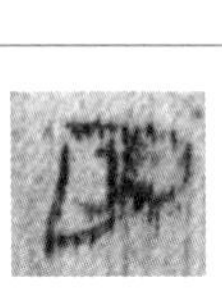 T23:265B

 T23:302B

 T23:324A

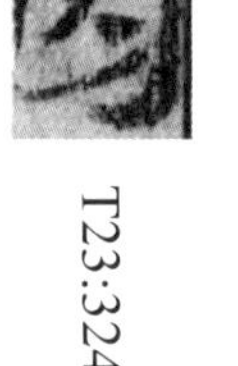
 T23:788A

 T23:866A

T23:919A

T23:919B

T24:015A

T24:065A

T24:073A

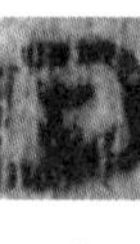
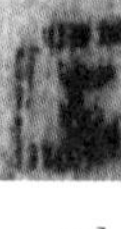
T26:084A

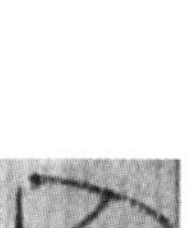

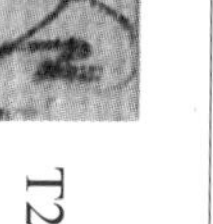
T26:151A

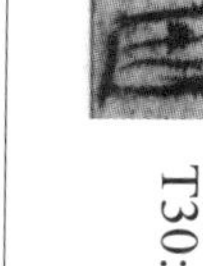
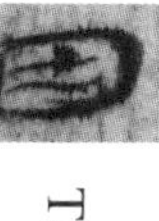

T30:028A

T30:114

T30:144

T31:161

T32:046

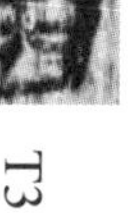
T37:100

T37:565

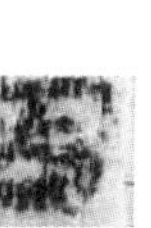

T37:583A

T37:1535B

H02:048A

H02:048A

73EJF3:183A

73EJF3:295A

73EJF3:471+302

73EJF3:329A

72EJC:226

72EJC:272B

72ECC:1+2A

72ECC:1+2B

囚

0865

T03:102

T06:127

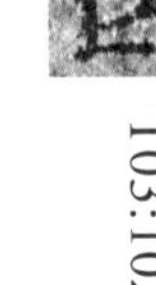
T14:025

T24:022

T24:154

T30:059A

T30:264

T31:045

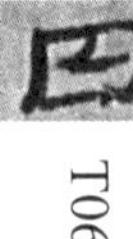
T37:161A

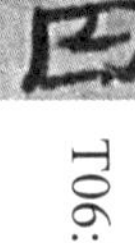
T37:1213

73EJF3:287B

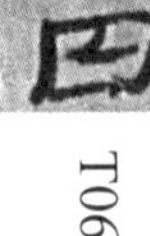
72EJC:256+22

72EJC:156

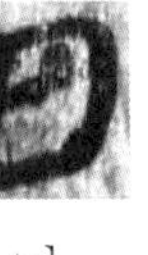

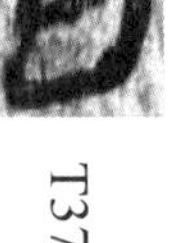

固

0866

T06:054

T09:083

T21:121

T24:025

T24:025

T24:261

T24:275A

T24:334A

T30:154

圍

0867

T22:032

T23:933

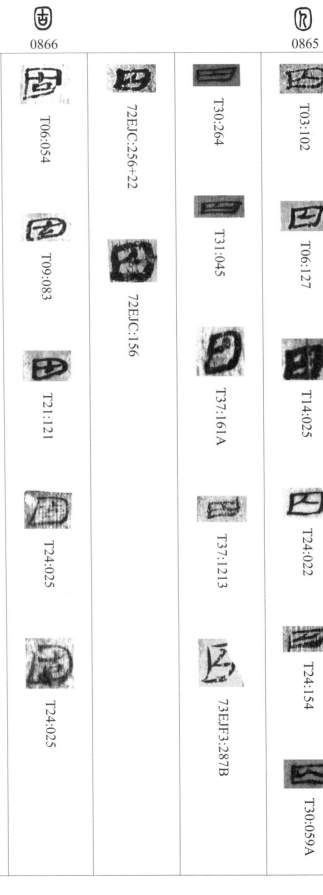

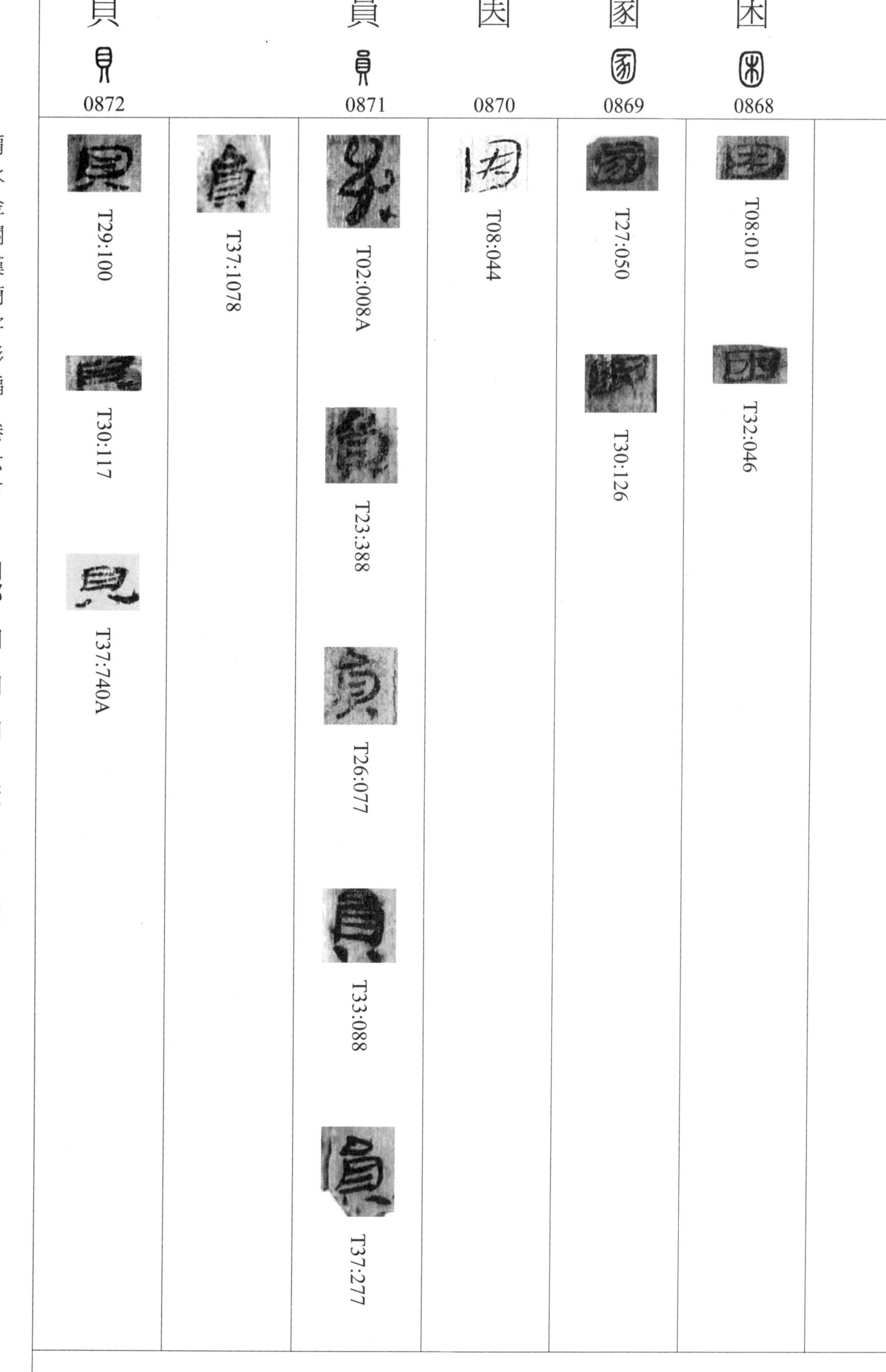
困
0868
T08:010
T32:046
圂
0869
T27:050
T30:126
因
0870
T08:044
員
0871
T02:008A
T23:388
T26:077
T33:088
T37:277
T37:1078
貝
0872
T29:100
T30:117
T37:740A

財

0873

T01:002
T07:063 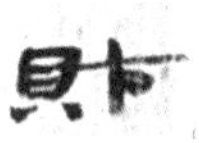
T07:063 
T07:081 
T10:065 
T21:239 

T21:441
T23:019A 
T23:040B 
T24:275A 
T24:562 

T24:842
T27:002B 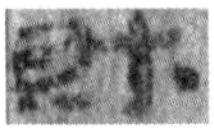
T28:055 
T30:028A 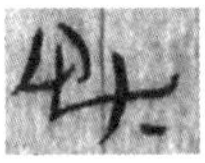
T35:006 

H02:048B
73EJF3:56 
73EJF3:316 
73EJF3:429+434 
72ECC:1+2A 

資

0874

T26:031
T27:004 

賢

0875

T01:023
T02:055A 
T05:081 
T07:160 
T09:031

貝部 賢

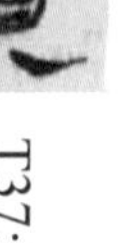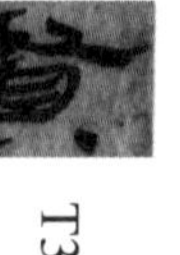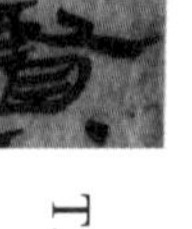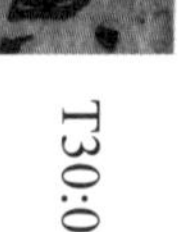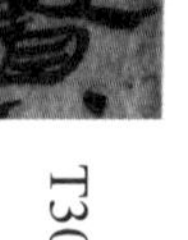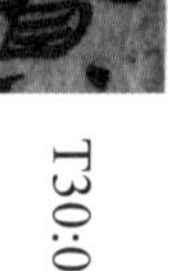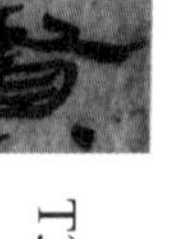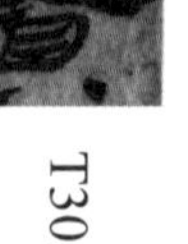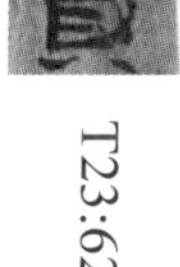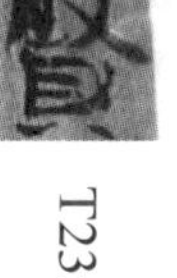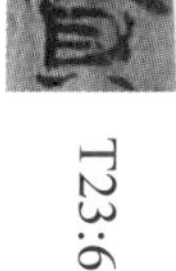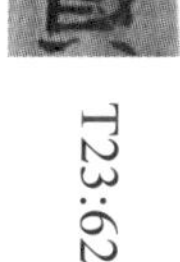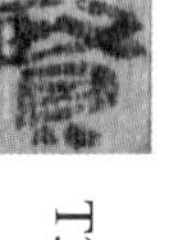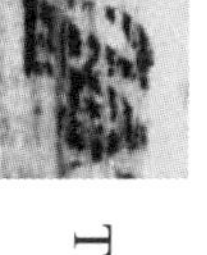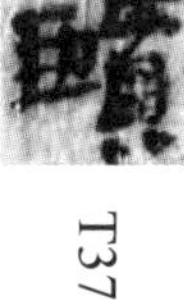

T10:225
T21:417
T23:622
T23:636
T24:025
T24:262
T24:411
T25:013
T25:092
T25:121A
T27:030
T28:054
T28:054
T29:042
T29:098
T30:026
T30:166
T31:020A
T31:148
T33:044A
T37:010
T37:279B
T37:521
T37:731
T37:745
T37:830
T37:920
T37:931
T37:1392
T37:1437

H01:014

H01:019

H01:038

73EJF3:127A

72EJC:10

賷

0876

T24:262

賀

0877

T01:056
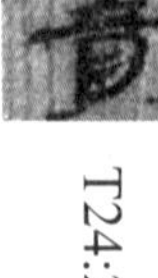
T03:003

T04:099

T06:066A
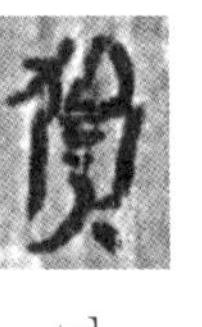
T06:173

T09:086

T09:119

T10:121A

T11:001
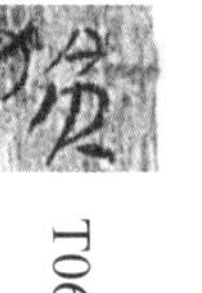
T22:052

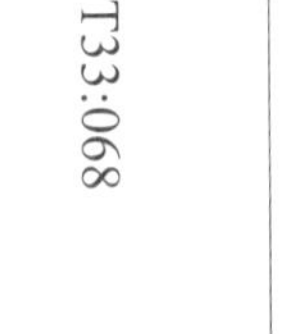

T23:624

T23:624

T23:977

T26:034

T33:040A

T33:068

T34:039

T37:722

T37:1511

T37:1516

73EJF3:460A

73EJF3:592

73EJD:260B

73EJD:360

T37:1517

73EJF3:281+18

73EJF3:77A

73EJF3:367

贊

0878

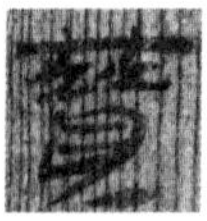

T10:550A

T21:468

T22:080

齎

0879

T23:1060B

T31:009

T37:1224

貸

0880

T05:008A

T21:082

T23:279A

T23:374

T23:497

T23:963

T26:171

T30:102

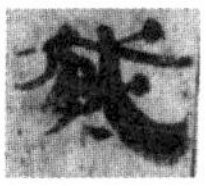

T30:138

T31:097B

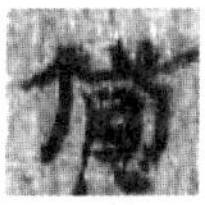

T37:150

T37:1307A

F01:003

F01:010

F01:010

73EJF2:7

73EJF3:161

73EJF3:382A

72EJC:261A

贛

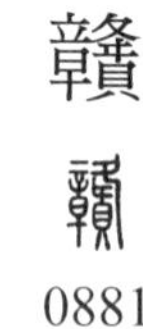

0881

T06:094

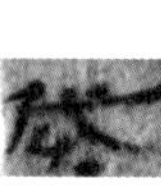
T09:159

T10:120A

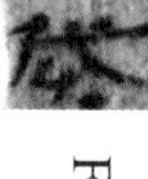
T10:208

T23:663A

T23:896B

T23:976A

T24:104

T29:072

73EJD:75A

73EJD:253

73EJC:300

73EJC:338

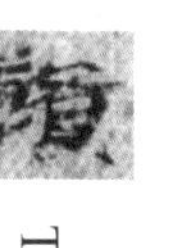
73EJC:607

賞

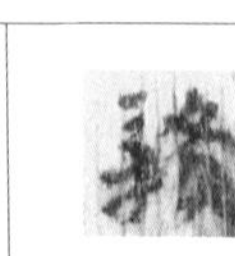

0882

T01:002

T03:040

T06:023B

T07:116A

T10:063

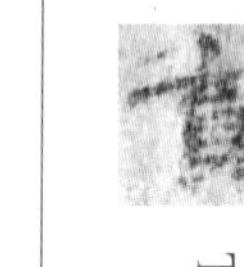

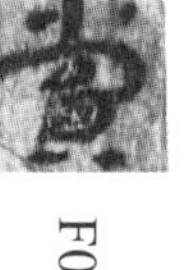
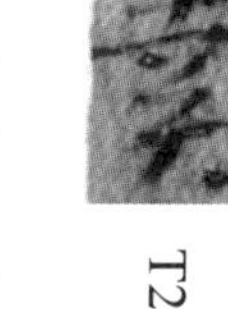

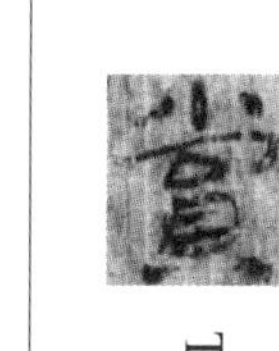

T10:206
T10:409
T11:015
T14:025
T14:036

T23:148
T23:359B
T23:405
T23:572
T23:622

T23:648
T23:897B
T24:374
T25:065A
T27:004

T31:127
T33:085
T37:033
T37:527
T37:707A

T37:1022
T37:1508
F01:011
73EJF3:86
73EJF3:164

73EJF3:621A
73EJD:99
72EJC:7
72EJC:166

73EJC:299

73EJC:589

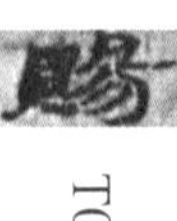
73EJC:593

73EJC:593

賜

0883

T02:077

T04:108A

T06:120

T07:010

T10:047B

T14:038

T21:001

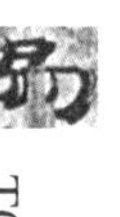
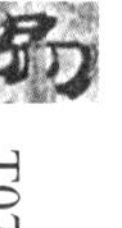
T21:017

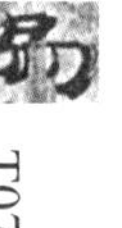
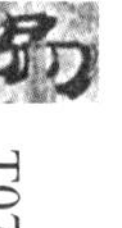
T23:610A

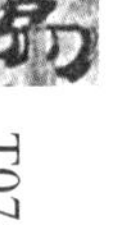

T23:619

T24:065A

T24:077

T24:339B

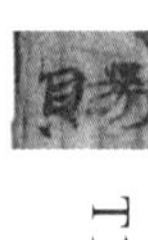

T24:513B

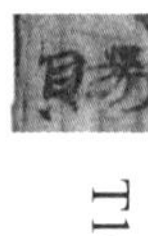
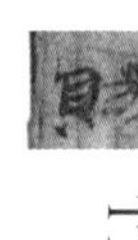
T26:031

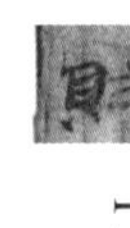
T27:022

T28:022

T29:048

T30:259

T37:227

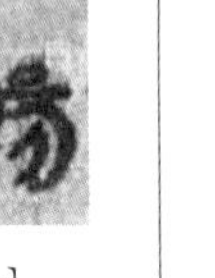
T37:519A

T37:792

T37:845

T37:1052B

H02:007

73EJF3:127A

72EJC:108A

負	賴	贏
0886	0885	0884

72EJC:272B
73EJC:599B

T09:041
T37:277
T37:1223
H02:043A
H02:090

T10:121A

T02:046A
T05:120
T06:143
T10:131
T10:131

T21:374A
T21:374A
T21:374A
T21:374B
T23:054

T23:054
T23:054
T23:054
T23:054
T23:562
T23:565

T23:637B

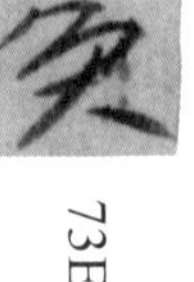
T23:720

T23:768

T23:883

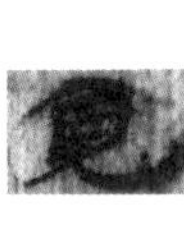
T23:936

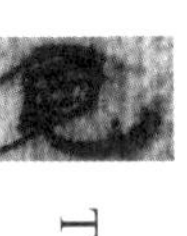
T30:122A

T30:122A

T30:214

T30:214

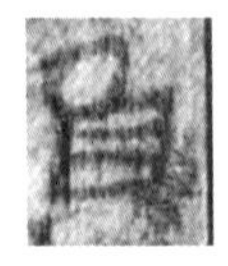
T35:006

73EJF3:163

73EJF3:283

72EJC:119

72EJC:119

72EJC:119

73EJC:295

貳
0887

T31:075

賓
0888

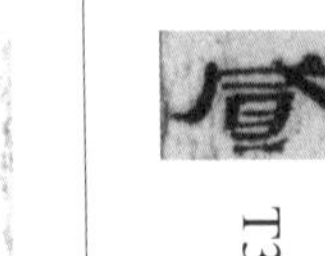

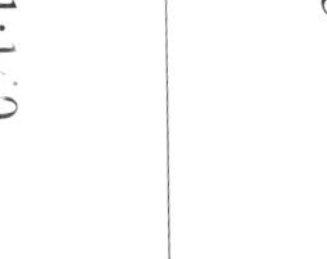
T01:142

T04:063A

T06:068A

T07:022A

T09:061B

賁

賁

0889

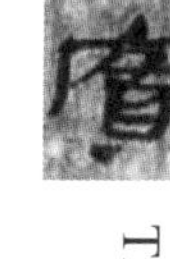
T21:375B

T23:481A

T23:481B

T29:109

T29:109

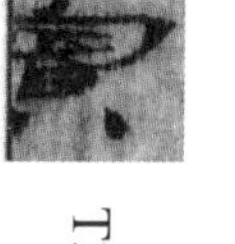
T30:138

T30:169

H01:031A

73EJF3:430A+263A

73EJC:569

T01:061

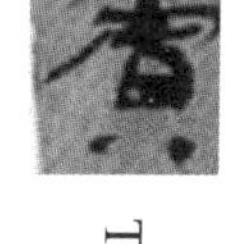
T01:066

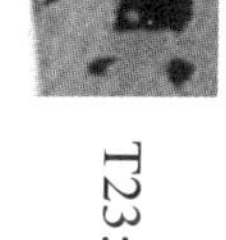
T03:104

T07:025

T07:025

T11:015

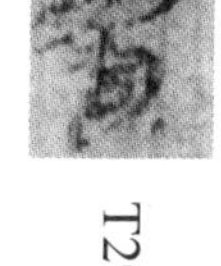
T21:372

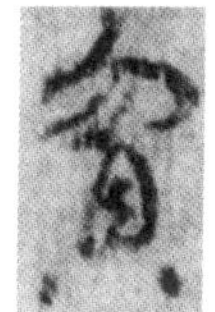
T21:451

T23:320

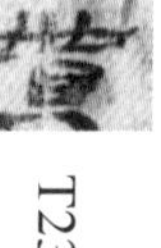
T23:374

T23:687

T23:925

T23:963

T23:965

T23:969

T24:028

T26:054

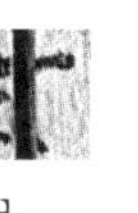

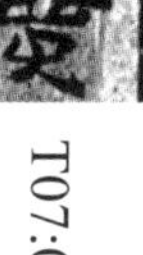

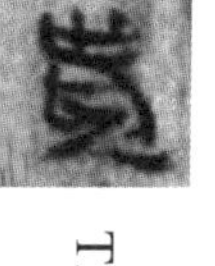
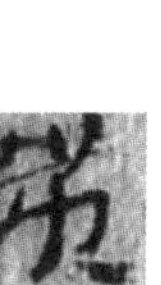

T28:055

T33:056A

T37:767

73EJD:231

73EJC:466

質
0890

F01:010

貿
0891

T08:024

T23:917A

贖
0892

T24:047

T37:526

T37:526

費
0893

T21:009

T21:417

T24:843

T30:263

73EJF3:315B

責
0894

T01:085A

T01:208

T03:054A

T05:023B

T05:120

T07:025

 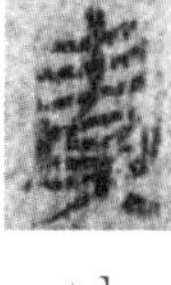
T07:025

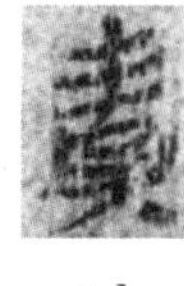 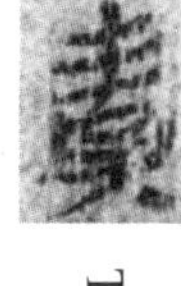
T10:179

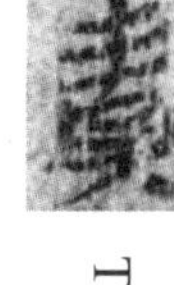 
T21:112

T21:176

T21:176

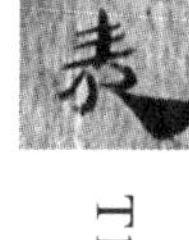 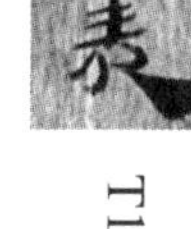
T21:176

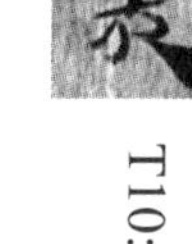 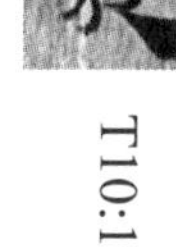
T23:079A

T23:295

 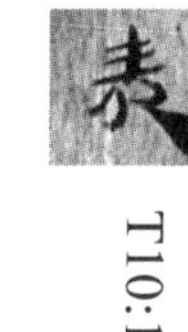
T23:295

 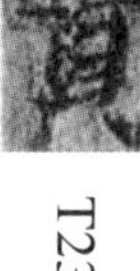
T23:404A

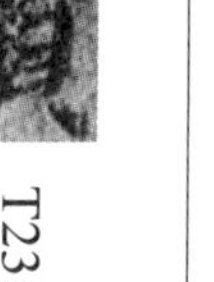 
T23:658

T23:658

T24:263

 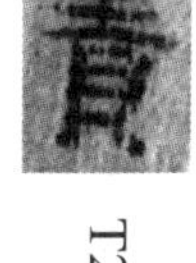
T24:268B

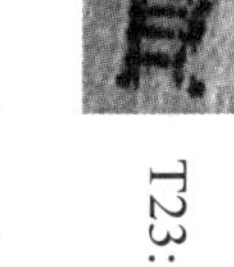 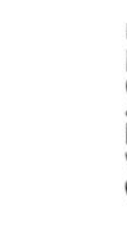
T25:059

T27:024

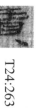

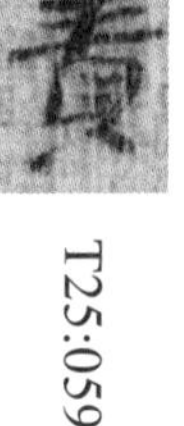 
T29:098

T30:026

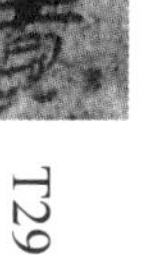 
T30:138

T30:179

T32:003

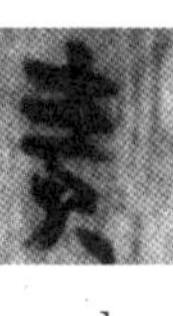
T32:061

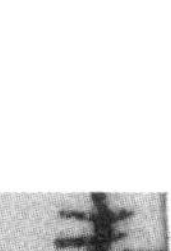
T37:261

T37:273

T37:525

T37:743

T37:1097A

 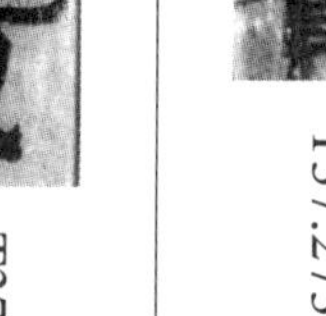
T37:1168

 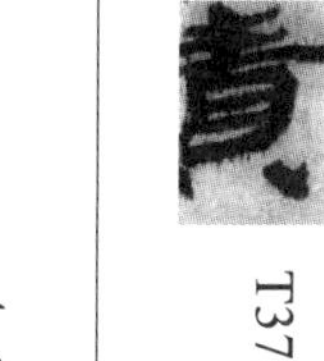
T37:1315

H02:058 F01:011 73EJF3:283 73EJF3:447B 73EJD:4

73EJD:4 73EJD:38 73EJC:295 73EJC:664

賈

0895

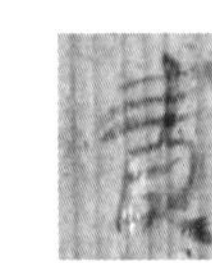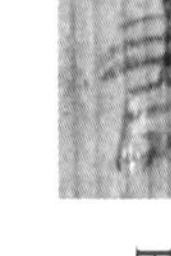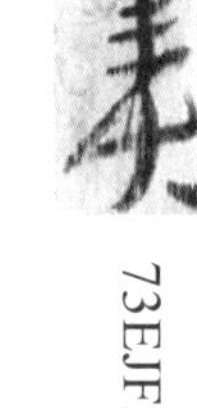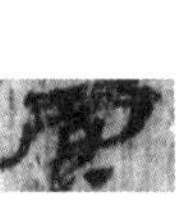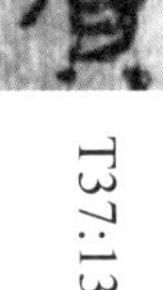

T06:101 T06:102 T07:033 T09:094A T10:327A T23:162

T23:257 T23:804A T23:925 T23:934 T23:963 T24:275A

T24:275A T24:755 T25:051 T26:054 T37:059

T37:122 T37:133 T37:242 T37:247 T37:648A

販 0896

買 0897

T37:722
T37:767
T37:1585A
73EJF3:295A
73EJF3:538
72EJC:237
72ECC:14A
T06:034
F01:006
T07:025
T09:242
T10:070
T10:415
T10:418
T21:199B
T21:423
T22:107
T23:374
T23:733A
T23:899B
T24:006B
T24:028
T24:029
T24:142

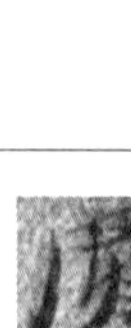
T24:318
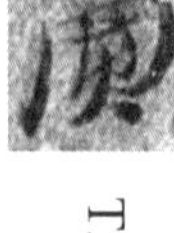
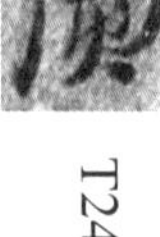
T25:030

T25:063

T25:151

T26:144

T28:106

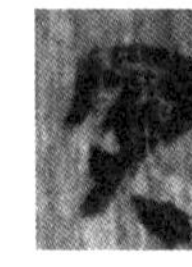

T30:070

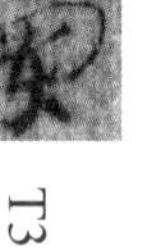
T31:097B

T37:122
T37:522A
T37:1428

73EJF3:38

73EJD:238

賤
0898

T14:007

T24:545A

T26:138

T33:032

賦
0899

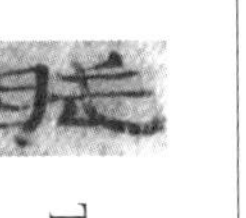
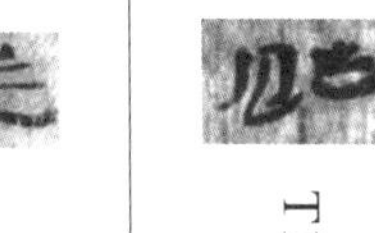

T03:100
T09:328

T10:222

T14:018

T21:204A

T23:417

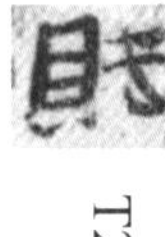
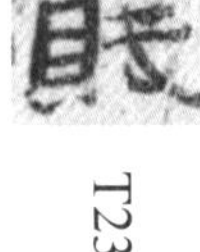
T23:560

T23:765

T23:897A

T24:291

T24:399

T24:423

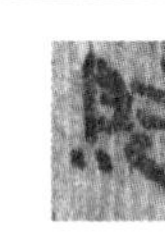

T24:533A

T24:534

T33:040A

T37:523A

T37:1121

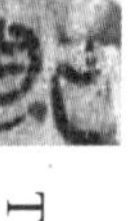
T37:1151A

T37:1266

T37:1525

H01:027

F01:027

F01:027

73EJF3:433+274

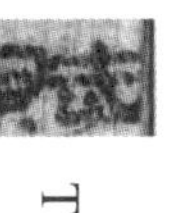
73EJD:310A

73EJC:307

73EJC:378

73EJC:492

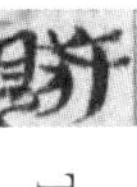

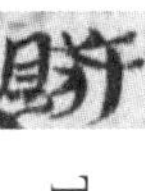
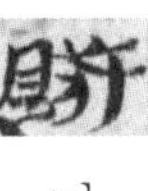
73EJC:657

貧

0900

T14:007

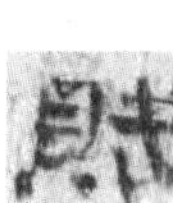
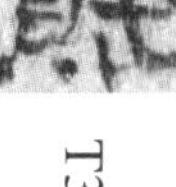
T23:910

T37:100

T37:150

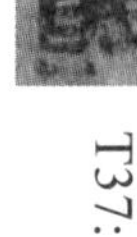
73EJF3:522

72EJC:181

73EJC:295

賕	購	貰	貴
賕	購	貰	貴
0901	0902	0903	0904

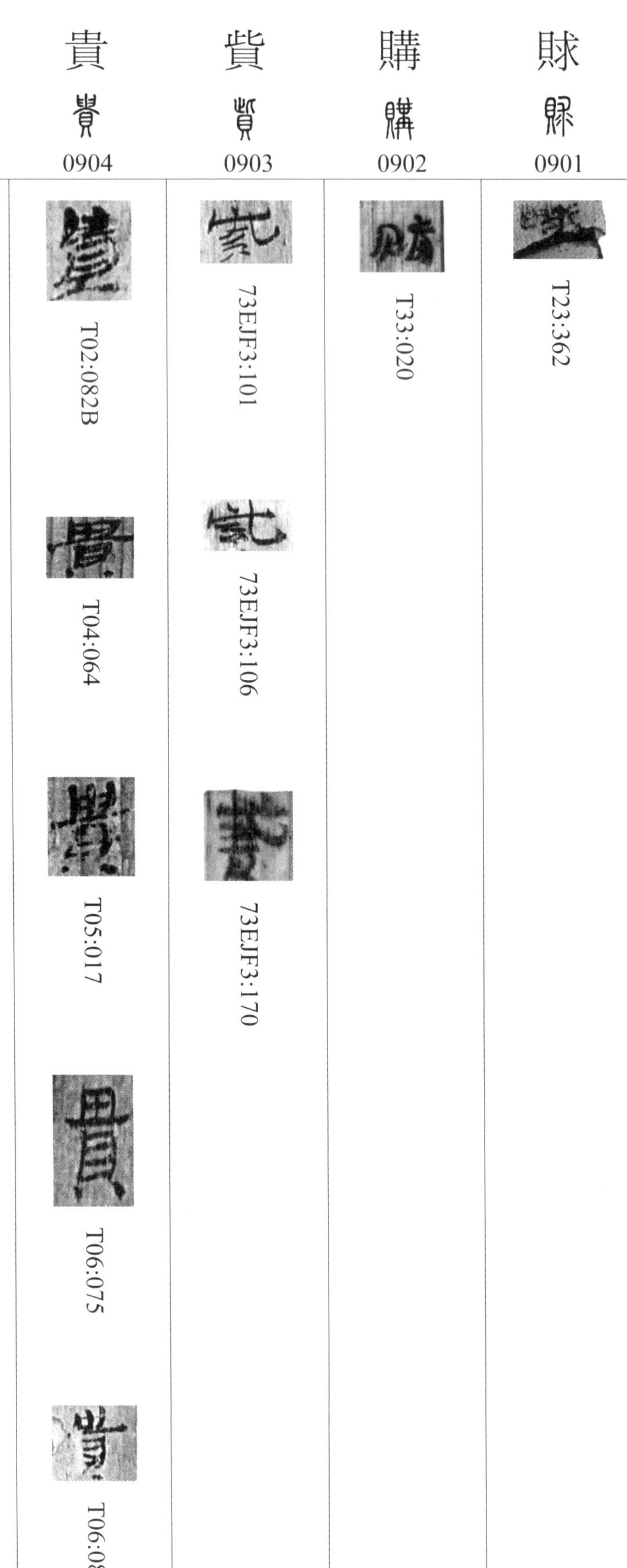

0901 賕：T23:362

0902 購：T33:020

0903 貰：73EJF3:101　73EJF3:106　73EJF3:170

0904 貴：T02:082B　T04:064　T05:017　T06:075　T06:083A　T14:007　T14:028　T23:080A　T23:384　T26:054　T27:056　T37:059　T37:996　T37:1007　T37:1589

貴

73EJD:367

72EJC:154

0905 ⿰貝少

73EJC:592A

0906 贍

T22:049

0907 邑

T01:031

T01:101

T02:004

T02:029A

T03:083

T03:095

T03:096

T03:097

T06:048

T07:003

T07:033

T07:037

T07:107A

T07:129A

T08:007

T08:033

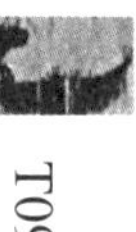
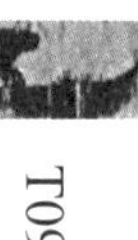

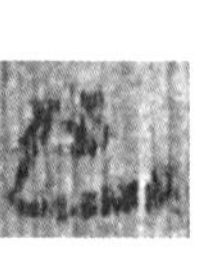

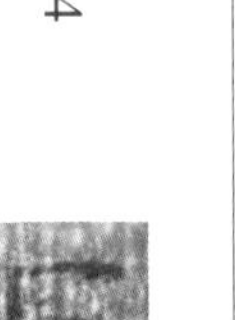

T08:073 T09:012A T09:030 T09:081 T09:092A

T09:113 T09:206 T09:223 T09:231 T09:231

T09:247 T10:212 T10:232A T10:236A T10:298

T10:315A T10:352 T10:359 T10:389 T21:104

T21:200 T21:323 T21:424 T21:437 T21:441

T23:083 T23:174 T23:229A T23:628 T23:889

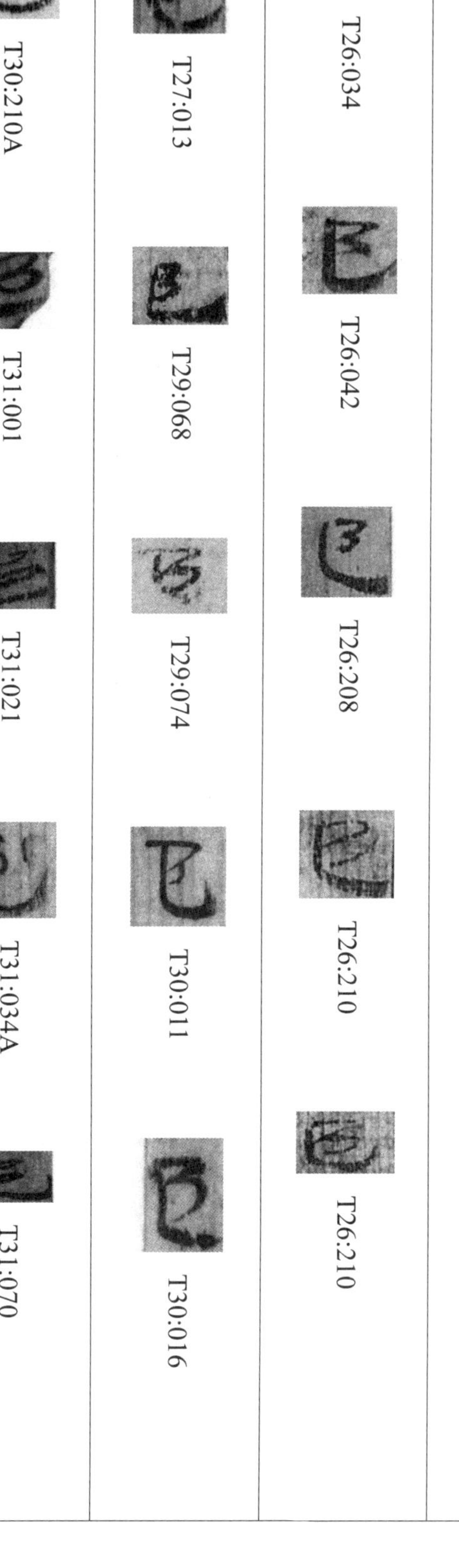

T24:028 T24:117 T24:217 T24:249 T24:266A

T24:266A T24:321 T24:392 T24:427A T24:523

T24:532A T24:532A T24:977A T25:171 T25:178

T26:034 T26:042 T26:208 T26:210 T26:210

T27:013 T29:068 T29:074 T30:011 T30:016

T30:210A T31:001 T31:021 T31:034A T31:070

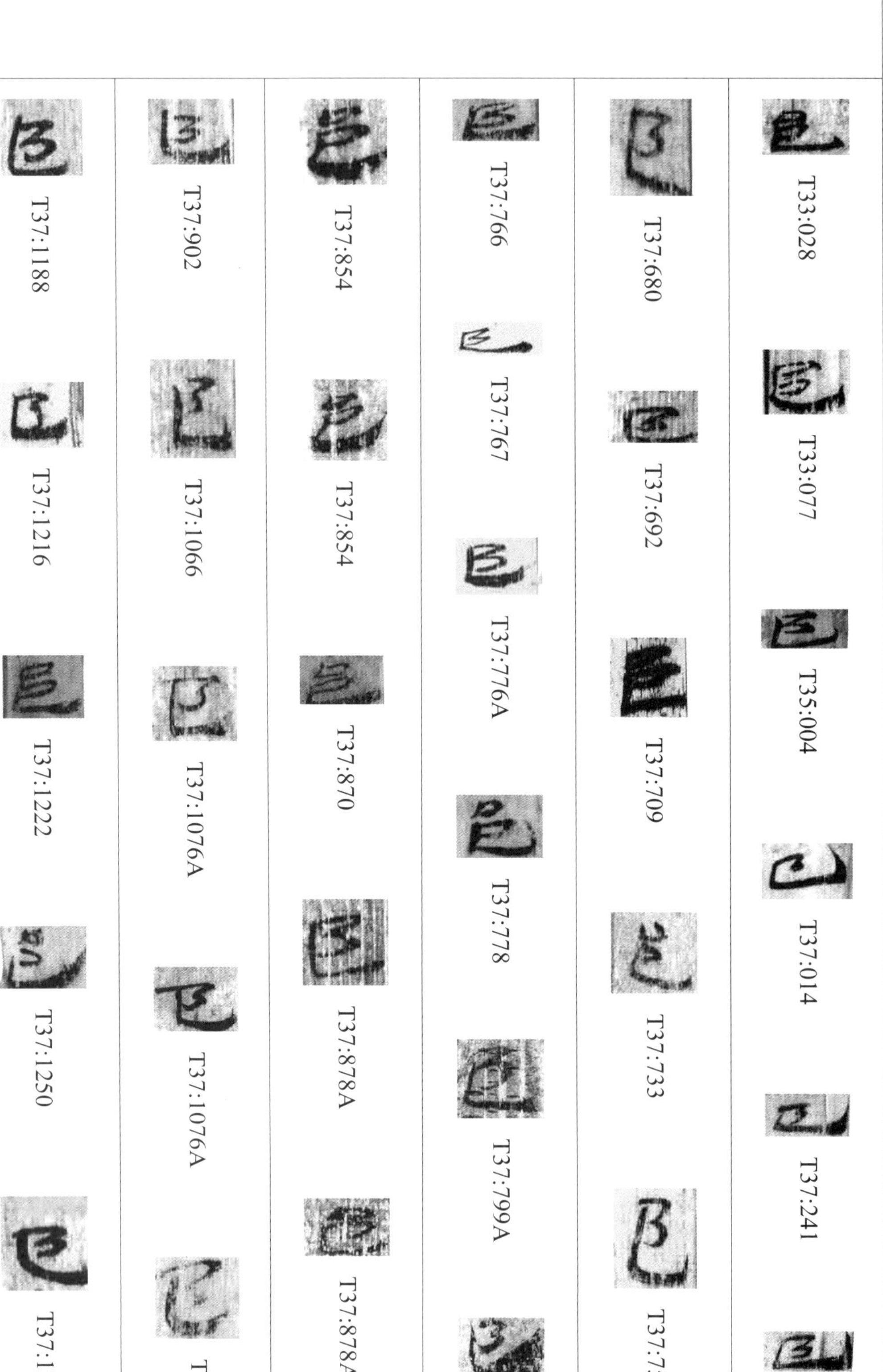

T33:028 T33:077 T35:004 T37:014 T37:241 T37:408

T37:680 T37:692 T37:709 T37:733 T37:752A

T37:766 T37:767 T37:776A T37:778 T37:799A T37:844

T37:854 T37:854 T37:870 T37:878A T37:878A

T37:902 T37:1066 T37:1076A T37:1076A T37:1095A

T37:1188 T37:1216 T37:1222 T37:1250 T37:1320

郡

0908

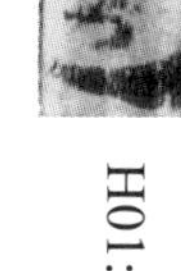

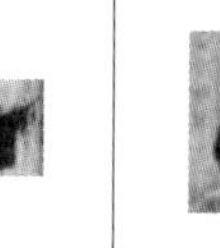

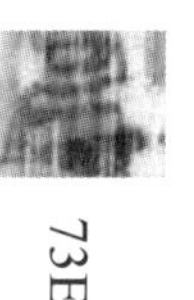

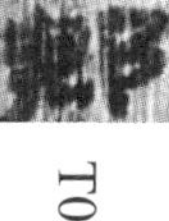

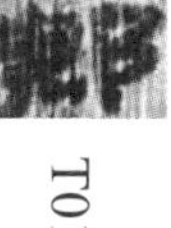
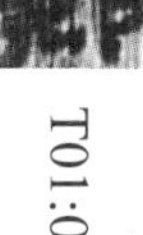

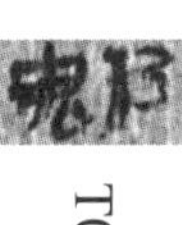

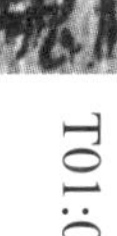

T37:1453
T37:1454
T37:1462
H01:014
H02:005A

F01:117
73EJF3:35
73EJF3:181
73EJF3:469
73EJD:233

73EJD:246
72EJC:15A
72EJC:32
72EJC:43+52
72EJC:65

72EJC:270A
73EJC:415
73EJC:524
73EJC:529A
73EJC:555A

73EJC:556A
72EBS7C:4

T01:001
T01:006
T01:008
T01:031
T01:036
T01:050

邑部 郡

T01:069
T01:100
T01:115
T01:128
T01:130
T01:157
T01:311
T02:002
T02:003
T02:018
T02:035
T02:045
T02:072
T02:087
T02:100
T03:055
T03:083
T03:095
T03:096
T04:008
T04:015
T04:018
T04:019
T04:020
T04:026
T04:052
T04:071
T04:155
T05:011
T05:015
T05:018
T05:019
T05:036
T05:051
T05:053
T05:054

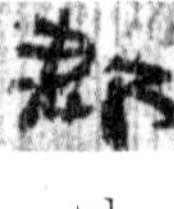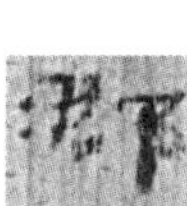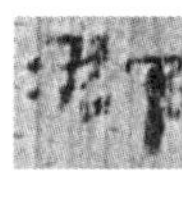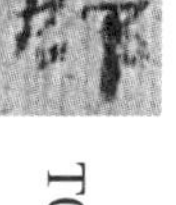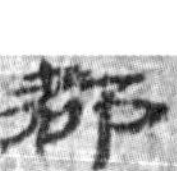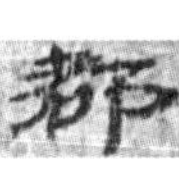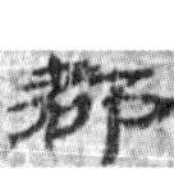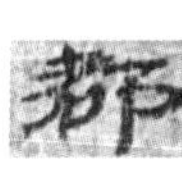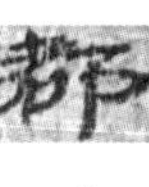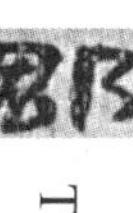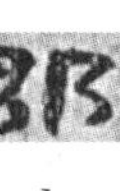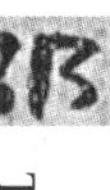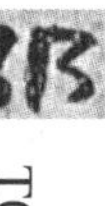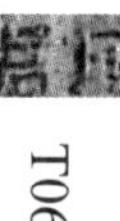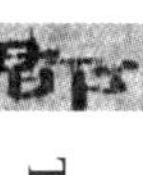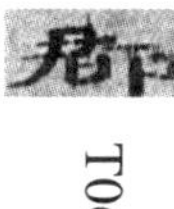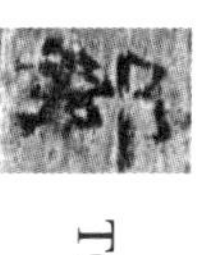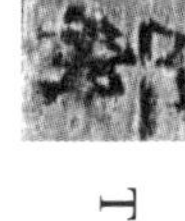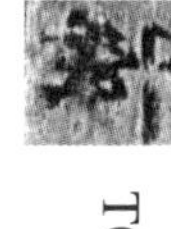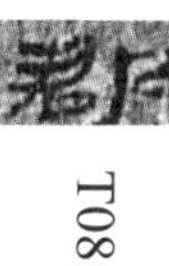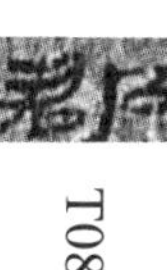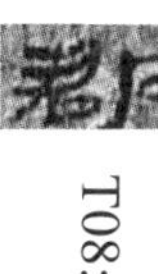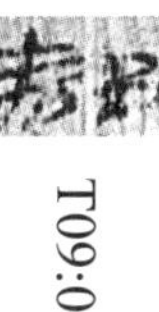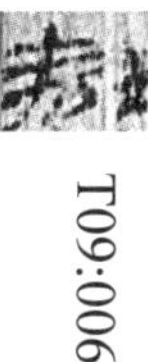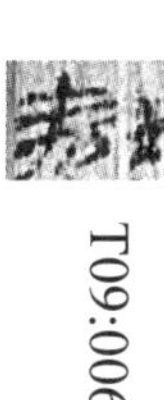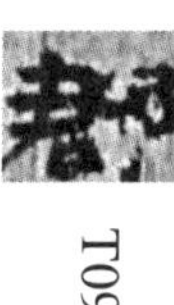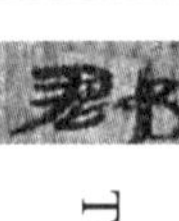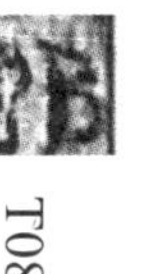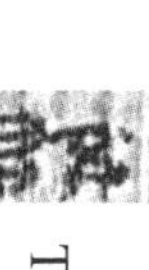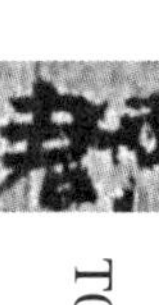

T05:061
T06:023A
T06:028
T06:048
T06:093
T06:094

T06:100
T06:106
T06:134
T06:138
T06:150
T07:007

T07:009
T07:096
T08:006
T08:048
T08:049
T08:081

T08:089A
T08:090
T08:096
T08:097
T09:003
T09:006

T09:020
T09:028
T09:030
T09:033
T09:040
T09:062A

T09:074
T09:081
T09:083
T09:088
T09:090
T09:101

T09:101　T09:104　T09:113　T09:126　T09:206　T09:235

T09:237　T09:241　T09:251　T09:253　T09:262　T10:103

T10:108　T10:122　T10:128　T10:148　T10:182　T10:183

T10:227　T10:265　T10:267A　T10:290　T10:294　T10:298

T10:299　T10:301　T10:305　T10:313A　T10:343A

T11:003　T21:016　T21:044　T21:049　T21:051　T21:095

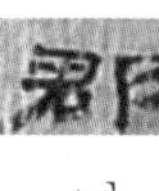
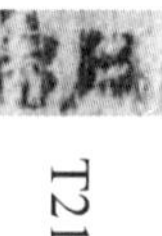

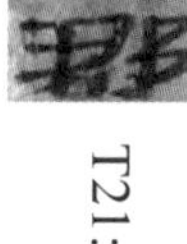

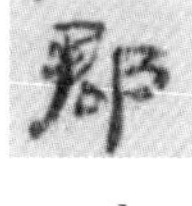

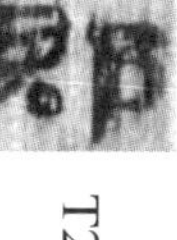
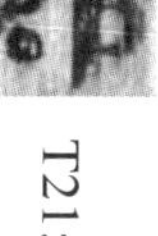

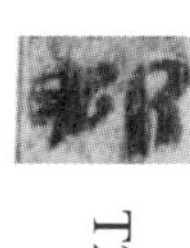
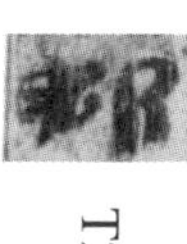

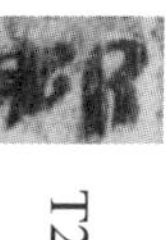
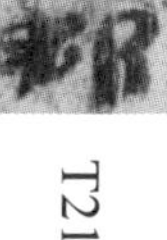
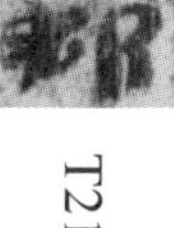
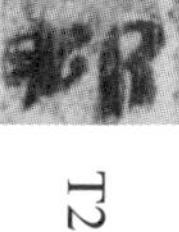
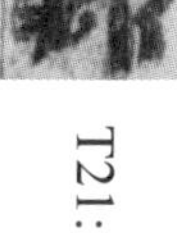
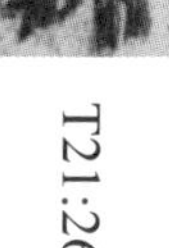

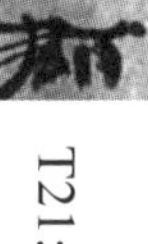

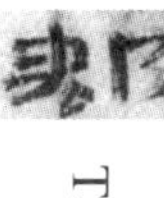

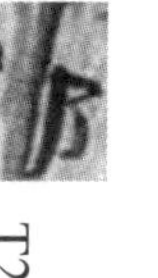
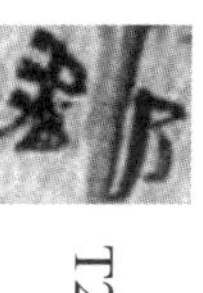
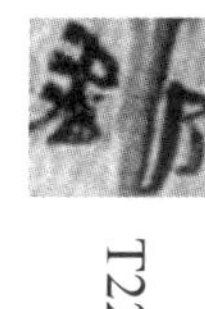

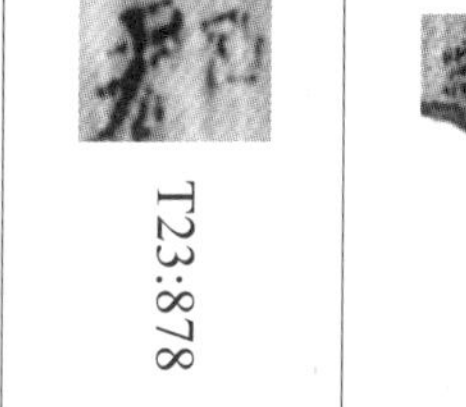

T21:099
T21:107
T21:120
T21:121
T21:175A
T21:195

T21:202
T21:229
T21:260
T21:265
T21:269
T21:313

T21:323
T21:425
T21:438
T21:468
T22:018
T22:024

T22:056
T22:080
T22:098
T23:004
T23:034
T23:145

T23:163
T23:249
T23:250
T23:276
T23:496
T23:517

T23:534
T23:619
T23:658
T23:689
T23:724
T23:878

邑部 郡

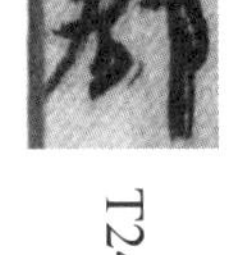
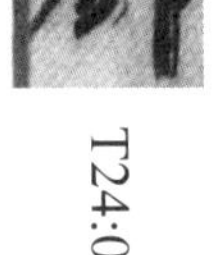
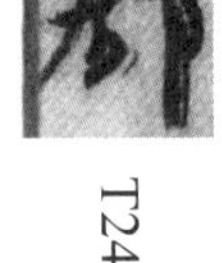

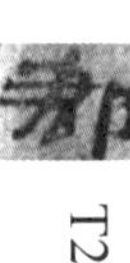

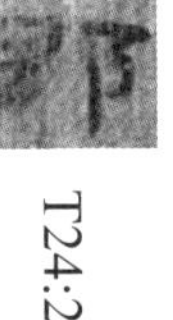

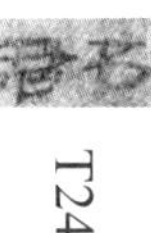

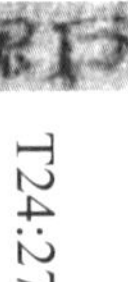

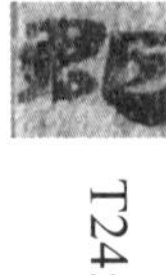

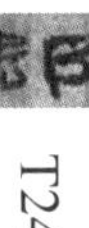

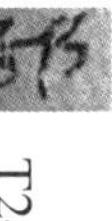

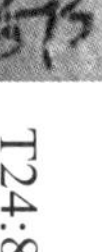

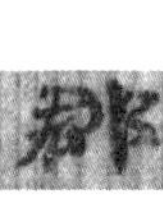
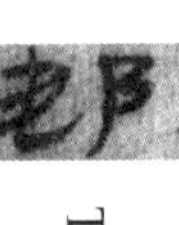

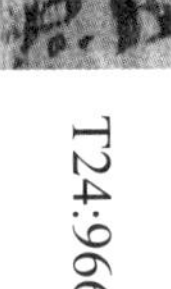
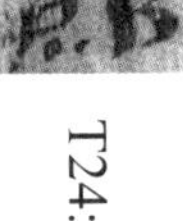

T23:897A
T23:920
T23:922
T23:974
T24:011
T24:021

T24:041
T24:117
T24:131
T24:145
T24:238
T24:258

T24:264A
T24:265
T24:267A
T24:270
T24:279
T24:328

T24:337
T24:392
T24:542
T24:543
T24:550
T24:702

T24:715
T24:725
T24:730
T24:836
T24:873A
T24:897

T24:922
T24:953
T24:966
T24:968
T24:974
T25:007A

邑部　郡

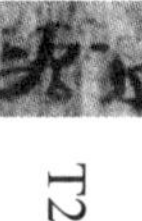

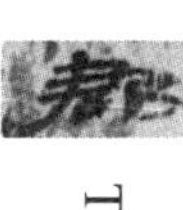
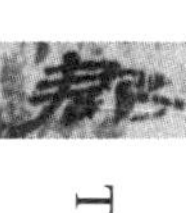
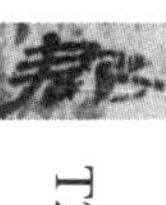

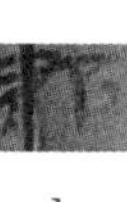

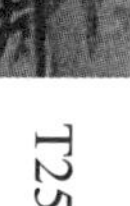
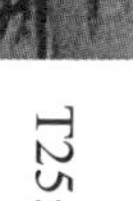

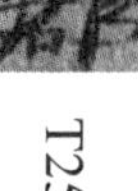

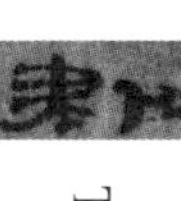
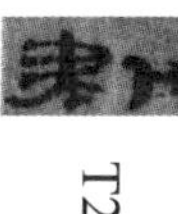
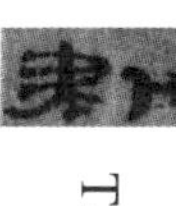

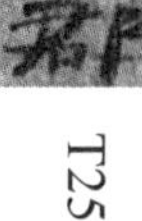

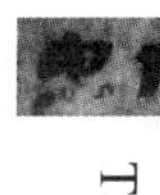
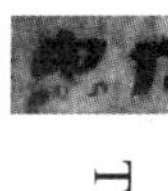
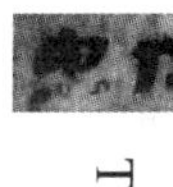
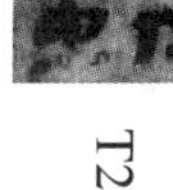

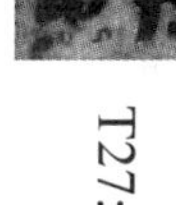
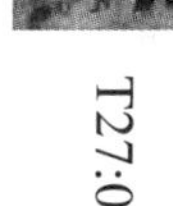

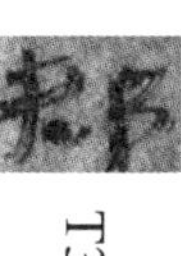
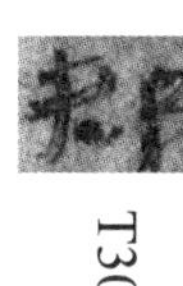
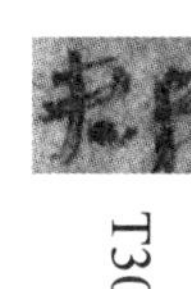

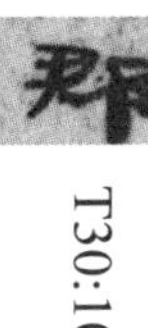

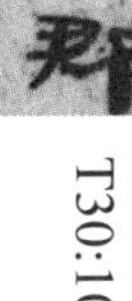

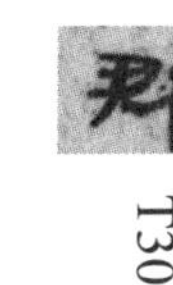
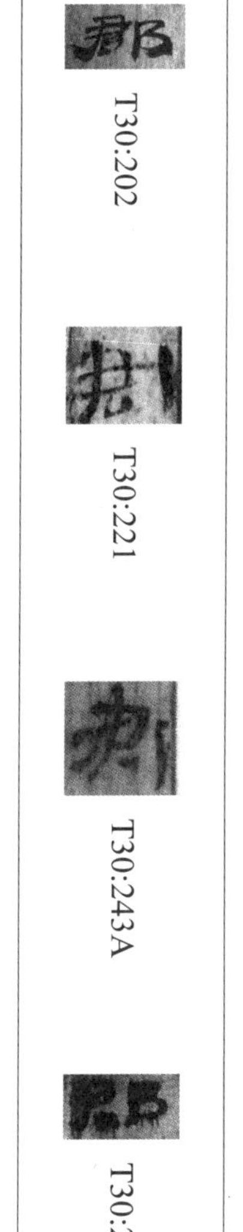

T25:053　T25:086　T25:089　T25:099　T25:164　T26:009

T26:031　T26:184　T26:217　T27:020　T28:030　T28:031

T28:070　T28:110　T29:093　T29:128　T30:003　T30:012

T30:013　T30:014　T30:015　T30:021A　T30:025　T30:102

T30:113　T30:117　T30:118　T30:119　T30:135　T30:140

T30:154　T30:202　T30:221　T30:243A　T30:262　T30:263

T30:266 T30:267 T31:001 T31:026 T31:066 T31:070

T31:093 T31:152 T32:002 T32:004 T32:024 T32:041

T32:074 T32:075 T33:039 T33:061 T33:091 T34:006A

T34:007 T35:011 T37:014 T37:064 T37:076 T37:078

T37:241 T37:408 T37:460 T37:470 T37:523A T37:526

T37:564 T37:641 T37:692 T37:722 T37:725 T37:740A

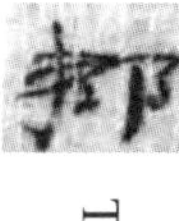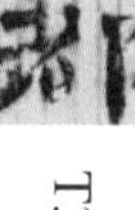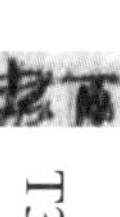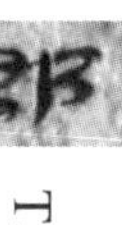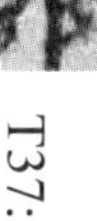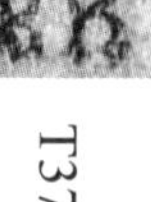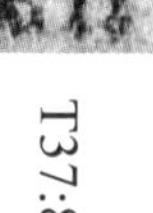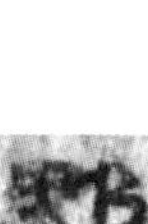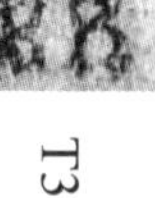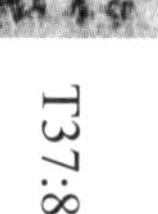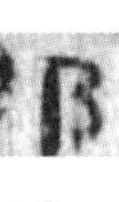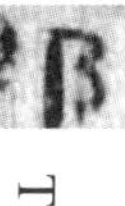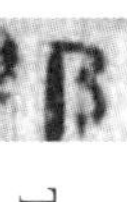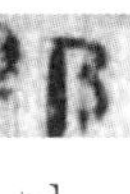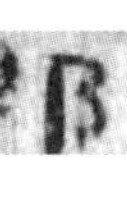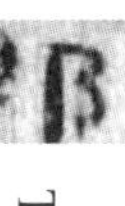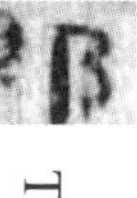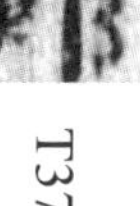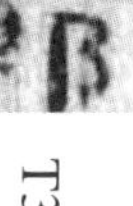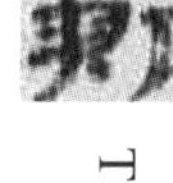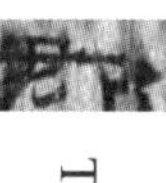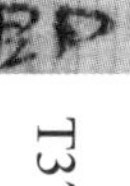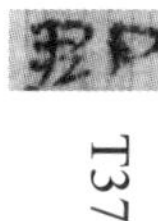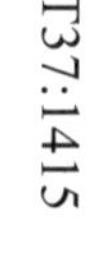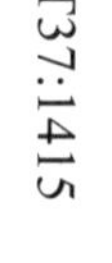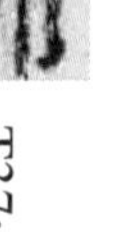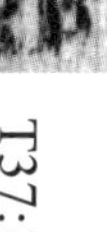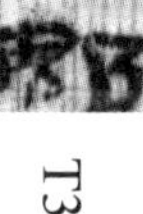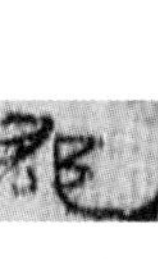

T37:740A
T37:764
T37:766
T37:812
T37:844
T37:870

T37:969
T37:982
T37:985
T37:986
T37:987
T37:993

T37:994
T37:1014
T37:1079
T37:1084
T37:1109
T37:1110

T37:1132
T37:1250
T37:1318
T37:1320
T37:1394

T37:1415
T37:1445
T37:1448A
T37:1448B
T37:1451A

T37:1454
T37:1459
T37:1471A
T37:1492
T37:1493

T37:1586
T37:1587
H01:003A
H01:018
H01:039
H01:050
H01:052
H02:001
H02:040
F01:001
F01:004
F01:010
F01:012
F01:084A
F01:117
F01:122
73EJF2:17
73EJF3:48+532+485
73EJF3:76+448A
73EJF3:114+202+168
73EJF3:290+121
73EJF3:169
73EJF3:181
73EJF3:181
73EJF3:470+564+190+243
73EJF3:276
73EJF3:328A
73EJF3:418
73EJF3:446
73EJF3:519

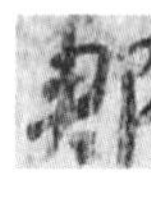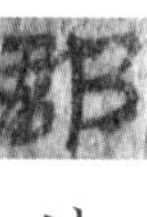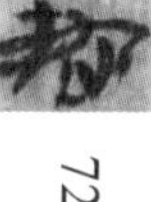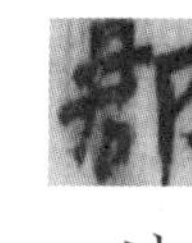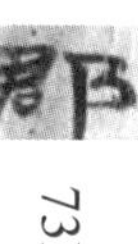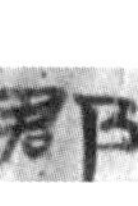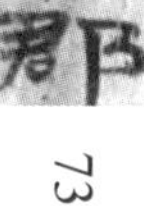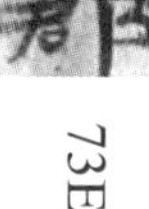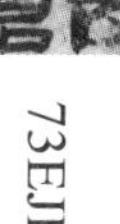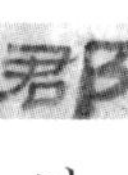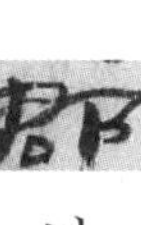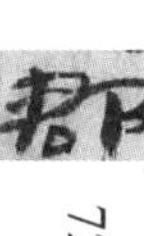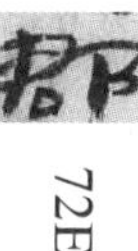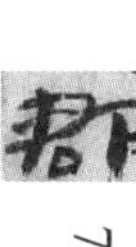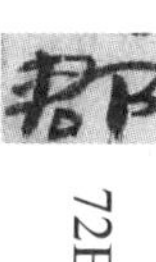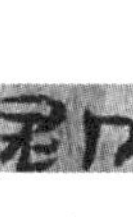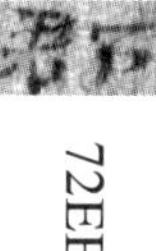

73EJF3:544
73EJT4H:90
73EJD:19A
73EJD:22
73EJD:40A
73EJD:43A
73EJD:191
73EJD:207
73EJD:310A
73EJD:313A
72EJC:5
72EJC:19
72EJC:26
72EJC:27
72EJC:32
72EJC:36
72EJC:40
72EJC:43+52
72EJC:51
72EJC:141
72EJC:160
72EJC:238
73EJC:424
73EJC:425
73EJC:556A
73EJC:614
73EJC:628
73EJC:643
72EBS7C:1A

都

0909

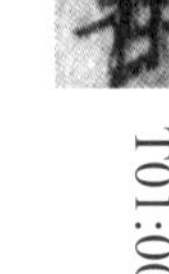
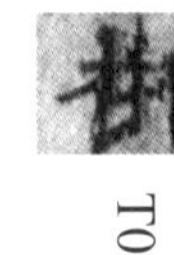

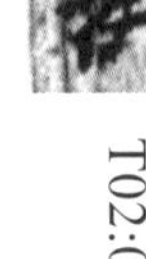

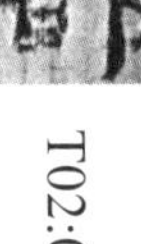

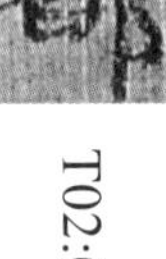

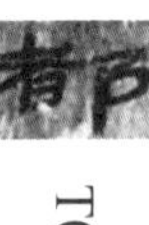

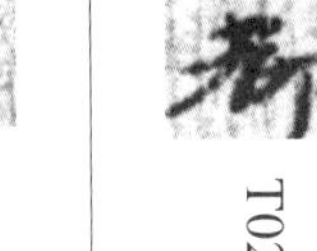

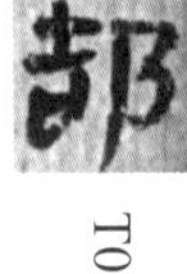

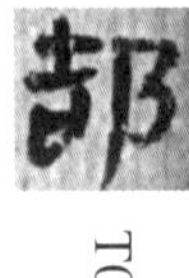

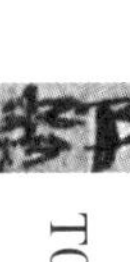

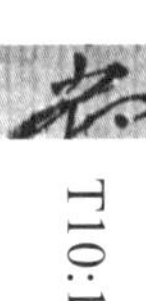

T01:002　T01:068　T01:140　T02:023　T02:023　T02:023

T02:023　T02:042　T02:083　T03:013A　T03:051　T03:052

T04:171A　T04:189　T05:061　T05:076　T06:028　T06:038A

T06:041A　T06:067A　T06:073A　T06:141　T06:151　T06:163B

T06:190　T07:032　T07:036　T08:046　T08:051A

T08:106B　T09:041　T10:134　T10:287　T11:006　T15:010

T21:047 T21:060A T21:178 T21:201 T21:227A T21:311

T21:399 T22:069 T22:114 T23:017A T23:123

T23:241 T23:404A T23:404A T23:413 T23:540

T23:620 T23:620 T23:655 T23:770 T23:873

T23:943 T24:001A T24:009A T24:026 T24:026

T24:026 T24:026 T24:130 T24:206 T24:264B

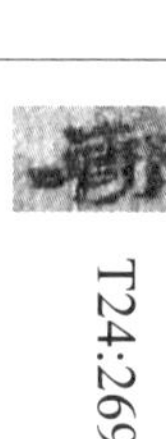

T24:269A

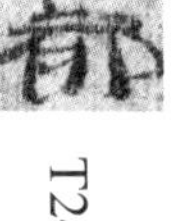
T24:274
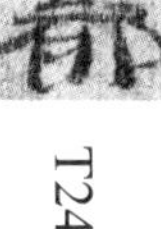
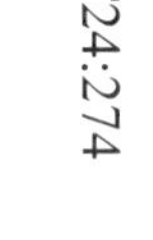
T24:416A

T24:503
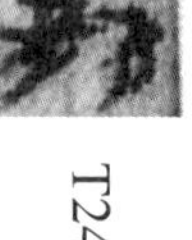

T24:509B

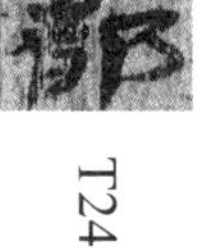
T24:534

T24:566A

T24:775

T24:817
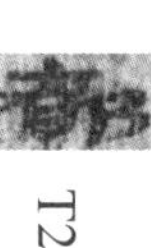

T24:830
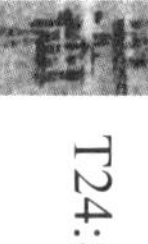

T25:006

T25:050

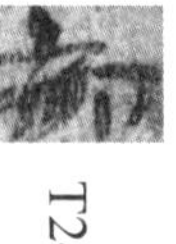
T25:065A

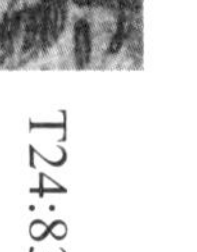
T25:065B
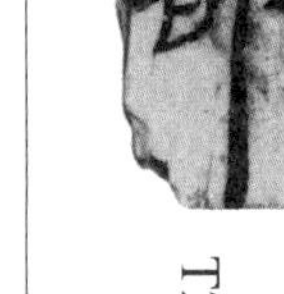
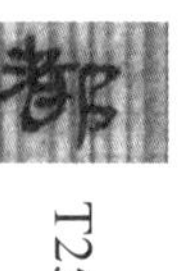
T25:096

T25:105
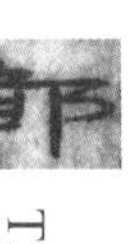

T26:011

T26:032

T26:056

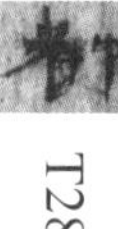
T26:087

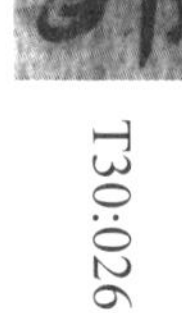
T27:069
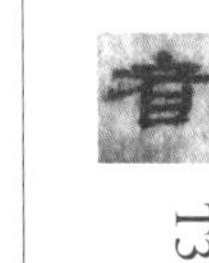

T28:054

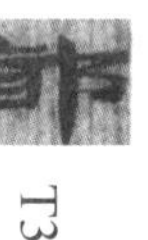
T28:078

T30:026

T30:071

T30:144
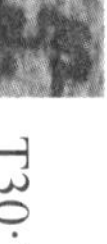
T30:165

T30:204
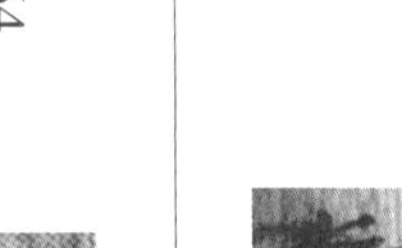
T30:205

T30:216

T30:249

T31:020A

T31:064
T31:114A

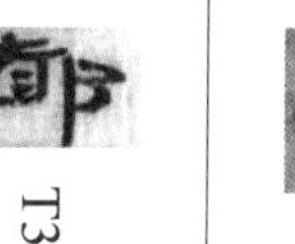

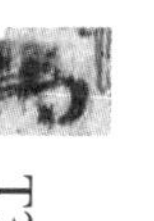

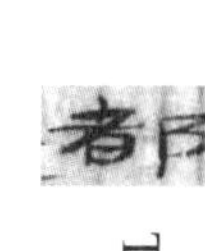
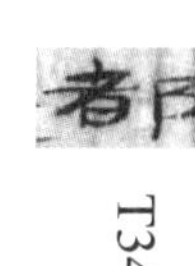

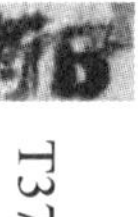

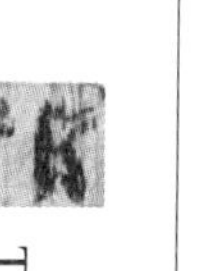
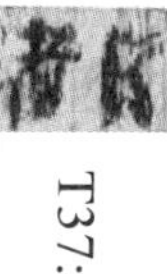
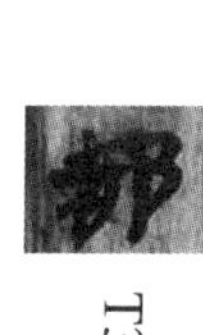
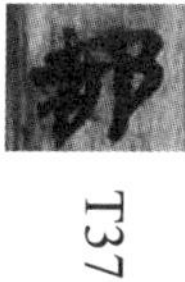

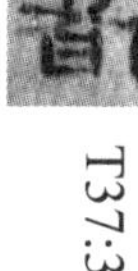

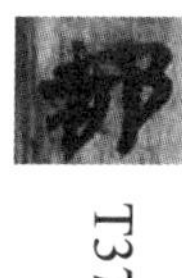
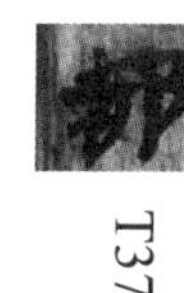

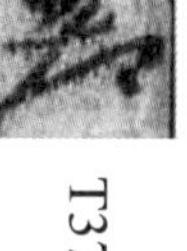

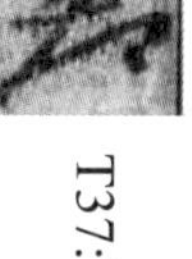

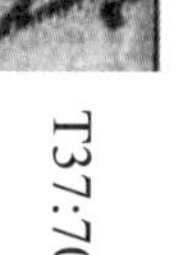
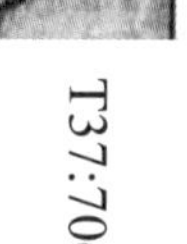
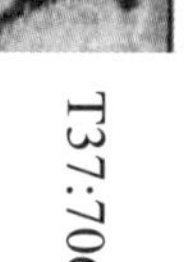
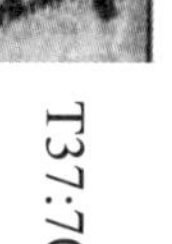

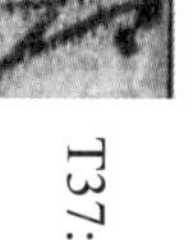

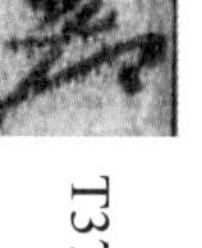
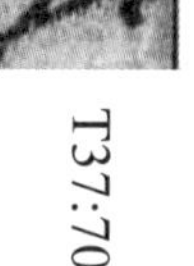

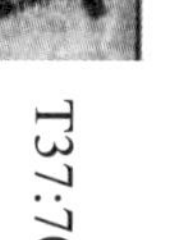

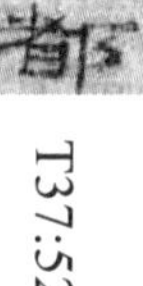

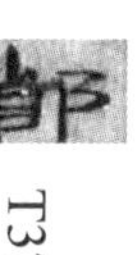

T31:136
T31:149
T33:007B
T33:040A
T34:003A

T34:008
T35:003
T37:035
T37:052
T37:078
T37:105

T37:131
T37:151
T37:226
T37:232
T37:361
T37:446

T37:520A
T37:522A
T37:522A
T37:523A
T37:527

T37:706
T37:748
T37:758
T37:759
T37:765
T37:767

T37:780
T37:782
T37:836B
T37:837
T37:870
T37:920

T37:969

T37:975
T37:1070

T37:1152

T37:1173
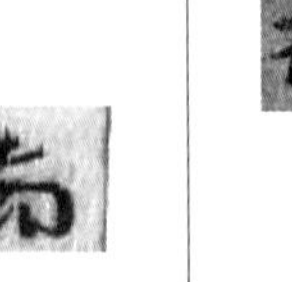

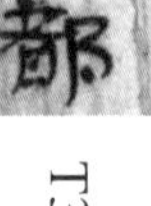
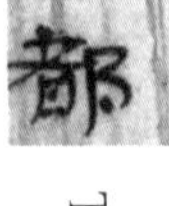
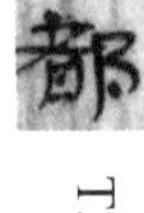

T37:1296

T37:1369

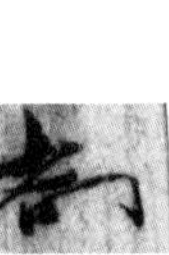

T37:1375A

T37:1443

T37:1452

T37:1500
T37:1508
T37:1523
H01:025
H02:007

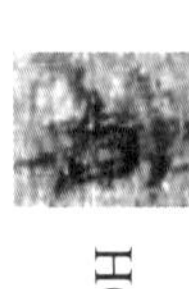

H02:045

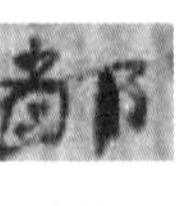
H02:053A

H02:076

F01:014

F01:025

73EJF2:42

73EJF3:3
73EJF3:273+10
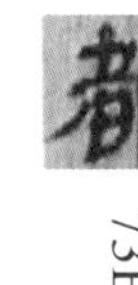
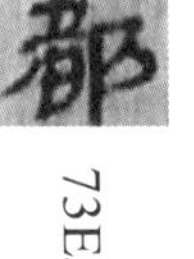
73EJF3:24

73EJF3:415+33

73EJF3:41A

73EJF3:41B

73EJF3:41B

73EJF3:42

73EJF3:47

73EJF3:106

73EJF3:111

73EJF3:119A

73EJF3:181
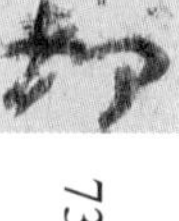
73EJF3:470+564+190+243

73EJF3:225
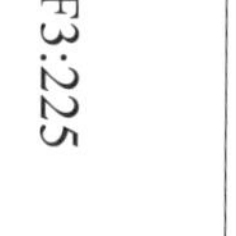
73EJF3:300
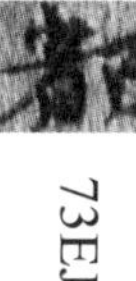
73EJF3:336+324

73EJF3:328A
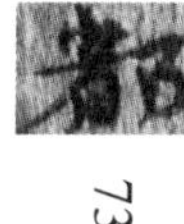
73EJT4H:34

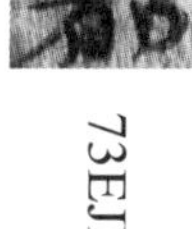
73EJT4H:89B

73EJT4H:90

73EJD:34

73EJD:39B
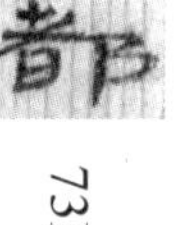
73EJD:39B

73EJD:40A

73EJD:49A
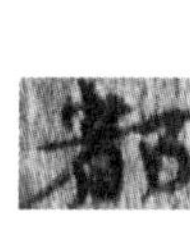
73EJD:64

73EJD:73A

73EJD:79B

73EJD:209

73EJD:246

73EJD:382

72EJC:4

72EJC:5

72EJC:20

72EJC:618+47
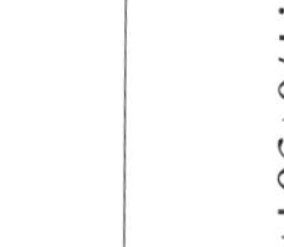
72EJC:618+47

72EJC:107

72EJC:244B

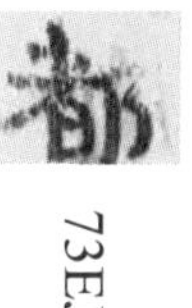

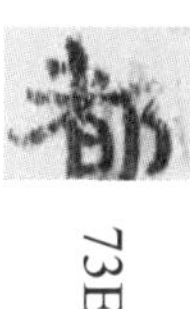
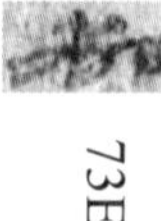

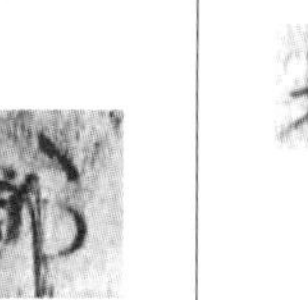

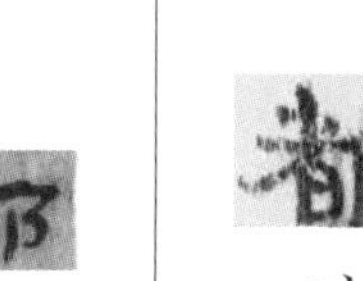

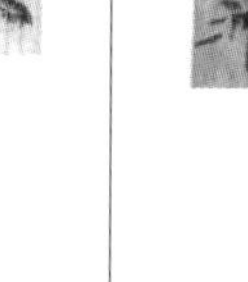

73EJC:292

73EJC:336

73EJC:341

73EJC:444

73EJC:478

73EJC:492

73EJC:540

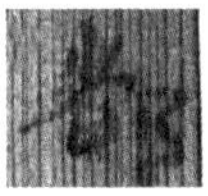

73EJC:592B

73EJC:594

73EJC:677

鄰 0910

T09:335

酇 0911

T29:074

邸 0912

T09:153

T21:049

按：第一形右殘。

郵 0913

T01:002

T02:023

T05:008A

T07:023

T07:038

T09:081

鄘

鄘（篆文）

0914

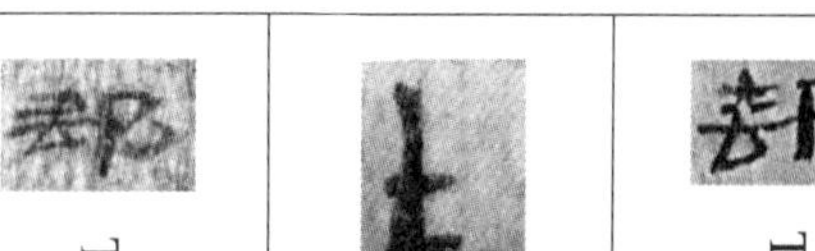
T09:257

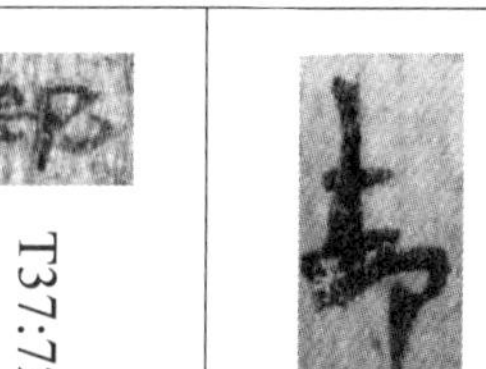
T14:016

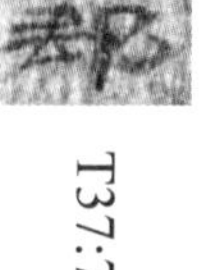
T23:051

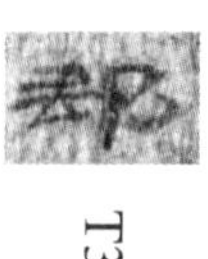
T23:285

T23:787

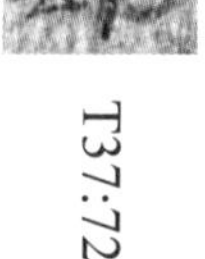
T23:946

T24:065A

T24:342

T26:233A

T30:033B

T30:194

T37:726

T37:779

T37:788A

T37:949

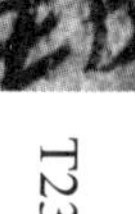
T37:1453

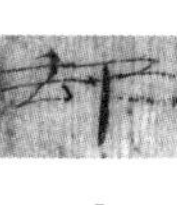
73EJF3:380

73EJF3:605B

73EJD:2

73EJD:51

73EJD:203

73EJD:260A

73EJD:318A

72ECC:38

T09:156

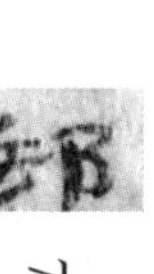

0915 扈

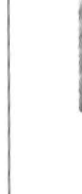

T28:030

72EJC:147B

0916 郝

T07:042

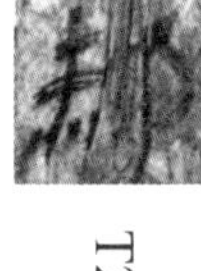

T23:789A

T23:885A

0917 鄭

T03:096

T03:111

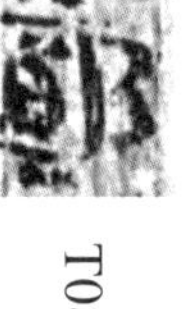

T08:033

T09:104

T10:371A

T21:219

T22:055

T23:675

T23:740A

T24:710

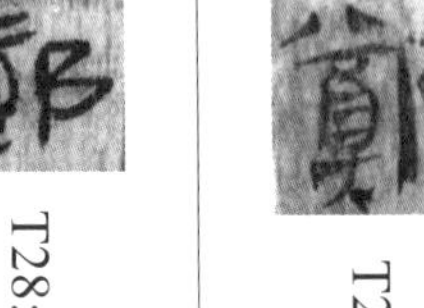

T24:778

T25:089

T26:036

T26:055

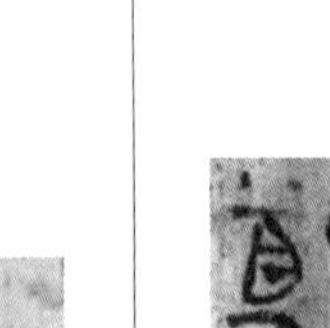

T26:175

T28:100

T30:008

T32:002

T37:452

T37:564

T37:621

部

0918

T37:764

T37:766

T37:775

T37:812

T37:982

T37:1459

F01:085

73EJF3:3

73EJF3:23

73EJF3:99

73EJF3:248

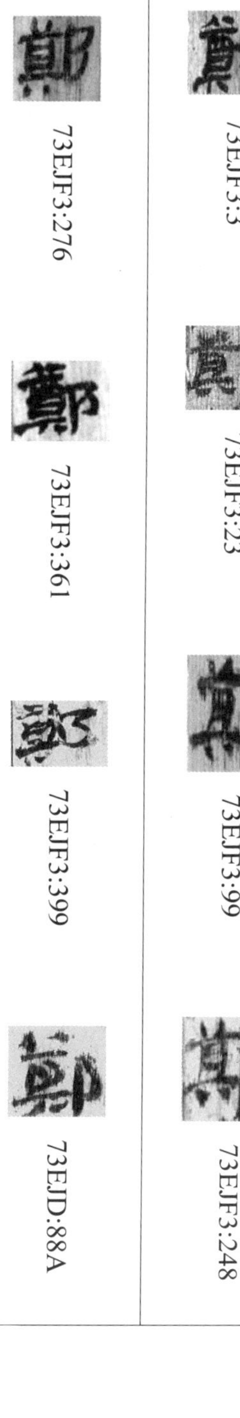

73EJF3:255

73EJF3:276

73EJF3:361

73EJF3:399

73EJD:88A

73EJD:284B

73EJD:391

72EJC:40

72EJC:147B

T01:002

T01:002

T01:036

T01:108

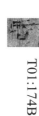

T01:174B

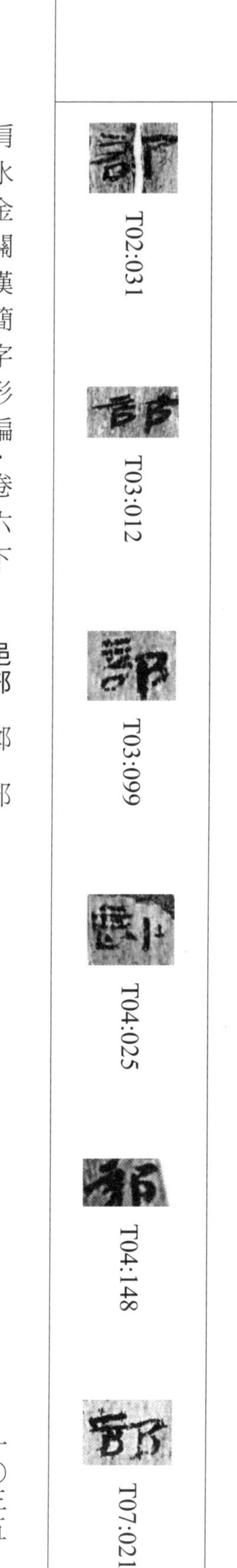

T02:031

T03:012

T03:099

T04:025

T04:148

T07:021

T07:028
T07:034
T07:075
T07:090
T07:095
T08:077
T09:148
T10:154A
T21:106
T21:108
T21:186
T21:206A
T21:212
T22:011A
T22:029
T23:015A
T23:049
T23:064
T23:190
T23:232A
T23:287B
T23:295
T23:298
T23:322B
T23:348
T23:352
T23:359A
T23:386
T23:578
T23:620
T23:620
T23:652

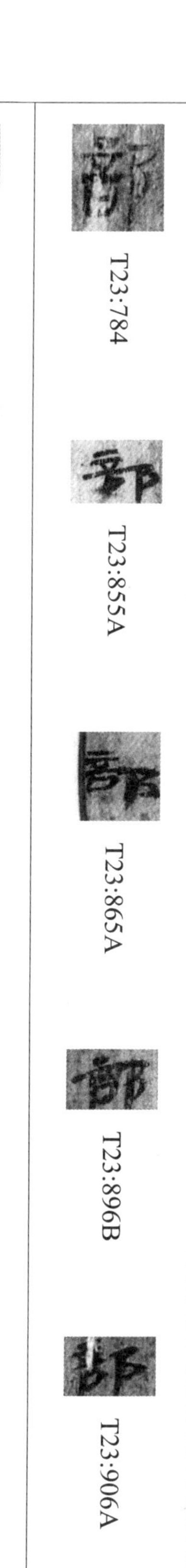

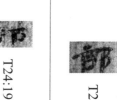

T23:784 T23:855A T23:865A T23:896B T23:906A

T23:955 T23:969 T23:997 T24:197 T24:245

T24:265 T24:330 T24:339B T24:372 T24:379 T24:749

T25:006 T25:018 T25:087 T25:096 T26:072 T26:072

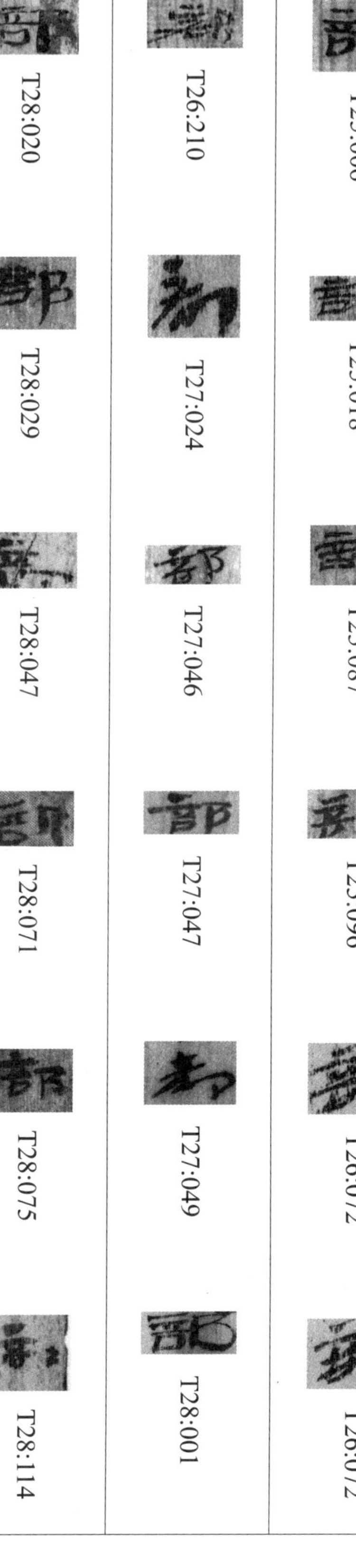

T26:210 T27:024 T27:046 T27:047 T27:049 T28:001

T28:020 T28:029 T28:047 T28:071 T28:075 T28:114

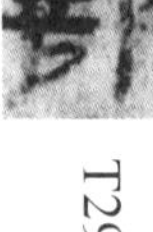

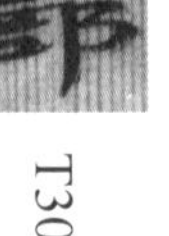

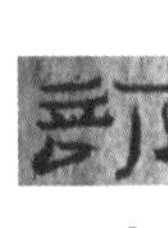

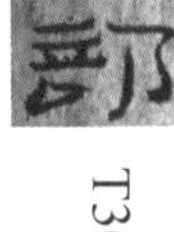

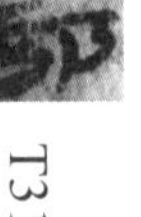
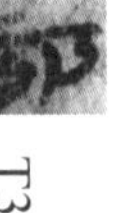

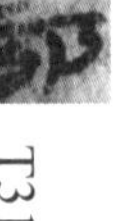

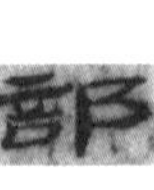

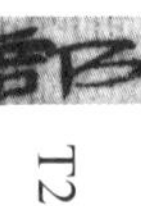
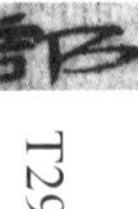

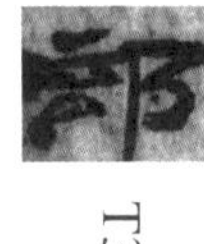

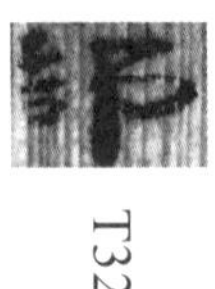
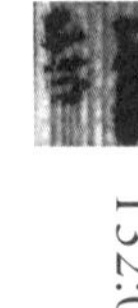

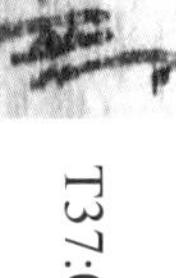

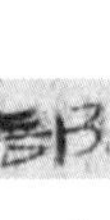

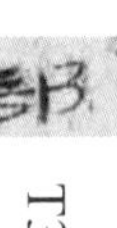
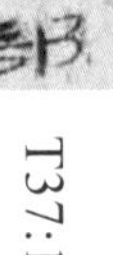

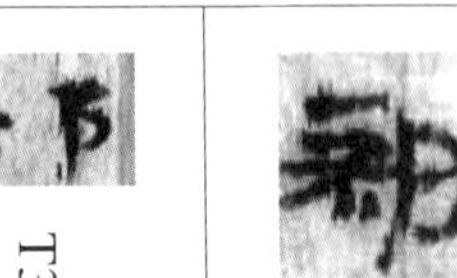

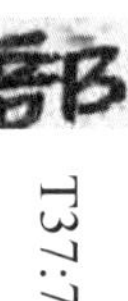

T29:098
T29:115A
T29:120
T29:123
T29:124
T30:026

T30:048
T30:205
T31:065
T31:076
T31:149
T32:034

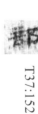

T33:089
T37:056
T37:057
T37:115
T37:152

T37:152
T37:254
T37:523A
T37:525
T37:558

T37:568
T37:701
T37:732
T37:758
T37:768
T37:776A

T37:777
T37:779
T37:803A
T37:893
T37:1026

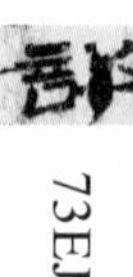
T37:1052A

T37:1167A

T37:1339

T37:1368

T37:1494

T37:1528

H01:054

H02:011

H02:018

H02:024

F01:012

F01:110

73EJF3:50+533

73EJF3:392A

73EJF3:488

73EJD:2

73EJD:68

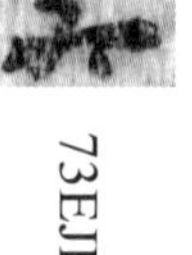
73EJD:68

73EJD:88A

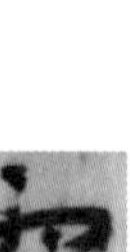
73EJD:105

73EJD:171

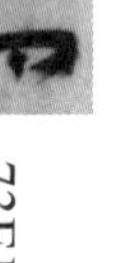
73EJD:295

73EJD:296

73EJD:297

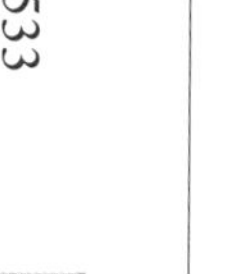
73EJD:301

73EJD:302

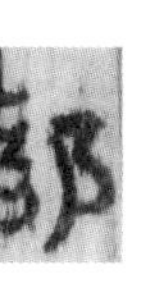
73EJD:316

73EJD:373

72EJC:6

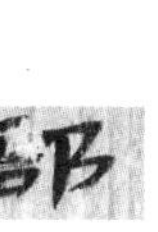
72EJC:94

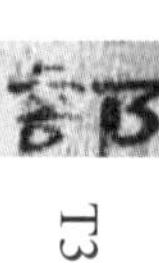
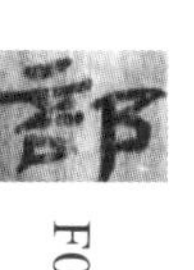

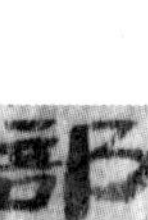

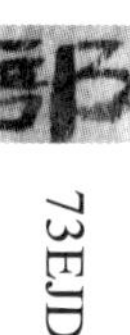

部

72EJC:182
72EJC:281
72EJC:290
73EJC:307
73EJC:320
73EJC:327
73EJC:331
73EJC:335
73EJC:376
73EJC:402
73EJC:604
73EJC:653

0919 鄆

T09:105

0920 郶

T01:016

0921 祁

T21:425
T32:010
72EJC:144

鄴 0922

T05:018

T21:021

T30:262

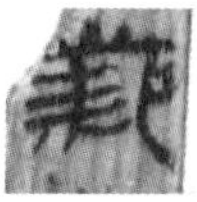

H01:078

72EJC:2B

邯 0923

T01:019

T07:038

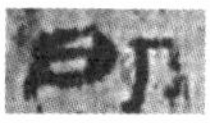

T07:042

T08:010

T09:196

T25:133

T26:059

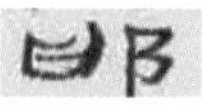

T37:767

T37:834

T37:1011

T37:1317

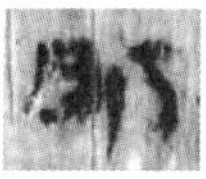

73EJD:372

73EJC:659

鄲 0924

T01:019

T07:038

T07:042

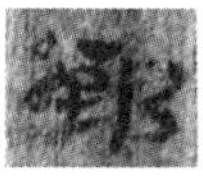

T08:010

T09:196

T23:768

T25:133

T26:059

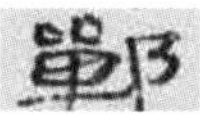

T37:767

T37:834

T37:1011

	鄃 0925	郅 0926	郟 0927	鄞 0928	鄧 0929
T37:1317	T09:235	T24:321	T10:196	T02:002	T03:028A
73EJD:372	T09:262	73EJF3:170		T02:071	T21:430
73EJC:659				T02:072	T21:450
				T02:074	T31:070
				T24:238	72EJC:274

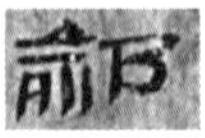

鄂
0930
T10:120A 
T10:120B 
T33:091 

鄞
0931
T10:299 
T10:300 
T10:301 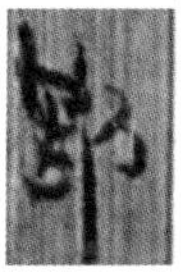

邴
0932
T23:731A 
T24:557 
73EJD:276 

部
0933
T01:023 

郎
0934
T10:214 
T23:293A 
T23:619 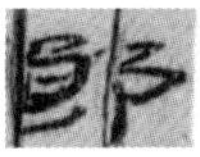

郯
0935
73EJD:342

郭

0936

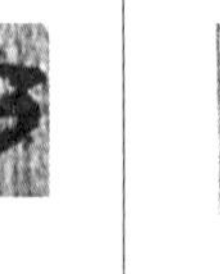

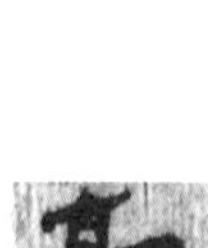

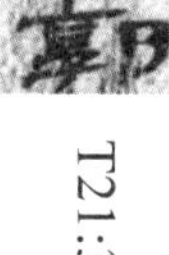

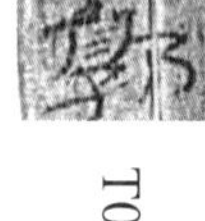
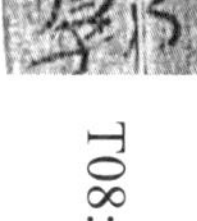

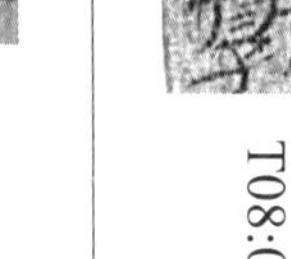

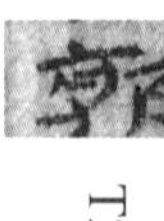

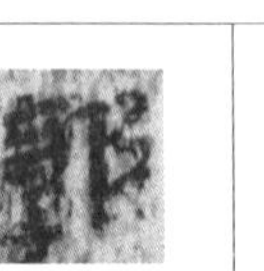

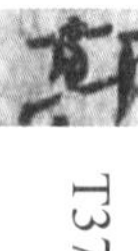

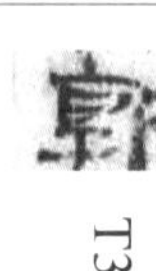

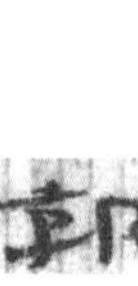

T01:028
T01:155
T07:071B
T08:039
T09:031

T10:343A
T21:191
T21:384
T21:441
T23:017A

T23:108
T23:768
T23:877A
T23:925
T24:154
T24:154

T24:296
T25:049
T26:173
T28:110
T30:009
T30:182

T31:082
T31:094
T33:083
T37:062
T37:692

T37:872
T37:900
T37:991
T37:994
T37:1026
T37:1160

𨞬 0938

邱 0937

T37:1168	73EJF3:118A	73EJF3:367	73EJC:609	T24:035A	T01:002
T37:1361	73EJF3:251A+636B+562A+234A+445A	73EJF3:377			T02:097
T37:1581	73EJF3:270	73EJD:173			T02:104
73EJF3:281+18	73EJF3:361	72EJC:161			T06:028
73EJF3:94		73EJC:557			T06:038A

T08:032
T09:029A
T09:035
T09:092A
T09:194
T09:349
T10:120A
T10:121A
T10:207
T10:239A
T10:309
T10:310
T10:312A
T10:313A
T10:315A
T11:001
T11:006
T14:015
T21:060A
T21:060A
T21:114
T21:175A
T21:310
T23:004
T23:053
T23:260
T23:307
T23:420
T23:765
T23:897A
T24:023A
T24:262
T24:532A
T24:535
T25:007A

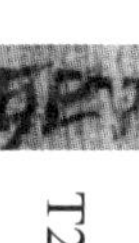

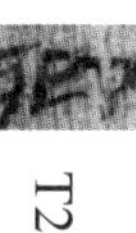
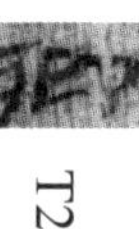
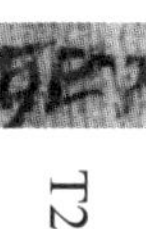

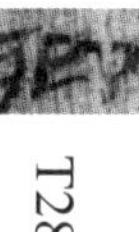
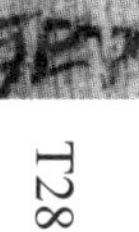

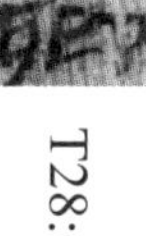
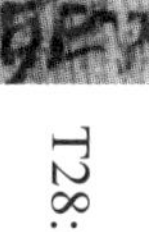

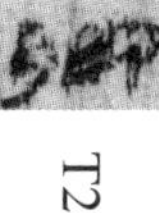

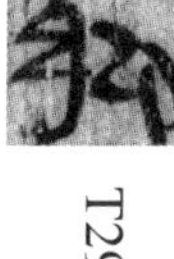

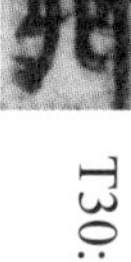

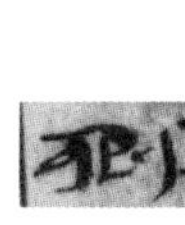

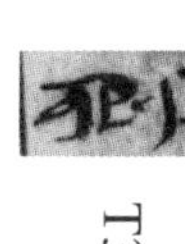
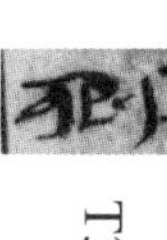

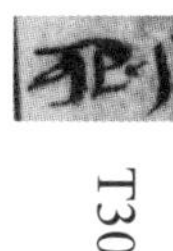

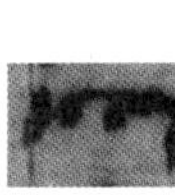

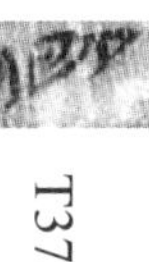
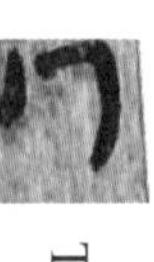

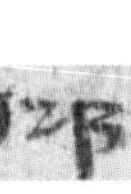

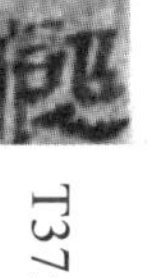

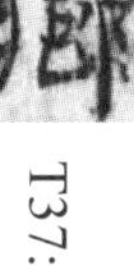

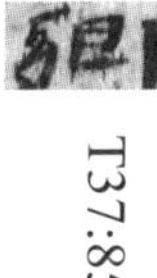
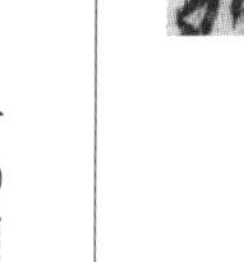

T26:042
T26:177
T26:182
T28:046A
T28:053A
T29:028A

T30:011
T30:064
T30:154
T31:020A
T31:136

T33:039
T33:040A
T33:041A
T33:058
T33:066

T33:080A
T37:052
T37:059
T37:151
T37:279A

T37:446
T37:521
T37:523A
T37:524
T37:527
T37:530

T37:530
T37:617
T37:644
T37:753
T37:775
T37:852

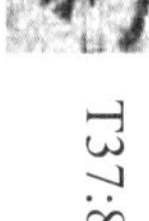
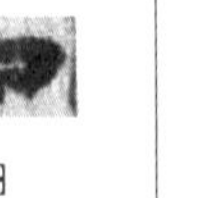

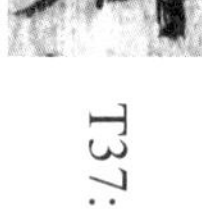

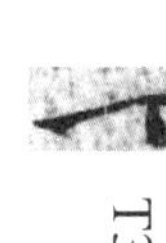
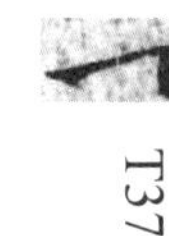

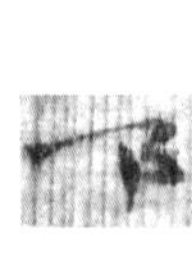

T37:871 T37:876A T37:878A T37:968A T37:1076A

T37:1189 T37:1333 T37:1386 T37:1451A T37:1452

T37:1453 T37:1491 H02:050 F01:013 F01:025

73EJF2:28 73EJF3:119A 73EJF3:290+121 73EJF3:181 73EJF3:325

73EJF3:328A 73EJF3:444 73EJD:37A 73EJD:246 72EJC:15A

72EJC:194 73EJC:316A 72ECC:6A

䣈 䣈 0939

T01:121

T23:879

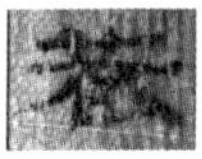

T23:879

T37:1535B

按：《說文》，䣈「篆文从𨛜省」。

日

日

0940

肩水金關漢簡字形編·卷七上

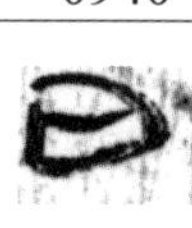
T01:034

T01:042

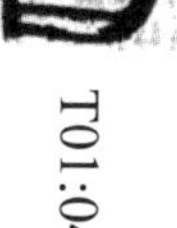

T03:092

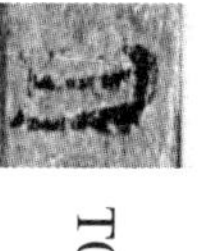
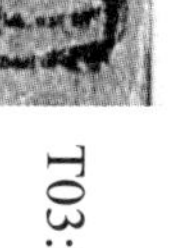
T03:103

T04:036

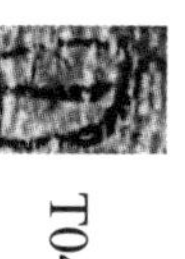

T04:063A

T04:070

T04:108A

T06:107

T07:064

T07:089A

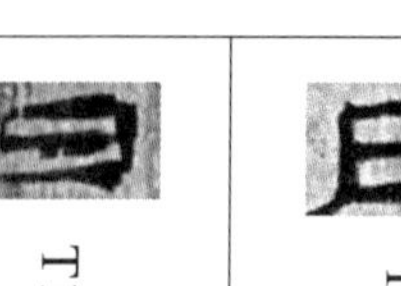
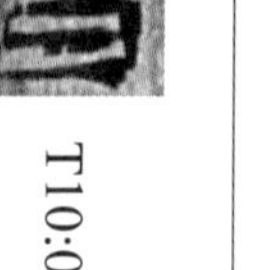
T09:012A

T09:076

T09:102A

T09:237

T10:071

T10:078

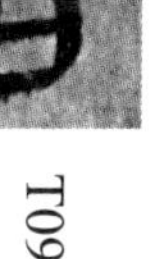
T10:079

T10:081

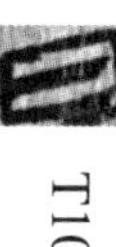
T10:081

T10:083

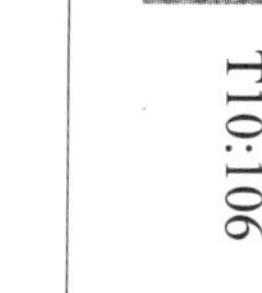
T10:106

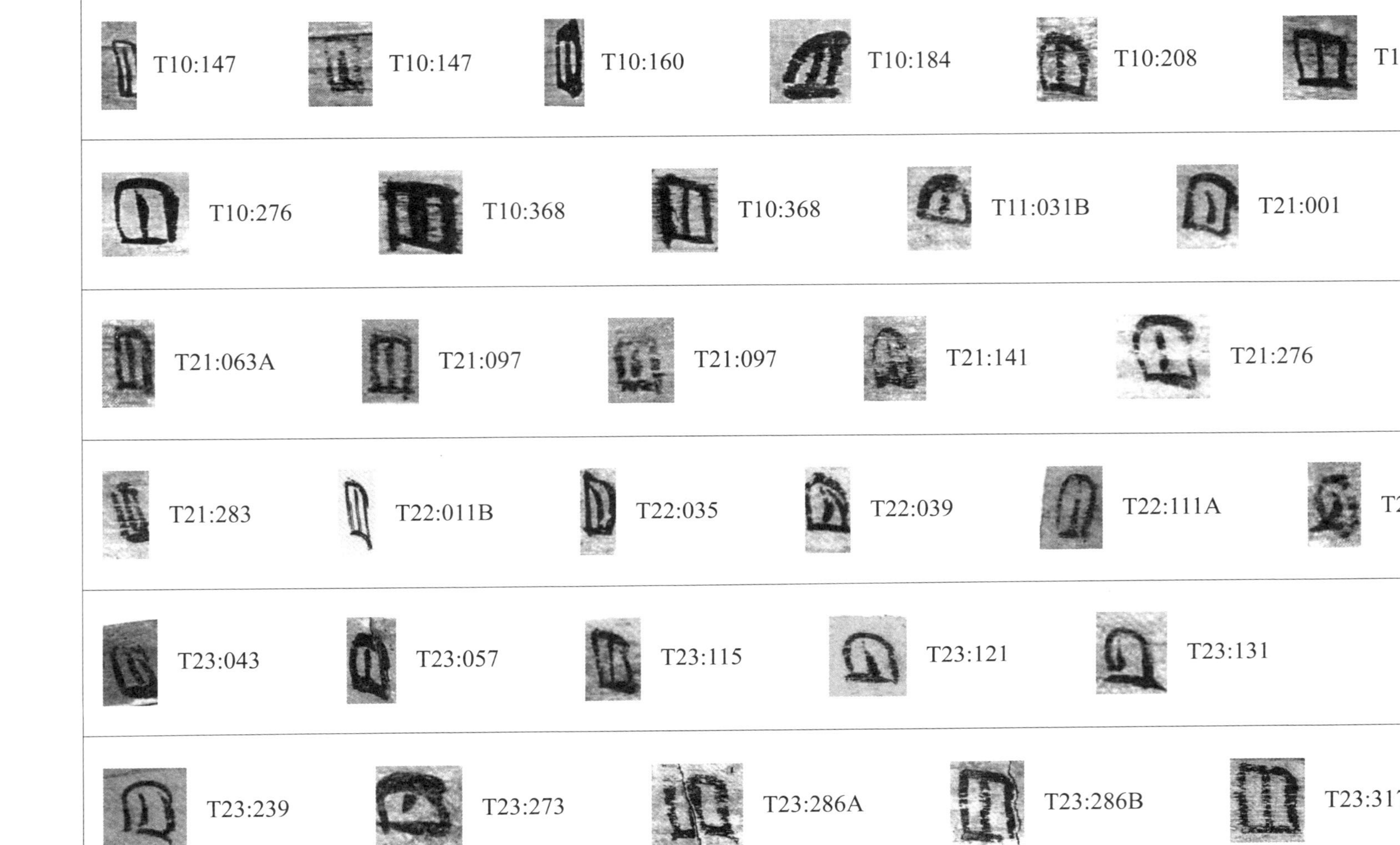
T10:147
T10:147
T10:160
T10:184
T10:208
T10:221A
T10:276
T10:368
T10:368
T11:031B
T21:001
T21:063A
T21:097
T21:097
T21:141
T21:276
T21:283
T22:011B
T22:035
T22:039
T22:111A
T23:035
T23:043
T23:057
T23:115
T23:121
T23:131
T23:239
T23:273
T23:286A
T23:286B
T23:317

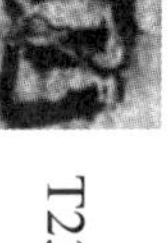
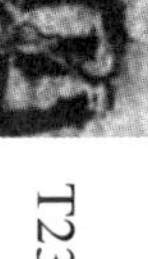

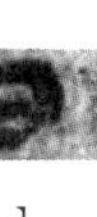

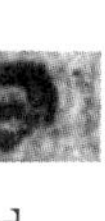

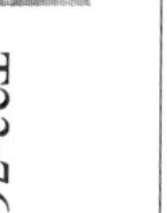

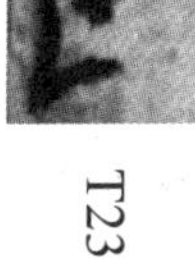

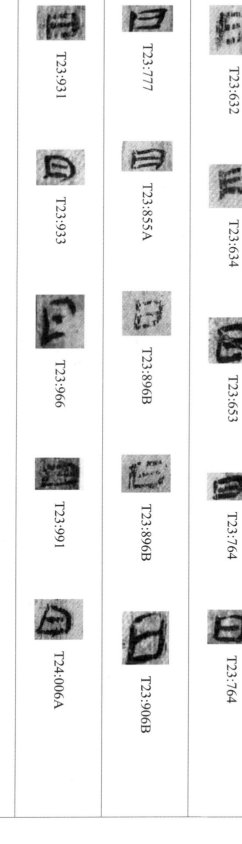

T23:332 T23:359A T23:361A T23:405 T23:496

T23:496 T23:525A T23:563 T23:563 T23:630

T23:632 T23:634 T23:653 T23:764 T23:764

T23:777 T23:855A T23:896B T23:896B T23:906B

T23:931 T23:933 T23:966 T23:991 T24:006A

T24:011 T24:015A T24:015B T24:022 T24:024A

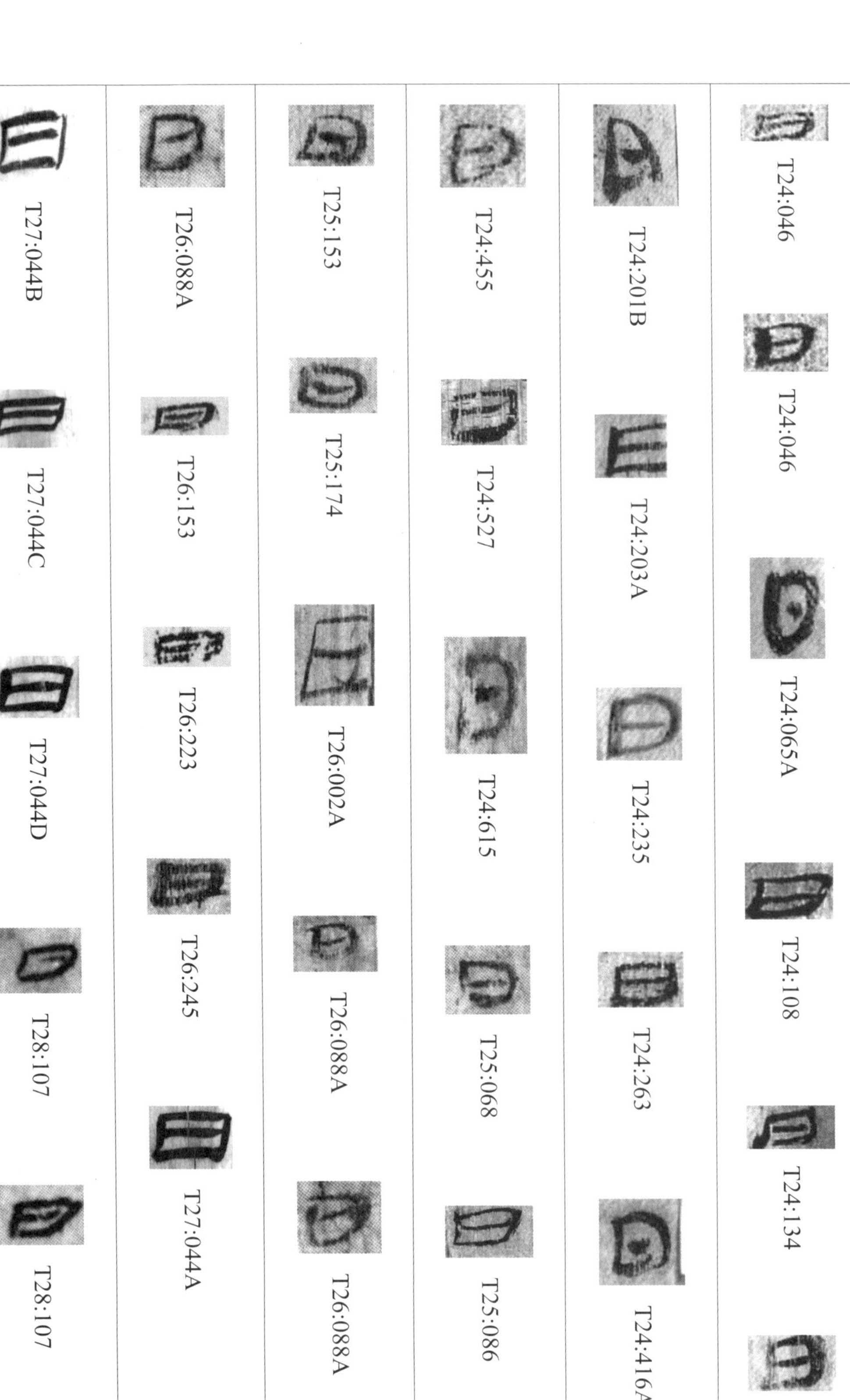

T24:046　T24:046　T24:065A　T24:108　T24:134　T24:150

T24:201B　T24:203A　T24:235　T24:263　T24:416A

T24:455　T24:527　T24:615　T25:068　T25:086

T25:153　T25:174　T26:002A　T26:088A　T26:088A

T26:088A　T26:153　T26:223　T26:245　T27:044A

T27:044B　T27:044C　T27:044D　T28:107　T28:107

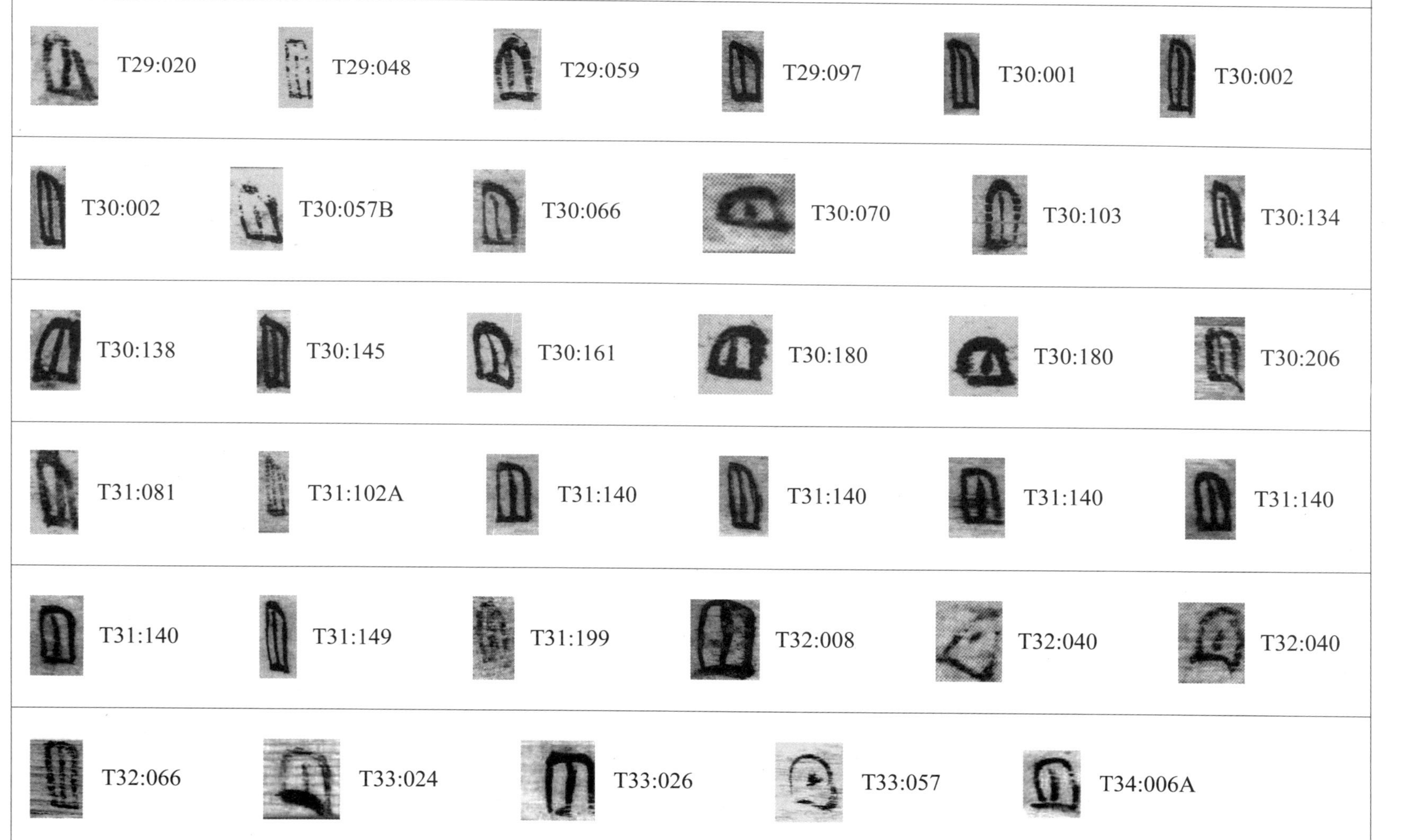
T29:020
T29:048
T29:059
T29:097
T30:001
T30:002
T30:002
T30:057B
T30:066
T30:070
T30:103
T30:134
T30:138
T30:145
T30:161
T30:180
T30:180
T30:206
T31:081
T31:102A
T31:140
T31:140
T31:140
T31:140
T31:140
T31:149
T31:199
T32:008
T32:040
T32:040
T32:066
T33:024
T33:026
T33:057
T34:006A

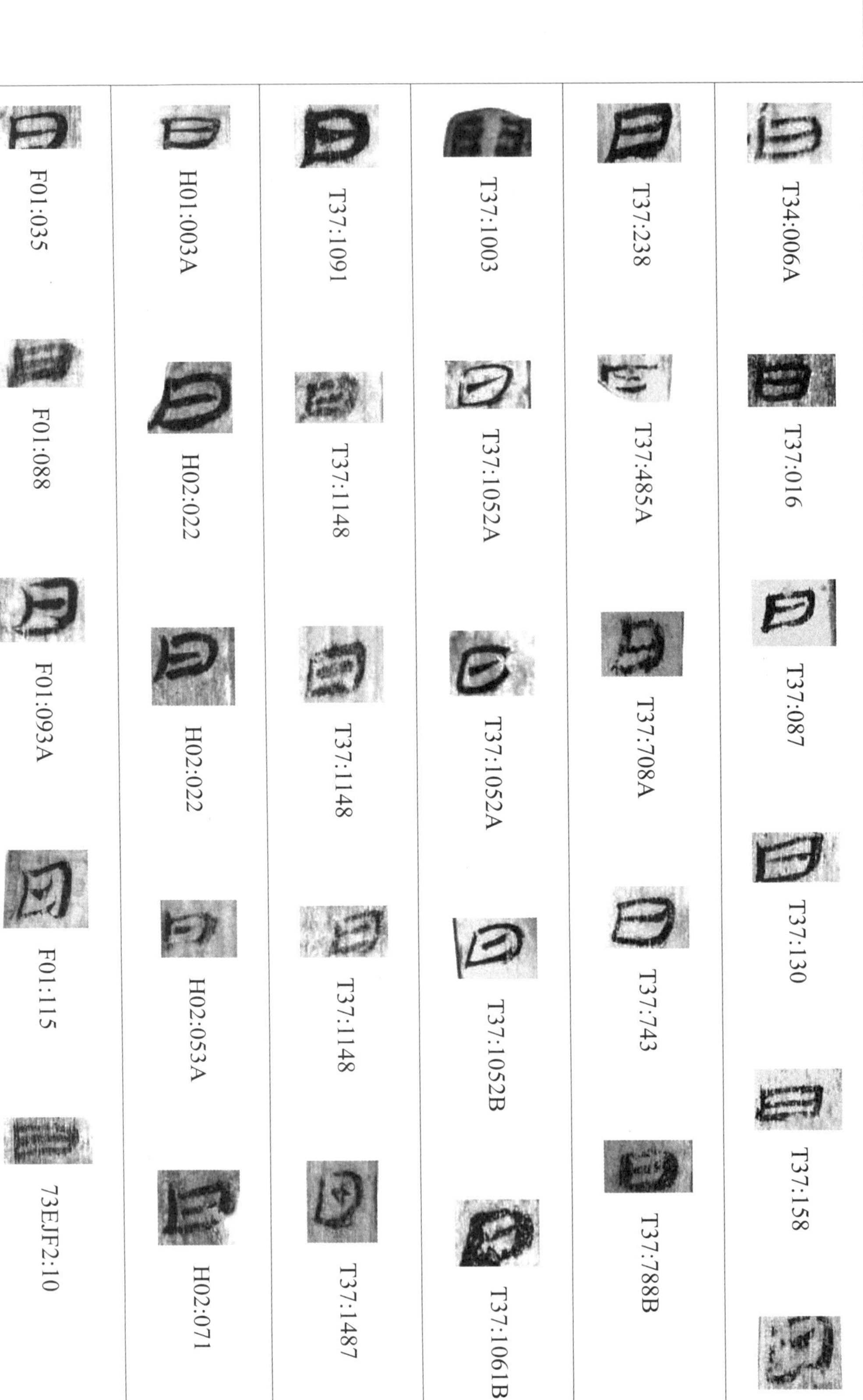
T34:006A
T37:016
T37:087
T37:130
T37:158
T37:174
T37:238
T37:485A
T37:708A
T37:743
T37:788B
T37:1003
T37:1052A
T37:1052A
T37:1052B
T37:1061B
T37:1091
T37:1148
T37:1148
T37:1148
T37:1487
H01:003A
H02:022
H02:022
H02:053A
H02:071
F01:035
F01:088
F01:093A
F01:115
73EJF2:10

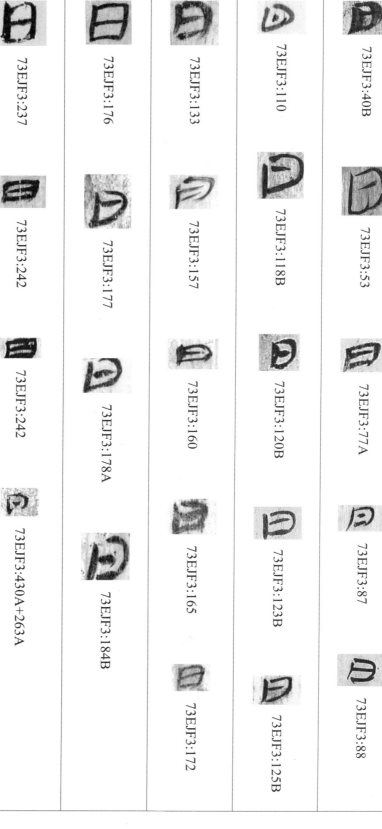

73EJF3:40B
73EJF3:53 
73EJF3:77A 
73EJF3:87 
73EJF3:88 
73EJF3:110 
73EJF3:118B 
73EJF3:120B 
73EJF3:123B 
73EJF3:125B 
73EJF3:133 
73EJF3:157 
73EJF3:160 
73EJF3:165 
73EJF3:172 
73EJF3:176 
73EJF3:177
73EJF3:178A
73EJF3:184B
73EJF3:237 
73EJF3:242
73EJF3:242
73EJF3:430A+263A
73EJF3:471+302 
73EJF3:336+324 
73EJF3:325 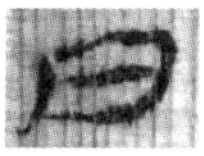
73EJF3:345

73EJF3:369

73EJF3:429+434

73EJF3:440

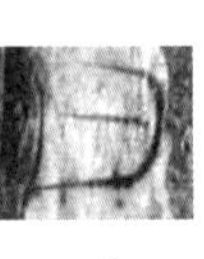

73EJF3:443

73EJF3:479

73EJF3:486

73EJF3:494

73EJF3:503

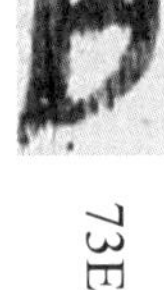

73EJF3:504

73EJF3:518+517

73EJF3:518+517

73EJF3:523

73EJF3:523

73EJD:2

73EJD:5

73EJD:34

73EJD:39A

73EJD:39B

73EJD:93

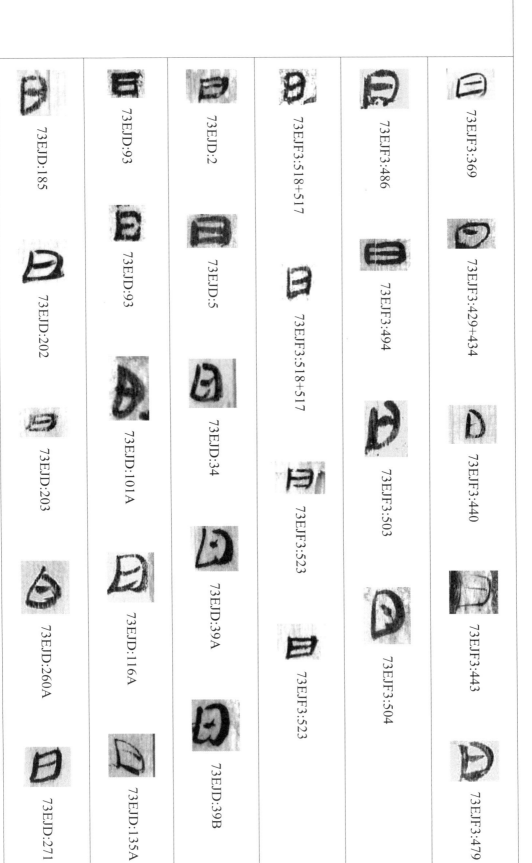

73EJD:93

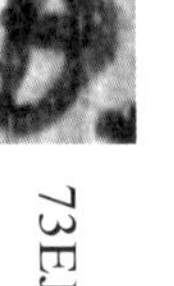

73EJD:101A

73EJD:116A

73EJD:135A

73EJD:185

73EJD:202

73EJD:203

73EJD:260A

73EJD:271

73EJD:277

73EJD:277

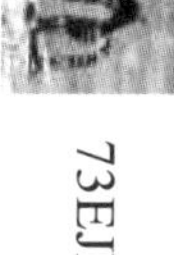
73EJD:287

73EJD:311B

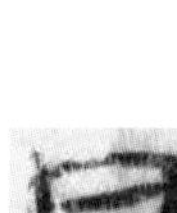
73EJD:319B

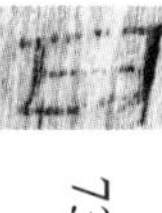
73EJD:320A

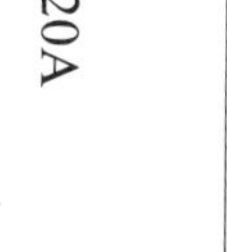

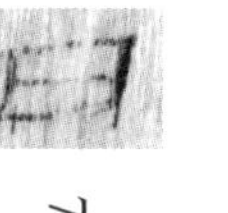
73EJD:320C

72EJC:16

72EJC:42

72EJC:57+148

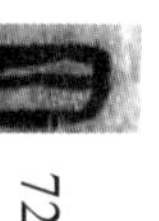
72EJC:140

72EJC:190

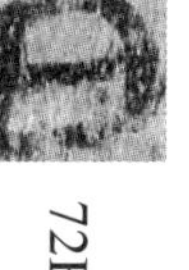
72EJC:215

72EJC:229

72EJC:272B

73EJC:409

73EJC:416

73EJC:480

72EDAC:7

72ECC:1+2A

72ECC:1+2B

72ECC:4

72ECC:13

72ECC:13

72ECC:13

72ECC:13

72ECC:22

72ECC:38

72EBS9C:2A

時

0941

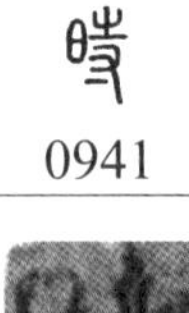

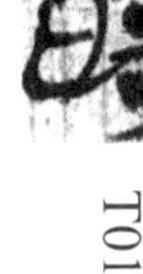

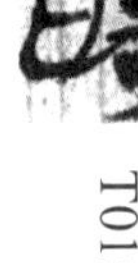

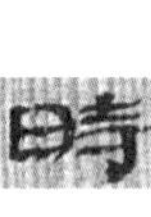

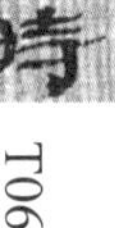

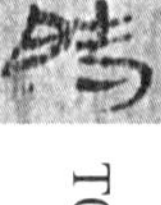

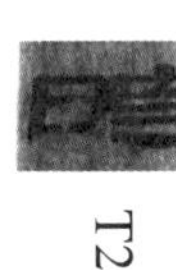

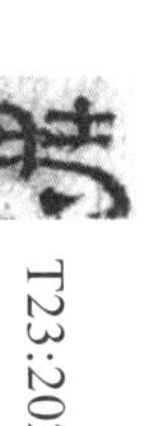

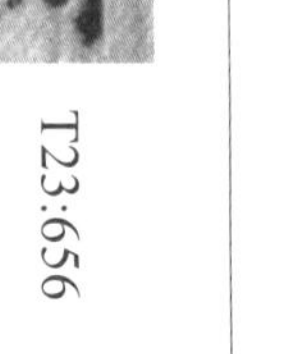

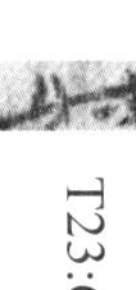

T01:001
T01:127A
T01:144
T01:181
T02:016
T03:070
T03:070
T04:058
T06:022A
T06:156
T07:003
T07:025
T07:121
T08:033
T09:255
T21:001
T21:058
T21:058
T21:058
T21:083
T21:102A
T21:376
T22:003
T22:011B
T22:027
T22:039
T22:071
T23:035
T23:202
T23:239
T23:360B
T23:630
T23:633
T23:656

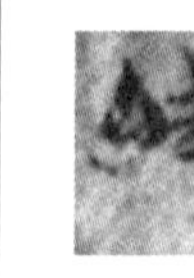
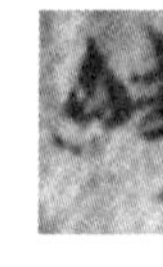

T23:656 T23:666 T23:674 T23:747 T23:764

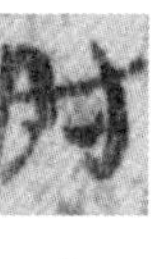

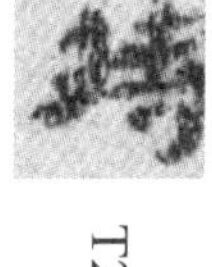

T23:764 T23:804B T23:855A T23:865B T23:870

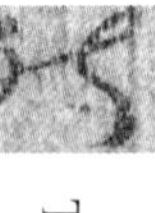
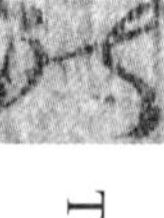

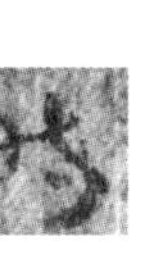

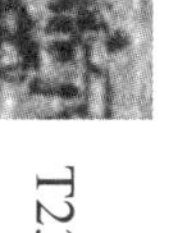
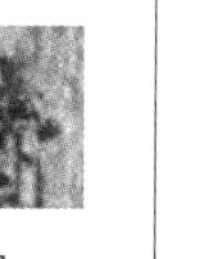

T23:899B T23:909B T23:917A T23:931 T23:931

T23:931 T23:933 T23:992 T24:007 T24:007 T24:024A

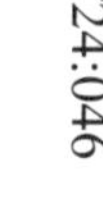

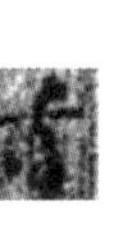

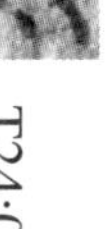

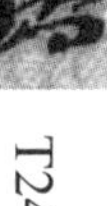

T24:046 T24:046 T24:077 T24:130 T24:203A

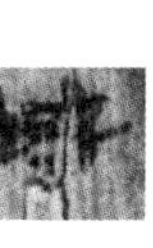

T24:396 T24:409 T24:416A T24:550 T24:627A T24:833

T25:068

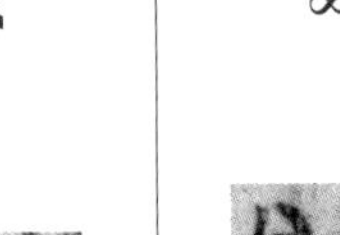

T25:100
T25:105

T26:003

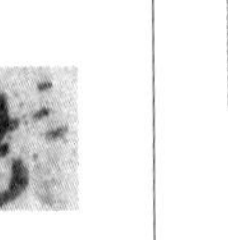

T26:024

T26:065

T26:095

T26:103

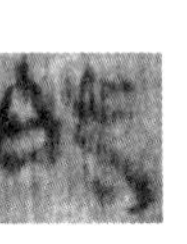
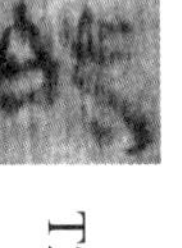

T27:056

T29:068

T30:094A

T30:151B
T30:151B
T30:180

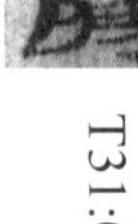
T30:202

T31:026

T31:081
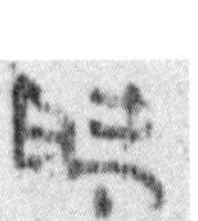
T31:117

T31:160

T33:083

T34:017

T37:497

H01:036
H02:047A
73EJF3:53
73EJF3:77A
73EJF3:150A

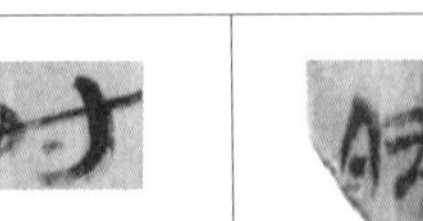
73EJF3:160

73EJF3:163

73EJF3:217B+309A+593A

73EJF3:311

73EJF3:311

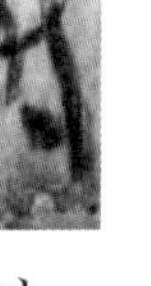
73EJF3:311

73EJF3:460A

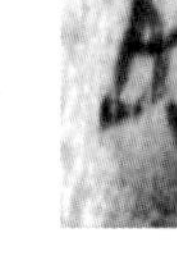
73EJF3:520

73EJD:8A

73EJD:101A

73EJD:135A

73EJD:141

73EJD:200+175

73EJD:185

73EJD:187A

73EJD:219

73EJD:271

73EJD:319B

72EJC:57+148

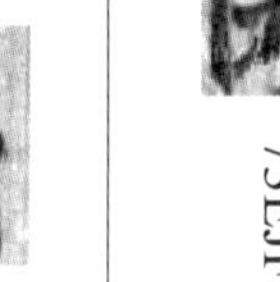
72EJC:188

73EJC:293

73EJC:575

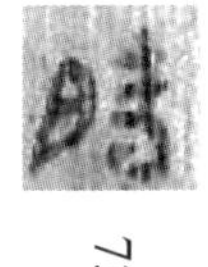
73EJC:591

73EJC:599A

73EJC:600

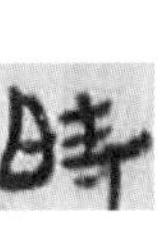

73EJC:600

73EJC:600

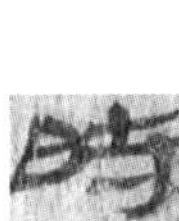

73EJC:611

72ECC:13

早 0942

T09:264A

昧 0943

T04:048

T07:069

T23:362

F01:001

昭 0944

T01:315

T02:023

T05:071

T05:078

T06:045A

T06:141

T08:101

T09:086

T09:177B

T15:028B

T21:098

T22:022

T22:111A

T23:118

T23:200:①

T23:335

T23:352

T23:589

T23:727

T23:735

T23:778

T23:929

T23:929

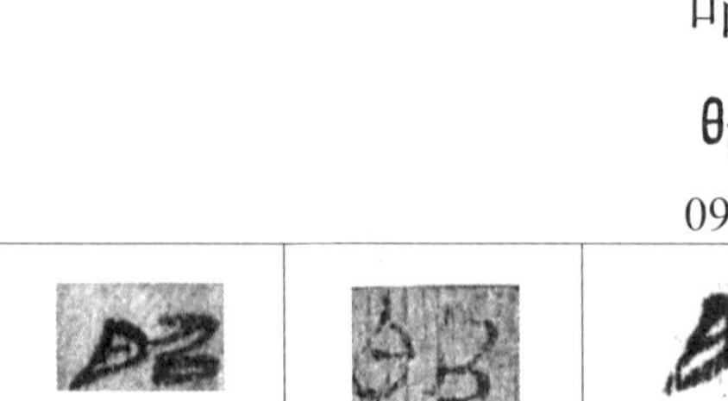

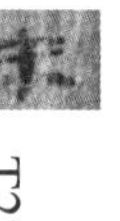
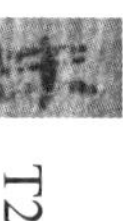
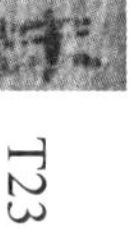

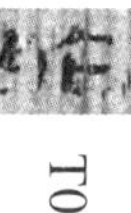

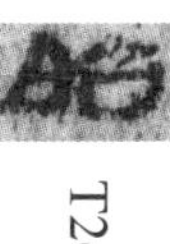

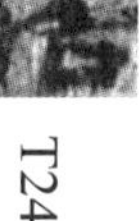
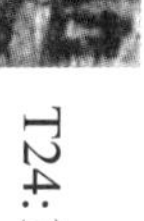

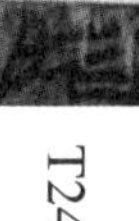

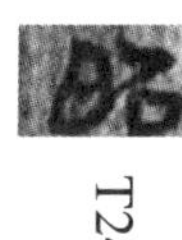

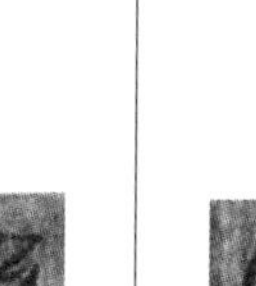
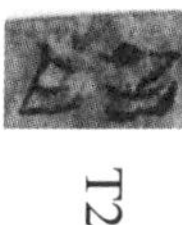

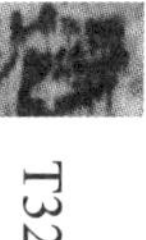

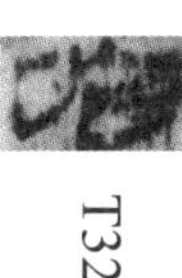
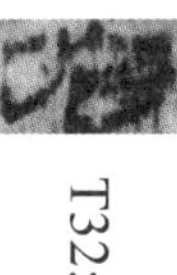
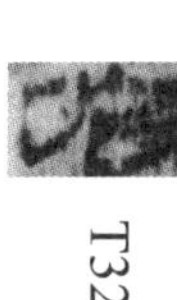

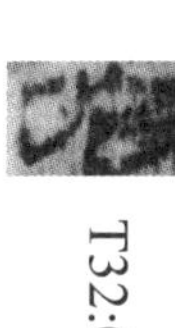

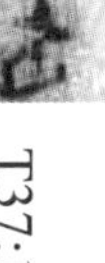

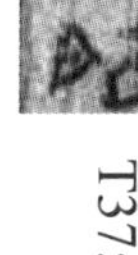

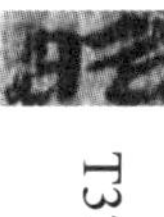

T23:933
T23:933
T23:938
T24:147
T24:212
T24:212

T24:501
T26:003
T26:050
T28:066
T28:107
T29:002

T29:054
T30:021A
T30:061
T30:206
T32:006
T32:075

T33:046
T33:051
T34:043
T37:101
T37:175
T37:177

T37:454
T37:499
T37:530
T37:754
T37:758
T37:761

T37:762
T37:765
T37:787
T37:919
T37:1153
T37:1518

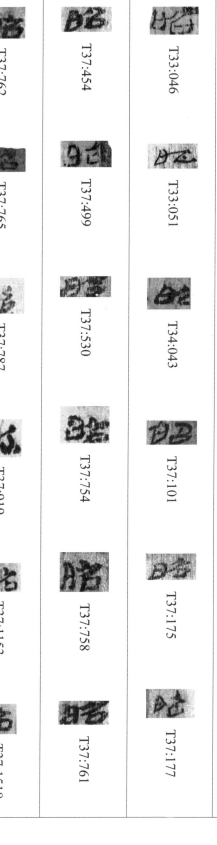

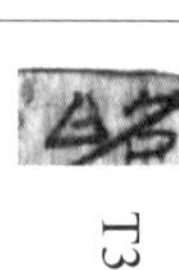
T37:1523

H02:017

73EJF3:130

73EJF3:140

73EJF3:207

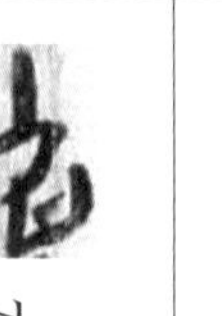
73EJF3:240

73EJF3:278

73EJF3:471+302

73EJF3:326

73EJF3:393

73EJF3:528
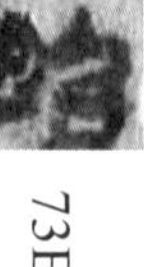
73EJT4H:79

73EJD:37A

73EJD:40A
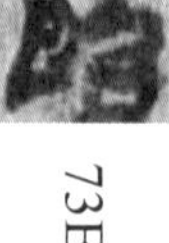
73EJD:56

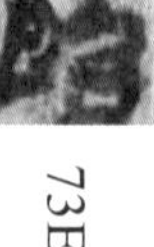
73EJD:150

73EJD:160

73EJD:289A

72EJC:286

73EJC:438

73EJC:525A

73EJC:619A

73EJC:619A

晉

0945

T24:972

T37:267

晏 0946

T24:024A

T24:024A

T24:039

T25:063

T35:007

T37:1189

F01:082

73EJF3:57A

73EJC:652

景 0947

T26:009

T26:081

T37:859

旰 0948

T34:021

昏 0949

T01:144

T21:083

T23:363

T23:624

T23:666

73EJD:280+250A

73EJC:296 按：金關簡从「民」。

晦

0950

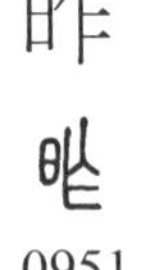
T23:574

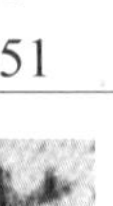
T24:011

T26:012

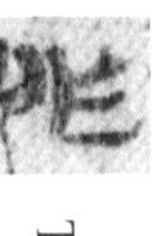
73EJF3:471+302

73EJF3:348B

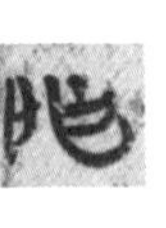
73EJF3:387

72EJC:290

昨

0951

T21:289

T23:395

T23:525A

T23:896B

T23:947B

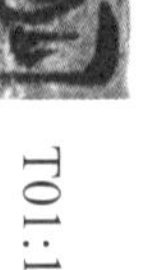
T31:140

按：金關簡或从「作」。

昌

0952

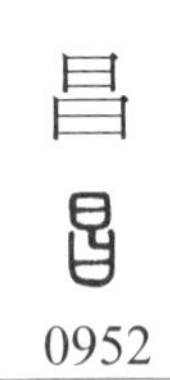
T01:084

T01:112

T01:149

T02:013

T03:003

T03:003

T03:065

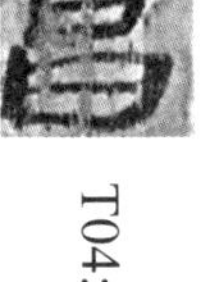
T03:075

T04:004

T04:041A

日部 昌

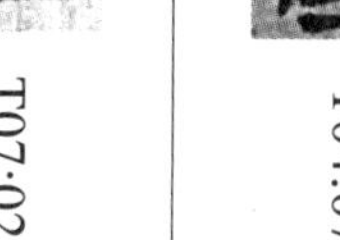

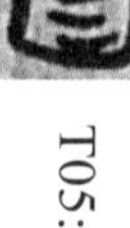

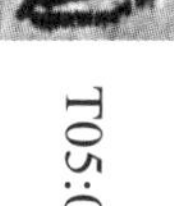

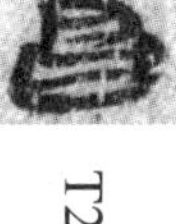

T04:074
T05:008A
T05:076
T06:023A
T06:167

T07:020
T07:097
T08:005
T08:054A
T08:054A

T08:078
T09:083
T09:086
T10:109
T10:120A

T10:162
T10:184
T10:206
T10:222
T10:258

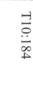

T10:263
T10:384
T21:056
T21:155
T22:086

T23:147
T23:237A
T23:379
T23:516
T23:624

T23:659
T23:661
T23:877A
T23:897A
T23:923
T23:965
T23:977
T24:025
T24:052
T24:113B
T24:131
T24:131
T24:149
T24:248
T24:333
T24:337
T24:532A
T24:740
T24:896A
T24:954
T25:074
T25:192
T25:234
T26:077
T27:061
T28:037
T28:044
T28:046A
T29:097
T30:021B

T30:026

T30:078

T31:012

T31:091

T32:006

T32:039

T32:046

T32:051

T33:047

T37:051

T37:064

T37:120

T37:177

T37:237

T37:427

T37:496

T37:521

T37:524

T37:526

T37:621

T37:692

T37:695

T37:750

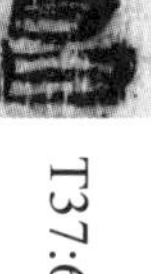
T37:871

T37:888

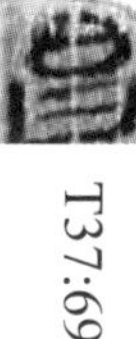
T37:892

T37:892

T37:952

T37:987

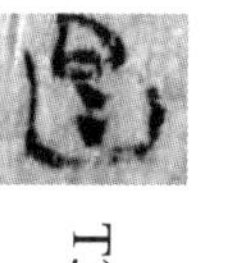
T37:989

T37:1155

T37:1160

T37:1187

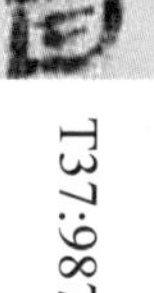

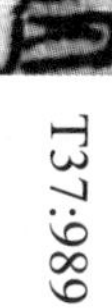

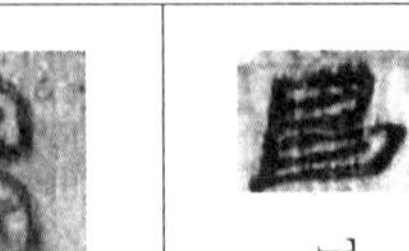

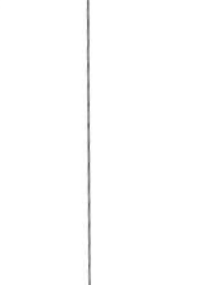

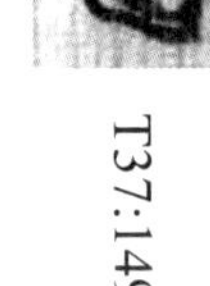

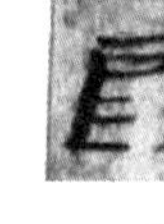
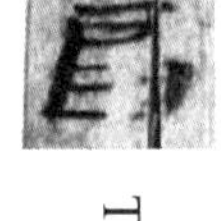

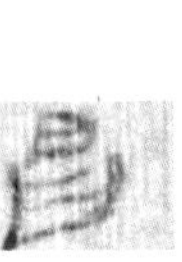

T37:1318

T37:1499A

T37:1499A

T37:1501

H01:054

H01:080A

73EJF3:34

73EJF3:50+533

73EJF3:194+198

73EJF3:205B

773EJF3:511+306+291

73EJF3:344

73EJF3:436A

73EJD:6

73EJD:6

73EJD:27

73EJD:30

73EJD:37A

73EJD:191

73EJD:221

73EJD:252

73EJD:372

72EJC:40

72EJC:121

72EJC:129

72EJC:160

73EJC:424

73EJC:603

暑 0953

T24:029

㬥 0954

73EJF3:456A

73EJD:211

按：金關簡省寫。第二形左殘。

昔 0955

73EJC:363

昆 0956

T01:002

T23:237A

T23:919A

T23:953

T32:046

T37:1039A

73EJF3:604B

73EJC:671

普 0957

T23:897A

T37:106

T37:783A

T37:785

T37:1174

暠 0961
晃 0960
晽 0959
曉 0958

73EJF3:118A
73EJF3:130
73EJF3:130
73EJF3:283
73EJF3:316
73EJF3:326
73EJF3:326
T33:001
73EJF3:54
73EJF3:179B
T07:013A
72ECC:1+2A
72ECC:13

暮

0962

T31:238B

旦

0963

T01:014A

T01:034

T03:022A

T08:011

T09:136

T21:063A

T21:276

T22:088

T23:253A

T23:292

T23:752A

T23:969

T24:026

T24:371A

T24:442B

T27:054

T30:244

T37:024A

T37:553

T37:1088

T37:1120

H01:028

73EJF3:633

73EJD:118

73EJD:187A

73EJD:306B

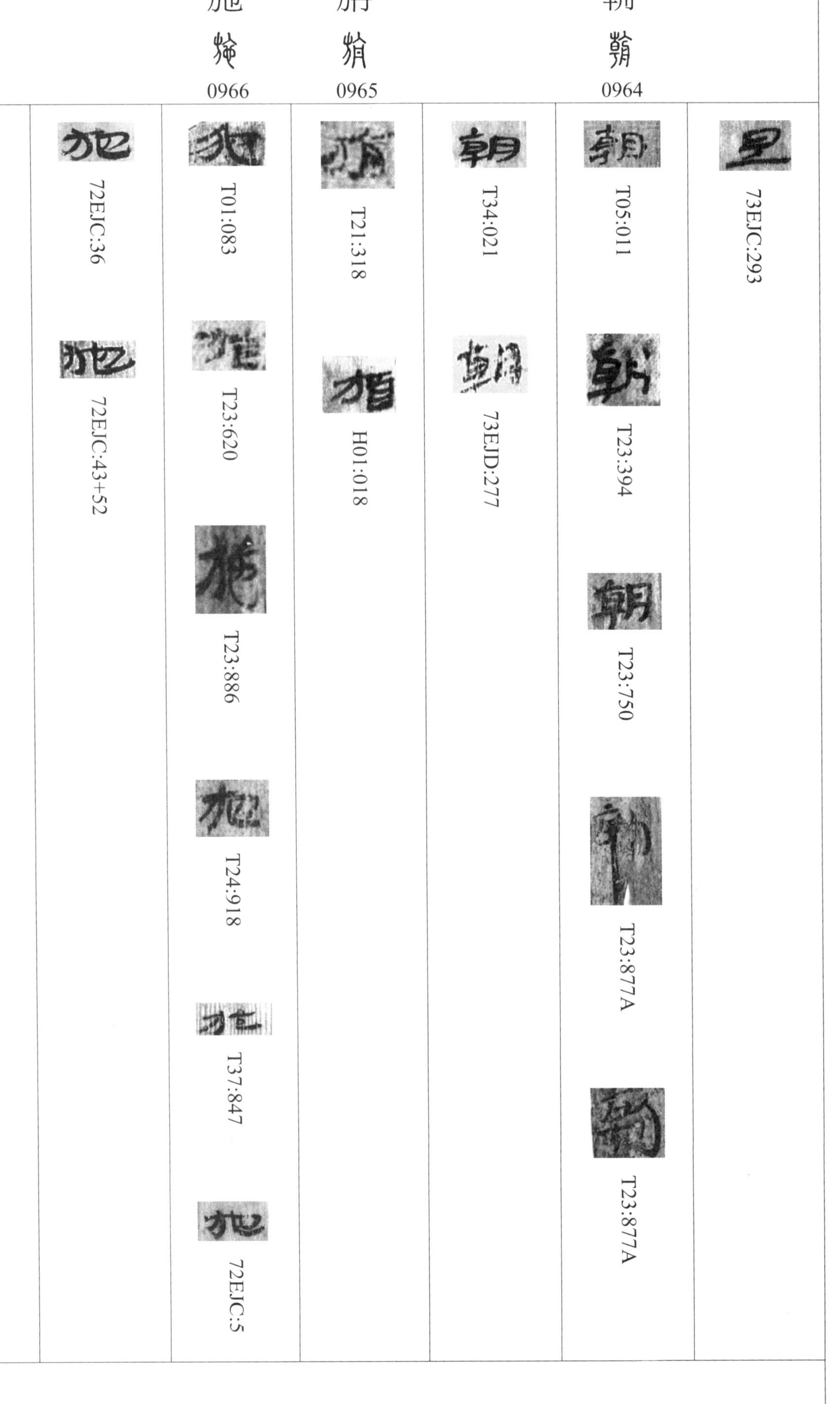

游 0967

T01:001
T04:153 
T06:021 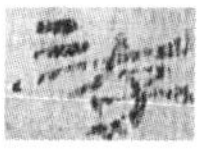
T09:001 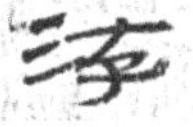
T09:007 
T09:239 
T09:319A 
T14:016 
T21:047 
T24:365 
T25:111 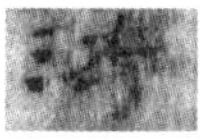
T27:064 
T30:170 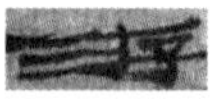
T30:181 
T37:014 
T37:034 
T37:161A 
T37:565 
T37:701
T37:1390
T37:1522
72EJC:135
73EJC:599B

族 0968

72EJC:290

曐 0969

T06:177
T07:063 
T29:044 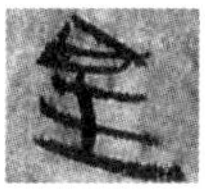

按：《說文》，星「曐或省」。

曑 0970

月 0971

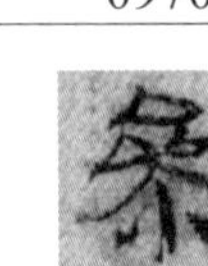

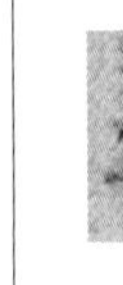

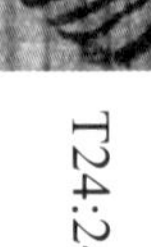

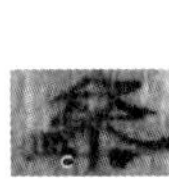
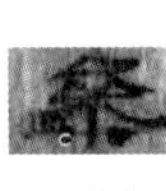
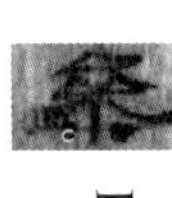
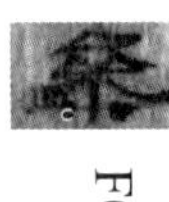
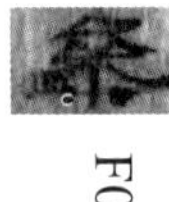
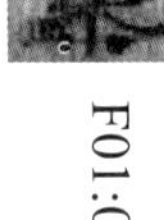
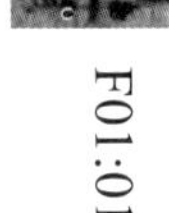

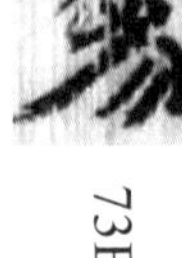

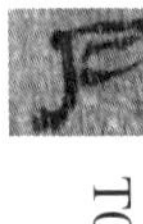
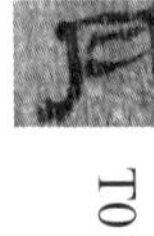

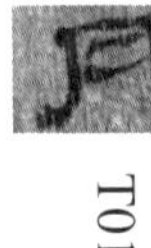

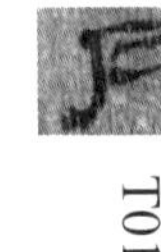
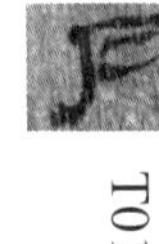

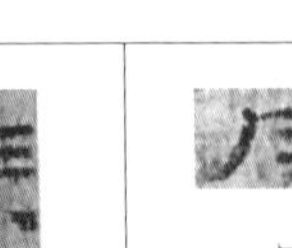

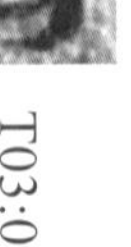

T23:217B

T24:247B

F01:010

73EJC:415　按：《說文》，「曑或省」。

T01:001

T01:014A

T01:104

T01:123

T01:153

T01:174A

T01:174D

T02:047

T03:001

T03:001

T03:047A

T03:047B

T03:053

T03:055

T03:073

T03:079

T03:086

T03:098

T03:103

T03:109

T03:113

T04:034

T04:096

T04:100

T05:007

T05:068A

T05:076

T05:113

T06:027A　T06:036　T06:052　T06:055　T06:056　T06:056

T06:112　T06:188　T07:003　T07:021　T07:022A　T07:023

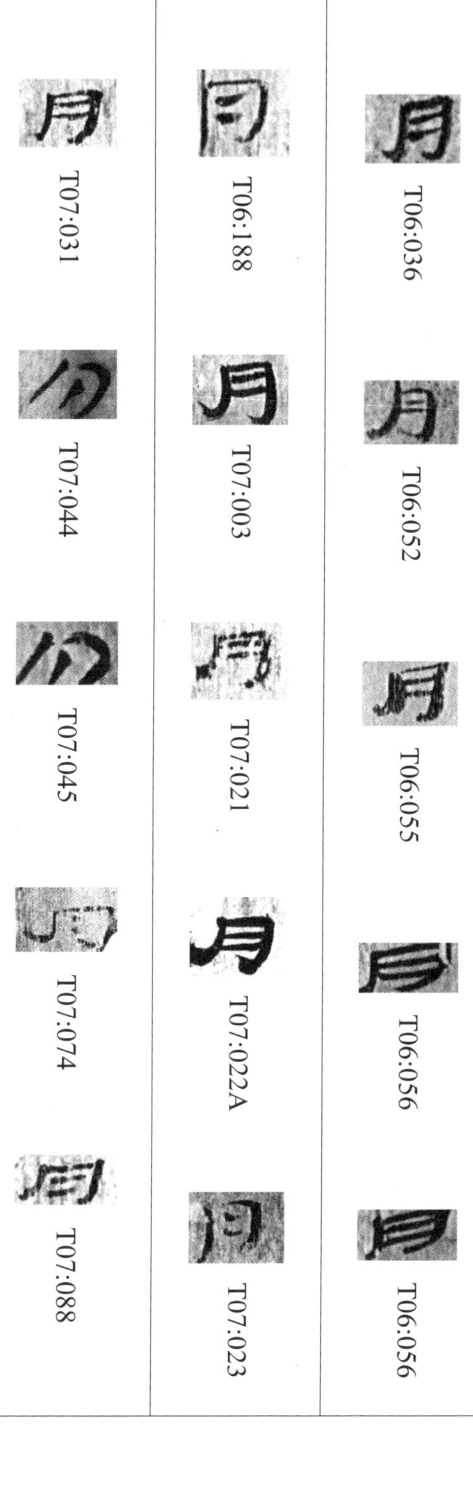

T07:027A　T07:031　T07:044　T07:045　T07:074　T07:088

T07:088　T07:088　T07:089A　T07:098A　T07:110　T07:115

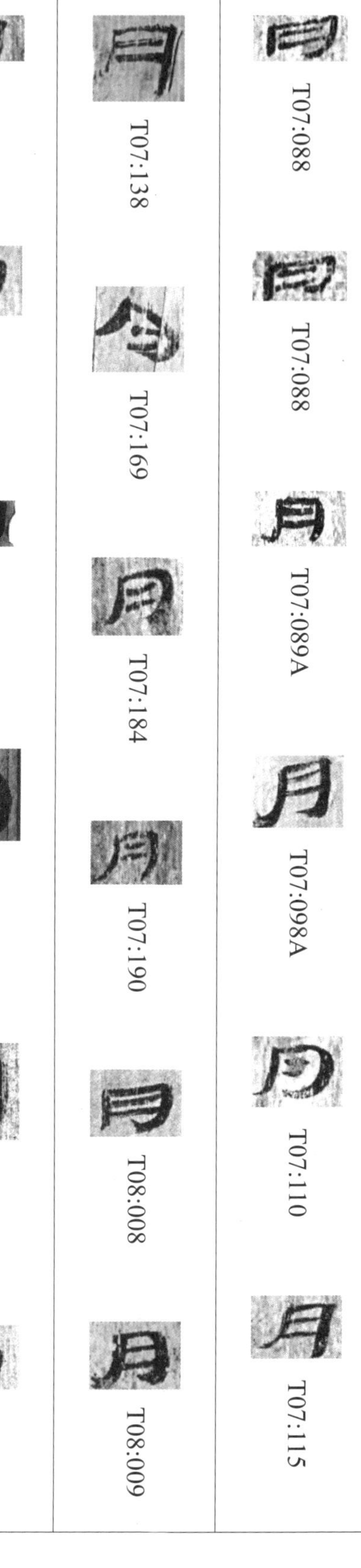

T07:138　T07:169　T07:184　T07:190　T08:008　T08:009

T08:018　T08:034　T08:051A　T08:052A　T08:056　T08:075

T09:004
T09:005
T09:009A
T09:010
T09:029A
T09:030
T09:059A
T09:086
T09:087
T09:092A
T09:092A
T09:102A
T09:102A
T09:104
T09:104
T09:139
T09:144A
T09:269
T09:278
T09:335
T10:062
T10:064
T10:065
T10:065
T10:067
T10:073
T10:076
T10:080
T10:086
T10:092
T10:093
T10:095
T10:106
T10:107
T10:116
T10:120A

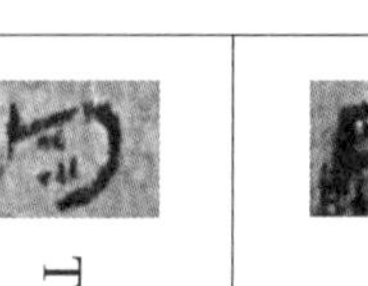

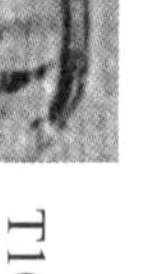

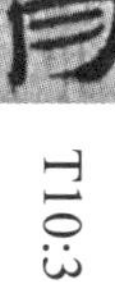

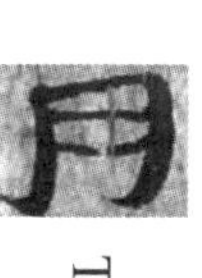

T10:120A　T10:120A　T10:121A　T10:125　T10:150

T10:170　T10:171　T10:172　T10:177A　T10:180　T10:208

T10:215A　T10:236A　T10:247　T10:307　T10:308

T10:309　T10:311　T10:312A　T10:312B　T10:315A

T10:315A　T10:325　T10:341　T10:349　T10:376　T10:377A

T10:386A　T10:397　T10:400　T10:422　T11:001　T11:002

T11:002
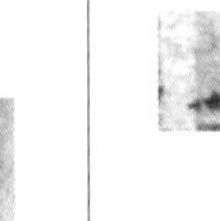
T11:012
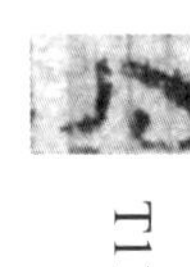
T11:031A

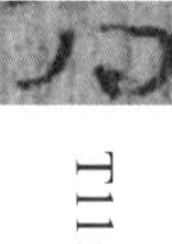
T11:031B
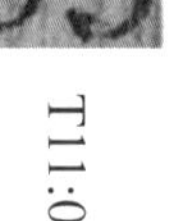

T14:011A

T14:012

T14:031A

T14:031B

T15:013

T15:014

T21:001
T21:035B
T21:042A

T21:047

T21:056

T21:096

T21:098

T21:100

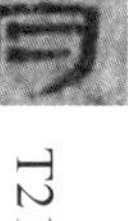
T21:101

T21:102A

T21:102A

T21:103
T21:104
T21:108
T21:109A

T21:125A

T21:137

T21:138

T21:162A
T21:189
T21:201
T21:234

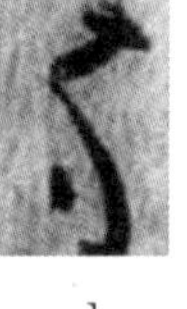

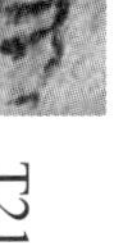

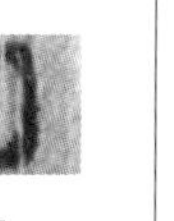
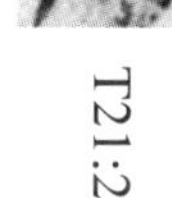

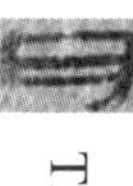
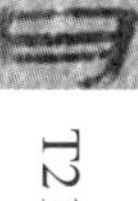

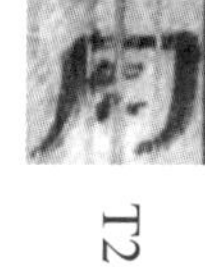

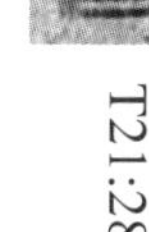

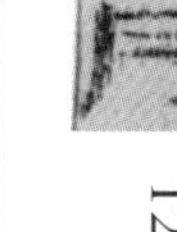
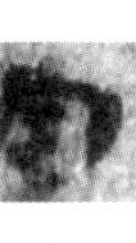

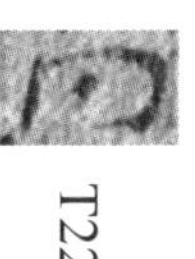
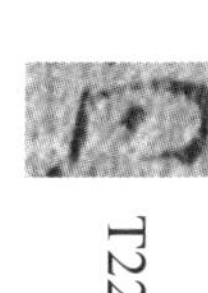
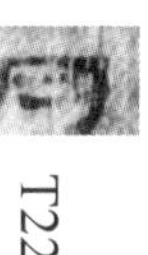
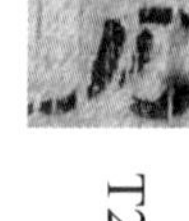

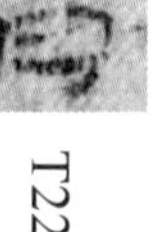
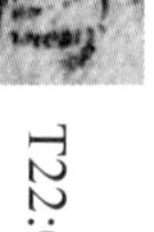

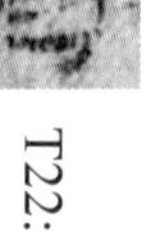
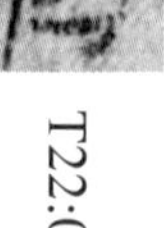

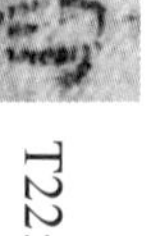

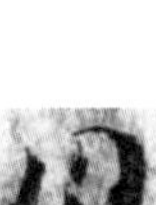
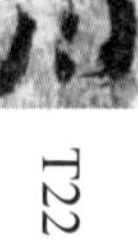

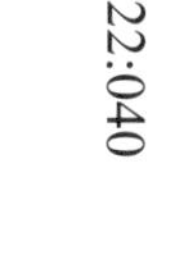

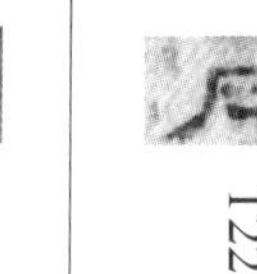
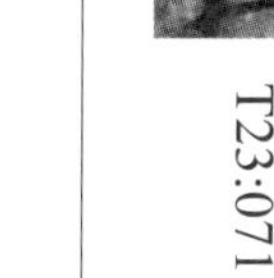

T21:258

T21:274

T21:277

T21:281

T21:287

T21:307

T21:314

T21:314

T21:314

T21:336

T21:348A

T21:377

T21:422

T21:434

T21:447

T21:494

T22:008

T22:011C

T22:022

T22:035

T22:040

T22:070

T22:074

T22:075

T22:084

T22:095

T22:100

T22:131B

T23:001A

T23:003

T23:043

T23:055

T23:057

T23:071

T23:079A　T23:100　T23:115　T23:121　T23:141A

T23:229A　T23:236　T23:245　T23:252　T23:254

T23:263　T23:273　T23:278　T23:284　T23:288

T23:290　T23:297　T23:303　T23:307　T23:309　T23:311

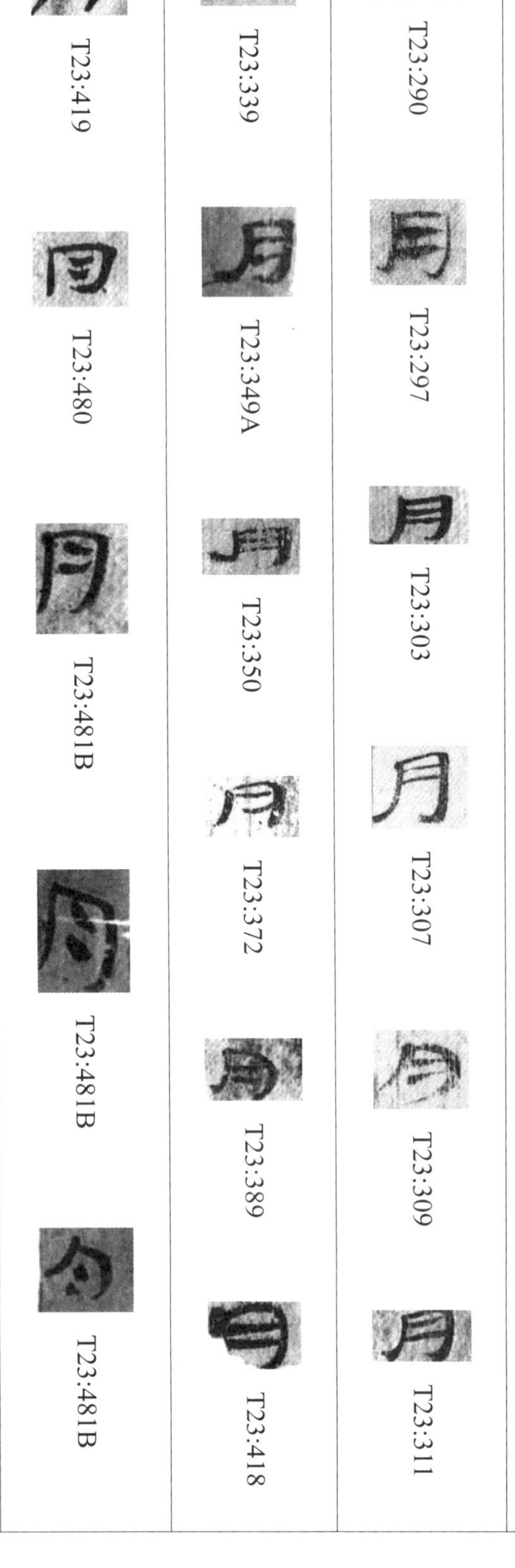

T23:339　T23:349A　T23:350　T23:372　T23:389　T23:418

T23:419　T23:480　T23:481B　T23:481B　T23:481B

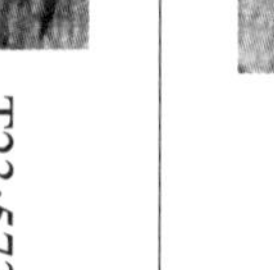
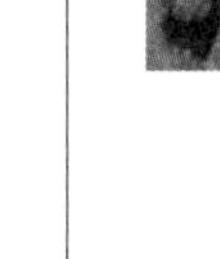
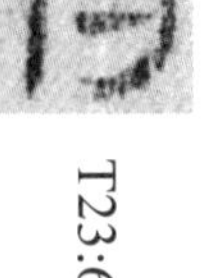

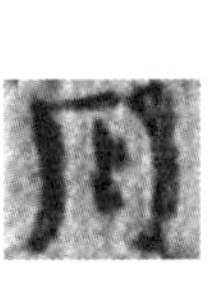
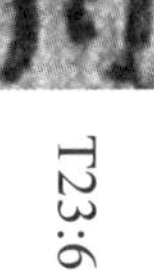

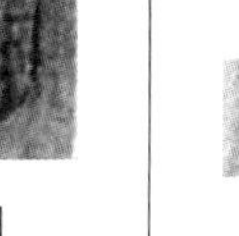

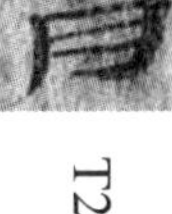
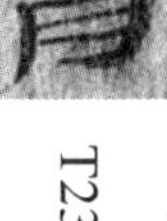

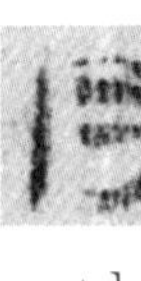

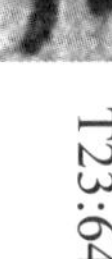

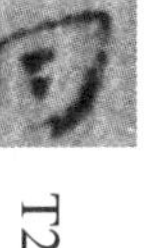
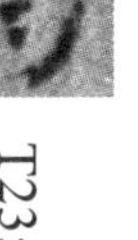

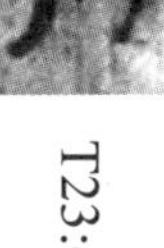
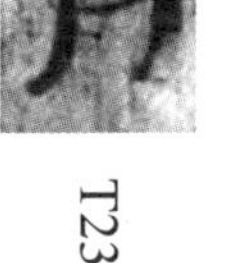

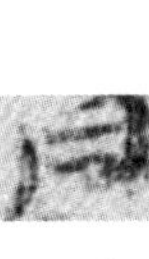

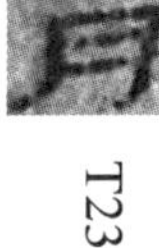

T23:496
T23:497
T23:511
T23:561
T23:564
T23:572

T23:573
T23:574
T23:574
T23:579
T23:582
T23:620

T23:632
T23:642
T23:656
T23:668
T23:671

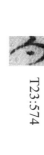

T23:678A
T23:685
T23:697
T23:699
T23:703

T23:707
T23:750
T23:752A
T23:752B
T23:756

T23:764
T23:777
T23:781
T23:787
T23:855A

月部 月

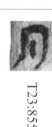

T23:855B

T23:865A

T23:876

T23:878

T23:897A

T23:906A

T23:906B

T23:928

T23:932

T23:966
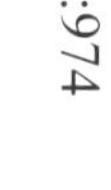
T23:974

T23:991

T24:006A

T24:007

T24:010A

T24:011

T24:012

T24:022

T24:022

T24:023A
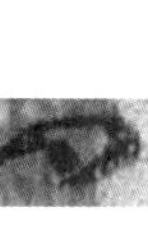
T24:023A
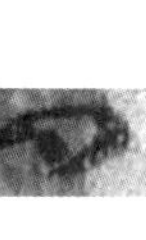
T24:024A
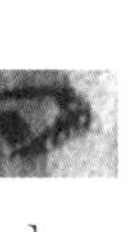
T24:024A

T24:024B
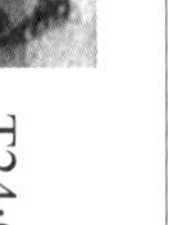
T24:025

T24:026
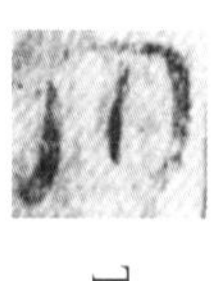
T24:028

T24:031A

T24:032

T24:032

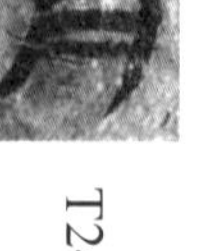

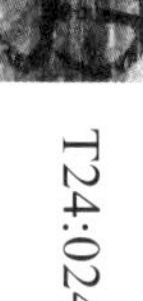

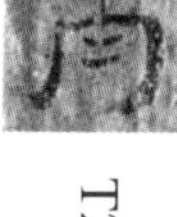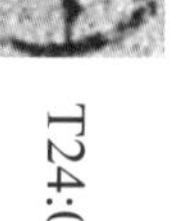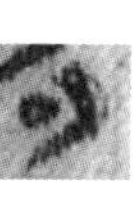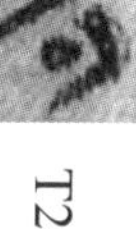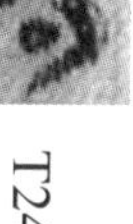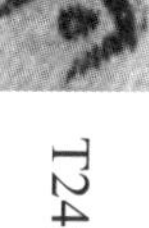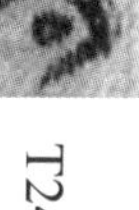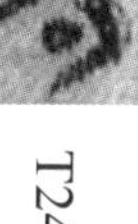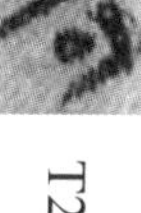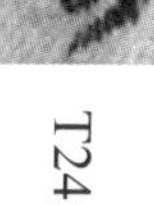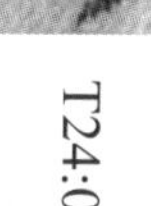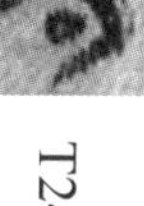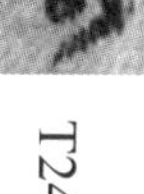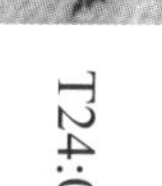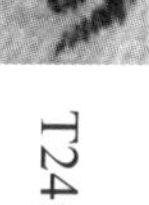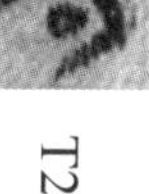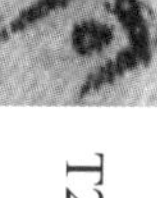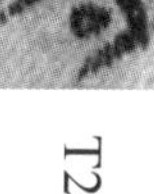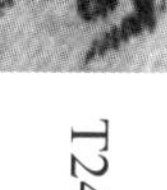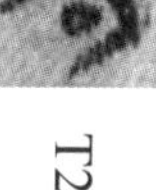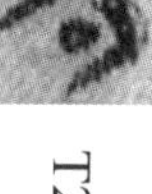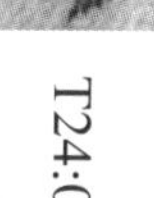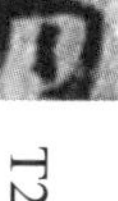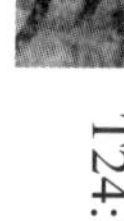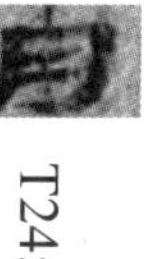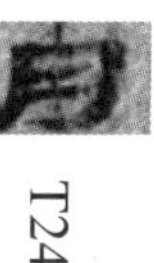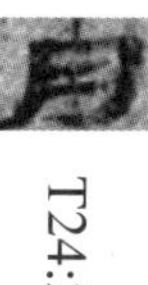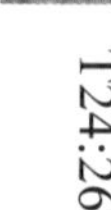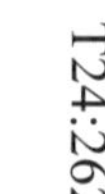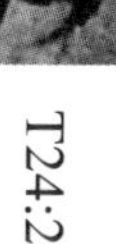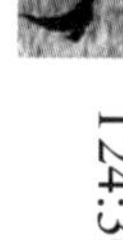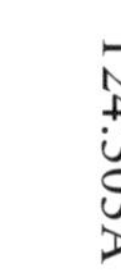

T24:033
T24:034
T24:036
T24:040
T24:043

T24:045
T24:046
T24:052
T24:065A
T24:081
T24:092A

T24:097
T24:139
T24:144
T24:145
T24:161

T24:191
T24:197
T24:218
T24:235
T24:240A
T24:259

T24:262
T24:265
T24:266A
T24:267A
T24:300

T24:303A
T24:315
T24:349
T24:363
T24:381

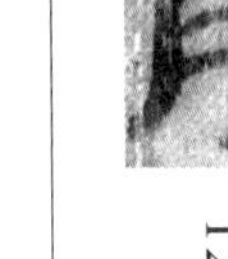
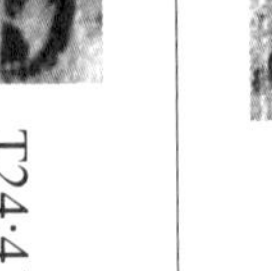
T24:382B

T24:384A

T24:386

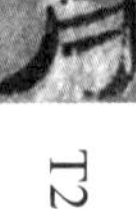
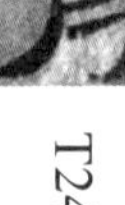

T24:400

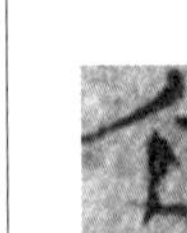

T24:416A

T24:416A

T24:502

T24:532A

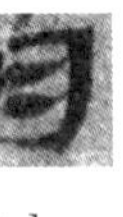

T24:532A

T24:534

T24:546

T24:566A

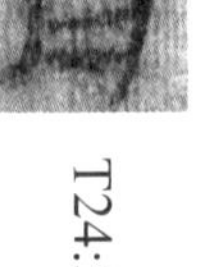
T24:585

T24:590

T24:623

T24:627A

T24:637

T24:663

T24:705

T24:723

T24:896B

T25:006

T25:007A

T25:030

T25:038

T25:045

T25:046

T25:058

T25:059

T25:065A

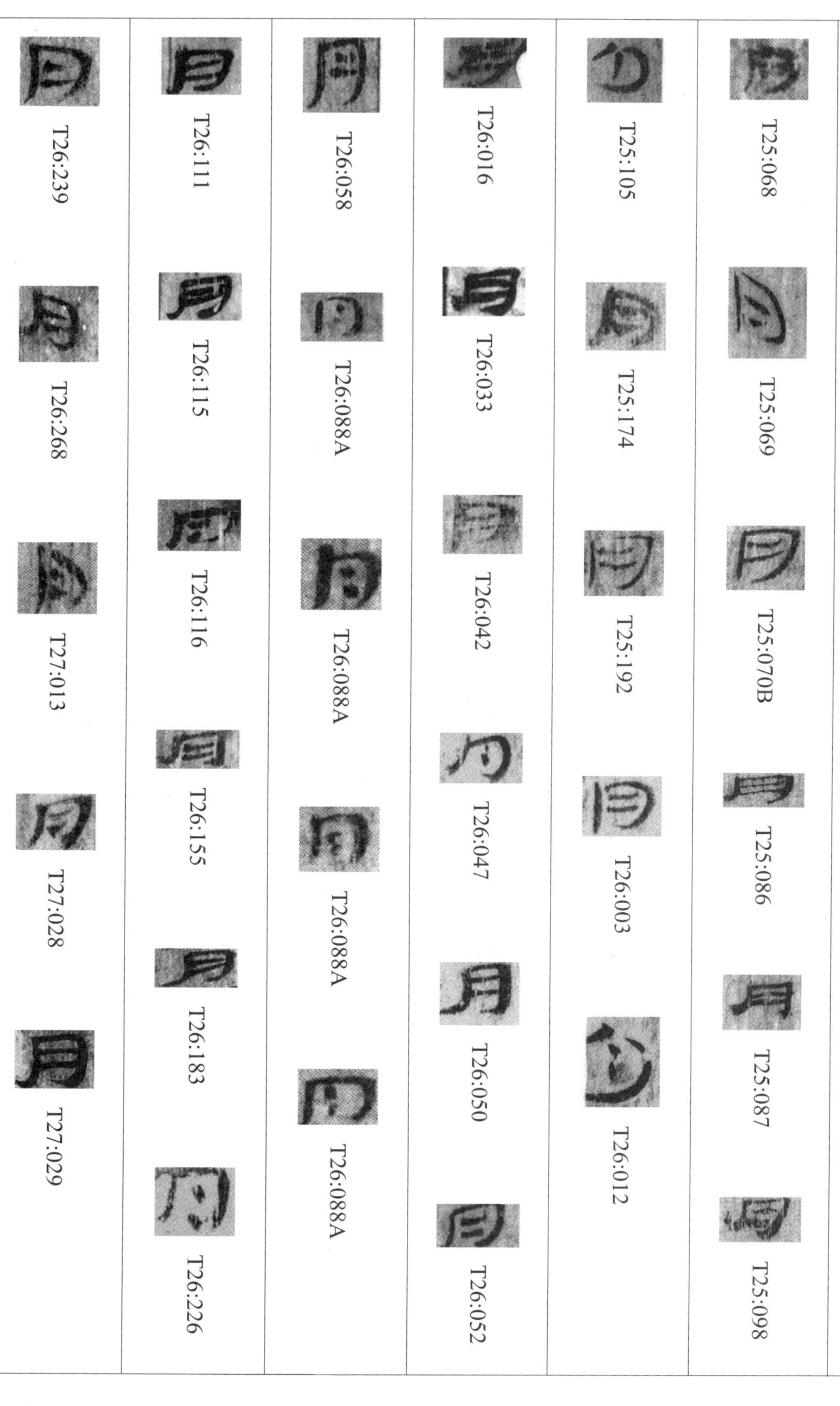

T25:068
T25:069
T25:070B
T25:086
T25:087
T25:098
T25:105
T25:174
T25:192
T26:003
T26:012
T26:016
T26:033
T26:042
T26:047
T26:050
T26:052
T26:058
T26:088A
T26:088A
T26:088A
T26:088A
T26:111
T26:115
T26:116
T26:155
T26:183
T26:226
T26:239
T26:268
T27:013
T27:028
T27:029

月部 月

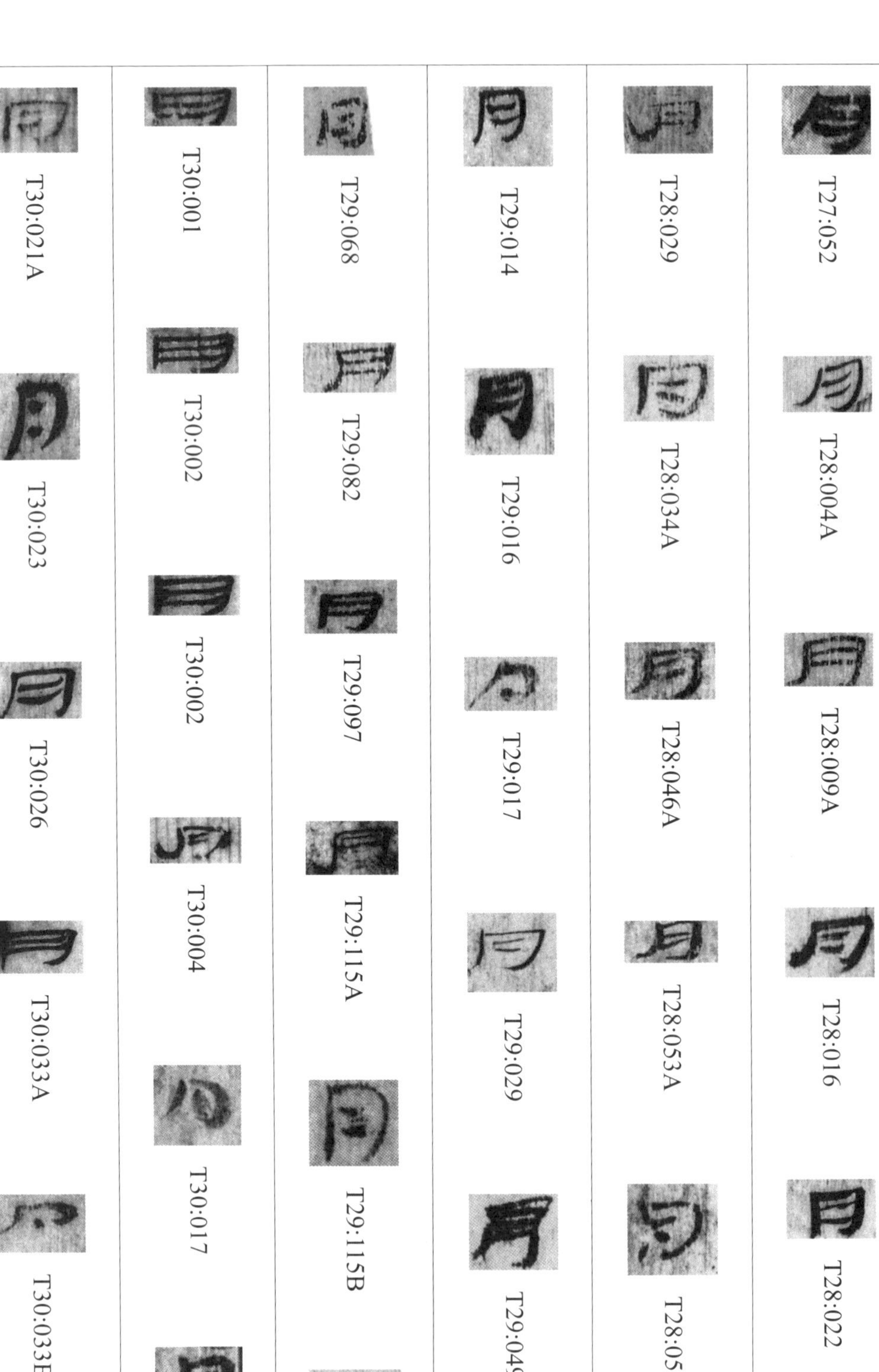

T27:052 T28:004A T28:009A T28:016 T28:022

T28:029 T28:034A T28:046A T28:053A T28:055

T29:014 T29:016 T29:017 T29:029 T29:049

T29:068 T29:082 T29:097 T29:115A T29:115B T29:125B

T30:001 T30:002 T30:002 T30:004 T30:017 T30:020

T30:021A T30:023 T30:026 T30:033A T30:033B

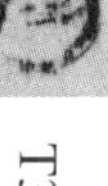
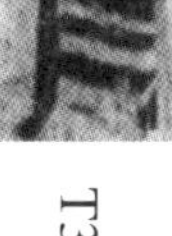

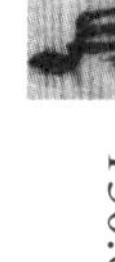

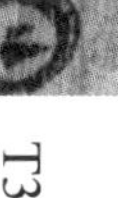

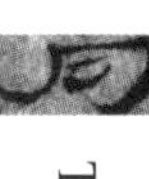
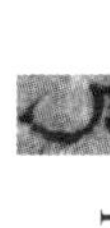
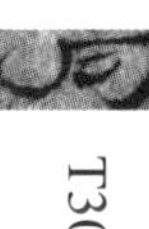
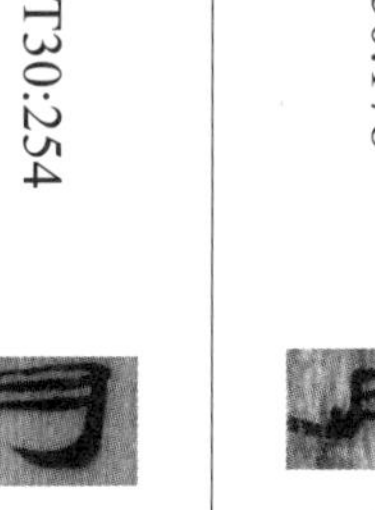

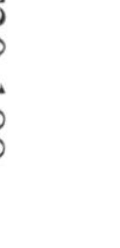

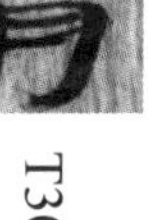

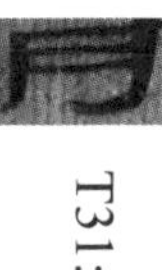
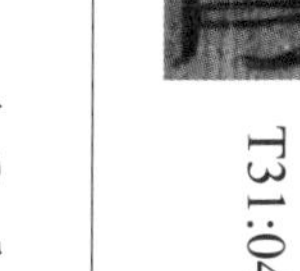

T30:034A
T30:040
T30:041
T30:043
T30:048

T30:057B
T30:061
T30:062
T30:066
T30:068

T30:070
T30:070
T30:074
T30:085
T30:103

T30:138
T30:150
T30:151A
T30:161
T30:167A

T30:178
T30:186
T30:188
T30:190
T30:194
T30:202

T30:254
T30:264
T31:020A
T31:034A
T31:040
T31:045

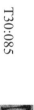

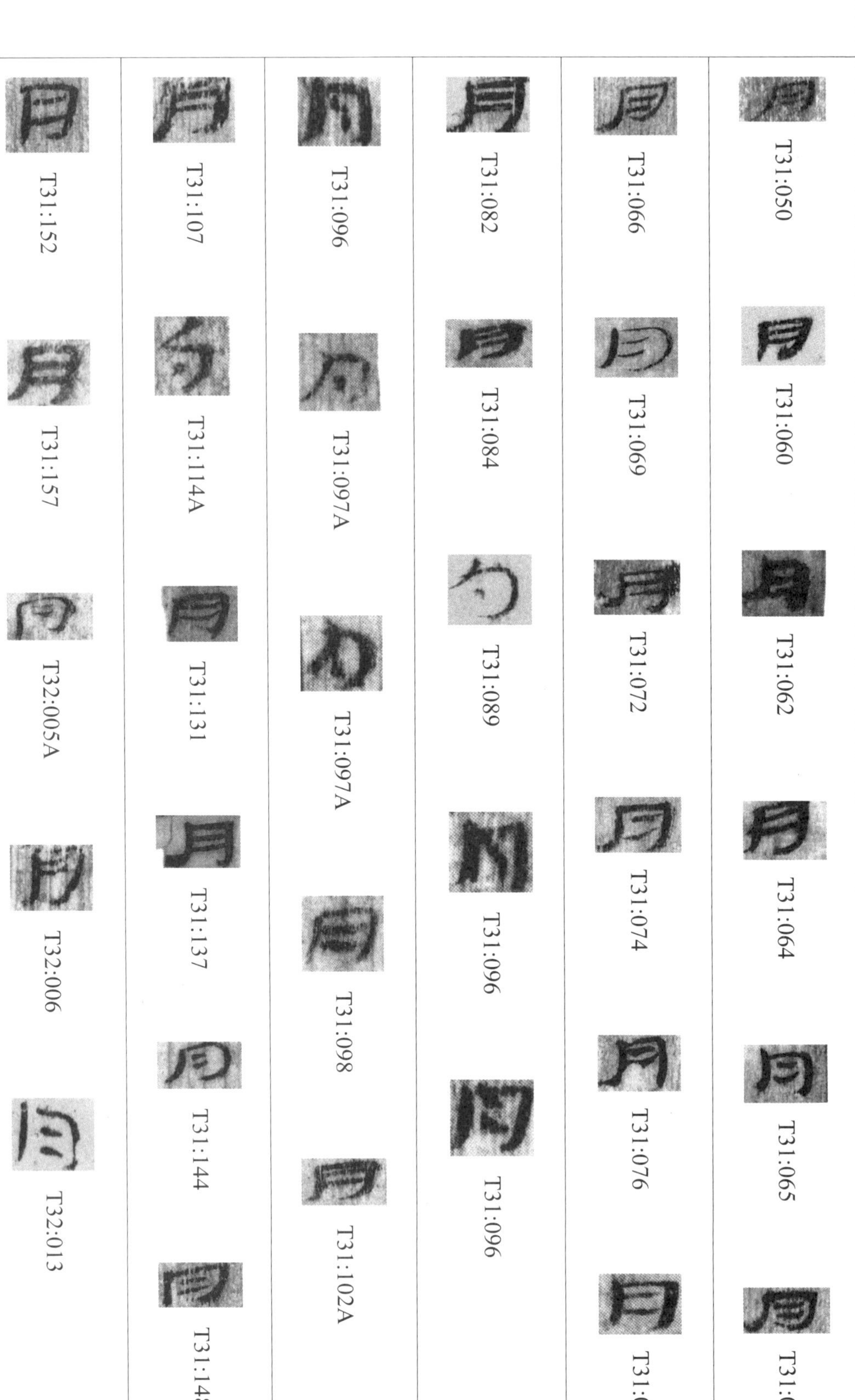
T31:050
T31:060
T31:062
T31:064
T31:065
T31:066
T31:066
T31:069
T31:072
T31:074
T31:076
T31:080
T31:082
T31:084
T31:089
T31:096
T31:096
T31:096
T31:097A
T31:097A
T31:098
T31:102A
T31:107
T31:114A
T31:131
T31:137
T31:144
T31:148
T31:152
T31:157
T32:005A
T32:006
T32:013

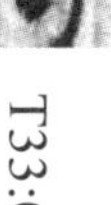

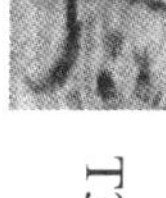
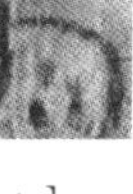
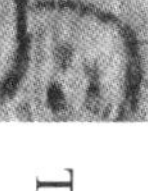
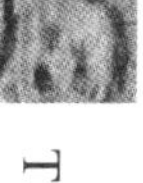
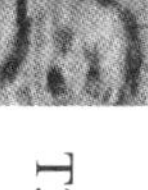
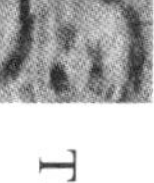
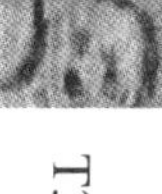
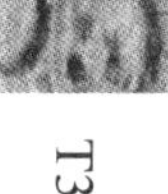
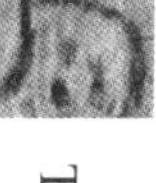
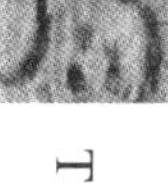
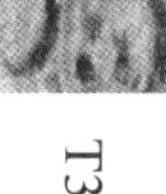

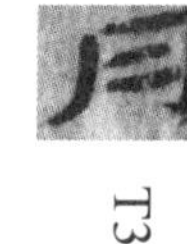

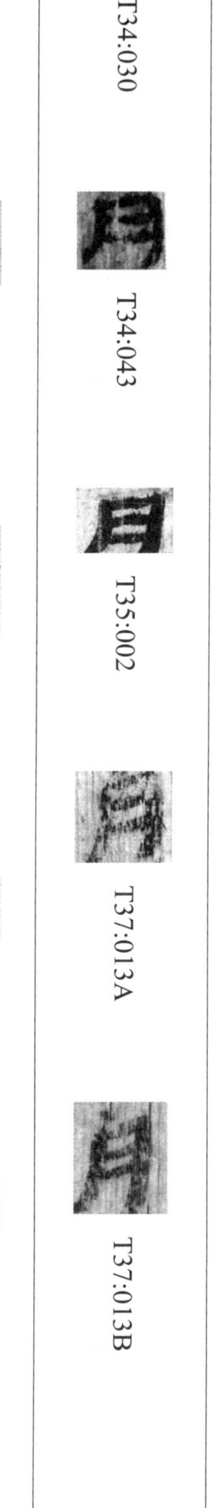

T32:014 T32:036B T32:040 T32:040 T32:044 T32:049

T32:075 T33:004 T33:040A T33:040A T33:044A

T33:046 T33:058 T33:069 T34:001A T34:003A

T34:006A T34:006A T34:017 T34:021 T34:021

T34:030 T34:043 T35:002 T37:013A T37:013B

T37:016 T37:023A T37:039A T37:049B T37:050

T37:058
T37:059
T37:085
T37:085
T37:097
T37:097
T37:112
T37:113
T37:113
T37:130
T37:131
T37:148
T37:152
T37:156
T37:161A
T37:174
T37:176
T37:176
T37:177
T37:194
T37:223
T37:238
T37:269
T37:276A
T37:290A
T37:333
T37:343
T37:353
T37:355
T37:410
T37:425
T37:446
T37:448
T37:519A

月部 月

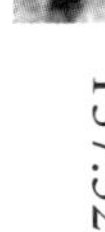

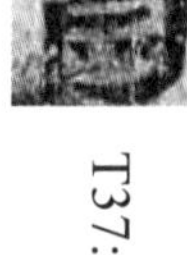

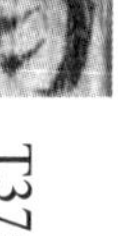

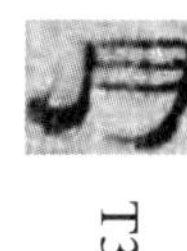
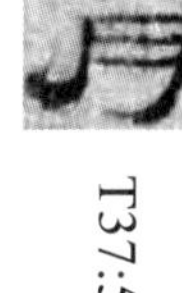
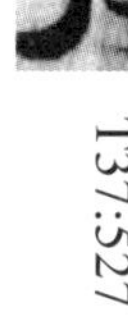

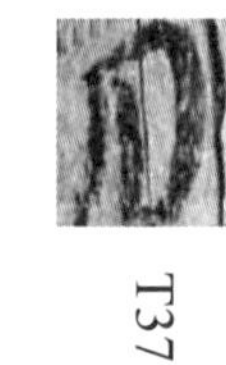

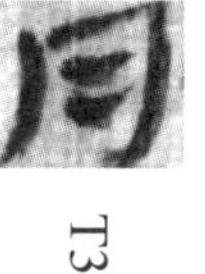

T37:520A
T37:520B
T37:521
T37:521
T37:522A

T37:522B
T37:523A
T37:523A
T37:524
T37:524

T37:525
T37:526
T37:526
T37:527
T37:527
T37:528

T37:529
T37:530
T37:531
T37:532
T37:535A

T37:543
T37:561
T37:572
T37:591
T37:615

T37:616B
T37:617
T37:620
T37:623
T37:625

T37:626
T37:636
T37:637
T37:640
T37:645
T37:649
T37:651A
T37:655
T37:658
T37:664
T37:671
T37:671
T37:678
T37:692
T37:696
T37:698
T37:702A
T37:706
T37:713
T37:715
T37:719
T37:721
T37:728
T37:732
T37:739
T37:740A
T37:743
T37:744A
T37:745
T37:749A
T37:752A
T37:754
T37:756
T37:758
T37:758

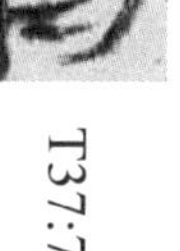
T37:760

T37:762

T37:762

T37:770A

T37:770A

T37:772

T37:773

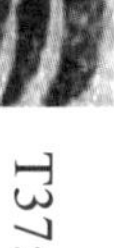
T37:778

T37:779

T37:782

T37:783A

T37:784A

T37:785

T37:788A

T37:796

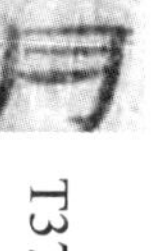
T37:800A

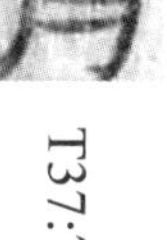
T37:803A

T37:803B

T37:805A

T37:808

T37:843

T37:854

T37:871

T37:875

T37:876A

T37:878A

T37:927

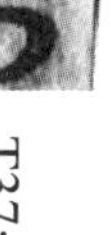
T37:930A

T37:937

T37:959

T37:962A

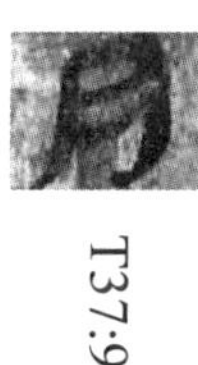
T37:988

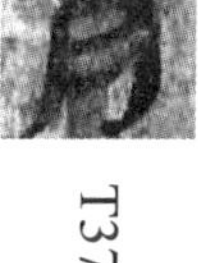
T37:992

T37:996

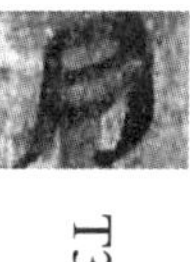
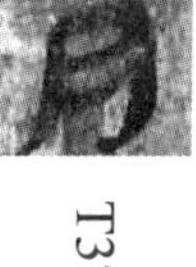

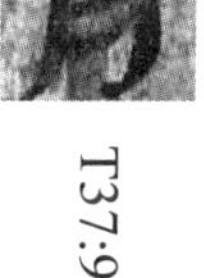
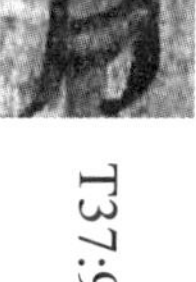

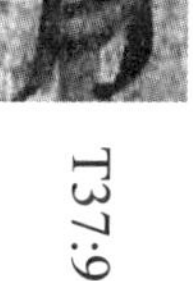

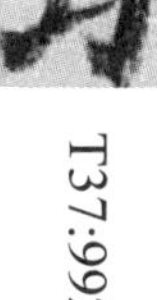

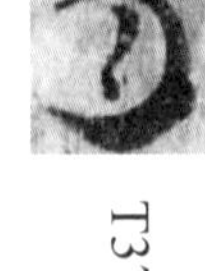

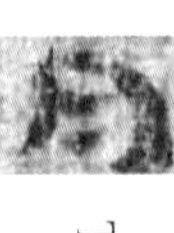
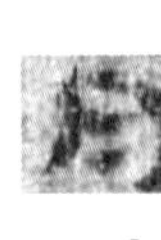

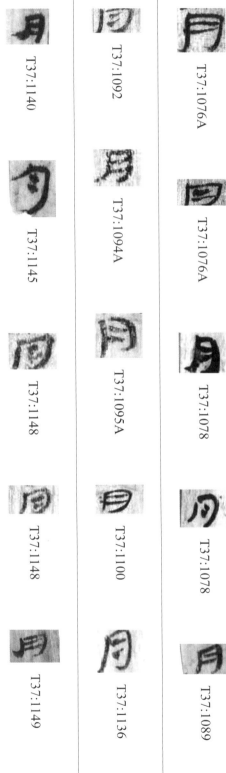

T37:1007 T37:1017 T37:1019 T37:1045 T37:1058

T37:1060 T37:1061A T37:1062A T37:1063 T37:1065A

T37:1067A T37:1070 T37:1070 T37:1075A T37:1075A

T37:1076A T37:1076A T37:1078 T37:1078 T37:1089

T37:1092 T37:1094A T37:1095A T37:1100 T37:1136

T37:1140 T37:1145 T37:1148 T37:1148 T37:1149

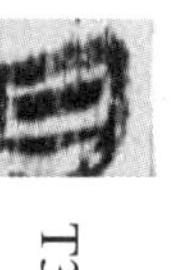
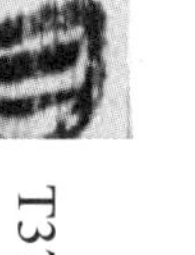

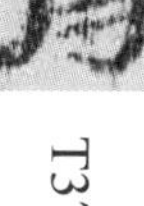

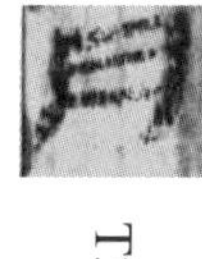

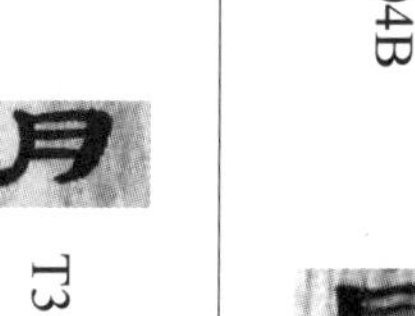
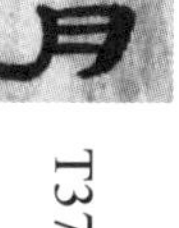

T37:1175
T37:1184
T37:1207
T37:1211
T37:1229A

T37:1235
T37:1240
T37:1379A
T37:1396A
T37:1400A

T37:1408
T37:1416
T37:1424
T37:1449
T37:1450

T37:1451A
T37:1452
T37:1456
T37:1460
T37:1468A

T37:1500
T37:1502A
T37:1503A
T37:1504B
T37:1517

T37:1518
T37:1529
T37:1535A
T37:1537A
T37:1538

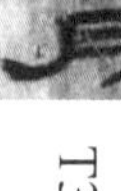

T37:1546

T37:1582

T37:1587

H01:003A

H01:003A

H01:003A

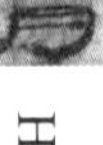

H01:003A

H01:003A

H01:014

H01:014

H01:066

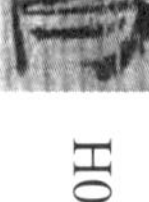
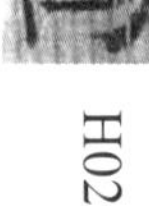
H02:002

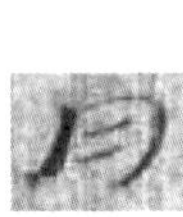
H02:005A

H02:007

H02:011

H02:018

H02:020

H02:050

H02:051

H02:053A

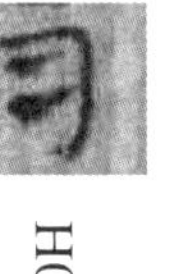
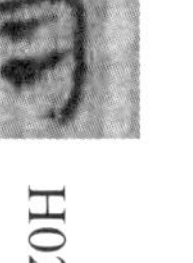

F01:009

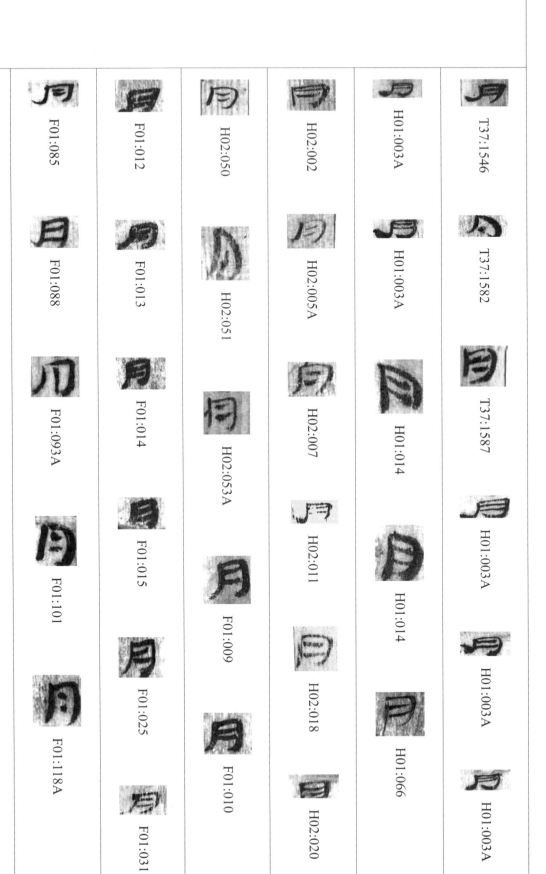

F01:010

F01:012

F01:013

F01:014

F01:015

F01:025

F01:031

F01:085

F01:088

F01:093A

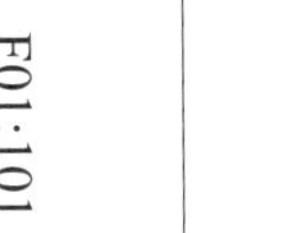
F01:101

F01:118A

73EJF2:2
73EJF2:7
73EJF2:10
73EJF2:16
73EJF2:44

73EJF3:1
73EJF3:2
73EJF3:39A
73EJF3:39B
73EJF3:40B

73EJF3:41A
73EJF3:41A
73EJF3:41B
73EJF3:43
73EJF3:47

73EJF3:57B
73EJF3:76+448A
73EJF3:79+509
73EJF3:83
73EJF3:83

73EJF3:83
73EJF3:84
73EJF3:85
73EJF3:86
73EJF3:87

73EJF3:88
73EJF3:88
73EJF3:92
73EJF3:93
73EJF3:94

73EJF3:101

73EJF3:104

73EJF3:105

73EJF3:107

73EJF3:108

73EJF3:110

73EJF3:111

73EJF3:115

73EJF3:116A

73EJF3:117A

73EJF3:117A

73EJF3:118A

73EJF3:118B

73EJF3:119A

73EJF3:120A

73EJF3:120A

73EJF3:290+121

73EJF3:123A

73EJF3:123B

73EJF3:125A

73EJF3:125B

73EJF3:132

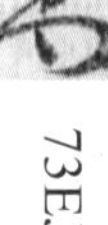
73EJF3:133

73EJF3:143+211+425

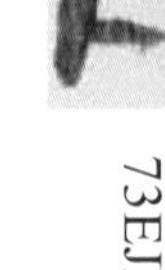
73EJF3:146

73EJF3:147

73EJF3:153

73EJF3:154

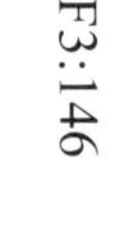

73EJF3:155A

73EJF3:157

73EJF3:164
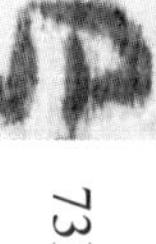
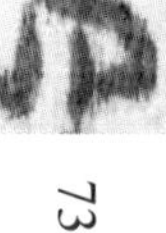
73EJF3:165

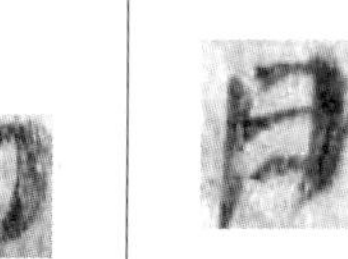

73EJF3:172

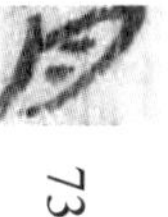
73EJF3:178A

73EJF3:179A
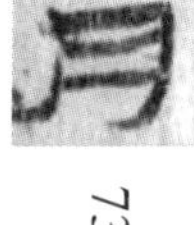
73EJF3:181
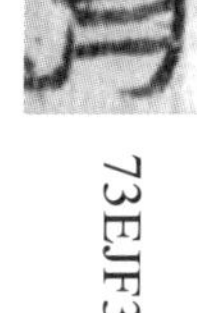

73EJF3:184A

73EJF3:185

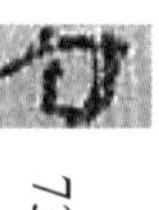

73EJF3:189+421

73EJF3:482+193

73EJF3:228

73EJF3:229+542

73EJF3:232 
73EJF3:237 
73EJF3:238A
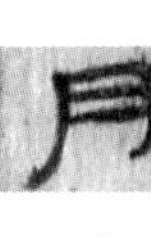
73EJF3:242

73EJF3:242

73EJF3:249

73EJF3:254

73EJF3:288
73EJF3:471+302

73EJF3:471+302

73EJF3:311

73EJF3:311
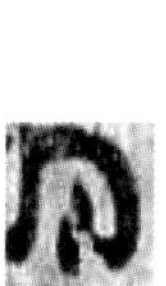
73EJF3:311

73EJF3:318
73EJF3:327
73EJF3:328B
73EJF3:344
73EJF3:348B
73EJF3:355
73EJF3:371
73EJF3:387
73EJF3:391
73EJF3:397+403
73EJF3:417
73EJF3:422
73EJF3:422
73EJF3:429+434
73EJF3:444
73EJF3:458
73EJF3:463
73EJF3:468+502
73EJF3:473
73EJF3:479
73EJF3:486
73EJF3:490
73EJF3:516
73EJF3:534+521
73EJF3:523
73EJF3:523
73EJF3:565
73EJF3:566
73EJF3:590
73EJF3:591

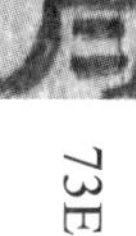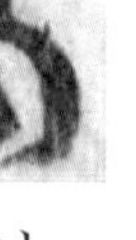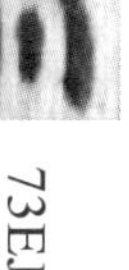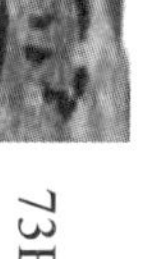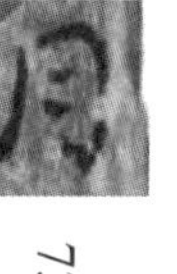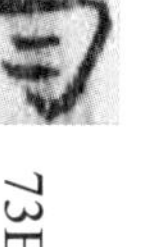

73EJT4H:68
73EJT4H:89B
73EJD:2
73EJD:3
73EJD:5

73EJD:6
73EJD:7
73EJD:10
73EJD:30
73EJD:34

73EJD:34
73EJD:35
73EJD:36A
73EJD:37A
73EJD:39A

73EJD:39B
73EJD:40A
73EJD:42
73EJD:43A
73EJD:44

73EJD:44
73EJD:45
73EJD:54
73EJD:63
73EJD:65

73EJD:66
73EJD:68
73EJD:73B
73EJD:75B
73EJD:85

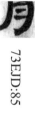

月部 月

73EJD:94

73EJD:95

73EJD:113

73EJD:115

73EJD:116A

73EJD:121

73EJD:129

73EJD:131

73EJD:154A
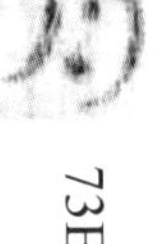
73EJD:154A

73EJD:154A

73EJD:167
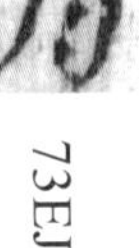
73EJD:168

73EJD:193

73EJD:198

73EJD:211

73EJD:211

73EJD:211

73EJD:226
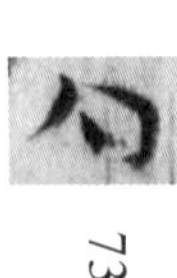
73EJD:231

73EJD:246

73EJD:260A

73EJD:260A

73EJD:269
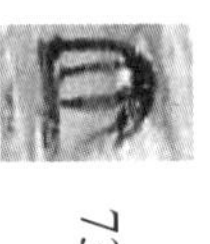
73EJD:270

73EJD:287

73EJD:289A
73EJD:306B
73EJD:315B
73EJD:319C

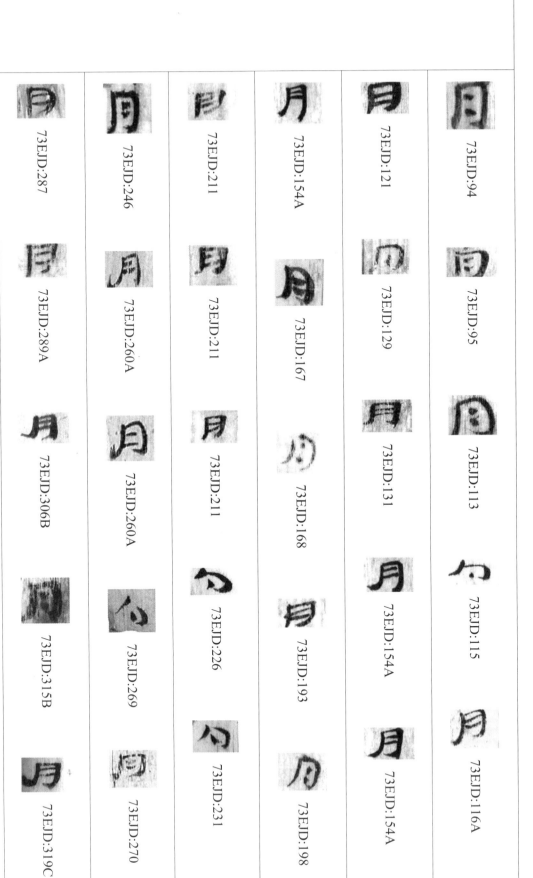

73EJD:352
73EJD:353
73EJD:357
72EJC:1
72EJC:2A
72EJC:2B
72EJC:3
72EJC:15A
72EJC:16
72EJC:31
72EJC:46
72EJC:62
72EJC:64
72EJC:121
72EJC:144
72EJC:145
72EJC:149
72EJC:159A
72EJC:194
72EJC:209
72EJC:261A
72EJC:267A
72EJC:280
72EJC:284
72EJC:290
73EJC:299
73EJC:300
73EJC:303
73EJC:316A
73EJC:316A

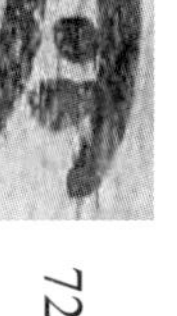

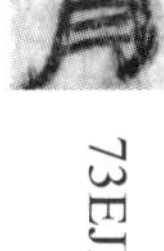

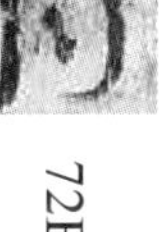

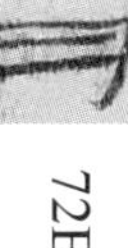

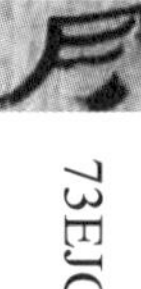

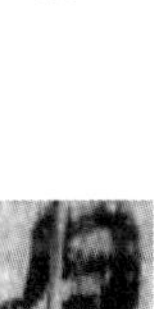

73EJC:316B
73EJC:338
73EJC:402
73EJC:408
73EJC:409
73EJC:417
73EJC:444
73EJC:445A
73EJC:452
73EJC:521
73EJC:539
73EJC:549A
73EJC:555A
73EJC:589
73EJC:591
73EJC:603
73EJC:604
73EJC:609
73EJC:611
73EJC:613
73EJC:617
73EJC:651
73EJC:655
73EJC:668
72EDAC:7
72EDAC:7
72EDAC:8
72ECC:4
72ECC:4
72ECC:13

朔

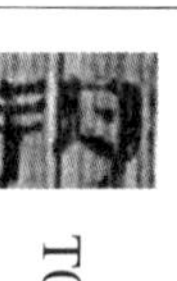

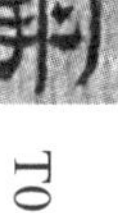

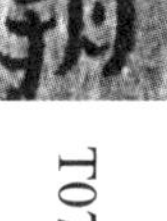

0972

72ECC:13
72ECC:13
72ECC:79
72EBS7C:1A
72EBS7C:1A

72EBS7C:2A

T01:001
T03:055
T03:109
T03:114
T04:070

T04:082
T04:100
T04:113B
T05:068A
T06:027A
T06:038A

T06:048
T07:021
T07:023
T07:023
T07:029
T07:167

T08:008
T08:009
T08:016
T08:051A
T09:004
T09:029A

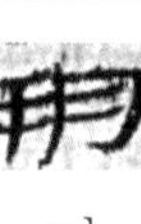
T09:092A

T09:102A

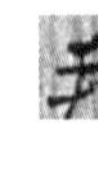
T09:349

T10:120A

T10:121A

T10:177A

T10:224

T10:309

T10:311

T10:312A

T10:313A

T10:315A

T10:378

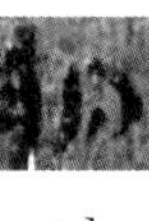
T11:001

T11:006

T11:031A

T14:012

T14:021

T15:025

T21:019

T21:042A

T21:043A

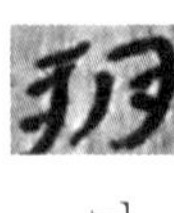
T21:047

T21:060A

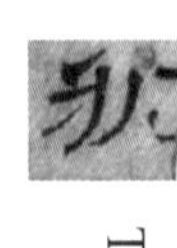
T21:064

T21:098

T21:098

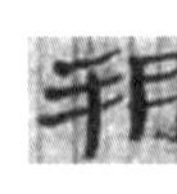
T21:102A

T21:102A

T21:108

T21:109A

T21:109A

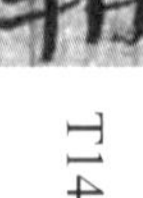
T21:161

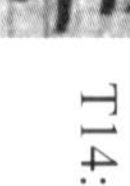

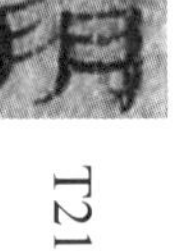

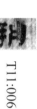

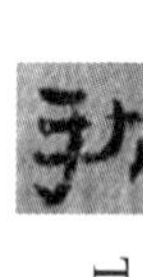
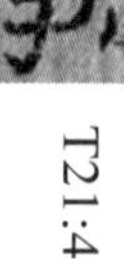

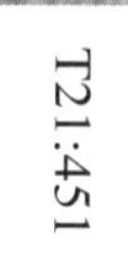

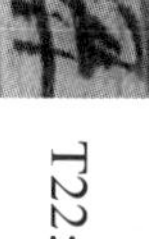

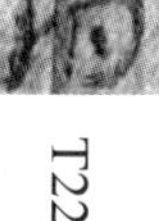

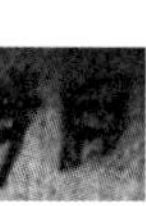
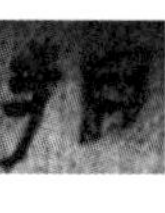
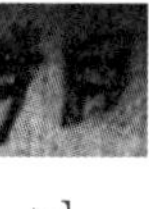
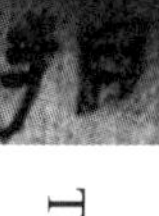
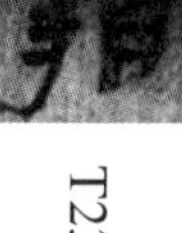
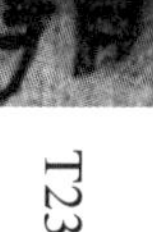
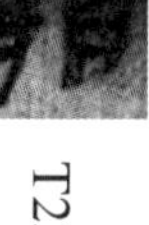

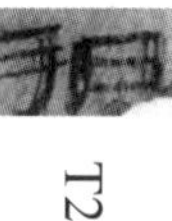

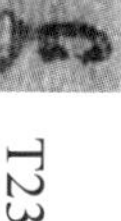

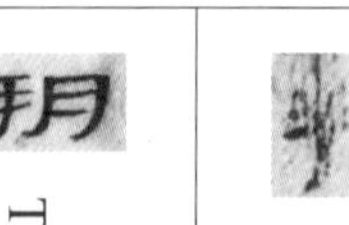

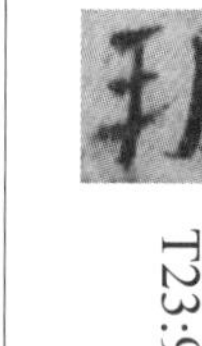
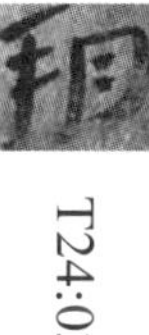

T21:175A
T21:451
T22:067
T22:070
T23:015A
T23:061

T23:079A
T23:141A
T23:278
T23:290
T23:307

T23:335
T23:350
T23:352
T23:385
T23:389
T23:432

T23:573
T23:619
T23:668
T23:669A
T23:705

T23:855A
T23:865A
T23:878
T23:966
T23:966

T24:022
T24:023A
T24:028
T24:031A
T24:032

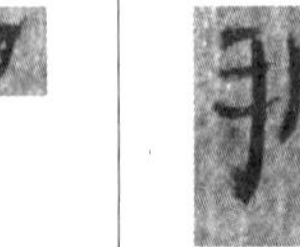

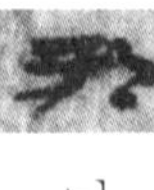
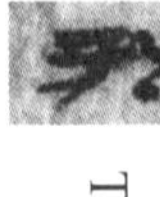

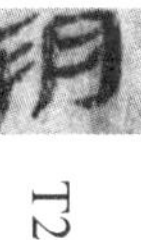

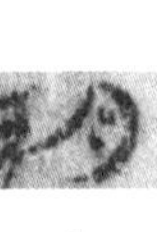

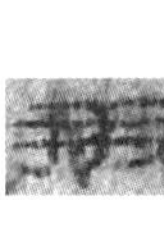
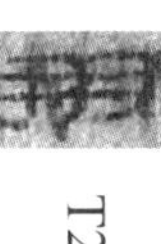
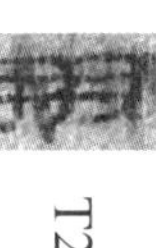
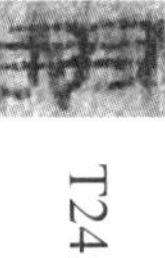

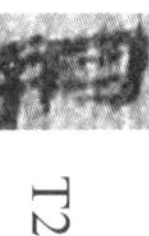
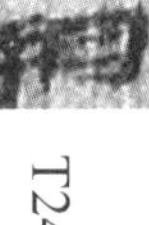

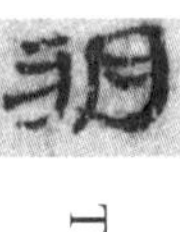

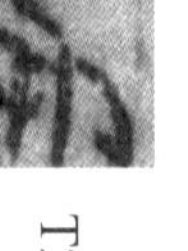

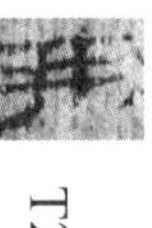

T24:034
T24:036
T24:092A
T24:097
T24:145

T24:149
T24:262
T24:267A
T24:269A
T24:493
T24:514

T24:705
T24:748
T24:810
T25:006
T25:007A
T25:030

T25:086
T25:087
T26:040
T26:047
T26:050
T26:060

T26:111
T27:052
T28:016
T28:029
T28:046A
T28:053A

T28:055
T28:111
T29:082
T29:115A
T29:125B

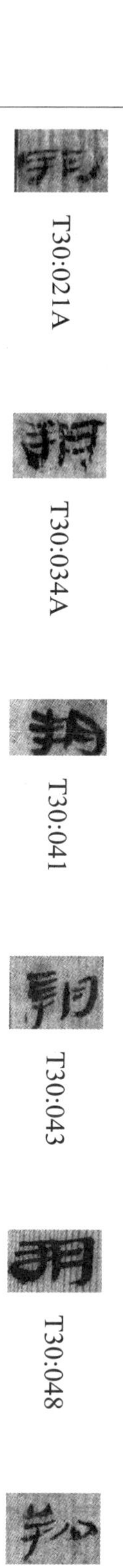

T30:021A　T30:034A　T30:041　T30:043　T30:048　T30:068

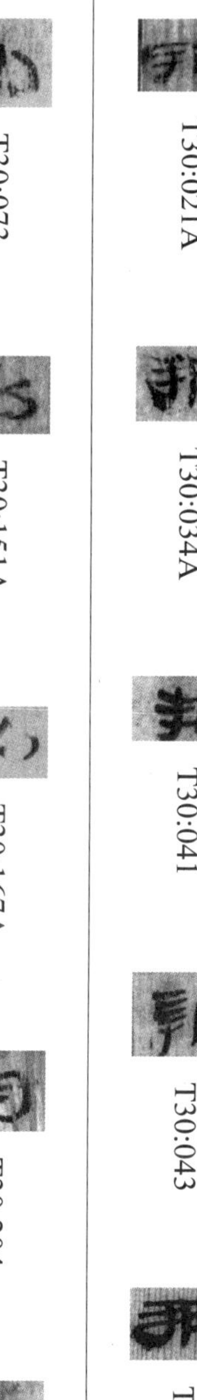

T30:073　T30:151A　T30:167A　T30:204　T30:240

T31:020A　T31:060　T31:062　T31:065　T31:066　T31:069

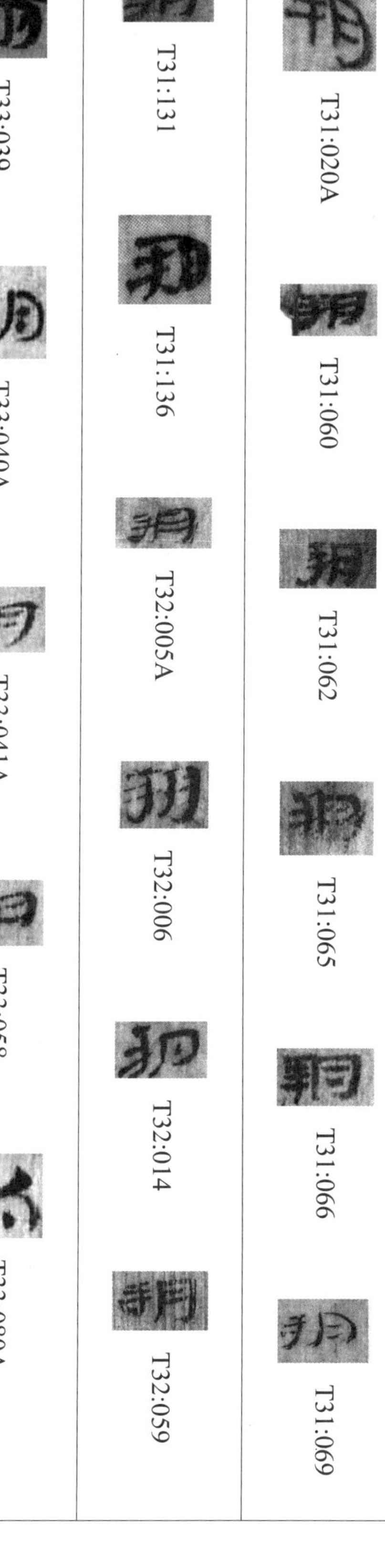

T31:131　T31:136　T32:005A　T32:006　T32:014　T32:059

T33:039　T33:040A　T33:041A　T33:058　T33:080A

T34:001A　T34:004A　T34:043　T37:059　T37:112

T37:148

T37:152
T37:156
T37:161A
T37:279A
T37:290A
T37:446

T37:480A
T37:519A
T37:520A
T37:521
T37:522A

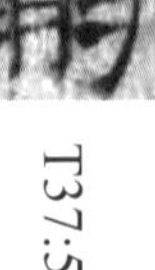

T37:523A
T37:524
T37:525
T37:526
T37:527
T37:528

T37:529
T37:530
T37:615
T37:617
T37:626
T37:649

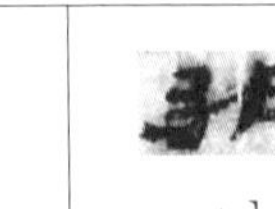

T37:698
T37:719
T37:728
T37:740A
T37:749A
T37:770A

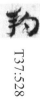

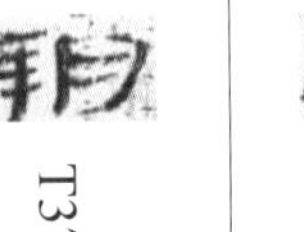

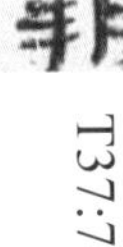

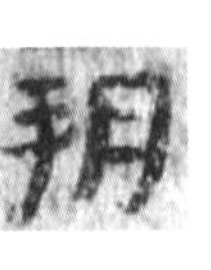
T37:773
T37:778
T37:782
T37:783A
T37:788A
T37:795

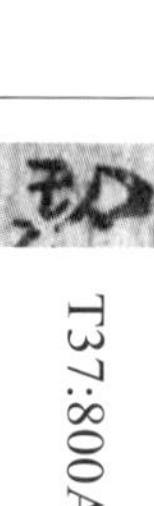
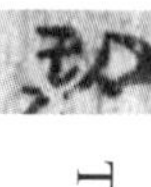

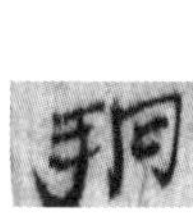
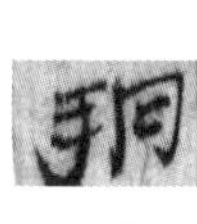

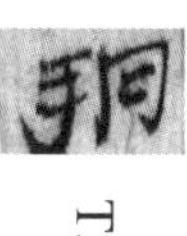
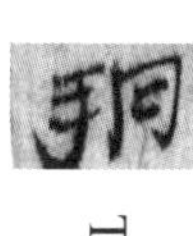
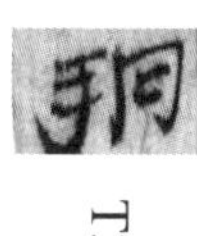
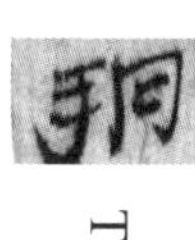
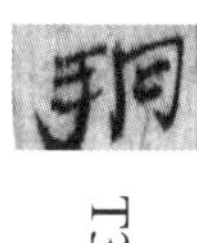
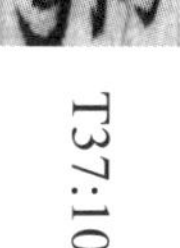

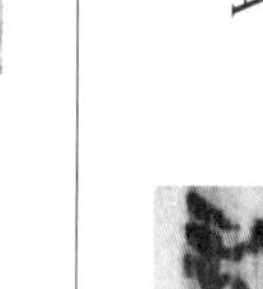

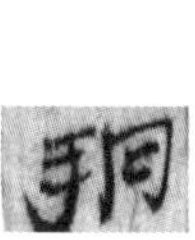
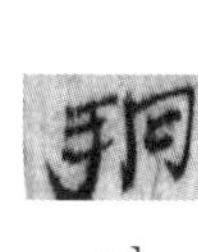
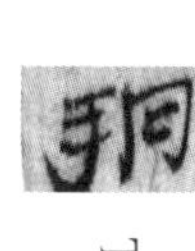
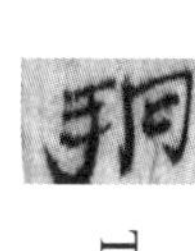
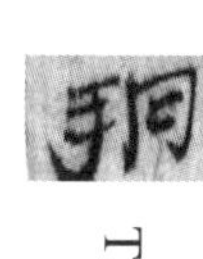

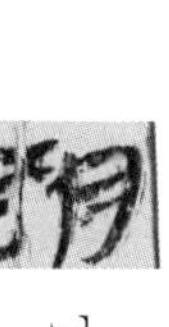

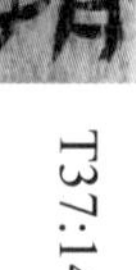

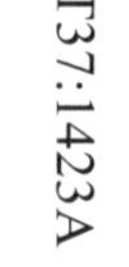

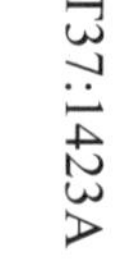

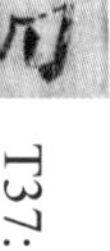

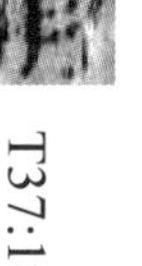

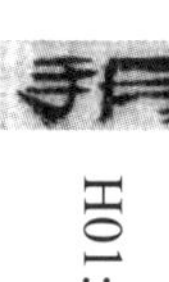

T37:800A
T37:803A
T37:871
T37:875
T37:876A
T37:931

T37:962A
T37:1007
T37:1019
T37:1061A
T37:1062A

T37:1065A
T37:1067A
T37:1076A
T37:1100
T37:1124

T37:1149
T37:1184
T37:1311
T37:1379A
T37:1396A

T37:1423A
T37:1450
T37:1451A
T37:1452
T37:1453

T37:1454
T37:1502A
T37:1503A
T37:1537A
H01:003A

H01:014

H02:050

F01:009

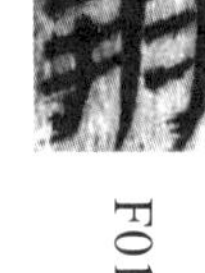

F01:025

F01:085

73EJF2:2

73EJF3:43

73EJF3:76+448A

73EJF3:104

73EJF3:114+202+168

73EJF3:115

73EJF3:116A

73EJF3:117A

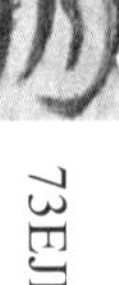
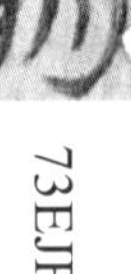
73EJF3:118A

73EJF3:119A

73EJF3:123A

73EJF3:125A

73EJF3:153

73EJF3:154

73EJF3:155A

73EJF3:179A

73EJF3:181

73EJF3:184A

73EJF3:470+564+190+243

73EJF3:482+193

73EJF3:228

73EJF3:244

73EJF3:327

月部 朔

73EJF3:328A

73EJF3:328A

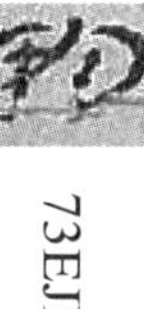
73EJF3:468+502

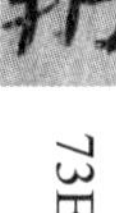
73EJF3:528

73EJD:3

73EJD:3

73EJD:6

73EJD:36A

73EJD:37A

73EJD:42

73EJD:43A

73EJD:44

73EJD:63

73EJD:65

73EJD:68

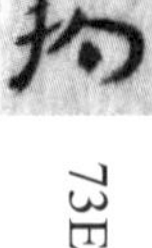
73EJD:68

73EJD:85

73EJD:131

73EJD:231

73EJD:246

73EJD:270

72EJC:2A

72EJC:15A

72EJC:62

72EJC:79B

72EJC:194

72EJC:205

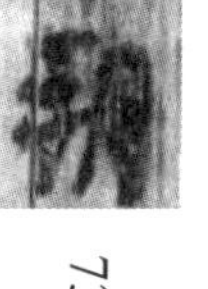
73EJC:316A

73EJC:445A

73EJC:603

73EJC:613

73EJC:629

73EJC:651

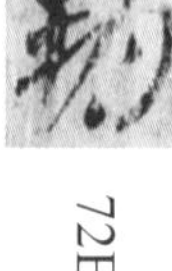
73EJC:655

72EDAC:8

72ECC:43

72EBS7C:1A

72EBS7C:2A

霸

0973

T02:017

T06:093

T09:232A

T10:225

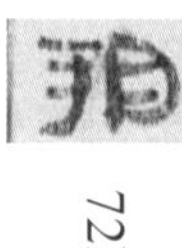
T14:033A

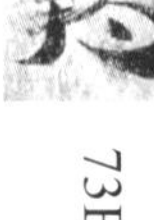
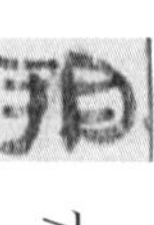
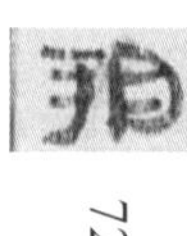

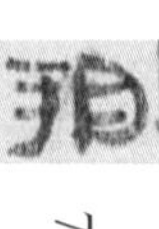

T21:153

T21:315

T21:397

T37:082

T37:878A

T37:1173

73EJF3:416+364

73EJF3:526

72EJC:286

73EJC:295

73EJC:663

朗 0974

73EJD:317B

73EJD:317C 按：上字右殘，下字左殘。

期 0975

T01:157

T09:012A

T09:251

T10:120A

T24:184

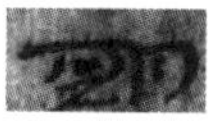

T29:100

T34:021

T34:021

T37:1505

73EJF3:288

72EJC:15A

肦 0976

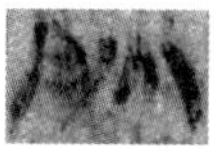

T26:271

朋 0977

773EJF3:511+306+291

有 0978

T01:001

T01:014A

T02:028

T02:080A

T03:012

有部 有

T03:070
T03:103
T04:069
T06:067A
T06:185
T07:025
T07:025
T07:060
T07:073
T07:094
T07:114
T10:121A
T10:155
T10:212
T10:215A
T10:221A
T10:310
T10:315A
T14:030
T15:002
T21:038A
T21:062
T21:106
T21:112
T21:125B
T21:174
T21:273
T21:326
T21:374B
T21:427
T22:011C
T23:232A
T23:260

T23:323A

T23:359A

T23:360A

T23:441
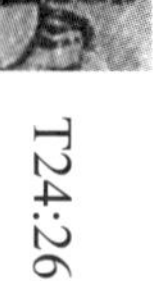
T23:584

T23:620

T23:919A

T23:919A
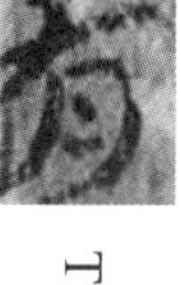
T23:955

T23:995B

T24:011
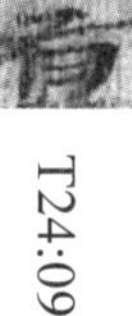
T24:023A
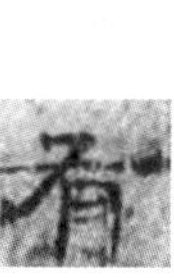
T24:040

T24:099
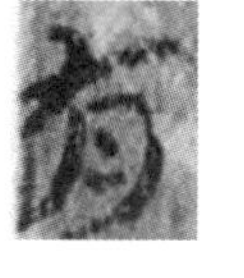
T24:114
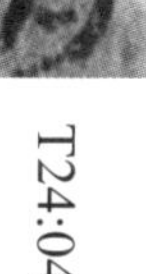
T24:192

T24:260

T24:262

T24:270
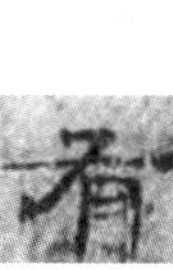
T24:275A

T24:334A

T24:340A

T24:340A

T24:340B

T24:363
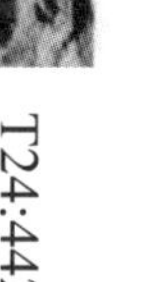
T24:375
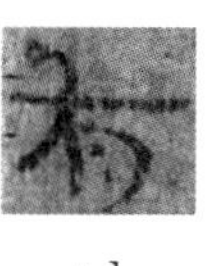
T24:442A

T24:543

T24:547
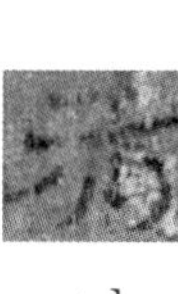
T24:591

有部 有

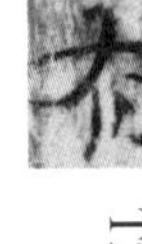
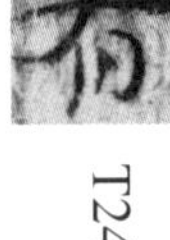

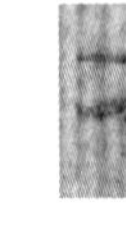
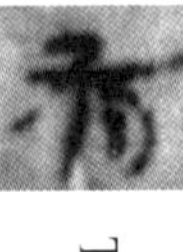
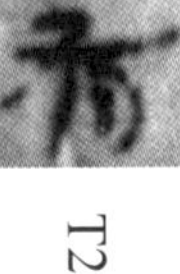

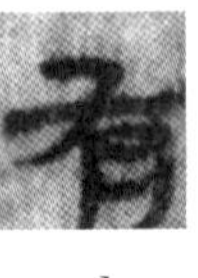

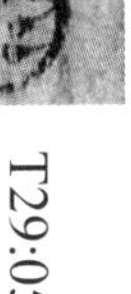

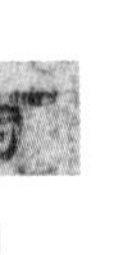

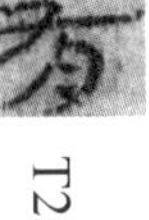

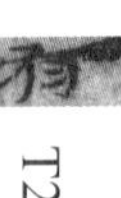

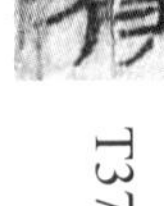

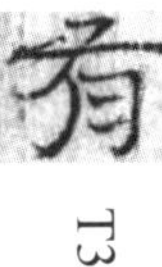

T24:763 T24:769 T24:802 T24:899 T25:007A T25:030

T26:002A T26:002A T26:031 T26:228 T26:231

T28:107 T28:127 T29:055A T29:127 T30:081A

T30:134 T30:150 T30:202 T31:020A T31:047

T31:100 T33:048 T33:080A T37:052 T37:151

T37:412 T37:446 T37:457 T37:527 T37:733

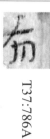

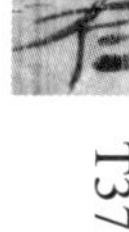

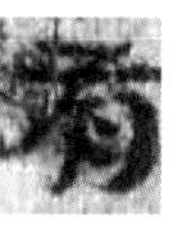
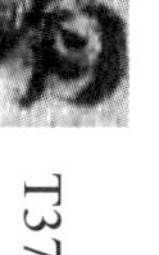

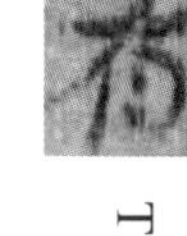

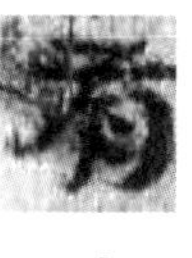
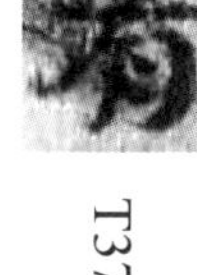
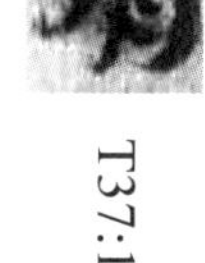

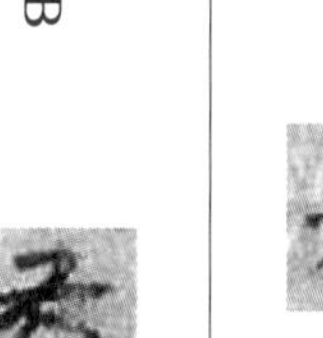
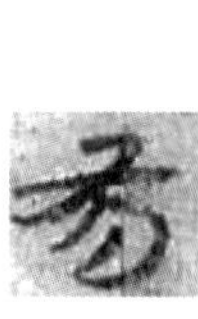

T37:786A
T37:876A
T37:878A
T37:968A
T37:1151A

T37:1441B
T37:1444
T37:1452
T37:1453
H01:013

H01:018
H01:053
H02:048B
H02:050
F01:002

73EJF3:124B
73EJF3:152
73EJF3:152
73EJF3:197+174B

73EJF3:182A
73EJF3:183A
73EJF3:430B+263B
73EJF3:336+324

73EJF3:327
73EJF3:446
73EJF3:522
73EJF3:621A

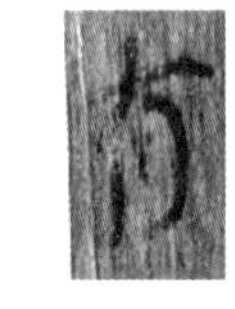

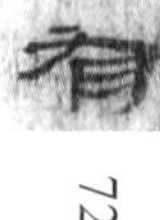

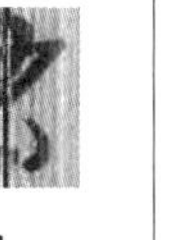
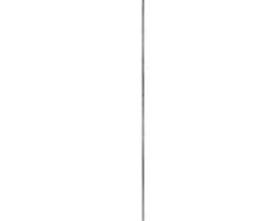

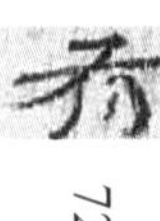

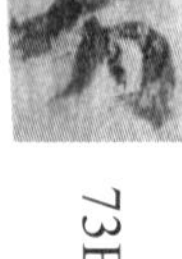

73EJT4H:5A
73EJD:2
73EJD:26A
73EJD:246
72EJC:15A

72EJC:74+78
72EJC:102
72EJC:143
72EJC:179
73EJC:292

73EJC:292
73EJC:370
73EJC:593
73EJC:599A

72ECC:1+2B
72ECC:1+2B
72ECC:13
72EBS7C:4

朙

0979

T02:083
T03:052
T04:145
T05:019
T06:138
T06:179

T07:021
T07:039
T07:040
T10:128
T10:229A
T11:031A

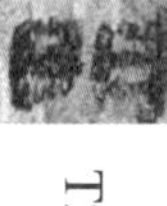
T23:746

T24:346

T24:658A

T26:039

T26:174A

T27:101

T27:103

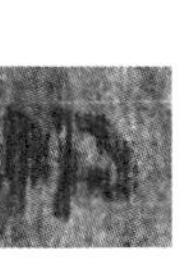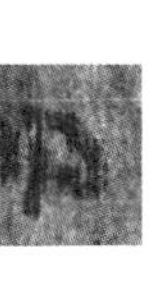
T28:016

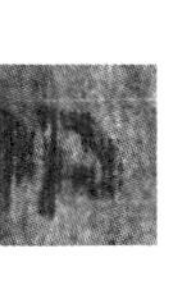
T28:038

T28:071

T28:107

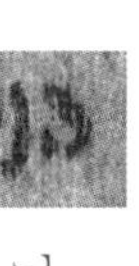
T29:114A

T29:114A

T29:114A

T30:026

T30:109

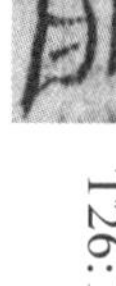
T31:047

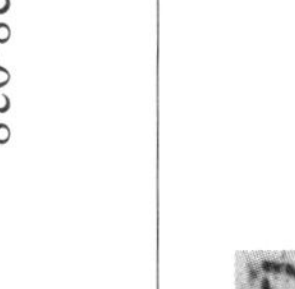
T31:064

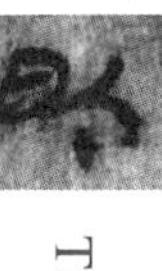
T31:140

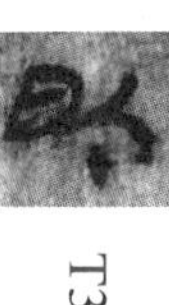
T33:004

T37:007

T37:627

T37:704

T37:787

T37:787

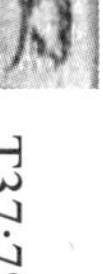
T37:833A

T37:1085

T37:1195

T37:1584

H01:003A

H01:020

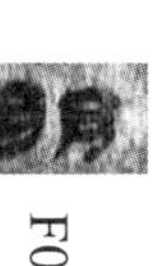
F01:001

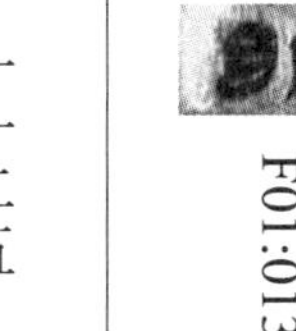
F01:013

F01:015

F01:091A

F01:093A

73EJF3:17

73EJF3:56

73EJF3:76+448A

73EJF3:106

73EJF3:122

73EJF3:346

72EJC:19

73EJC:370

73EJC:400　按：金關簡中从「目」。

0980 盟

T30:154　按：《說文》，盟「篆文。从朙」；盟「古文。从明」。

0981 夕

T09:006

T24:371A

T25:007A

73EJD:116A

73EJD:277

0982 夜

T01:172

T07:125

T10:221A

T10:445

T21:106

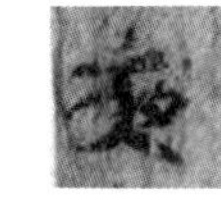
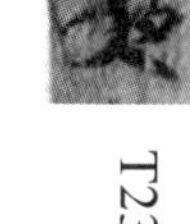
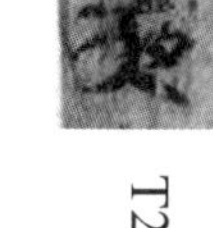

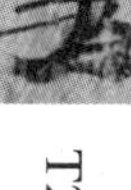
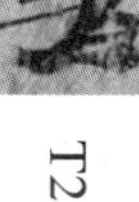
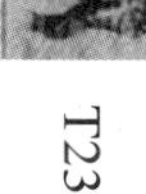

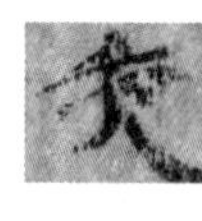
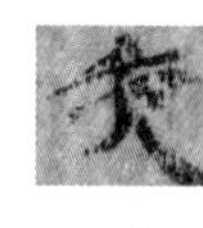

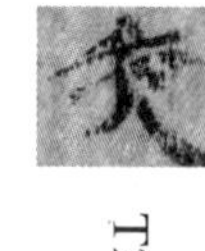
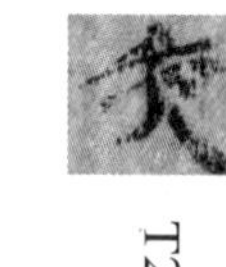

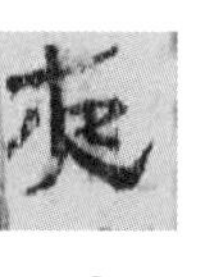
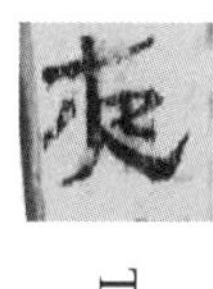
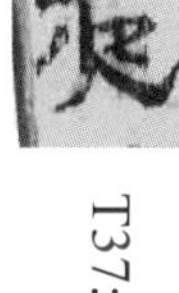
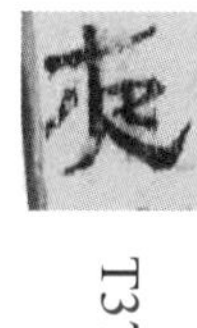

T22:027

T23:624

T23:656

T23:747

T23:896B

T24:201B

T24:743

T26:003

T28:068

T28:107

T29:107

T30:180

T31:102A

T33:004

T37:087

T37:1517

73EJF3:160

73EJF3:165

73EJF3:518+517

73EJD:163

73EJD:280+250A

72EJC:3

73EJC:296

73EJC:611

外 0983

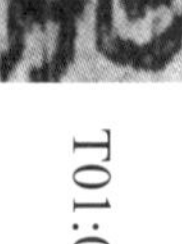
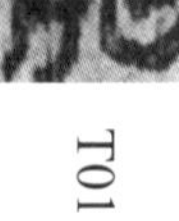

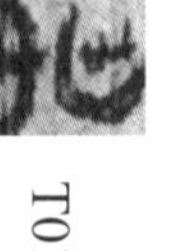

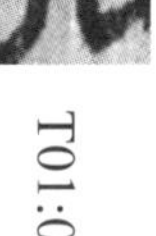

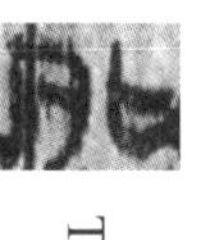
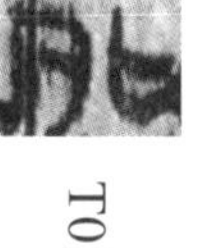
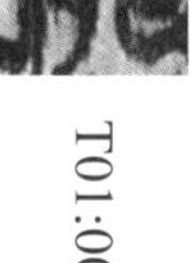

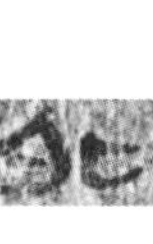

T01:001

T01:001

T01:001

T01:242

T09:103A

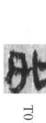

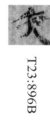

夘

0984

T10:002A
T11:017
T15:008A
T21:105
T21:121
T23:880A

T23:929
T24:139
T24:194
T24:277
T24:940
T26:124

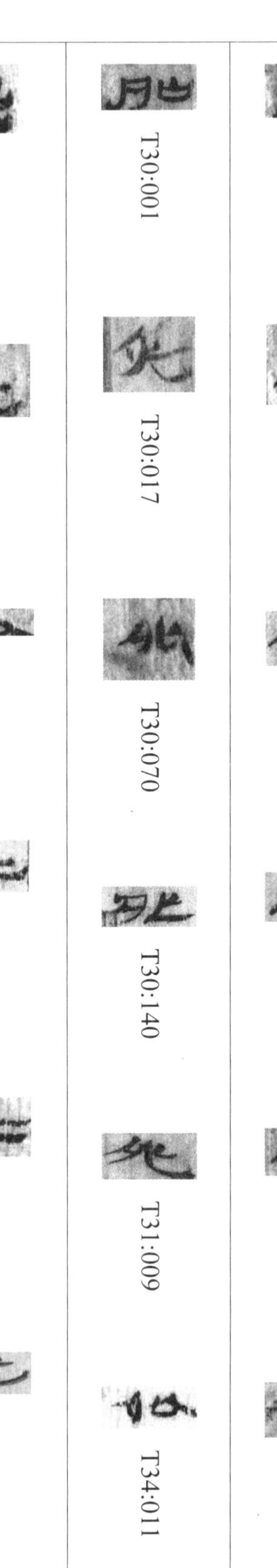

T30:001
T30:017
T30:070
T30:140
T31:009
T34:011

T37:028A
T37:377
T37:1168
T37:1581
H01:058
73EJF3:160

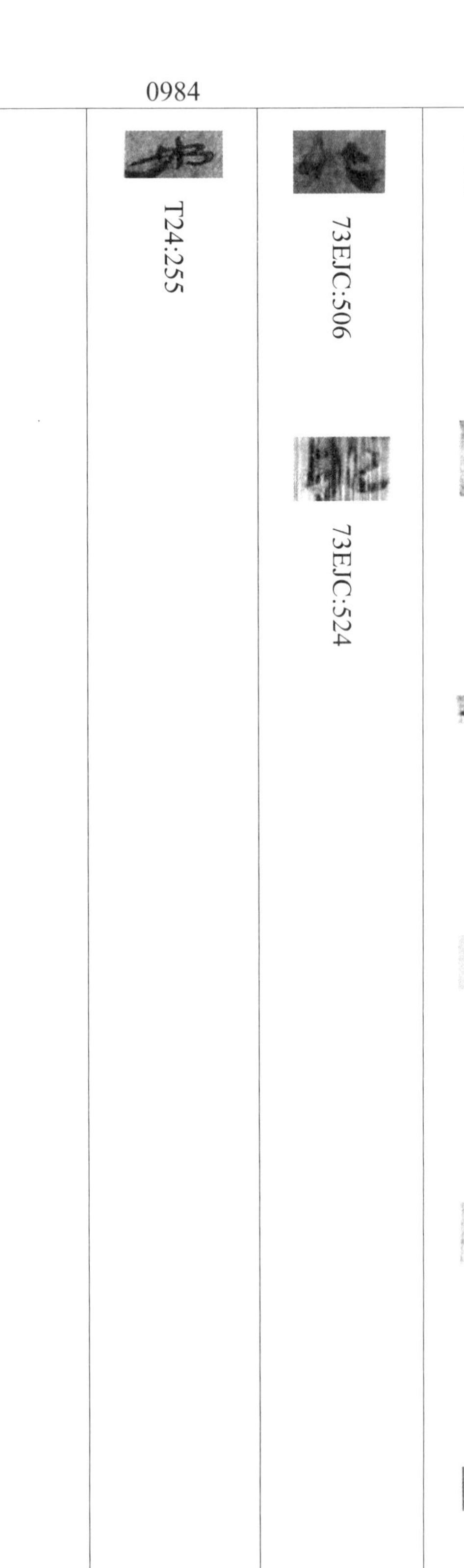

73EJC:506
73EJC:524

T24:255

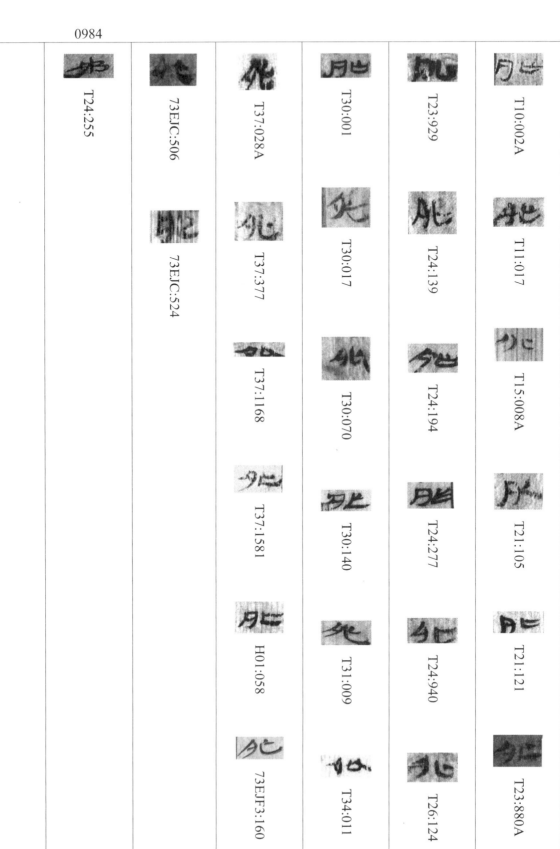

多 

0985

T02:002

T05:001

T07:065

T07:094

T10:049

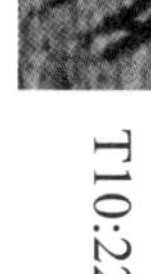

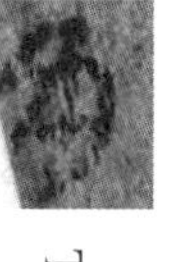

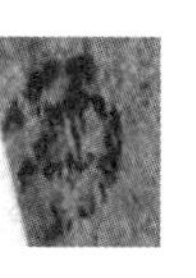

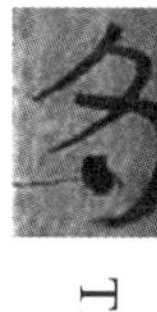

T10:221A

T23:280

T23:302A

T23:481A

T23:481A

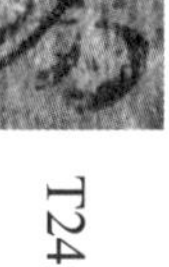

T24:010B

T24:851

T25:026

T25:089

T26:180

T28:008A

T33:039

T33:039

T35:011

T37:960

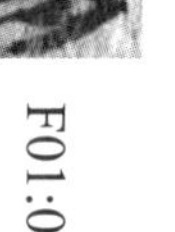
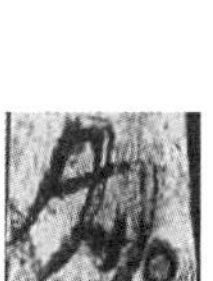

T37:1086

T37:1414

F01:003

73EJF3:15

73EJF3:54

73EJF3:96

73EJF3:124A

73EJF3:635

73EJD:260A

73EJD:332

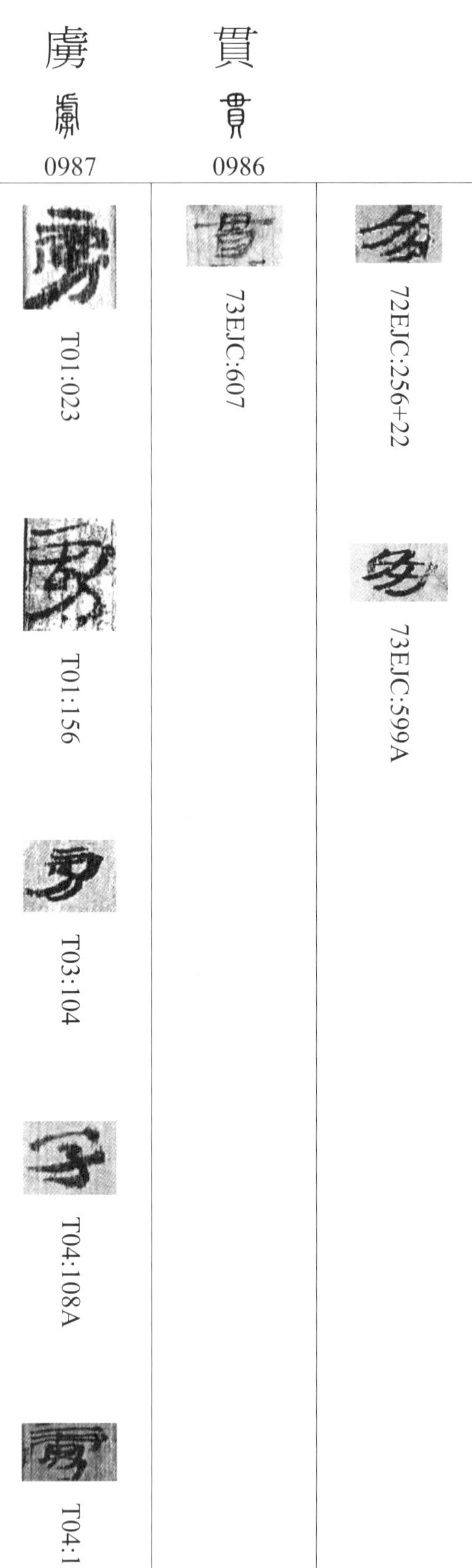

72EJC:256+22

73EJC:599A

貫 0986

73EJC:607

虜 0987

T01:023

T01:156

T03:104

T04:108A

T04:153

T04:165

T06:022A

T06:068A

T07:197

T08:093

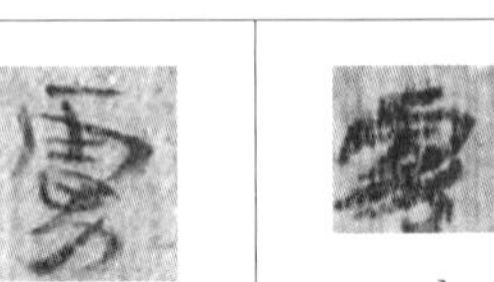

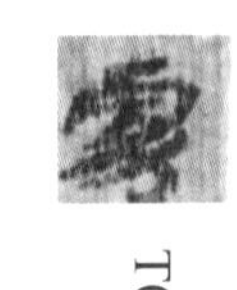

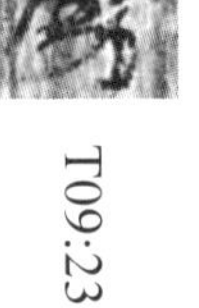

T09:026

T09:101

T09:236

T10:166

T21:001

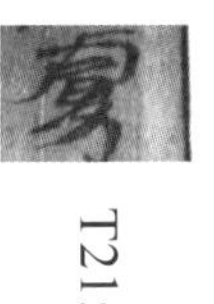

T21:00

T21:011

T21:012

T21:013

T21:173

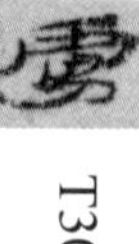
T21:208

T21:316

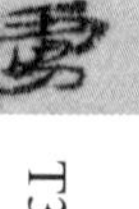
T22:010

T23:114

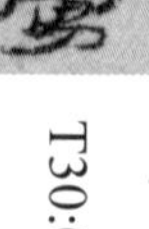
T23:248

T23:481B

T23:497

T23:667

T23:878

T24:138

T24:211

T24:236

T24:738

T24:762

T24:912

T24:955

T26:062

T28:107

T29:089

T29:089

T30:062

T37:016

T37:057

T37:454

T37:750

F01:033

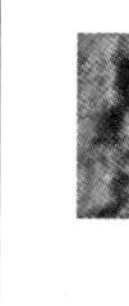
73EJF3:273+10

73EJF3:35

73EJF3:443

73EJF3:535

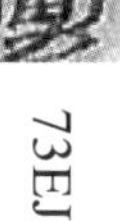

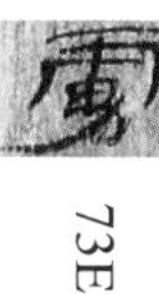

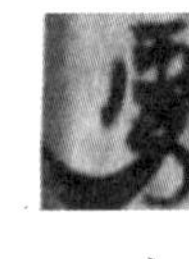

73EJD:24　72EJC:155A　72EJC:201　72EJC:283

0988 圅

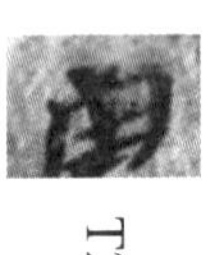
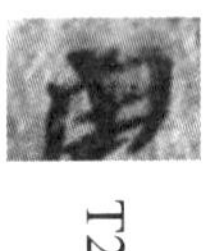
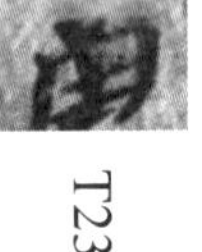

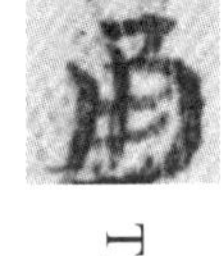
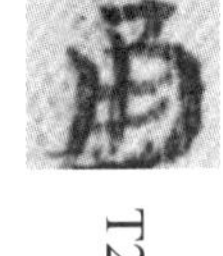

T21:037　T23:764　T23:764　T23:764　T24:078　T31:087

T34:006A　T37:531　T37:916　T37:918　T37:1453　H02:046

0989 甬

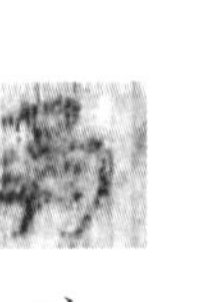

T05:009　73EJF3:127B

0990 㮚

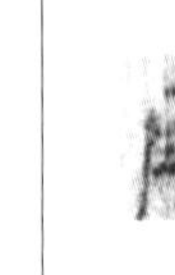
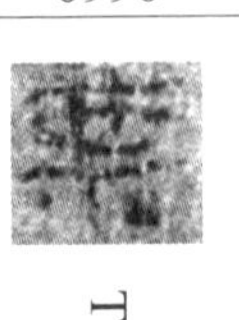

T14:022　T22:018

0991 粟

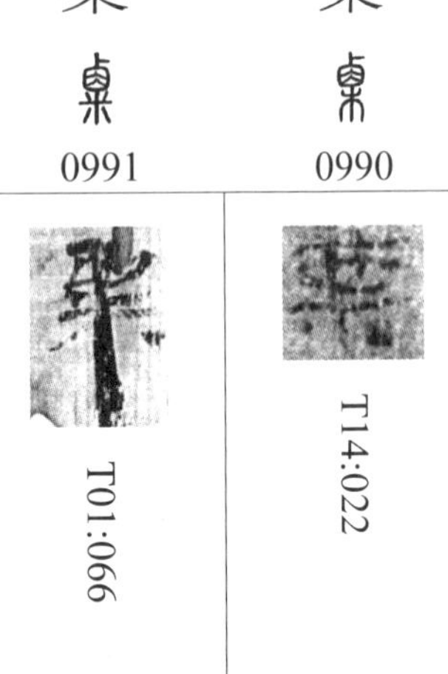

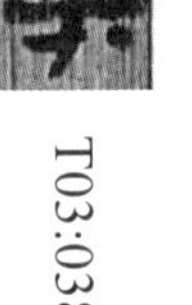

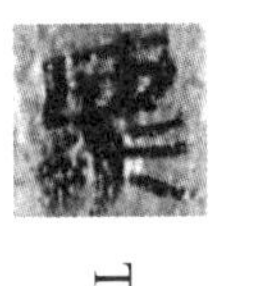
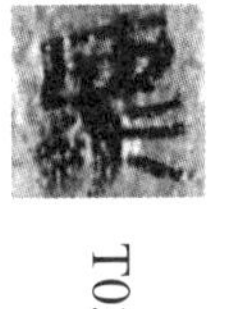

T01:066　T03:038A　T03:074　T06:055　T10:067

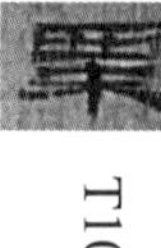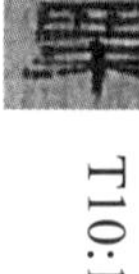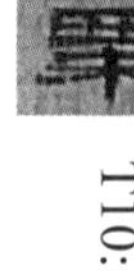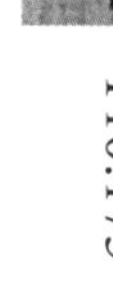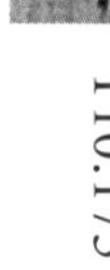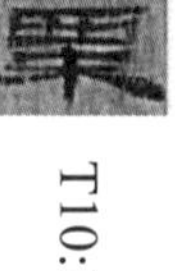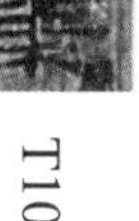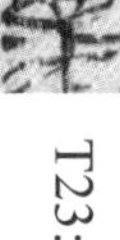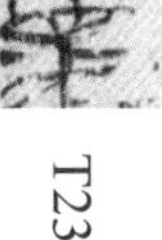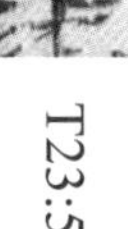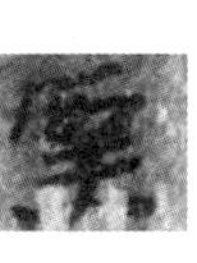

T10:069　T10:070　T10:071　T10:073　T10:074　T10:075

T10:077　T10:079　T10:081　T10:083　T10:084　T10:086

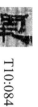

T10:087　T10:088　T10:116　T10:165　T10:166　T10:167

T10:168　T10:169　T10:170　T10:171　T10:172　T10:174

T10:175　T10:316　T10:342　T10:346　T21:100　T21:378

T23:279A　T23:284　T23:571　T23:588　T23:688

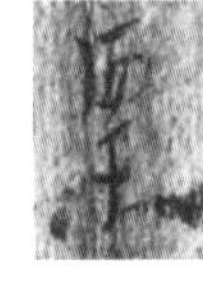

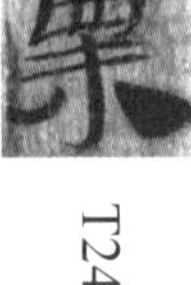

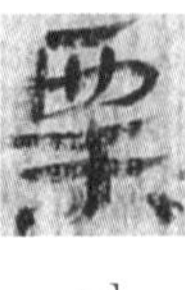

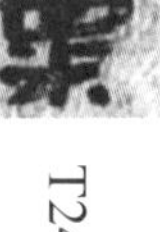
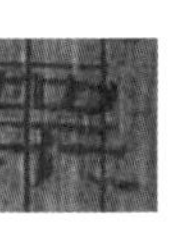

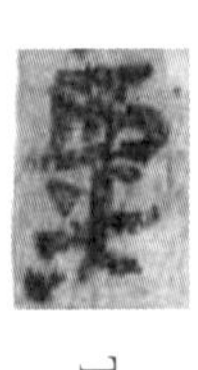

T23:894B
T23:896A
T23:896A
T24:003
T24:016

T24:032
T24:038
T24:052
T24:105
T24:326

T24:621
T26:229A
T28:042
T29:005
T30:024B

T31:051A
T31:077
T33:018
T37:915
T37:915

73EJF3:36
73EJF3:84
73EJF3:87
73EJF3:88
73EJF3:106

73EJF3:110
73EJF3:159A
73EJF3:249
73EJF3:529A+304A

齊

齊

0992

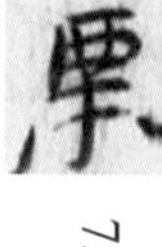

73EJF3:375

73EJF3:397+403

73EJF3:405

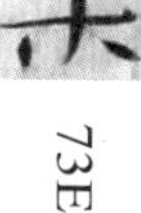

73EJF3:458

73EJF3:459

73EJF3:472+540

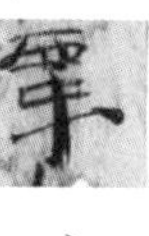
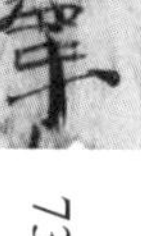

73EJF3:553

73EJD:5

73EJD:89A

73EJD:156A

73EJD:249

72EJC:290

73EJC:481

72ECC:33　按：金關簡所从「米」或訛同「木」「未」「禾」。

T01:001

T04:087

T06:015

T09:003

T09:028

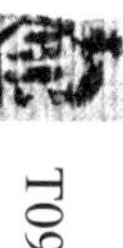

T09:126

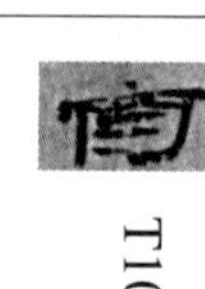

T10:370

T23:384

T23:518A

T24:077

T24:780

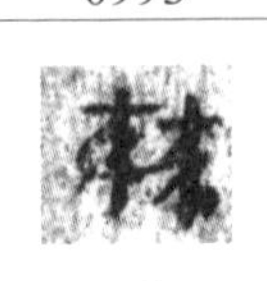

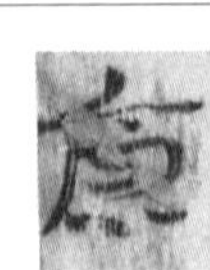

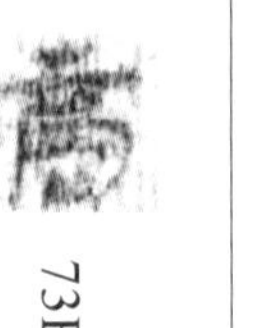

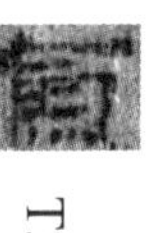

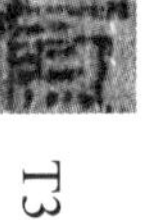

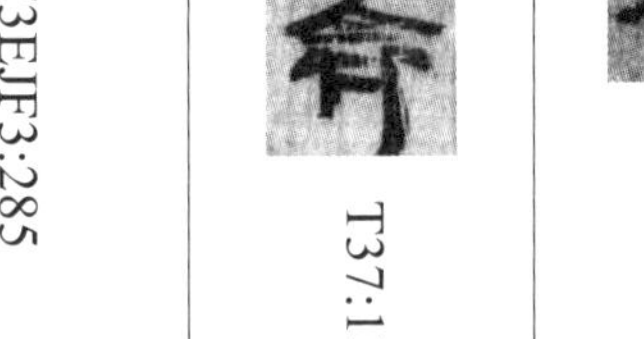

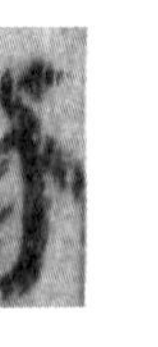

T24:952

T29:115B

T30:009

T31:066

T31:077

T37:004

T37:040

T37:470

T37:1102

H02:070

73EJF3:124A

73EJF3:127B

73EJF3:285

73EJD:35

73EJD:79B

72EJC:11

72EDIC:2

72EBS7C:1A

0993 棘

T01:050

T32:002

T37:1011

0994 牘

T21:213

牒

牒

0995

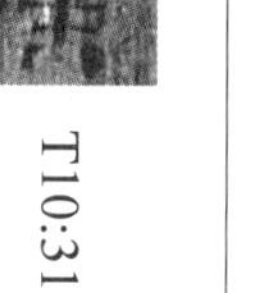

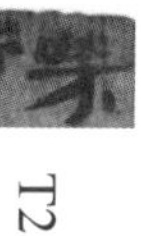
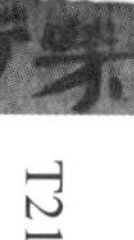
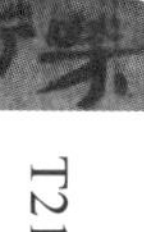
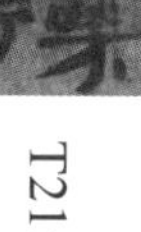

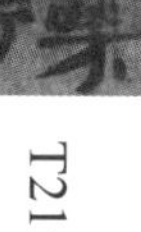

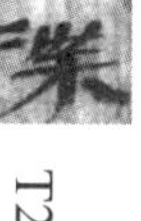
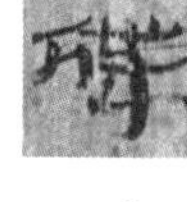

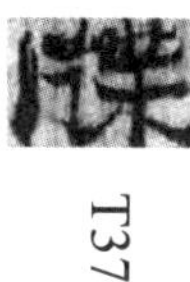
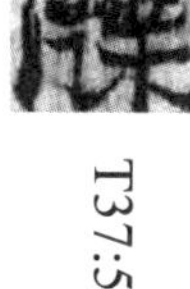
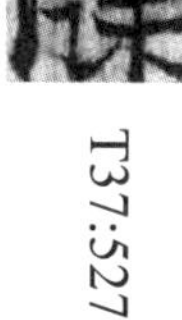

T03:113
T08:051A
T10:206
T10:239A
T10:247
T10:311
T10:311
T10:311
T21:047
T21:047
T21:047
T23:277
T23:290
T23:362
T23:823
T23:823
T23:907A
T23:930A
T24:032
T24:525
T24:705
T24:810
T24:828
T29:028A
T32:003
T33:027
T37:052
T37:088A
T37:294A
T37:527
T37:529
T37:530

T37:705

T37:707A

T37:727A

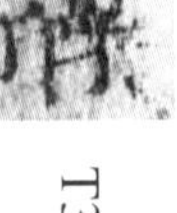
T37:783A

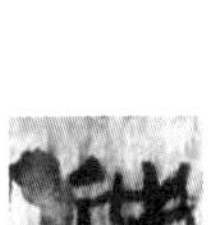
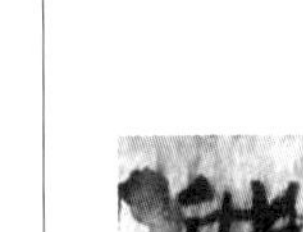
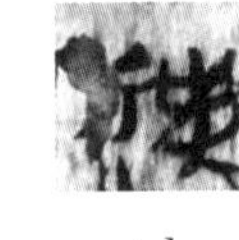
T37:800A

T37:828A

T37:913A

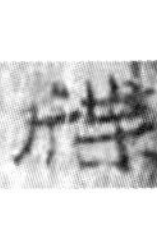

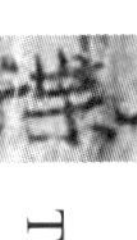
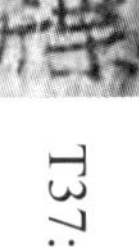
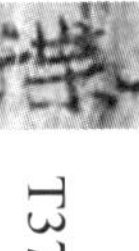
T37:964

T37:975

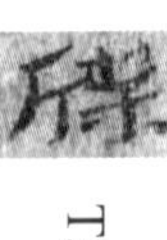
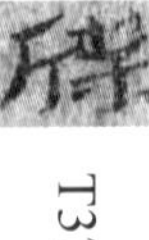

T37:1032A

T37:1061A

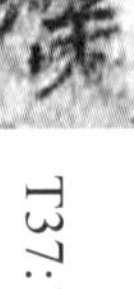

T37:1162A

T37:1186A

T37:1213

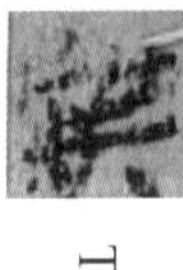

T37:1311

T37:1409

T37:1441B

T37:1502A

T37:1503A

T37:1519

F01:025

73EJF2:17

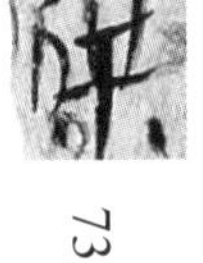
73EJF3:39A

73EJF3:43

73EJF3:53

73EJF3:53

73EJF3:117A

73EJF3:123A

73EJF3:125A

73EJF3:155A

73EJF3:171

73EJF3:184A

73EJF3:433+274

73EJD:36A

73EJD:135A

73EJD:255

73EJD:260A

72EJC:2A

73EJC:300

73EJC:551

72EBS7C:2A

克

0996

T23:900A

T23:1023

T29:023

T30:007+019

禾

0997

T10:242

T23:575A

T24:974

T25:089

種

0998

T05:073

T05:073

T06:182

T07:016

T23:917A

稗

0999

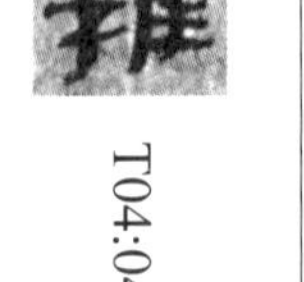
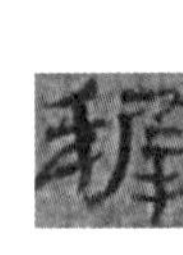

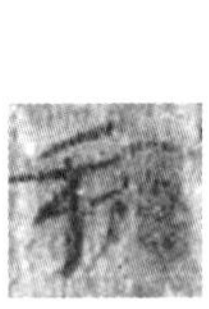

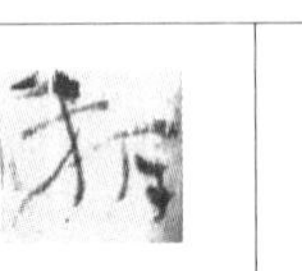

T23:917A　T23:917A　T24:557　73EJD:276　72EJC:80

T04:043　T04:126　T07:171A　T21:131B　T21:176

T21:301　T23:171A　T23:297　T23:344　T23:365B

T23:442　T23:554　T23:969　T23:969　T24:636A

T25:154　T26:269A　T30:028A　T30:028A　T32:058

T33:053A　73EJC:447A　73EJC:599B

按：金關簡或从「隹」。

私

1000

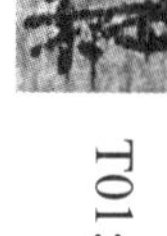
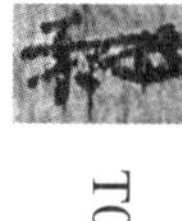
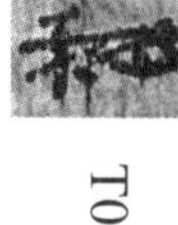

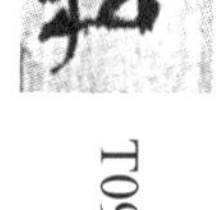

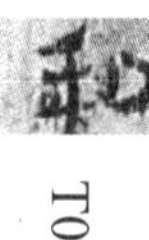
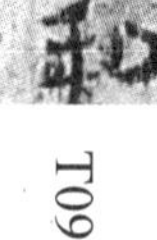
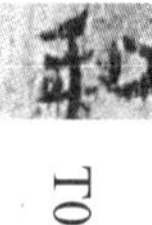

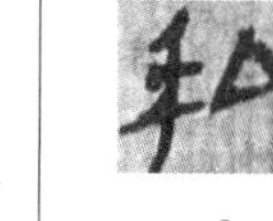
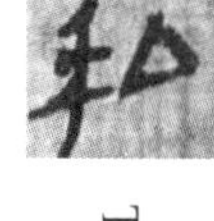

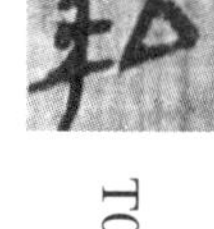
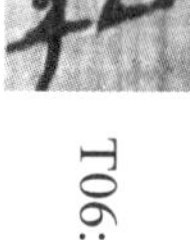

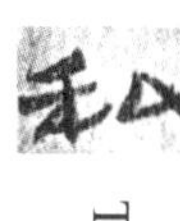

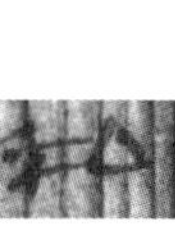

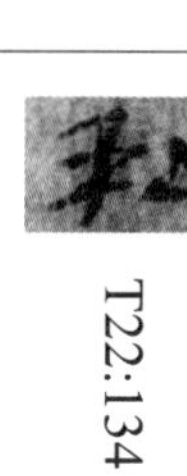
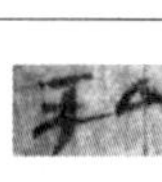

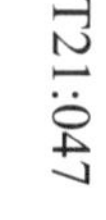

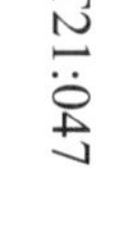

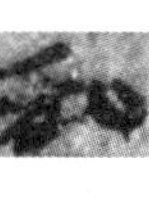
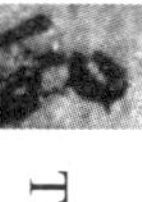

T01:001
T01:068
T02:065
T06:038A
T07:101

T07:136
T09:044
T09:052A
T09:248
T10:040A

T10:120A
T10:121A
T10:222
T10:285
T10:312A

T10:313A
T10:370
T15:007
T15:019
T21:039
T21:042A

T21:047
T21:103
T21:143
T21:212
T21:297
T21:463

T22:134
T23:131
T23:345
T23:363
T23:363
T23:553

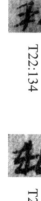

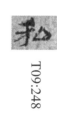

禾部 私

T23:620

T23:897A
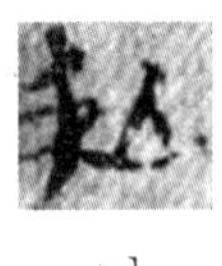
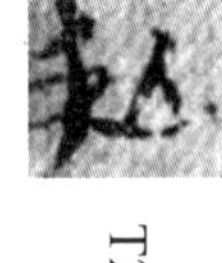
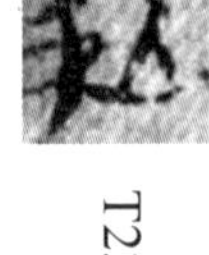
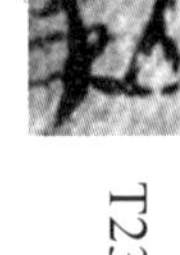

T23:910

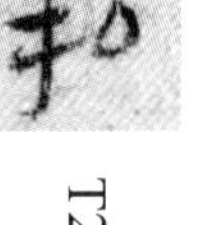
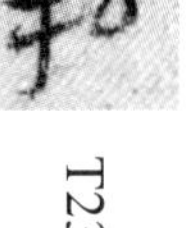
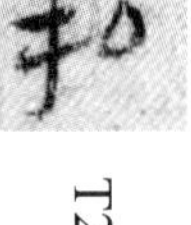
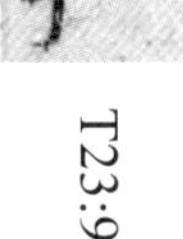
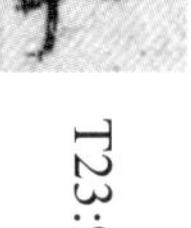

T23:953

T4:025

T24:035A

T24:078

T24:132

T24:262

T24:267A

T24:583

T24:896A

T25:007A

T25:036

T25:056

T26:001B

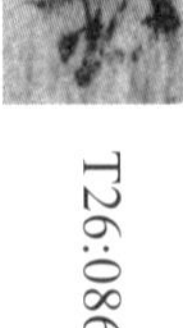
T26:086

T27:074

T29:029

T30:243A

T31:071

T31:120
T32:045A
T33:039

T33:040A

T33:041A

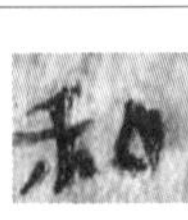
T37:052

T37:106

T37:173

T37:279B
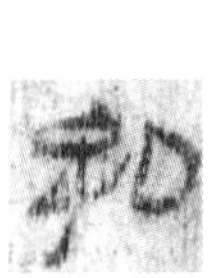
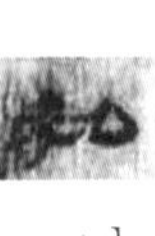
T37:521

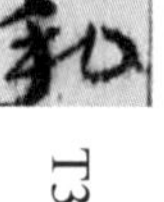
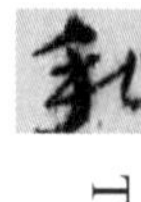

T37:528

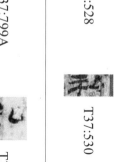

T37:530

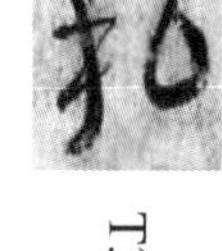
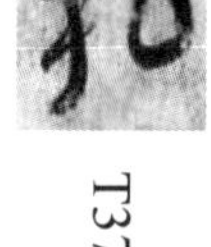
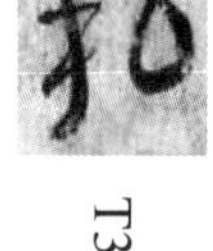
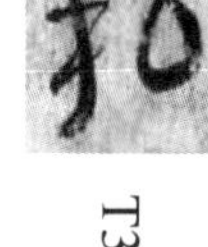
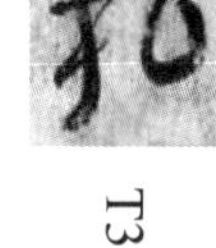

T37:640

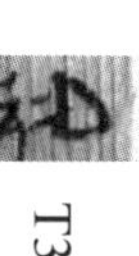
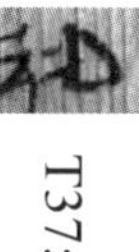
T37:692

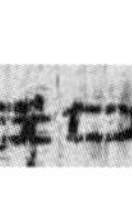
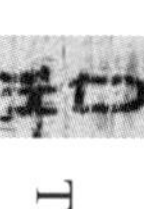

T37:718

T37:795

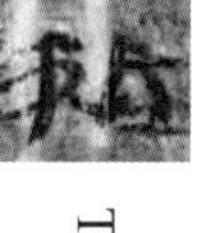

T37:799A

T37:838

T37:1014

T37:1076A

T37:1092

T37:1149

T37:1311

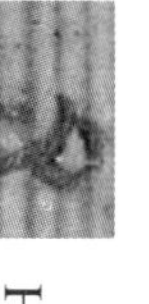

H02:083

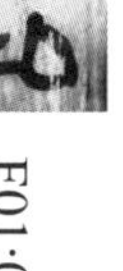
F01:033

F01:076

F01:084A

F01:096

F01:118A

73EJF2:38

73EJF3:117A

73EJF3:120A

73EJF3:125A

73EJF3:125B

73EJF3:153

73EJF3:268

73EJF3:328A

73EJF3:337

73EJD:23

73EJD:42

73EJD:43A

73EJD:307B

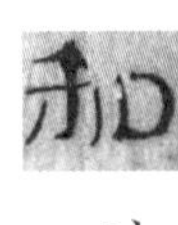
72EJC:115

72EJC:121

73EJC:604

72ECC:1+2A

1001 稷

T06:049

72EJC:79B

1002 秫

73EJF2:47

按：《說文》，朮「秫或省禾」。

1003 穬

T23:917A

T28:032

1004 移

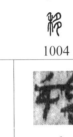

T01:001

T01:029

T01:063

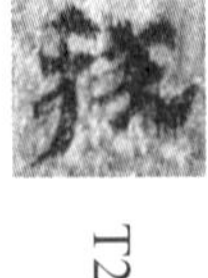
T02:022

T02:029A

T02:083

T03:006

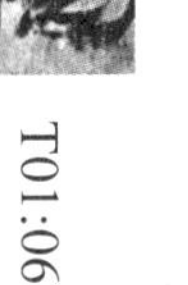
T03:027A

T03:032

T03:055

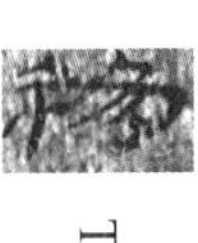
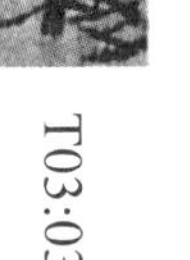

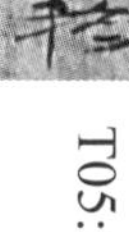

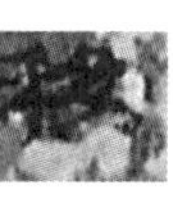
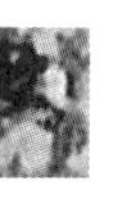

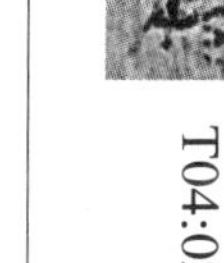

T03:055 T03:112 T03:114 T04:027 T04:110A

T05:068A T05:071 T05:072 T05:076 T05:083

T05:114 T06:023A T06:026 T06:038A T06:045A

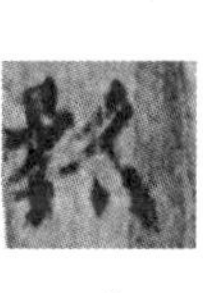
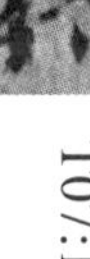

T06:091 T07:020 T07:020 T07:022A T07:023

T07:081 T07:117 T07:120 T07:136 T07:159

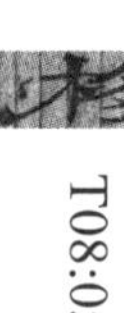
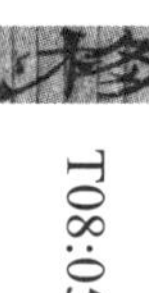

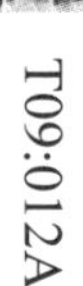

T07:181 T08:051A T08:051A T09:010 T09:012A T09:030

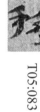

 T09:035	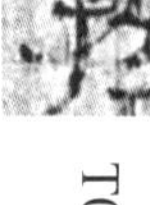 T09:047A	 T09:092A	 T09:092A	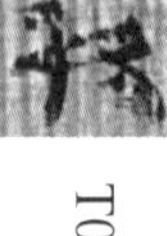 T09:104
 T09:104	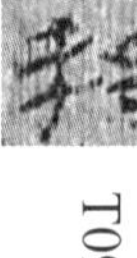 T09:124	 T09:133	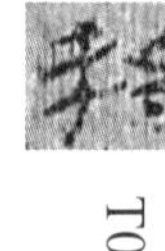 T09:144A	 T09:231
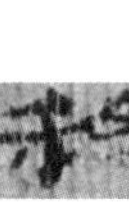 T09:251	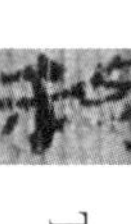 T10:115A	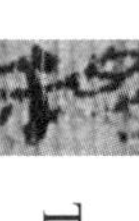 T10:116	 T10:120A	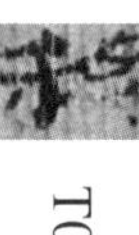 T10:120A
 T10:121A	 T10:135	 T10:212	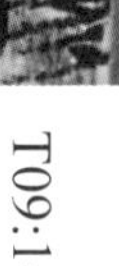 T10:213A	 T10:214
 T10:217	 T10:222	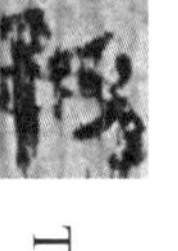 T10:232A	 T10:236A	 T10:239A
 T10:253	 T10:253	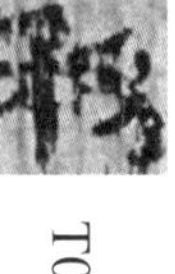 T10:312A	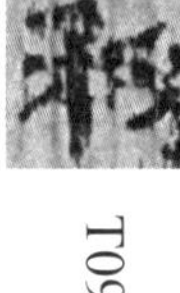 T10:313A	 T10:313A

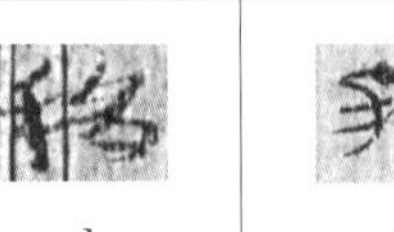

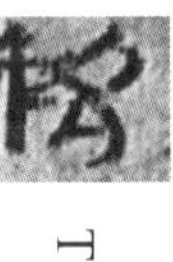
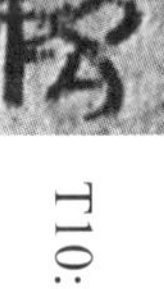

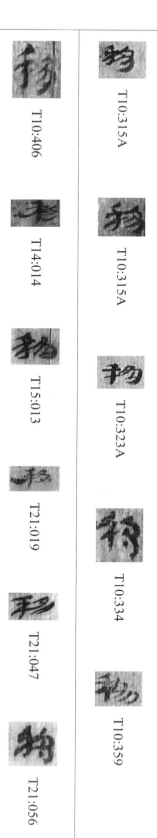

T10:315A

T10:315A

T10:323A

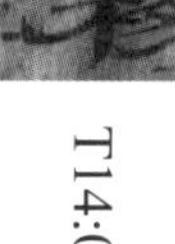
T10:334
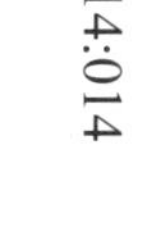

T10:359

T10:406

T14:014

T15:013
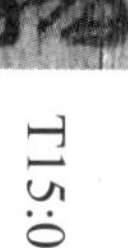

T21:019
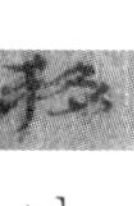

T21:047

T21:056

T21:059
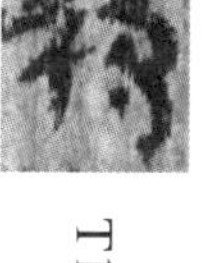

T21:064

T21:064

T21:098

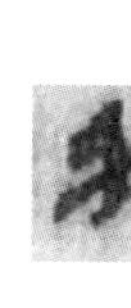
T21:102A

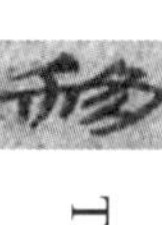
T21:103

T21:104

T21:108

T21:109A

T21:114

T21:127

T21:278A

T21:282

T22:002

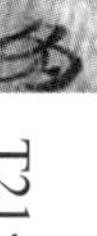
T22:011D

T22:099

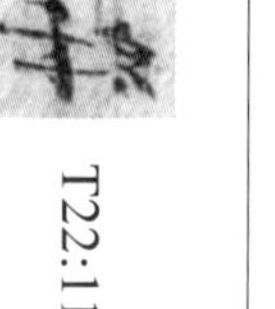

T22:114

T23:015A
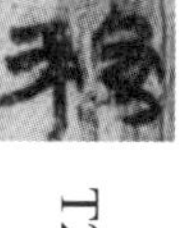

T23:090

T23:200:②

T23:217A

T23:229A

T23:232A

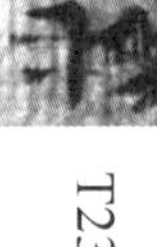
T23:288

T23:335

T23:359A

T23:359A

T23:463

T23:494

T23:504

T23:620

T23:620

T23:620

T23:647

T23:762A

T23:823

T23:855A

T23:857A

T23:897A

T23:911

T23:930A

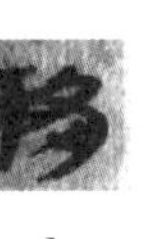
T23:955

T24:014

T24:019

T24:023A

T24:023A

T24:025

T24:031A

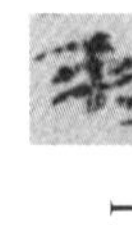
T24:032

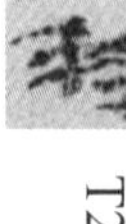
T24:032

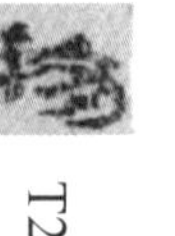
T24:035A

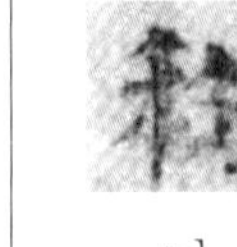
T24:078

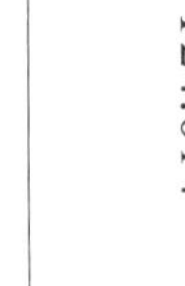

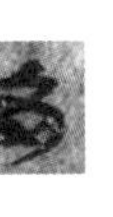

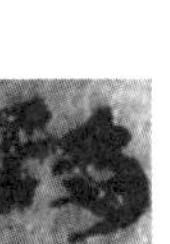
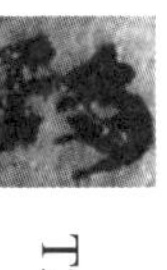
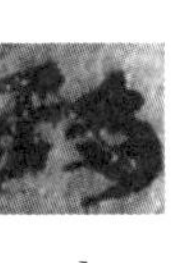

 T24:127	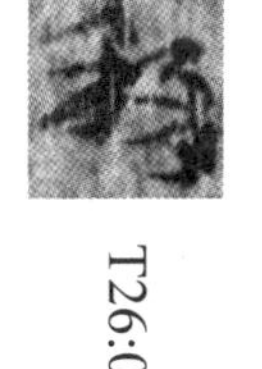 T24:266A	 T24:413	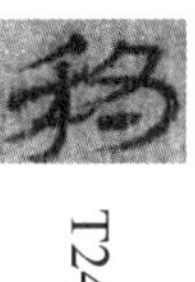 T24:532A	 T25:015A	 T26:024
 T24:134	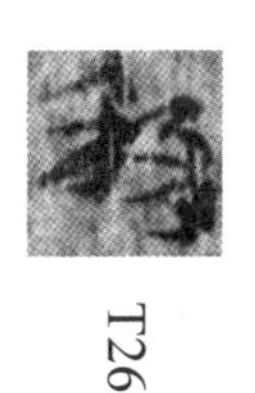 T24:304	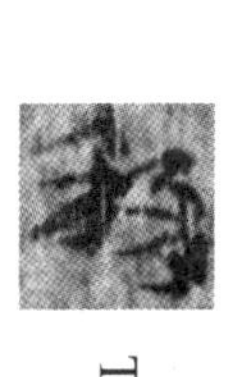 T24:427A	 T24:689	 T25:053	 T26:042
 T24:141	 T24:334A	 T24:431	 T24:720	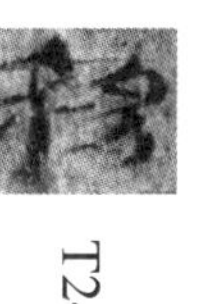 T25:108	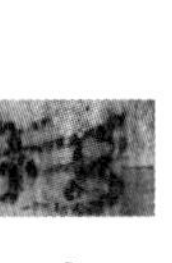 T26:047
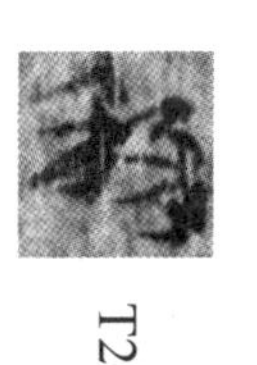 T24:240A	 T24:384A	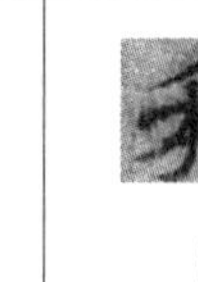 T24:516A	 T24:764	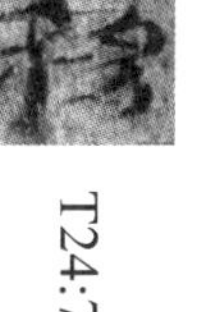 T25:123	 T26:087
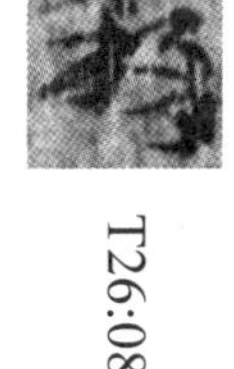 T24:266A	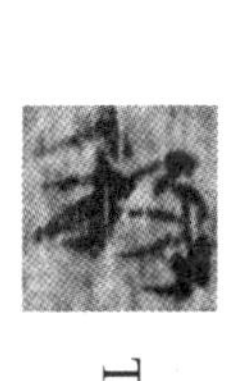 T24:410	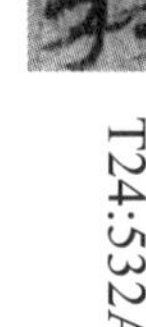 T24:532A	 T24:949	 T25:178	 T26:087
				 T26:016	

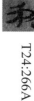

禾部 移

T26:199

T26:235

T27:008

T27:013

T28:055

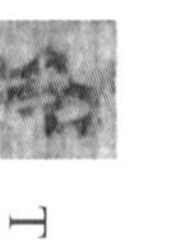

T28:064

T28:112

T29:028A

T29:030

T29:068

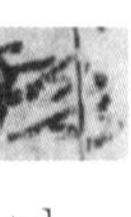

T29:074

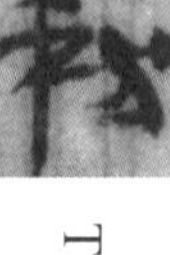
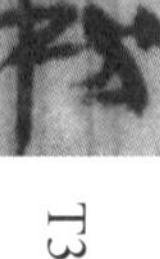
T30:011

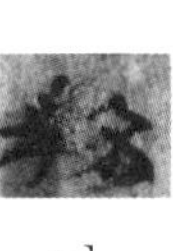
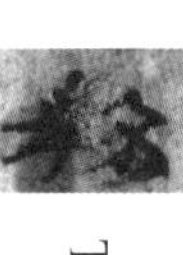

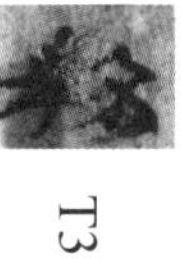
T30:026

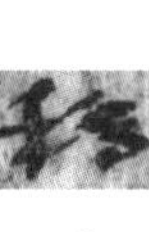

T30:035A

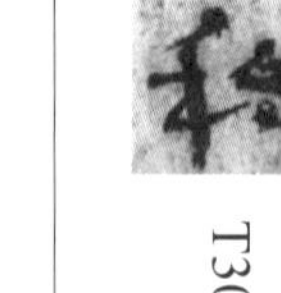
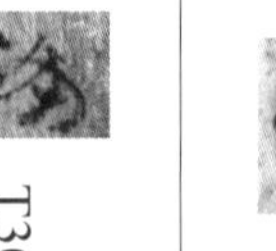
T30:035A

T30:059A

T30:087

T30:091

T30:210A

T30:215+217

T30:249

T31:034A

T31:034A

T31:062

T31:066

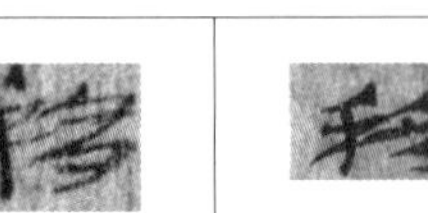
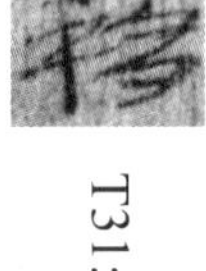
T31:066

T31:087

T31:148

T31:162A

T31:190

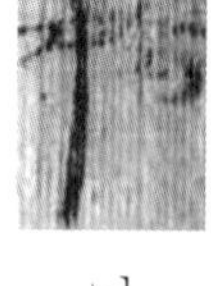

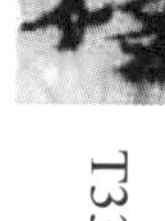

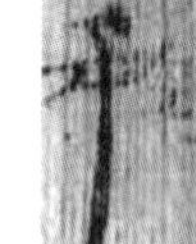

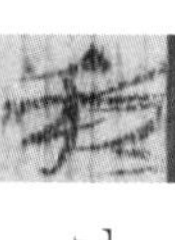

T32:041
T33:039
T33:039
T33:040A
T33:041A

T33:044A
T33:077
T34:004A
T34:006A
T34:006A

T35:007
T35:013
T37:001
T37:007
T37:018

T37:026
T37:052
T37:061A
T37:067
T37:089

T37:140
T37:152
T37:162
T37:284
T37:285

T37:303
T37:347
T37:425
T37:425
T37:451

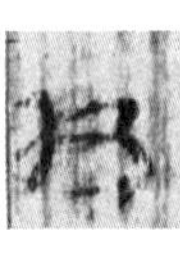
T37:464A

T37:497

T37:519A

T37:519A

T37:520A

T37:520A

T37:521

T37:521

T37:522A

T37:523A

T37:524

T37:524

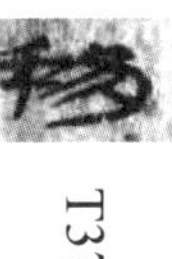
T37:525

T37:526

T37:527

T37:527

T37:528

T37:529

T37:530

T37:531

T37:655

T37:678

T37:680

T37:690

T37:692

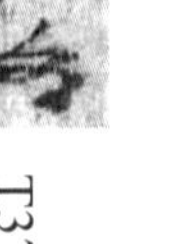
T37:693

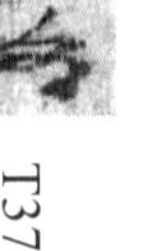
T37:702A

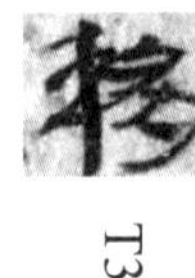
T37:704

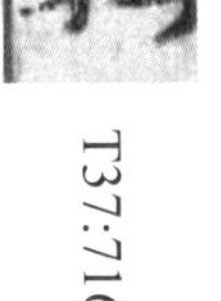
T37:707A

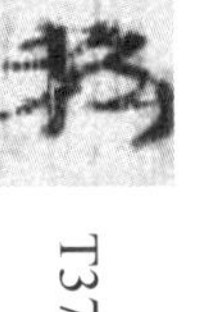
T37:716A

T37:718

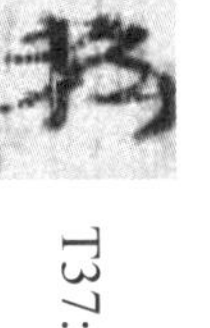
T37:733

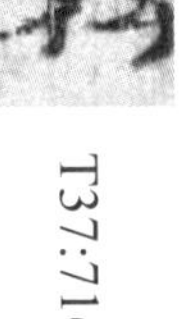
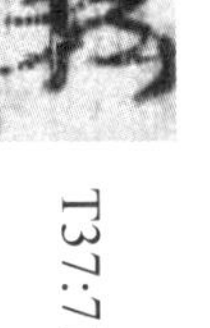

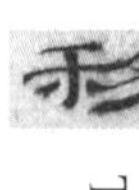
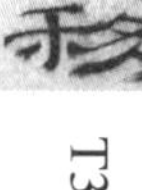

T37:738A

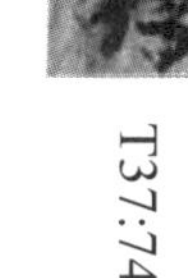

T37:743

T37:749A

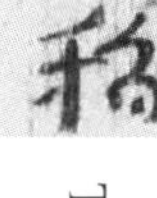
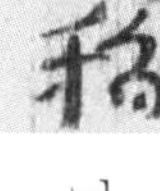
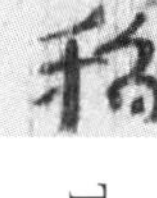
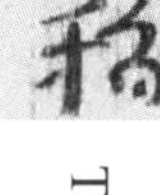
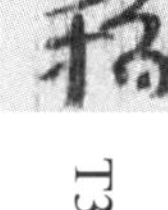
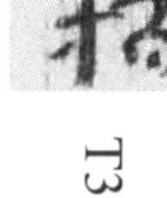

T37:752A

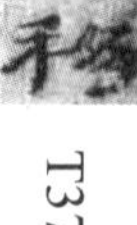
T37:771

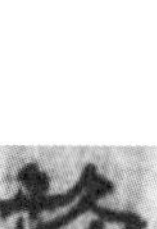

T37:778

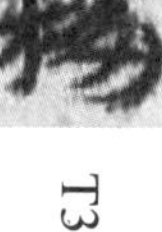
T37:780

T37:780

T37:783A

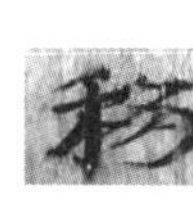

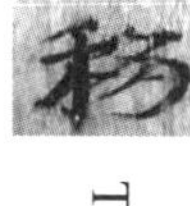
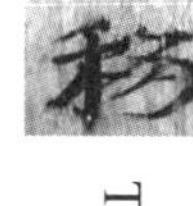

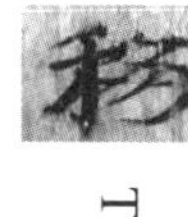
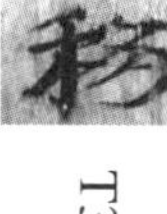
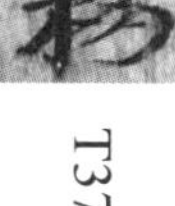

T37:792

T37:792

T37:803A

T37:835A

T37:836A

T37:854

T37:878A

T37:909

T37:909

T37:909

T37:913A

T37:916

T37:928

T37:937

T37:938

T37:975

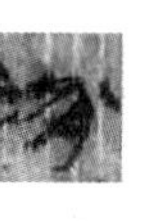

T37:1013

T37:1020A

T37:1061A

T37:1063

T37:1065A

T37:1068

T37:1070

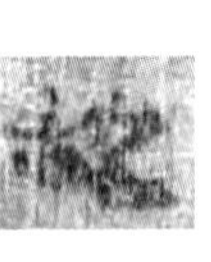
T37:1075A

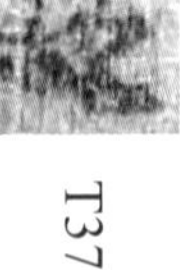
T37:1076A

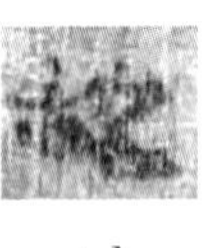
T37:1076A

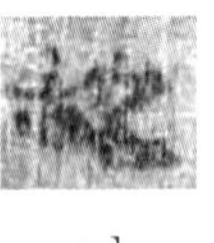
T37:1092

T37:1094A

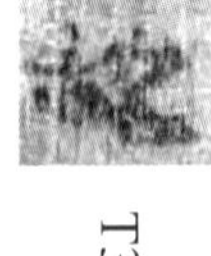
T37:1095A

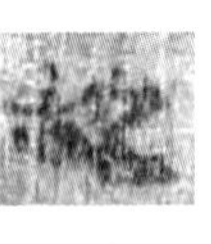
T37:1095A

T37:1124

T37:1170

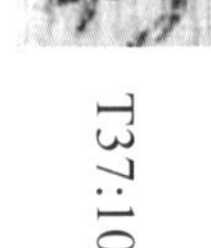
T37:1172

T37:1188

T37:1202

T37:1296

T37:1310

T37:1396A

T37:1407

T37:1410

T37:1416

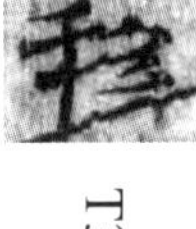
T37:1439

T37:1450

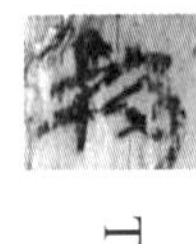
T37:1453

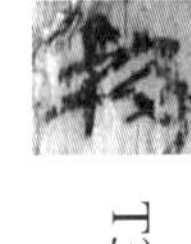
T37:1454

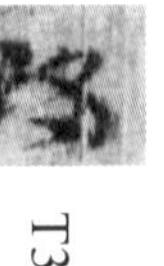
T37:1460

T37:1462

T37:1472

T37:1491

T37:1491

T37:1499A

T37:1499A

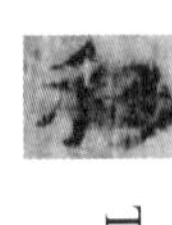

T37:1501

T37:1502A

T37:1503A

T37:1518

T37:1518

T37:1535A

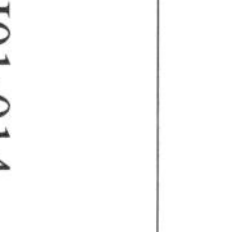
T37:1537A

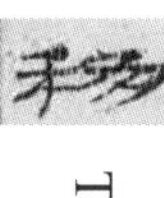

H01:014

H02:005A

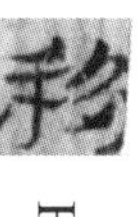
H02:006

H02:013

H02:030

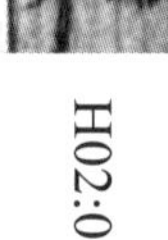
F01:025

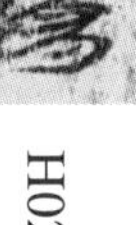
F01:031

F01:076

F01:082

73EJF2:20+29

73EJF2:26

73EJF2:28

73EJF3:1

73EJF3:2

73EJF3:39A

73EJF3:43

73EJF3:50+533

73EJF3:111

73EJF3:114+202+168

73EJF3:117A

73EJF3:118A

73EJF3:122

73EJF3:123A

73EJF3:125A

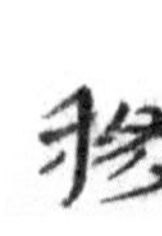

73EJF3:155A

73EJF3:175+219+583+196+407

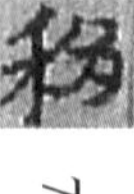
73EJF3:175+219+583+196+407

73EJF3:175+219+583+196+407

73EJF3:181

73EJF3:184A

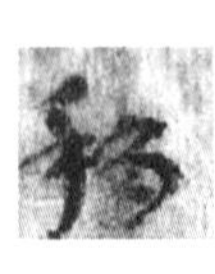
73EJF3:288

73EJF3:293

73EJF3:327

73EJF3:328B

73EJF3:438

73EJF3:441

73EJF3:526

73EJF3:526

73EJD:3

73EJD:30

73EJD:36A

73EJD:37A

73EJD:42

73EJD:43A

73EJD:44

73EJD:45

73EJD:79A

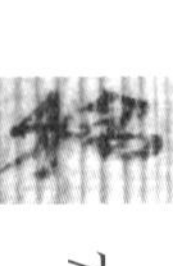
73EJD:126

穎

1005

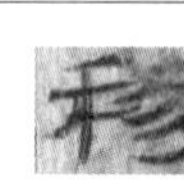
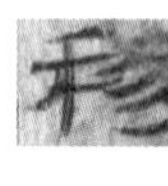

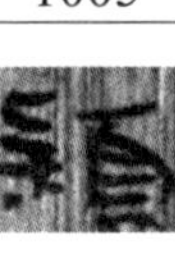

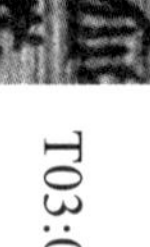

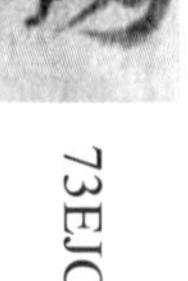

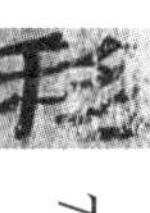

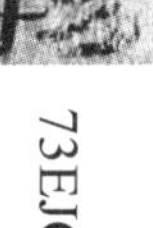

73EJD:209
73EJD:244
73EJD:246
73EJD:307B
73EJD:334

73EJD:366
73EJD:375
72EJC:8
72EJC:15A
72EJC:65

72EJC:257
72EJC:270A
72EJC:286
73EJC:300
73EJC:316A

73EJC:316A
73EJC:392
73EJC:443
73EJC:529A
73EJC:589

73EJC:591
73EJC:603
73EJC:653
72EBS7C:1A
72EBS7C:1A

T03:095
T03:096
T03:096
T06:048
T08:007

穎

T08:033

T08:033

T08:040

T08:048

T08:073

T09:081

T24:261

T24:330

T25:099

T31:001

T31:001

T37:526

穫

1006

T06:022A

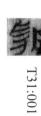

T08:084

T23:057

積

1007

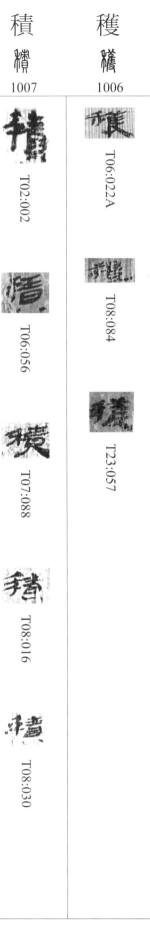

T02:002

T06:056

T07:088

T08:016

T08:030

T08:034

T09:101

T09:237

T10:071

T10:078

禾部 積

T10:106

T10:160

T15:003A

T21:063A

T21:088

T21:097

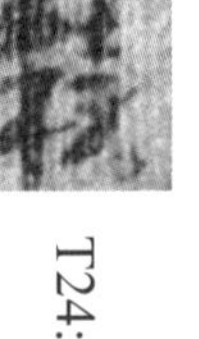
T21:142

T21:217

T21:314

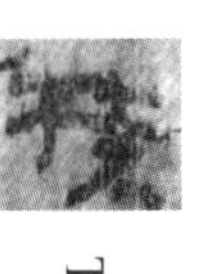
T22:026

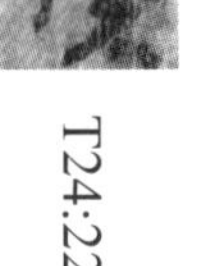
T23:026

T23:132

T23:508

T23:574

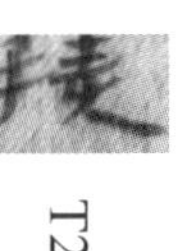
T23:913

T24:205

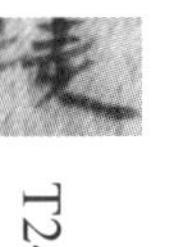
T24:221

T24:235

T24:259

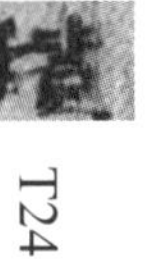
T25:022

T29:080

T30:066

T30:103

T30:178

T31:082

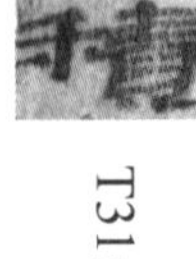
T31:102A

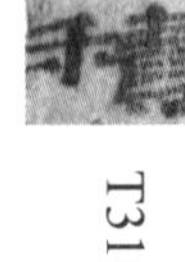
T37:167

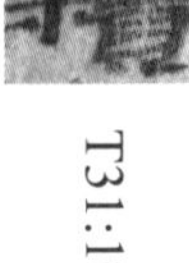
T37:1329

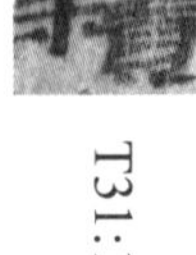
T37:1539

T37:1552

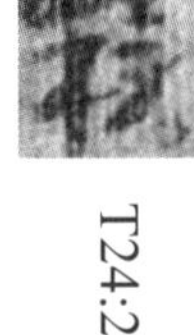

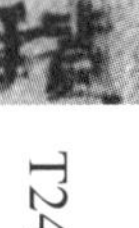

秩

1008

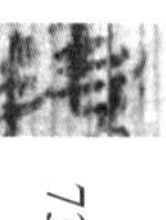
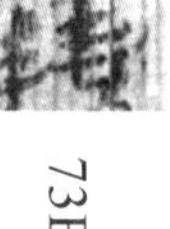

73EJF3:94　73EJF3:110　73EJF3:471+302　73EJF3:349　73EJF3:464

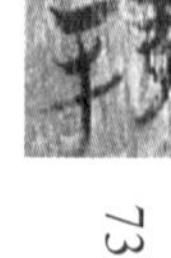

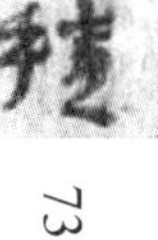

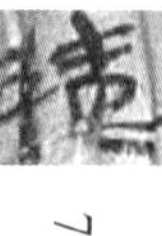

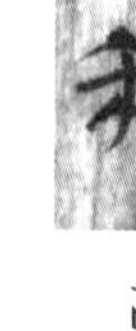

73EJF3:483　73EJD:154A　73EJD:211　73EJD:287　72EJC:140

72EDAC:7　72EDAC:7　72ECC:6A

T01:081　T07:114　T10:121A　T10:155　T10:212　T10:310

T10:315A　T10:367A　T21:047　T21:062　T21:427　T23:995B

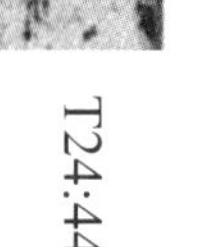
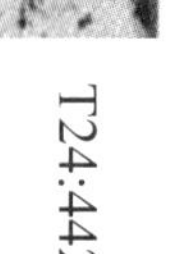

T24:023A　T24:262　T24:442A　T25:007A　T25:030

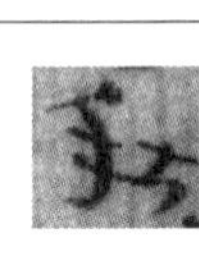
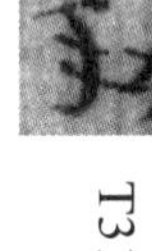

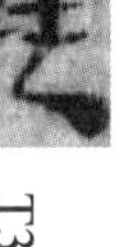

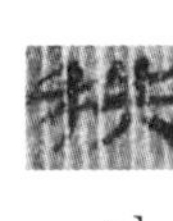
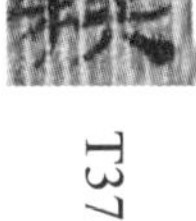

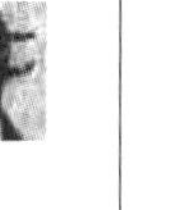
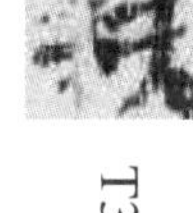

T31:020A

T33:080A

T37:446

T37:457

T37:527

T37:876A

T37:878A

T37:931

T37:1452

T37:1453

H02:050

73EJF3:197+174B

73EJF3:430A+263A

73EJF3:327

73EJF3:621A

73EJD:246

73EJD:247

72EJC:15A

72EBS7C:2A

穅

1009

T01:123

T03:098

T07:132

T10:419

T21:001

T21:043A

T21:062

T21:138

T22:116

T23:003

T23:380

T23:380

T23:389
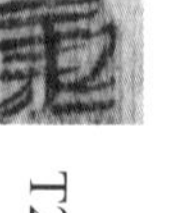
T23:619

T24:705

T27:028

T28:004A

T28:004B

T28:040

T29:092

T30:021A

T30:041

T30:048

T30:264

T31:020A

T31:060

T37:666

T37:719
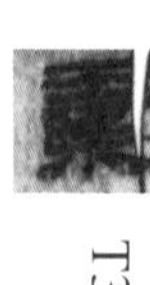
T37:773

T37:876A

T37:1025

T37:1504B

H02:072
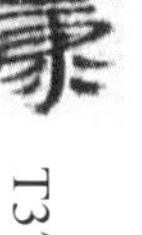
73EJF3:119A

73EJF3:154

73EJD:63

73EJD:76

72EJC:145

72EJC:227

73EJC:531A　按：《說文》，康「穅或省」。

稾 1010

T01:082

T01:152

T02:031

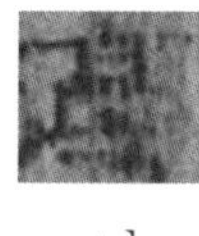
T04:153

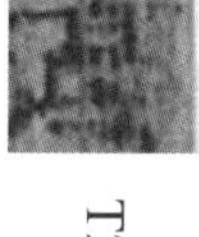
T10:219A

T10:367A

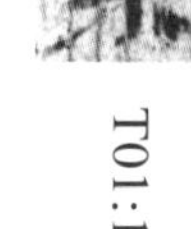
T21:046

T21:061

T21:077

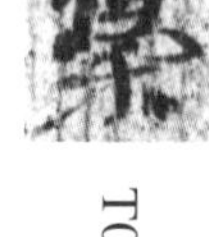
T21:210A

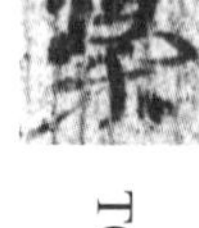
T21:318

T22:004

T22:024

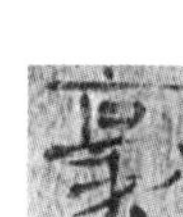
T22:033

T23:145

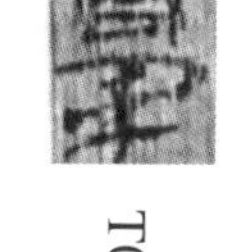
T23:768

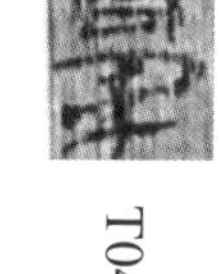
T24:985

H01:034

72ECC:1+2B

穰 1011

T15:004

T37:994

73EJC:556A

榜 1012

T30:045

73EJF3:226+247A

73EJF3:401

程 1013

T30:045

73EJF3:226+247A

73EJF3:401

季 1014

T01:001

T01:005

T01:013

T01:020

T01:037

T01:073

T01:123

T01:150

T01:150

T01:156

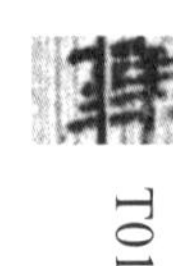
T01:157

T01:162

T01:174A

T02:003

T02:006A

T02:077

T02:091

T02:096

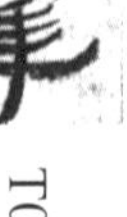
T03:003

T03:003

T03:006

T03:047A

T03:047B

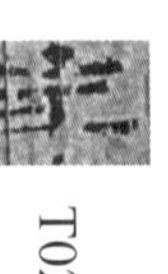
T03:049

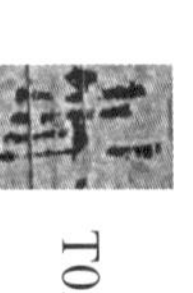
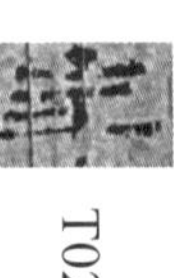
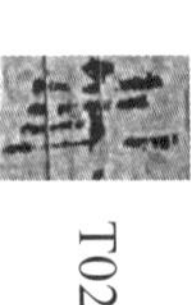
T03:050

T03:051

T03:052

T03:057

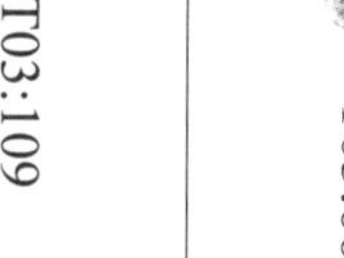
T03:067

T03:069

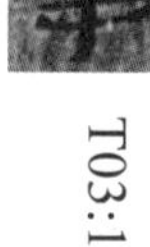
T03:095

T03:098

T03:108

T03:109

T03:113

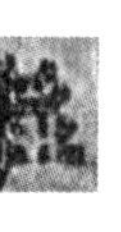
T04:004

T04:017

T04:052

T04:059

T04:060

T04:074

T04:076

T04:081

T04:098A

T04:120

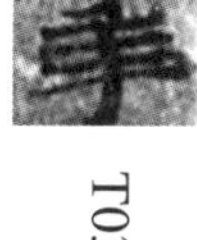
T04:131

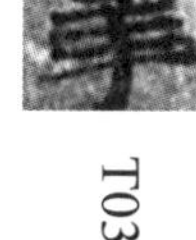
T04:144

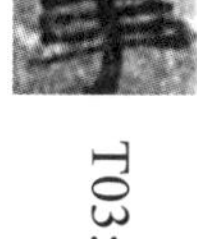
T05:014

T05:019

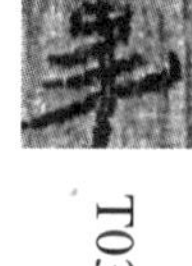
T05:052

T05:068A

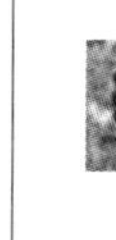
T05:106

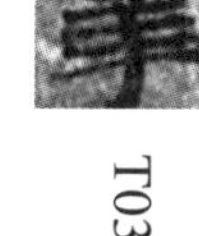
T05:108

T06:027A

T06:031

T06:040

T06:041A

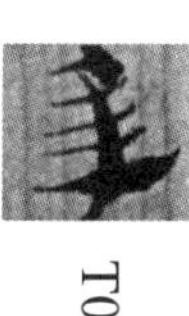
T06:041A

T06:041A

T06:042

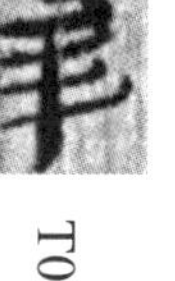

T06:048

T06:052

T06:093

T06:094

T06:135B

T06:167

T07:003

T07:023

T07:023

T07:027A

T07:039

T07:046

T07:087

T07:097

T07:134

T07:164

T08:004

T08:005

T08:007
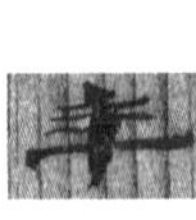
T08:008
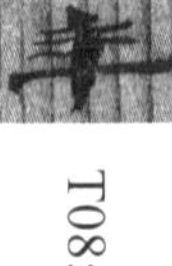
T08:009

T08:019

T08:023

T08:034

T08:051A

T08:052A

T08:053A

T08:057

T08:071

T08:075

T08:081

T08:083

T09:001

T09:007

T09:009A

T09:011

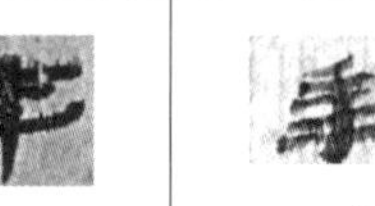

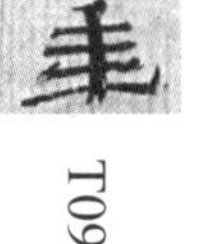

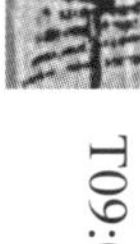

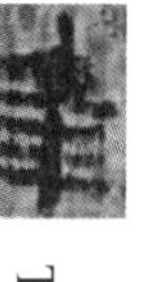

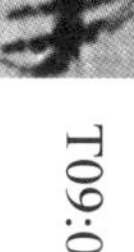
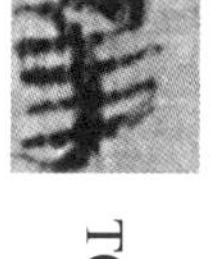

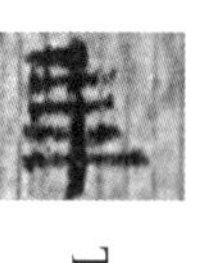
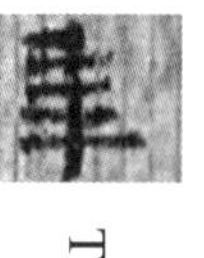

T09:012A　T09:016　T09:028　T09:036　T09:040　T09:041

T09:049　T09:053　T09:067　T09:068A　T09:081　T09:082

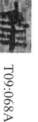

T09:083　T09:086　T09:086　T09:087　T09:087　T09:087

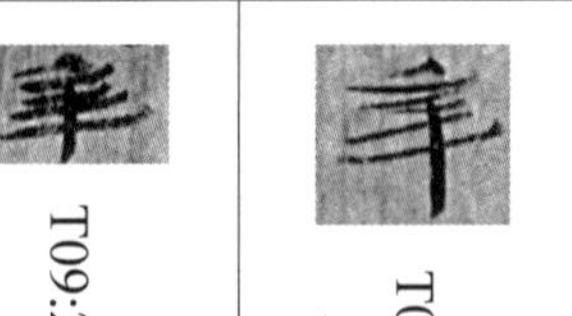

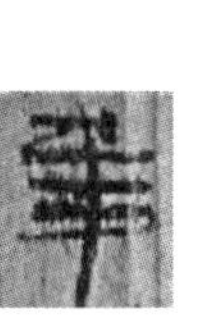

T09:092A　T09:092A　T09:098　T09:104　T09:113

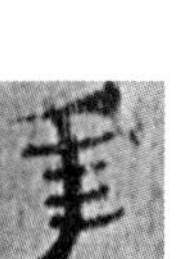

T09:122　T09:127　T09:132　T09:136　T09:141

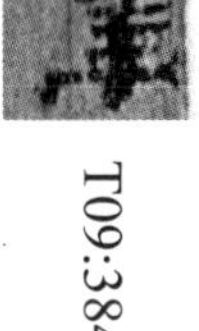

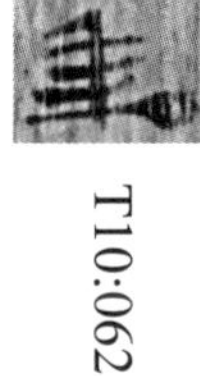

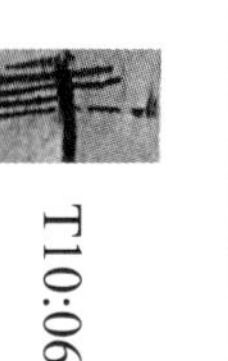

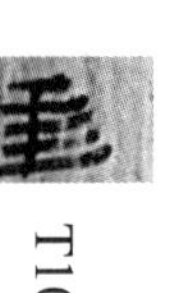

T09:228　T09:229　T09:384　T10:062　T10:063　T10:065

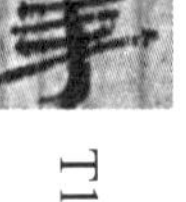
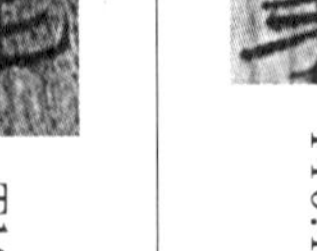
T10:102

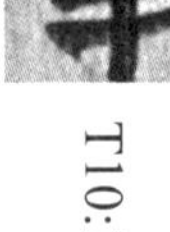
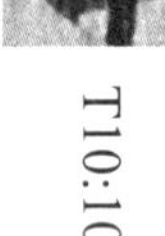

T10:103

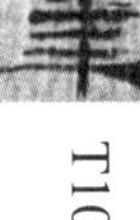
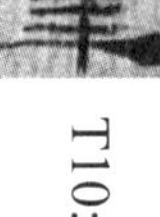

T10:107

T10:116

T10:118A

T10:120A

T10:120A
T10:121A
T10:122
T10:125
T10:148

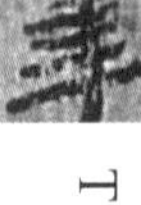
T10:159

T10:181

T10:212

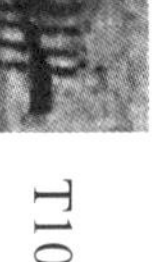
T10:216

T10:223

T10:227
T10:229A
T10:265
T10:278

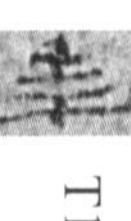
T10:287

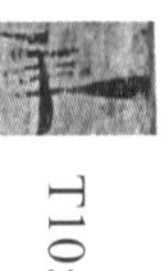
T10:288

T10:292

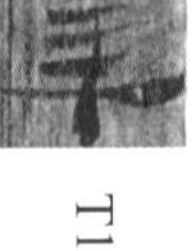
T10:295

T10:298
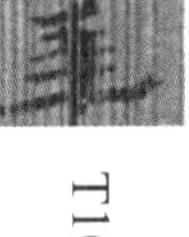

T10:311

T10:312A

T10:313A

T10:315A

T10:315A

T10:341
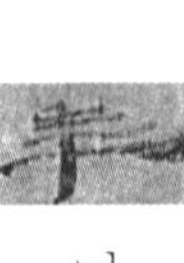
T10:376

T10:377A
T10:379 
T10:397 
T11:001 
T11:001 

T11:003
T11:004 
T11:006 
T11:009 
T11:014 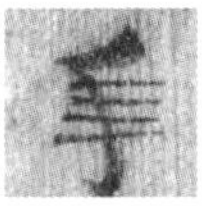
T11:031A 

T14:001
T14:002 
T14:005 
T14:006 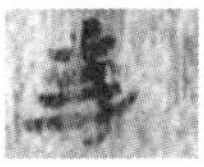
T14:010 
T14:012 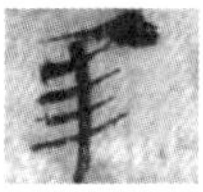

T14:021
T15:004 
T21:001 
T21:035B 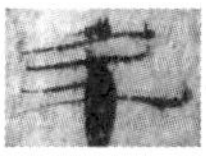
T21:042A 

T21:047
T21:058 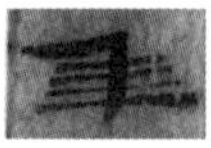
T21:059 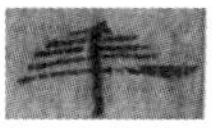
T21:095 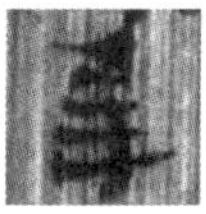
T21:098 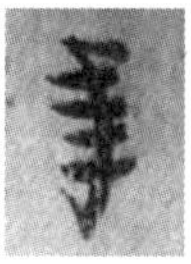

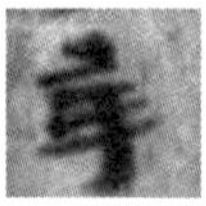

T21:099
T21:101 
T21:102A 
T21:108 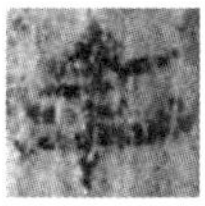
T21:123

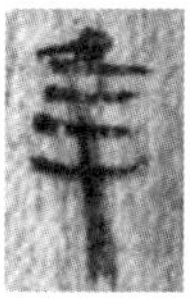

禾部 季

T21:137

T21:138

T21:140A

T21:153

T21:202

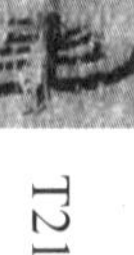

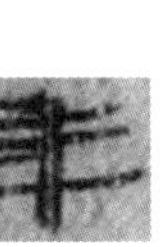

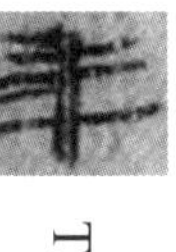
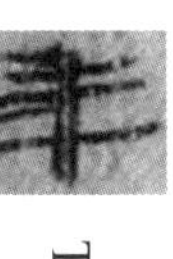
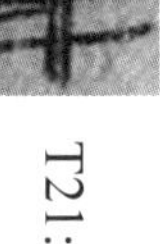

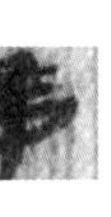

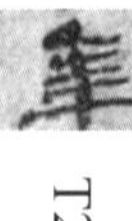

T21:203

T21:219

T21:221

T21:223

T21:262

T21:268

T21:271A

T21:281

T21:311

T21:348A

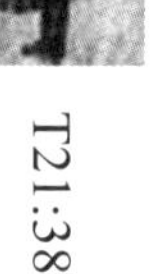
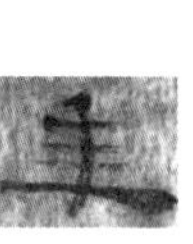

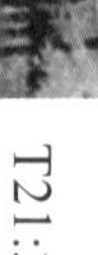

T21:373

T21:373

T21:389

T21:390

T21:397

T21:422

T21:430

T21:468

T22:001

T22:001

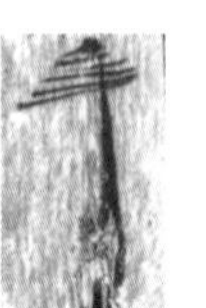
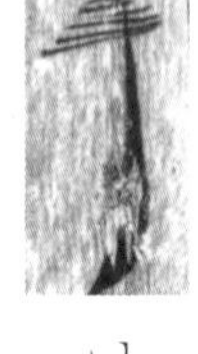

T22:008

T22:011A

T22:022

T22:024

T22:036A

T22:080
T22:084 
T22:120 
T23:001A 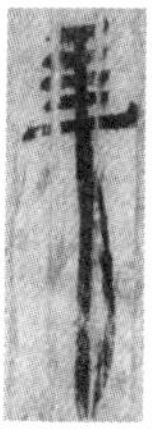
T23:002 

T23:003
T23:071 
T23:079A 
T23:094 
T23:141A 

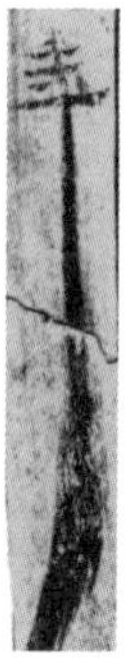

T23:172A
T23:189 
T23:249 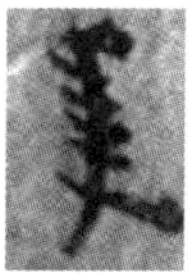
T23:290 

T23:303
T23:307 
T23:317 
T23:341 
T23:347 
T23:350 

T23:352
T23:354A 
T23:372 
T23:385 
T23:386 
T23:389 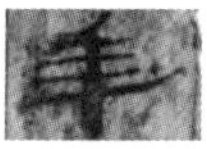

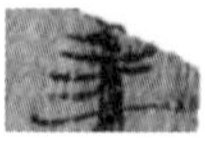

T23:418
T23:419 
T23:480 
T23:561 
T23:562

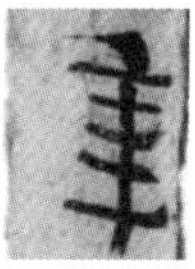

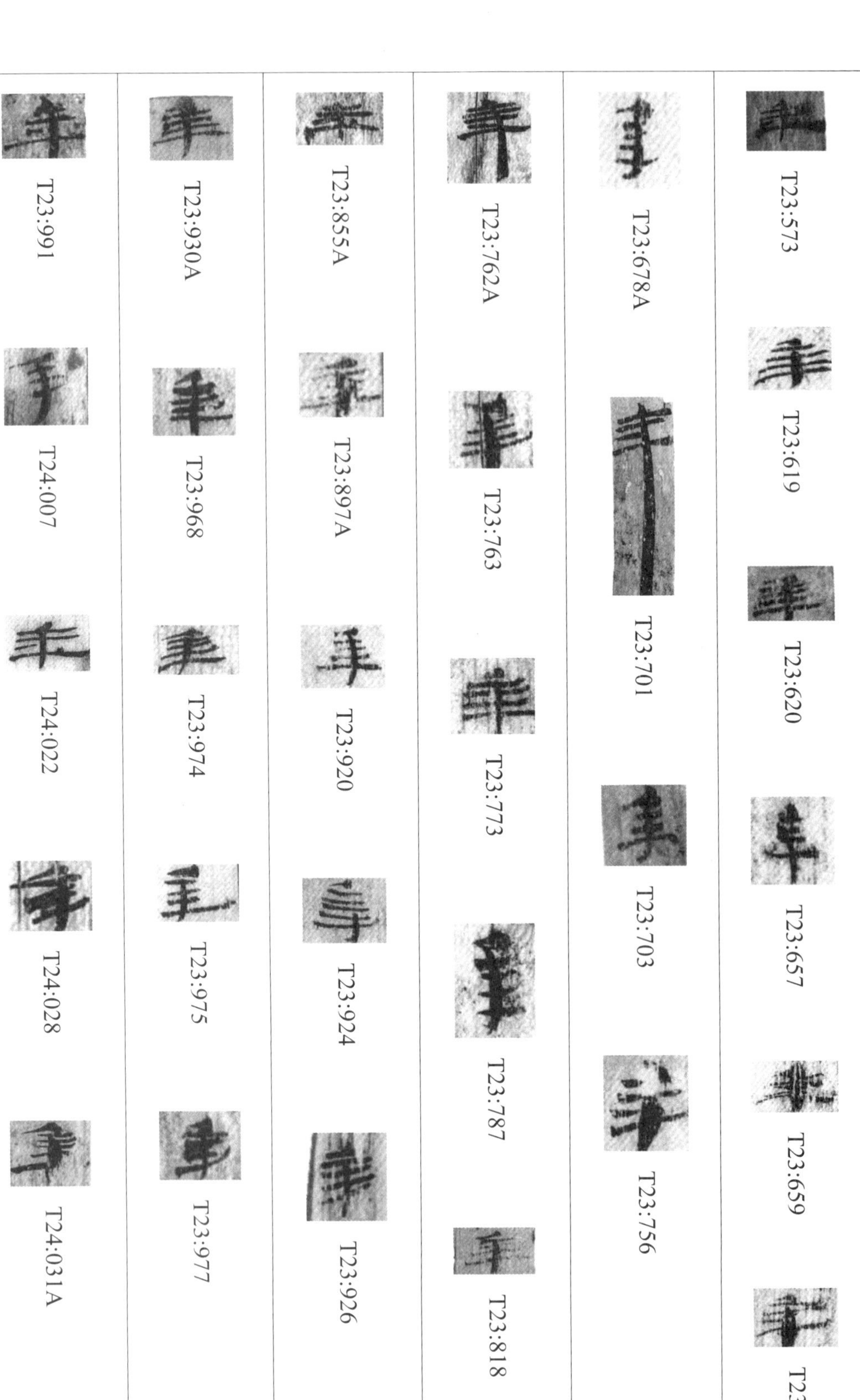

T23:573　T23:619　T23:620　T23:657　T23:659　T23:675

T23:678A　T23:701　T23:703　T23:756

T23:762A　T23:763　T23:773　T23:787　T23:818

T23:855A　T23:897A　T23:920　T23:924　T23:926

T23:930A　T23:968　T23:974　T23:975　T23:977

T23:991　T24:007　T24:022　T24:028　T24:031A

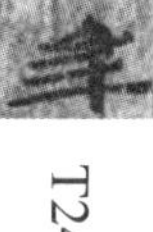
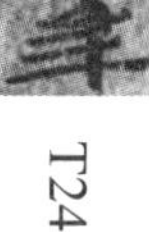
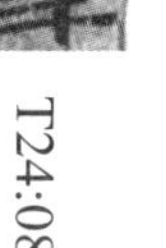

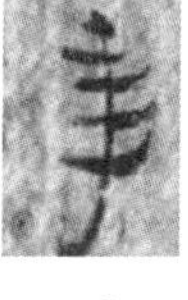

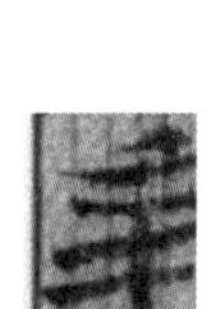

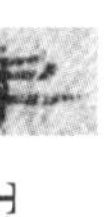

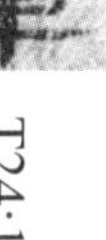

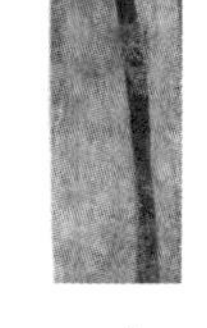

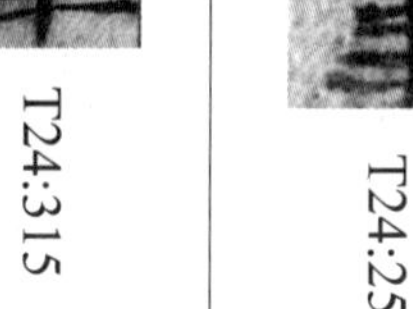

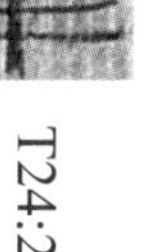
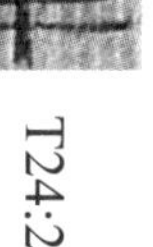

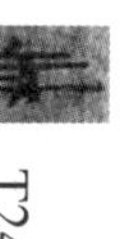

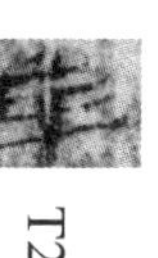

T24:032
T24:034
T24:036
T24:039
T24:041

T24:051
T24:070A
T24:080
T24:092A
T24:117

T24:144
T24:148
T24:150
T24:197
T24:214

T24:239
T24:240A
T24:250
T24:255
T24:256

T24:258
T24:262
T24:267A
T24:300
T24:309

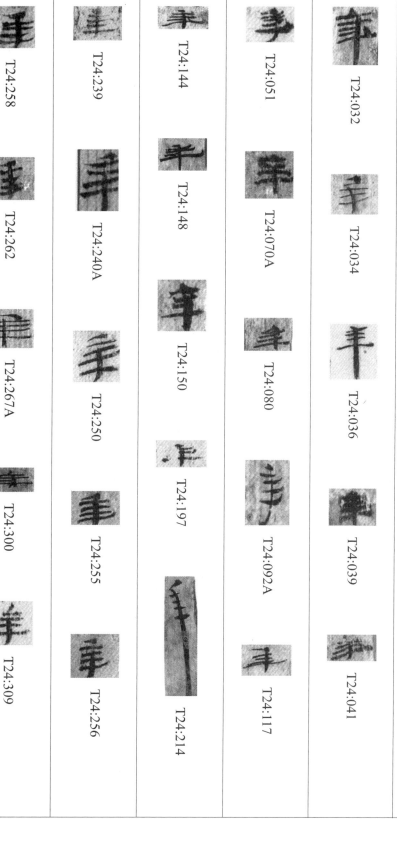

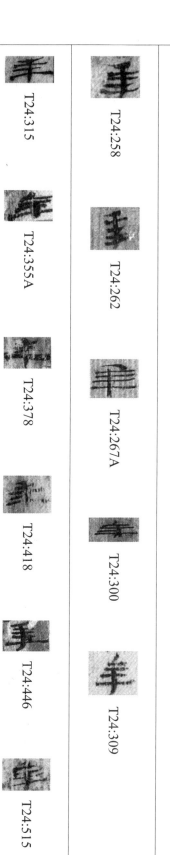

T24:315
T24:355A
T24:378
T24:418
T24:446
T24:515

禾部　季

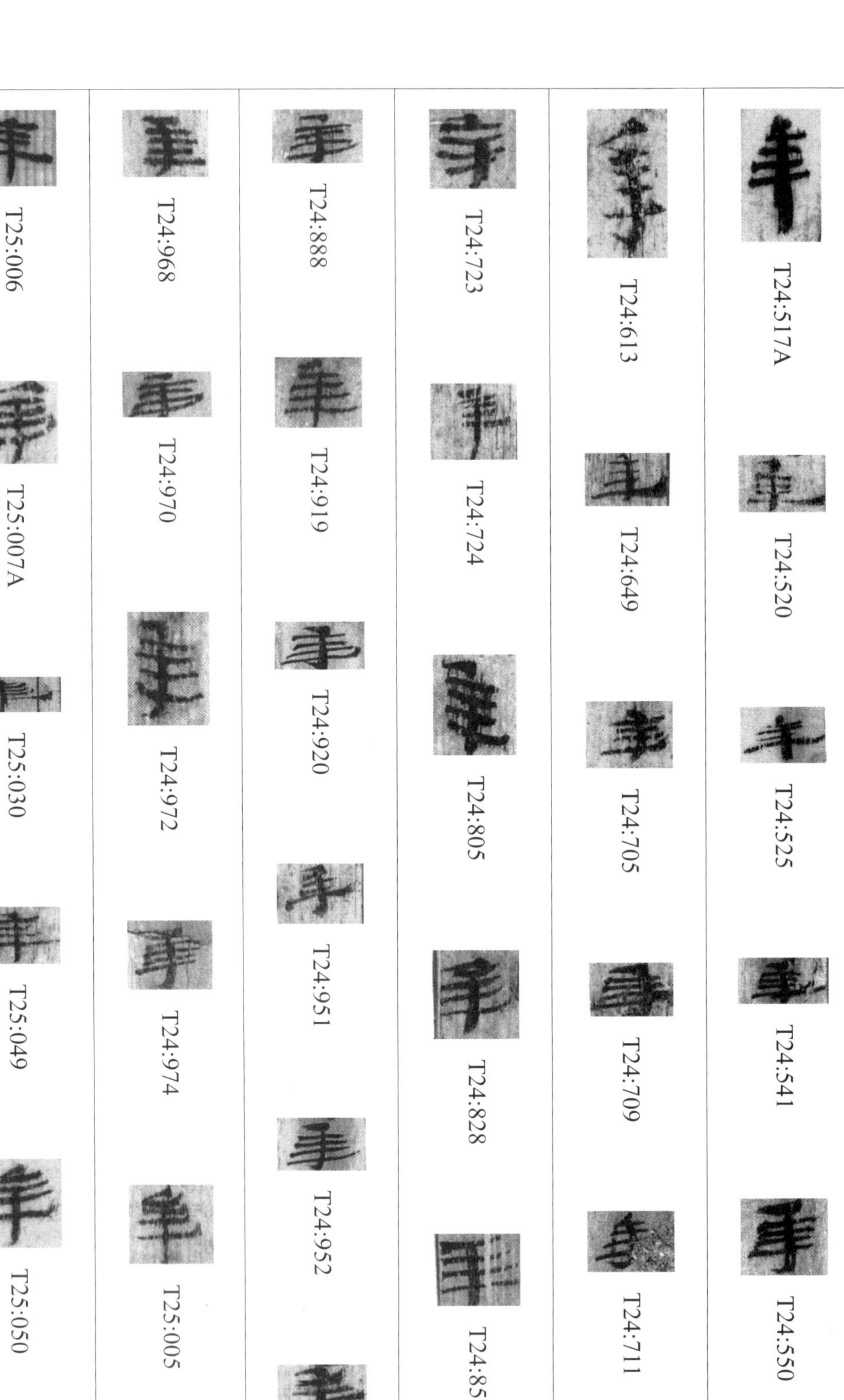

T24:517A　T24:520　T24:525　T24:541　T24:550

T24:613　T24:649　T24:705　T24:709　T24:711

T24:723　T24:724　T24:805　T24:828　T24:851

T24:888　T24:919　T24:920　T24:951　T24:952　T24:954

T24:968　T24:970　T24:972　T24:974　T25:005

T25:006　T25:007A　T25:030　T25:049　T25:050

T25:055 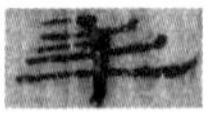
T25:086 
T25:090 
T25:091 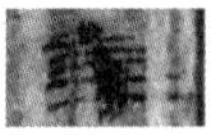
T25:127 
T25:171

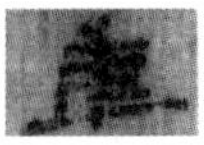

T26:016 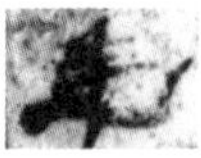
T26:033
T26:034 
T26:035 
T26:036 
T26:050

T26:056 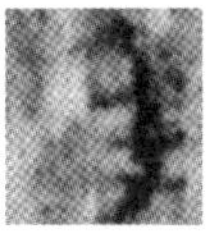
T26:087 
T26:111 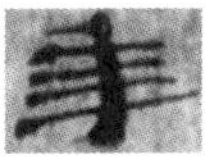
T26:112 
T26:118

T26:120 
T26:155 
T26:183 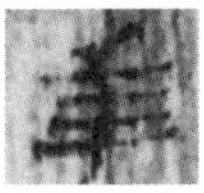
T26:184 
T26:193

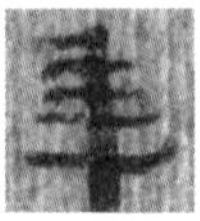

T26:239 
T26:268 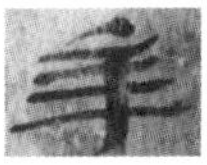
T27:001 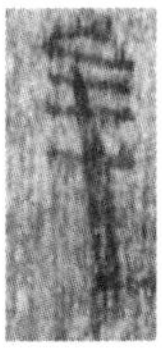
T27:007B 
T27:009

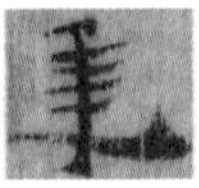

T27:011
T27:014 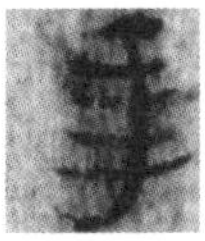
T27:019 
T27:020 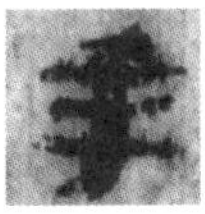
T27:021

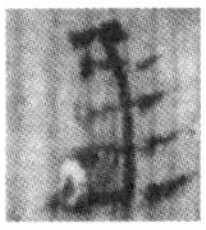

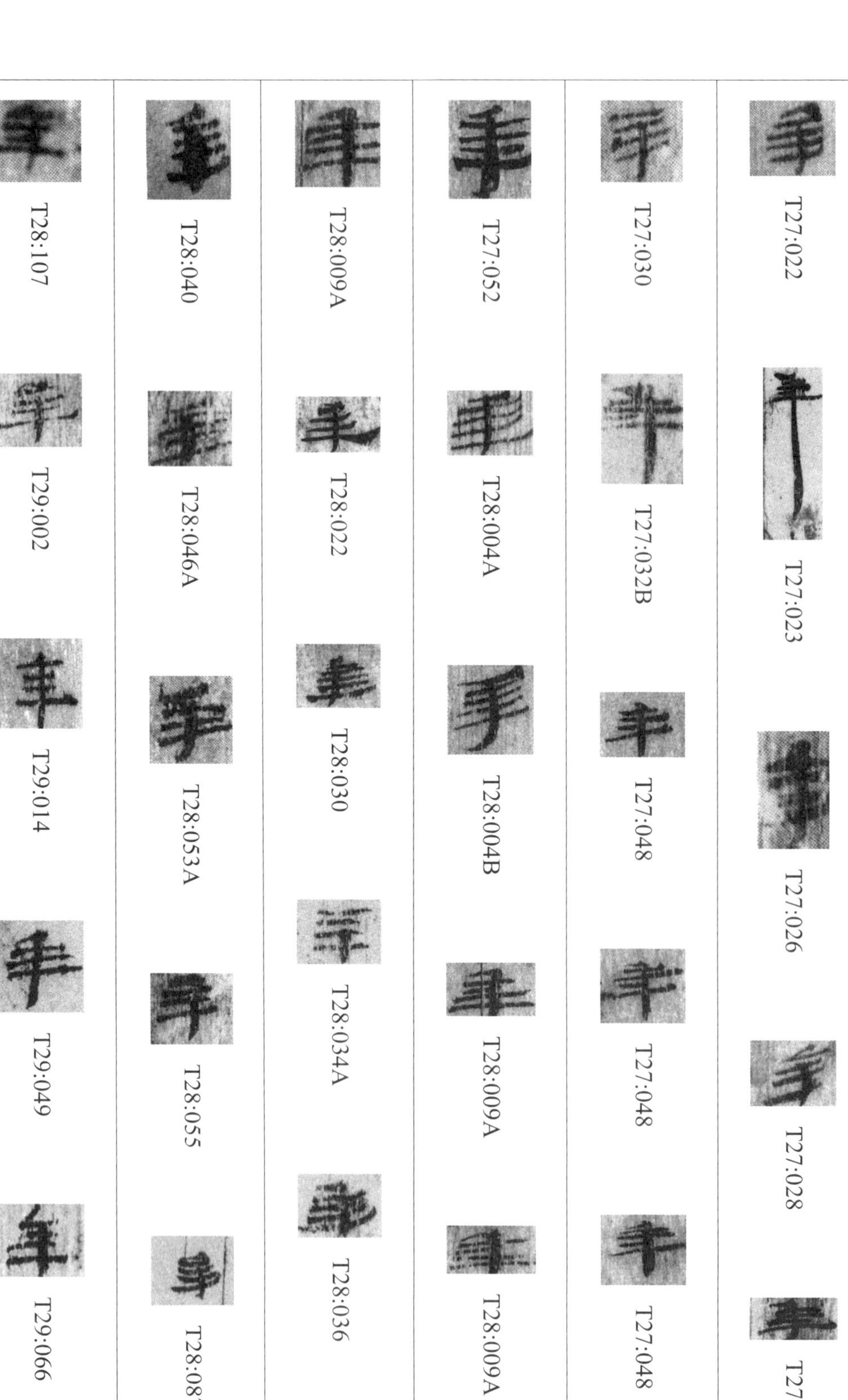

T27:022 T27:023 T27:026 T27:028 T27:029

T27:030 T27:032B T27:048 T27:048 T27:048

T27:052 T28:004A T28:004B T28:009A T28:009A

T28:009A T28:022 T28:030 T28:034A T28:036

T28:040 T28:046A T28:053A T28:055 T28:087

T28:107 T29:002 T29:014 T29:049 T29:066

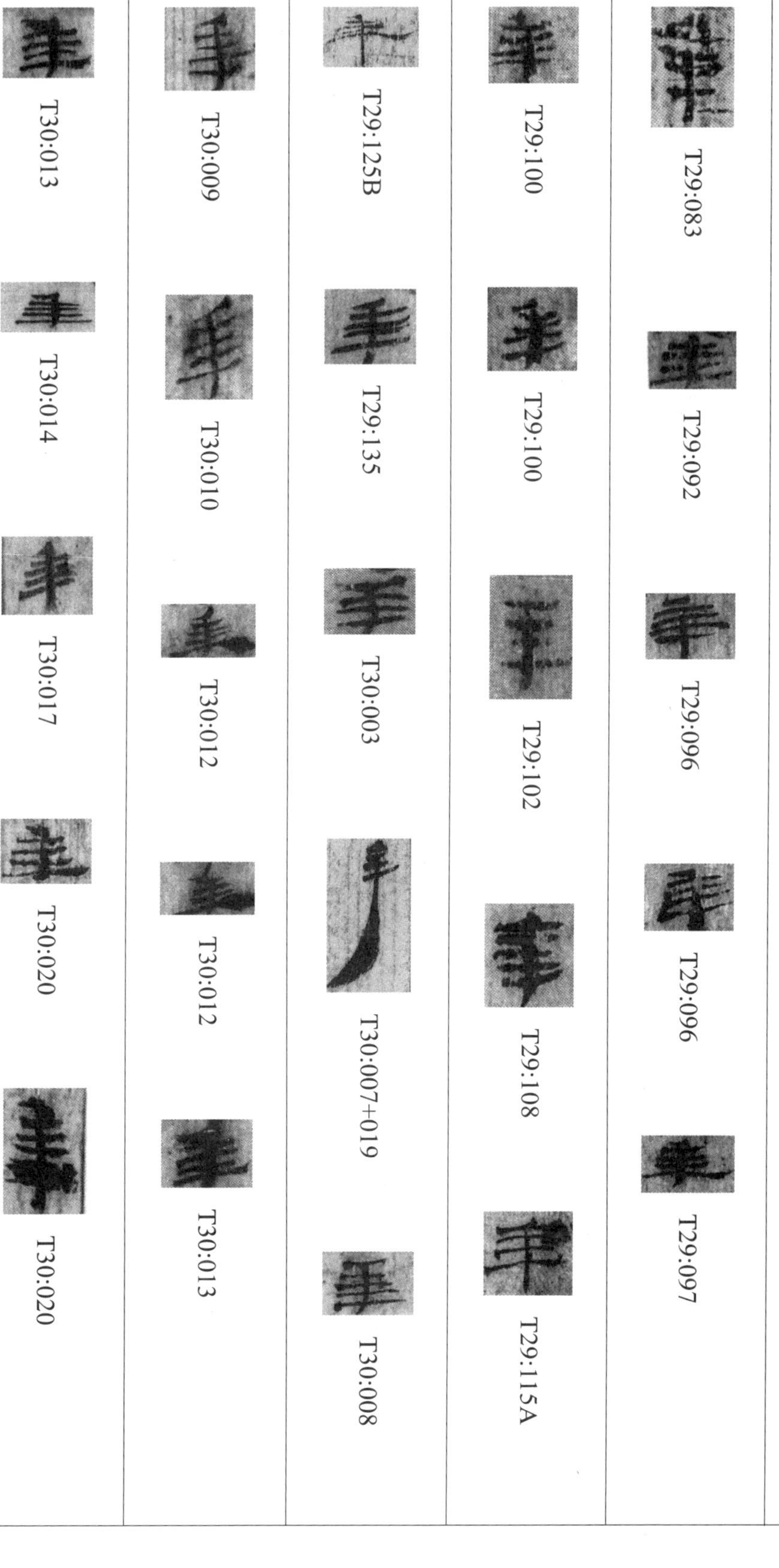

T29:083 T29:092 T29:096 T29:096 T29:097
T29:100 T29:100 T29:102 T29:108 T29:115A
T29:125B T29:135 T30:003 T30:007+019 T30:008
T30:009 T30:010 T30:012 T30:012 T30:013
T30:013 T30:014 T30:017 T30:020 T30:020
T30:021A T30:023 T30:025 T30:033A T30:034A

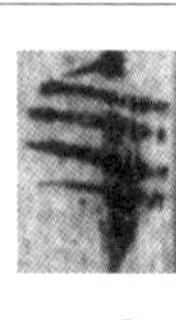
T30:041

T30:043

T30:048

T30:061

T30:062

T30:062
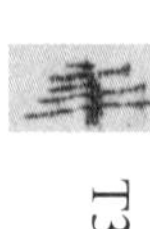
T30:062

T30:062

T30:062

T30:062

T30:065
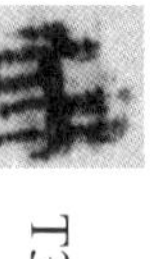
T30:068

T30:094B
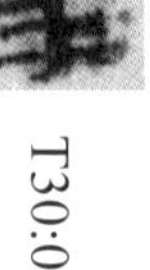
T30:106

T30:108

T30:117

T30:118

T30:132

T30:133

T30:135

T30:141

T30:151A

T30:152
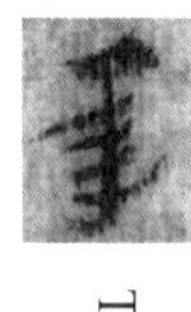
T30:154

T30:160

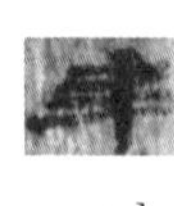
T30:182

T30:184
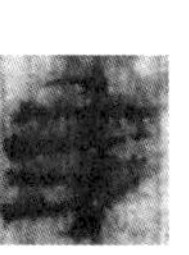
T30:185

T30:189

T30:213

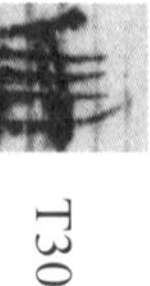

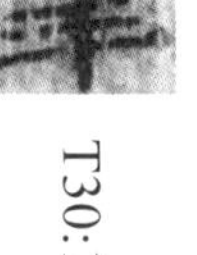

T30:219
T30:243A
T30:246
T30:262
T30:263

T30:263
T30:264 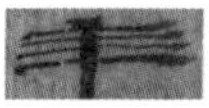
T30:266 
T30:267 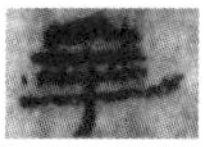
T31:020A 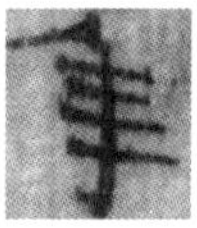
T31:026 

T31:028
T31:034A 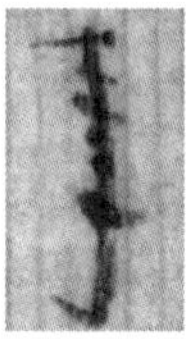
T31:040
T31:045 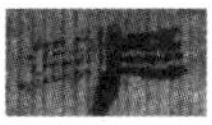
T31:060 

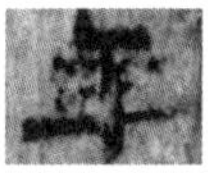

T31:062
T31:065 
T31:066
T31:070 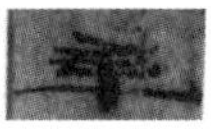
T31:076 
T31:079 

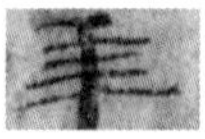

T31:080
T31:084 
T31:084
T31:090 
T31:092A 
T31:093 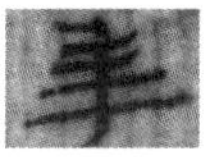

T31:097A
T31:101A 
T31:107 
T31:108 
T31:131

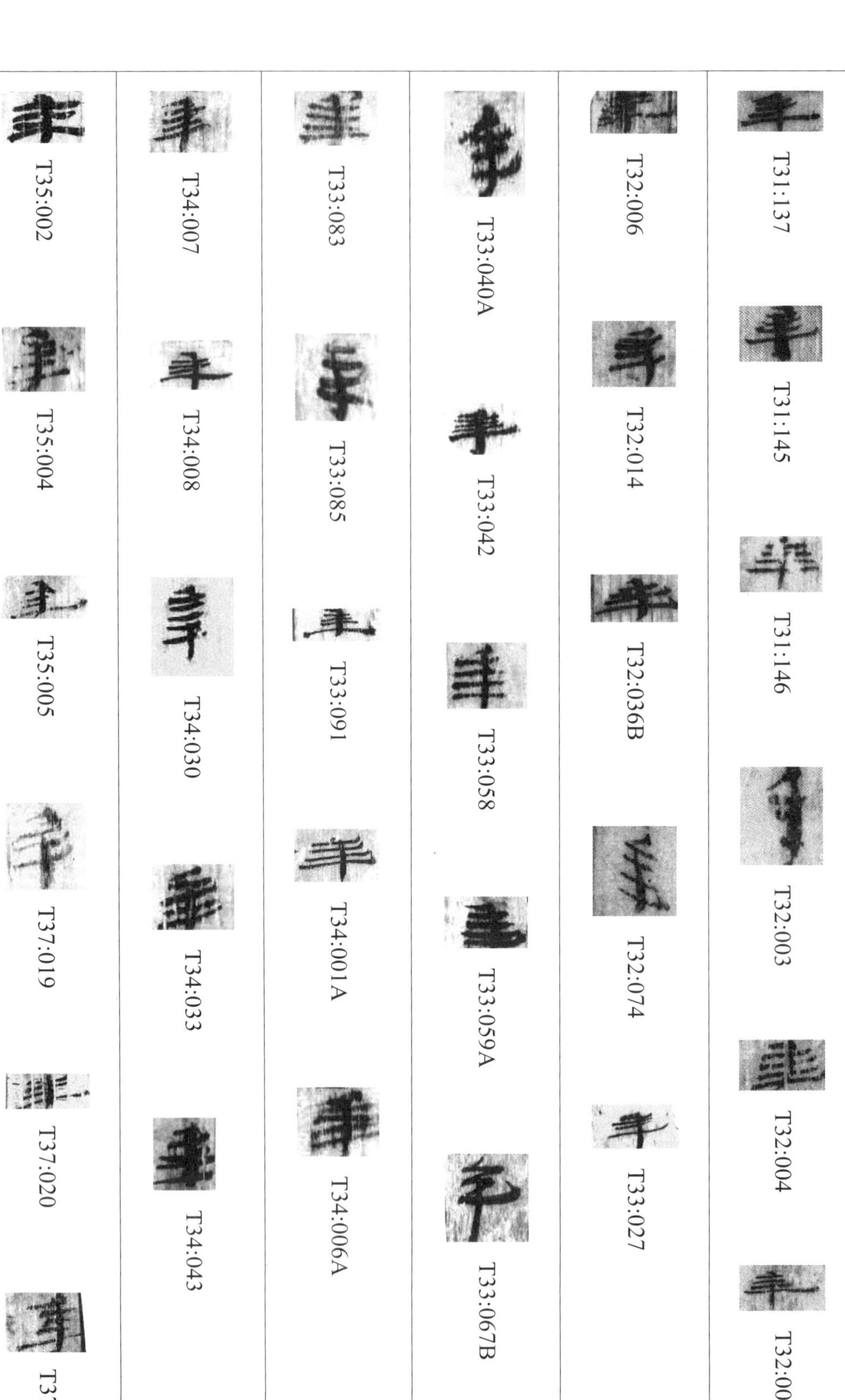
T31:137
T31:145
T31:146
T32:003
T32:004
T32:005A
T32:006
T32:014
T32:036B
T32:074
T33:027
T33:040A
T33:042
T33:058
T33:059A
T33:067B
T33:083
T33:085
T33:091
T34:001A
T34:006A
T34:007
T34:008
T34:030
T34:033
T34:043
T35:002
T35:004
T35:005
T37:019
T37:020
T37:025

T37:037

T37:043

T37:047B

T37:050

T37:051

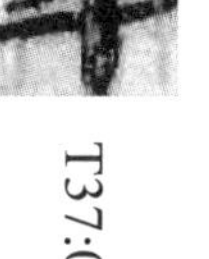
T37:052

T37:053

T37:059

T37:064

T37:076

T37:078

T37:079

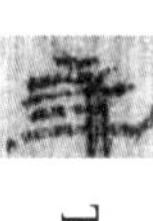
T37:081

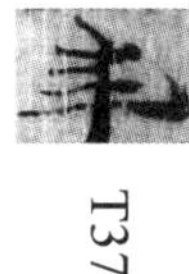
T37:092

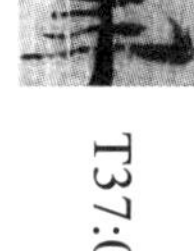
T37:097

T37:099

T37:101

T37:102

T37:104

T37:106

T37:107

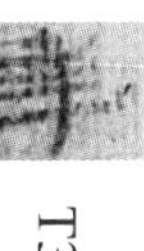
T37:110

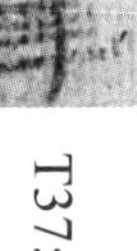
T37:112

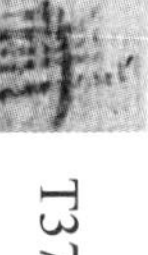
T37:116

T37:125

T37:132

T37:133

T37:152

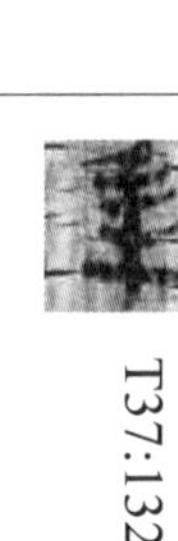
T37:155

T37:156

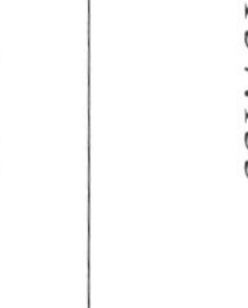
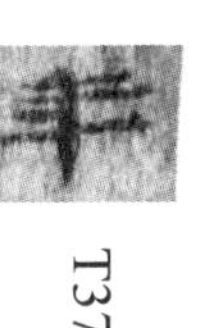

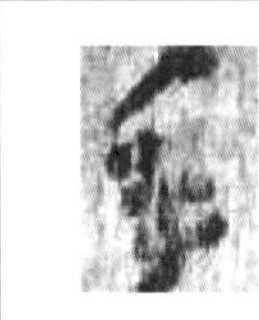
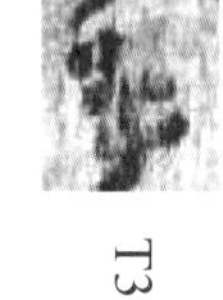

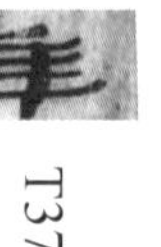
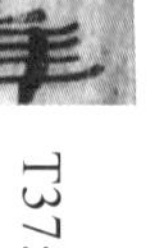

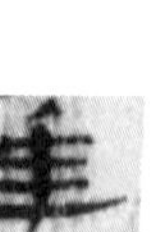

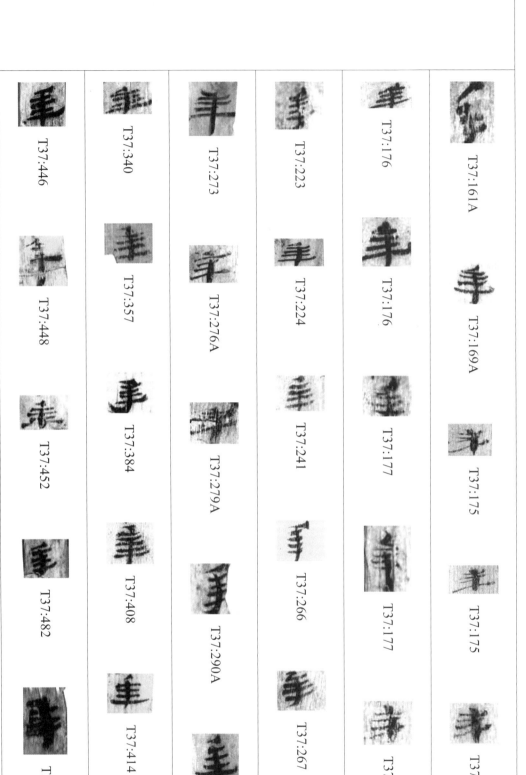

T37:161A
T37:169A
T37:175
T37:175
T37:175

T37:176
T37:176
T37:177
T37:177
T37:178

T37:223
T37:224
T37:241
T37:266
T37:267

T37:273
T37:276A
T37:279A
T37:290A
T37:339

T37:340
T37:357
T37:384
T37:408
T37:414

T37:446
T37:448
T37:452
T37:482
T37:491

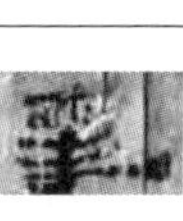
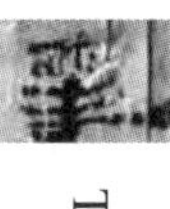

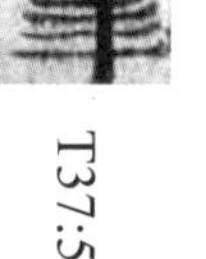

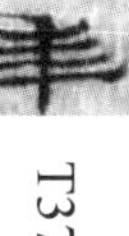

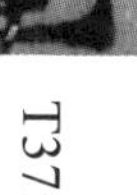

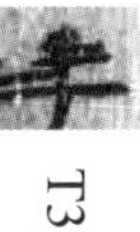
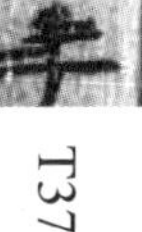

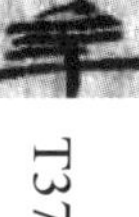

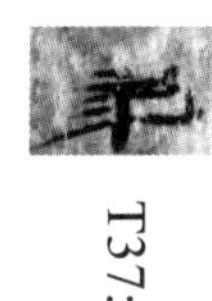

T37:519A
T37:519A
T37:519A
T37:519A
T37:520A

T37:521
T37:522A
T37:522A
T37:523A
T37:523A

T37:524
T37:525
T37:525
T37:525
T37:526
T37:526

T37:527
T37:527
T37:528
T37:529
T37:530

T37:548
T37:561
T37:591
T37:617
T37:621
T37:625

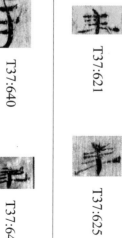

T37:626
T37:637
T37:639
T37:640
T37:645

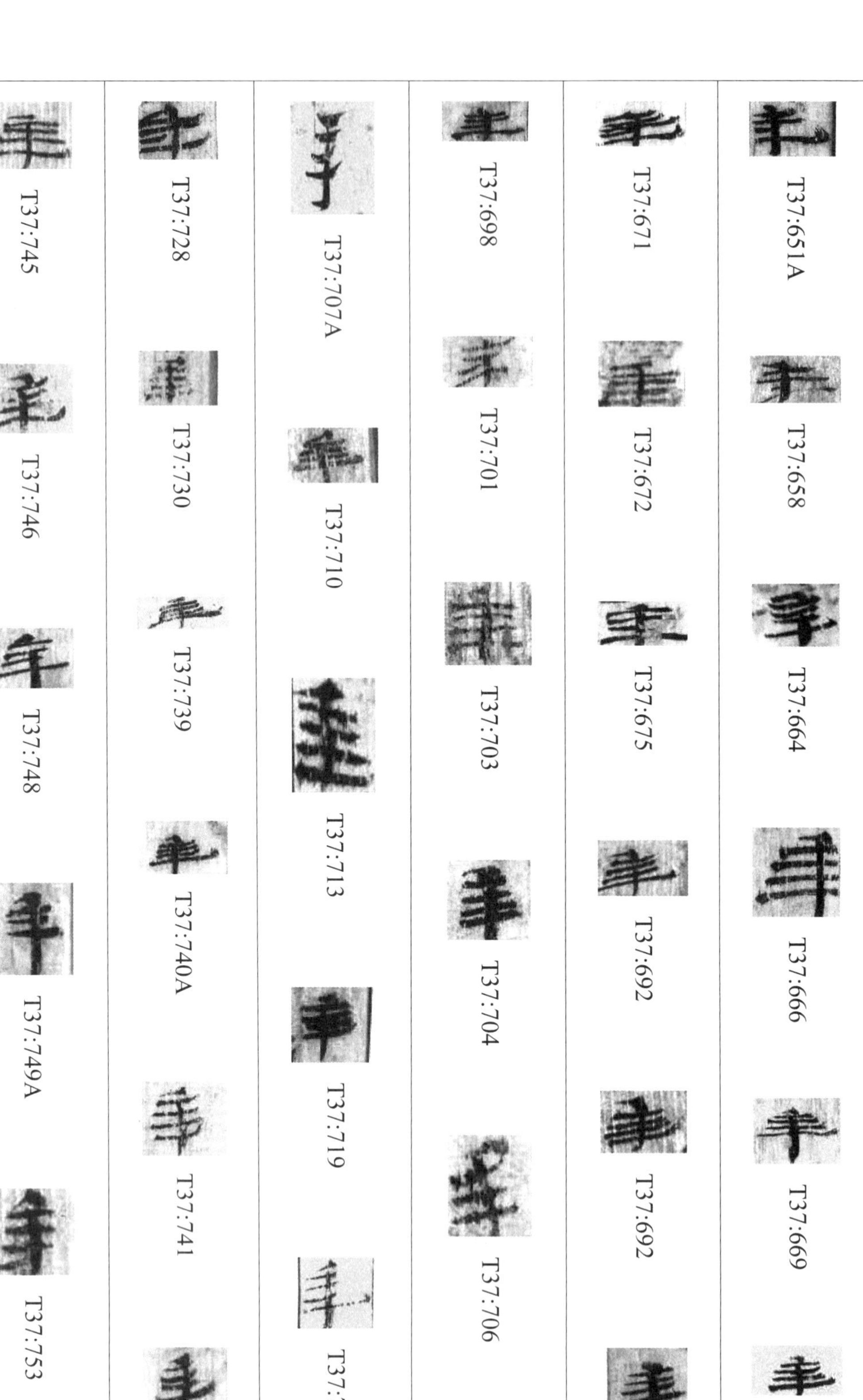

T37:651A T37:658 T37:664 T37:666 T37:669 T37:670

T37:671 T37:672 T37:675 T37:692 T37:692 T37:695

T37:698 T37:701 T37:703 T37:704 T37:706

T37:707A T37:710 T37:713 T37:719 T37:727A

T37:728 T37:730 T37:739 T37:740A T37:741 T37:742

T37:745 T37:746 T37:748 T37:749A T37:753

T37:754 　T37:754 　T37:755 　T37:755 　T37:755

T37:755 　T37:755 　T37:755 　T37:755 　T37:755 　T37:756

T37:756 　T37:756 　T37:757 　T37:757 　T37:758 　T37:758

T37:758 　T37:758 　T37:759 　T37:761　T37:761

T37:762 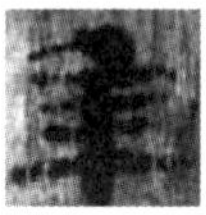　T37:762　T37:762 　T37:763 　T37:770A 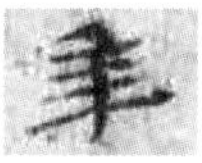　T37:772

T37:773 　T37:778 　T37:779 　T37:782 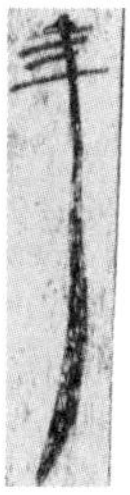　T37:783A

T37:784A　T37:785　T37:787　T37:787　T37:788A

T37:800A　T37:802　T37:803A　T37:808　T37:810

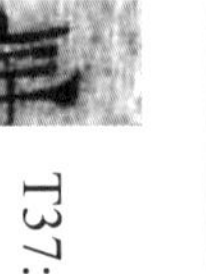

T37:813　T37:814　T37:827　T37:829　T37:830

T37:833A　T37:841　T37:845　T37:847　T37:849

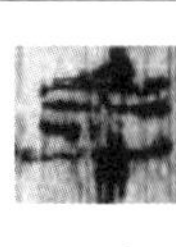

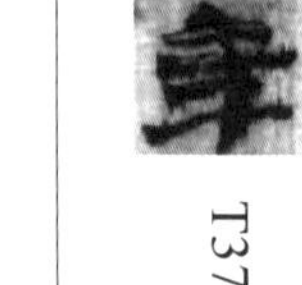

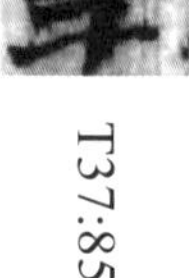

T37:855　T37:855　T37:856　T37:857A　T37:858　T37:859

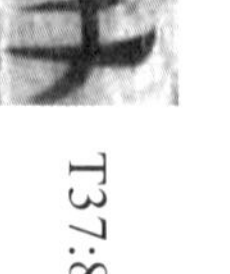
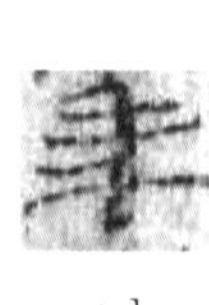

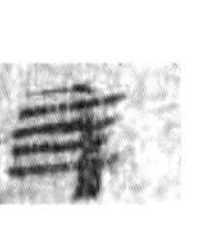
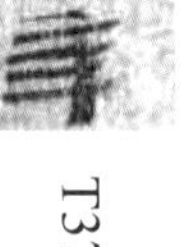

T37:860　T37:870　T37:871　T37:872　T37:875

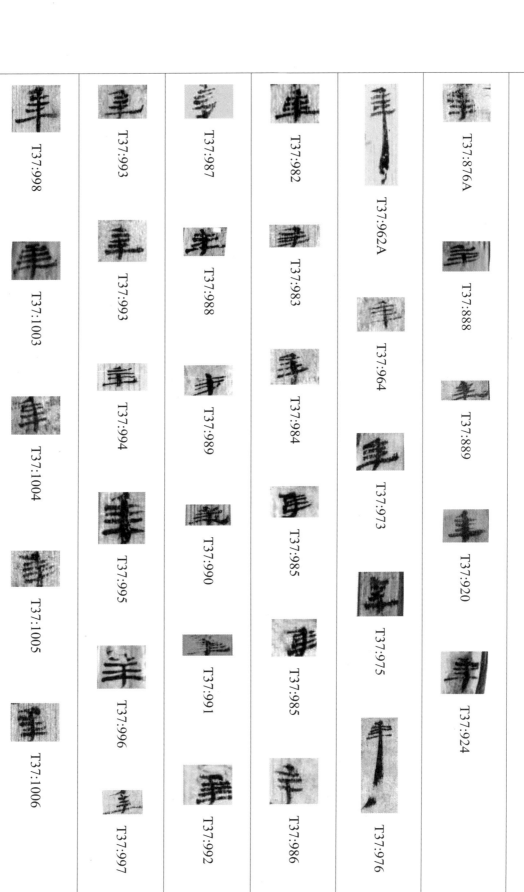

T37:876A
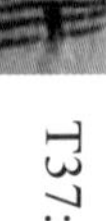
T37:888
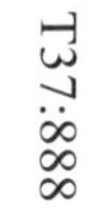
T37:889
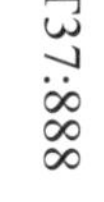
T37:920

T37:924
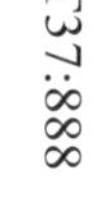
T37:962A
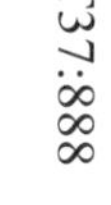
T37:964

T37:973

T37:975

T37:976

T37:982

T37:983

T37:984
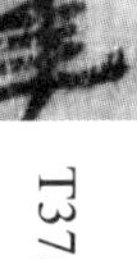
T37:985
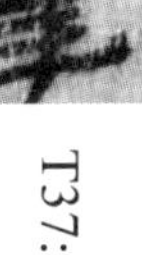
T37:985

T37:986

T37:987

T37:988

T37:989

T37:990
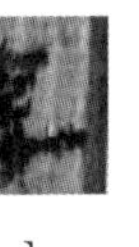
T37:991

T37:992

T37:993

T37:993

T37:994

T37:995

T37:996

T37:997

T37:998

T37:1003

T37:1004

T37:1005

T37:1006

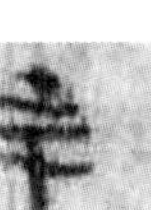
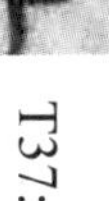
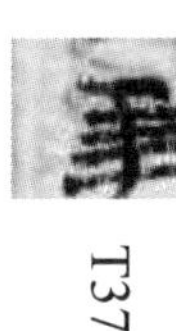

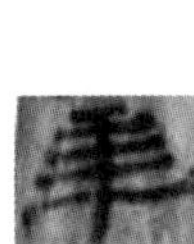

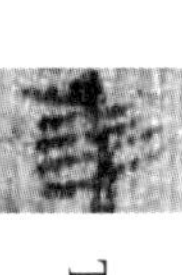

T37:1007 T37:1007 T37:1007 T37:1014 T37:1019 T37:1022
T37:1025 T37:1026 T37:1027 T37:1032A T37:1033
T37:1045 T37:1057A T37:1058 T37:1058 T37:1058
T37:1058 T37:1059 T37:1061A T37:1061A T37:1062A
T37:1063 T37:1065A T37:1067A T37:1075A T37:1076A
T37:1076A T37:1077 T37:1078 T37:1079 T37:1081

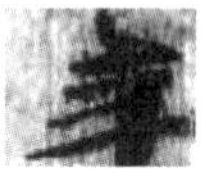

T37:1085
T37:1086 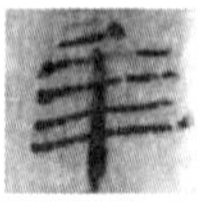
T37:1089 
T37:1100 
T37:1101 
T37:1102 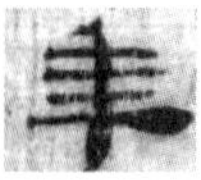
T37:1103 
T37:1106 
T37:1108 
T37:1111 
T37:1123 
T37:1135 
T37:1137 
T37:1149 
T37:1152 
T37:1154 
T37:1155 
T37:1156 
T37:1157 
T37:1160 
T37:1172 
T37:1174 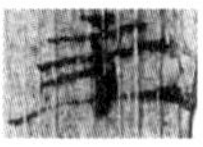
T37:1184 
T37:1195 
T37:1207 
T37:1209 
T37:1217 
T37:1220 
T37:1229A 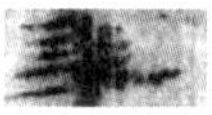
T37:1231

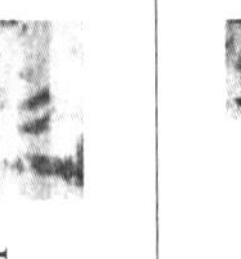

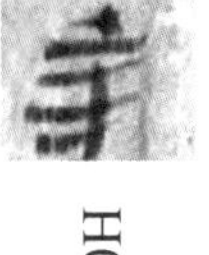

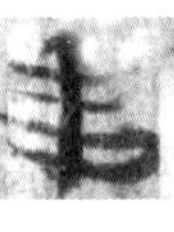

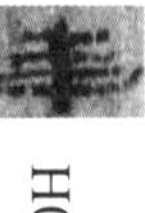
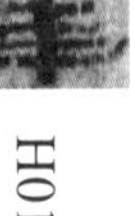

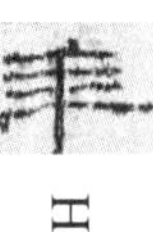

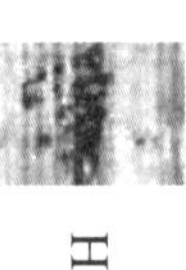

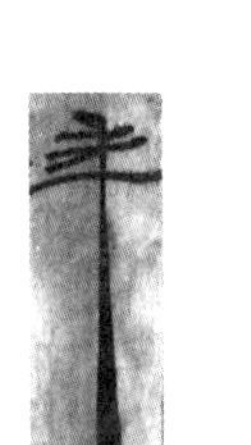
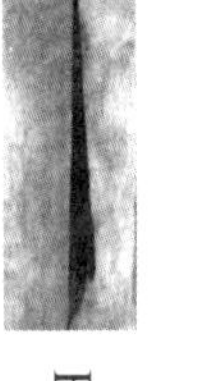

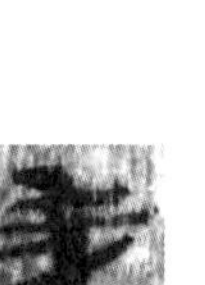

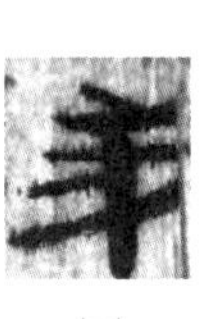

H01:003A H01:003A H01:003A H01:012B H01:014

H01:014 H01:023 H01:025 H01:054 H01:056

H02:001 H02:002 H02:002 H02:010 H02:011 H02:012

H02:014 H02:016 H02:017 H02:018 H02:027

H02:039 H02:040 H02:041 H02:050 H02:064

H02:070 H02:072 F01:009 F01:025 F01:025

F01:026

F01:026

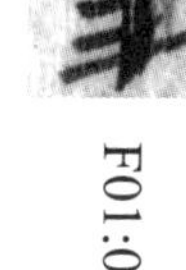
F01:036

F01:076

F01:085

F01:101

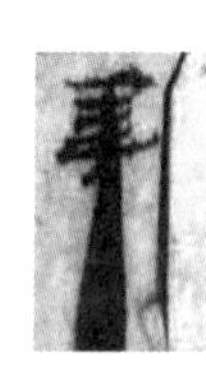
F01:117

F01:118A
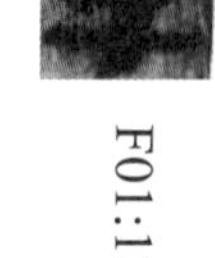

F01:123

73EJF2:2

73EJF2:3

73EJF2:6
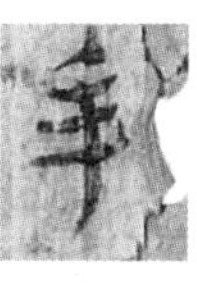
73EJF2:8
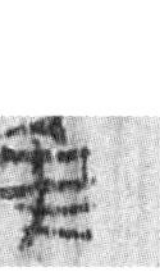
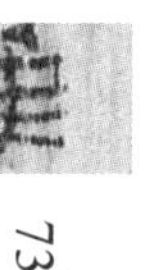
73EJF2:10

73EJF2:11

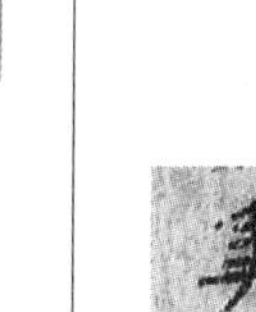
73EJF2:14
73EJF2:14

73EJF3:2
73EJF3:35

73EJF3:39A

73EJF3:41A

73EJF3:43

73EJF3:43

73EJF3:44
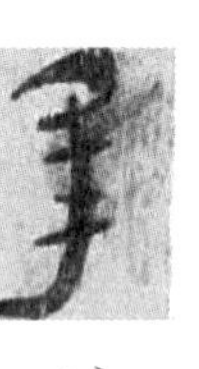
73EJF3:45

73EJF3:48+532+485

73EJF3:49+581

73EJF3:57A

73EJF3:61

73EJF3:76+448A

73EJF3:79+509

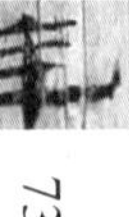
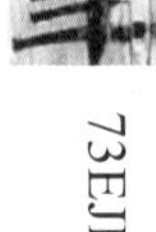
73EJF3:89

73EJF3:98

73EJF3:101

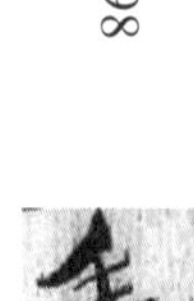

73EJF3:104

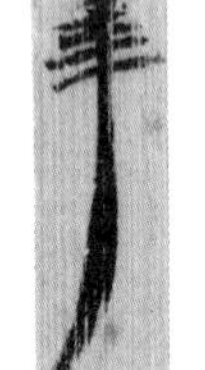
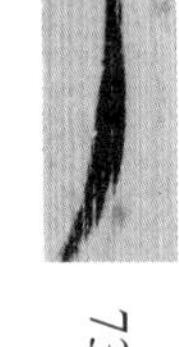
73EJF3:106

73EJF3:111

73EJF3:114+202+168

73EJF3:115

73EJF3:117A

73EJF3:117A

73EJF3:118A

73EJF3:119A

73EJF3:120A

73EJF3:120A

73EJF3:290+121

73EJF3:123A

73EJF3:125A

73EJF3:130

73EJF3:130

73EJF3:131

73EJF3:131

73EJF3:131

73EJF3:132

73EJF3:133

73EJF3:137

73EJF3:138

73EJF3:138

73EJF3:139

73EJF3:139

73EJF3:141

73EJF3:142

73EJF3:153

73EJF3:154

73EJF3:155A

73EJF3:157

73EJF3:164

73EJF3:170

73EJF3:172

73EJF3:172

73EJF3:172

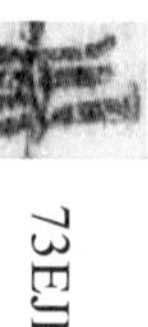
73EJF3:178A

73EJF3:178A

73EJF3:179A

73EJF3:181

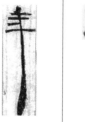

73EJF3:189+421

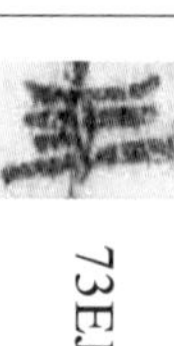
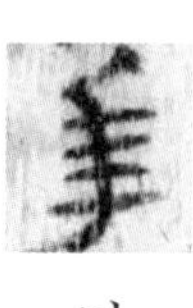

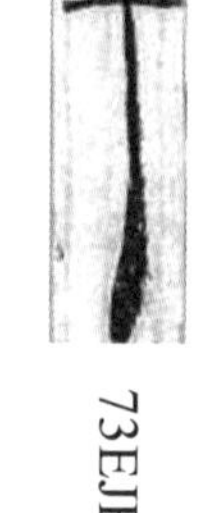
73EJF3:470+564+190+243

73EJF3:192

73EJF3:482+193

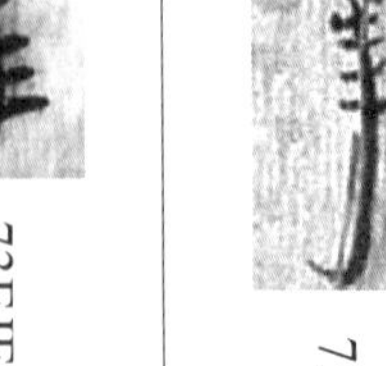
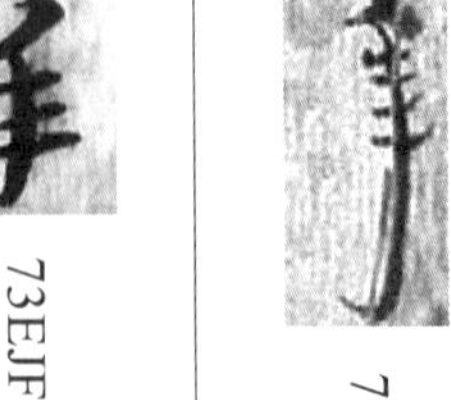
73EJF3:338+201

73EJF3:210

73EJF3:228
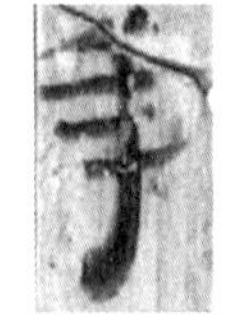
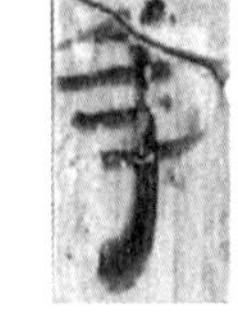

73EJF3:240

73EJF3:249

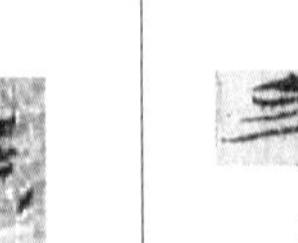
73EJF3:255

73EJF3:271

73EJF3:272

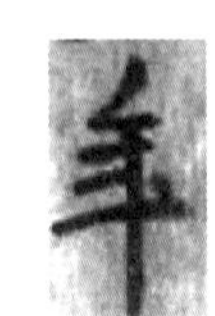
73EJF3:275

73EJF3:276

73EJF3:278
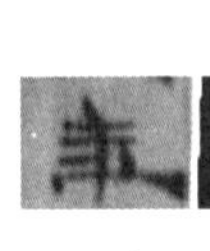
773EJF3:511+306+291

773EJF3:511+306+291

73EJF3:314
73EJF3:321

73EJF3:326

73EJF3:326

73EJF3:326

73EJF3:326

73EJF3:327

73EJF3:346

73EJF3:354

73EJF3:369

73EJF3:370
73EJF3:370
73EJF3:371

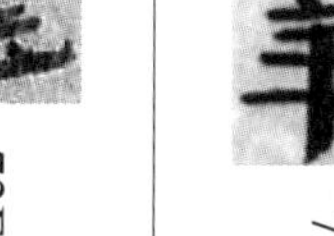
73EJF3:372
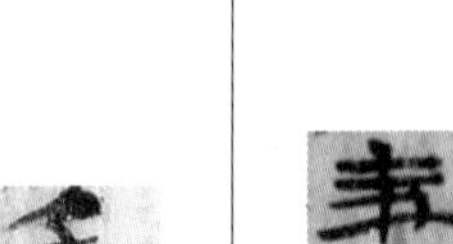
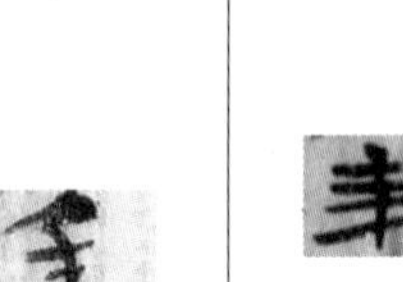
73EJF3:373

73EJF3:376
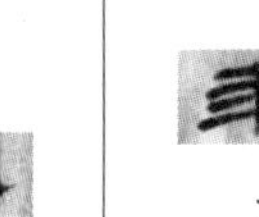
73EJF3:405

73EJF3:423

73EJF3:536+424

73EJF3:431

73EJF3:446
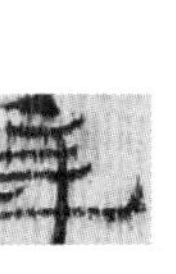
73EJF3:450A
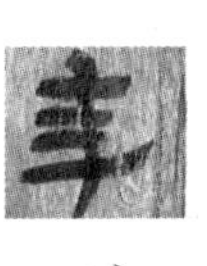
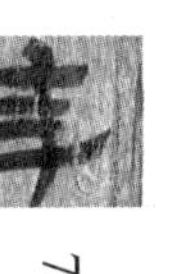

73EJF3:462

73EJF3:463

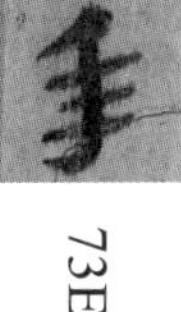
73EJF3:468+502
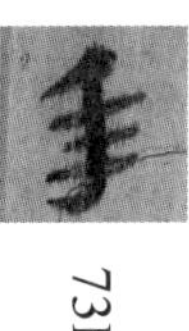
73EJF3:484

73EJF3:515

73EJF3:527

73EJF3:530
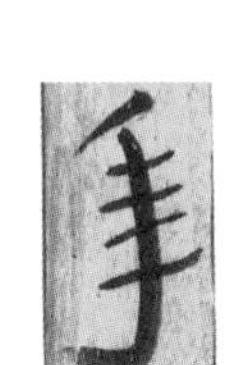
73EJF3:560

73EJF3:590
73EJT4H:90

73EJD:1

73EJD:3

73EJD:6
73EJD:7

73EJD:8A

73EJD:11

73EJD:13

73EJD:23
73EJD:27

73EJD:30

73EJD:36A

73EJD:37A

73EJD:37A

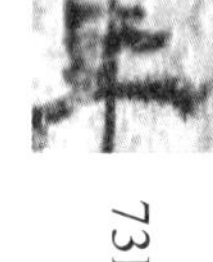
73EJD:40A

73EJD:42

73EJD:43A

73EJD:44

73EJD:48

73EJD:49A

73EJD:52
73EJD:53
73EJD:58A

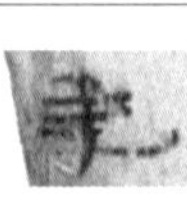
73EJD:62

73EJD:63

73EJD:66

73EJD:68

73EJD:70

73EJD:76

73EJD:85

73EJD:112

73EJD:113

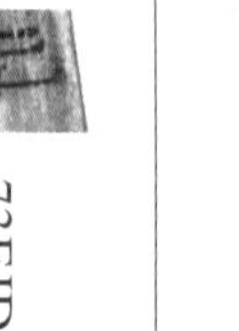
73EJD:131

73EJD:131

73EJD:150

73EJD:173

73EJD:191

73EJD:193

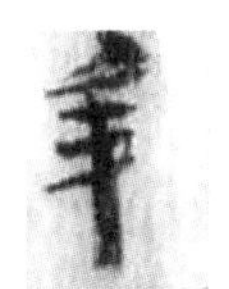
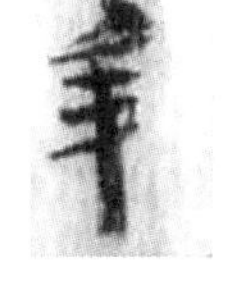

73EJD:204

73EJD:210

73EJD:211

73EJD:231

73EJD:232

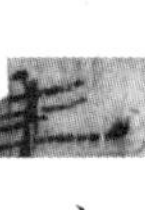

73EJD:233

73EJD:246

73EJD:276

73EJD:289A

73EJD:355

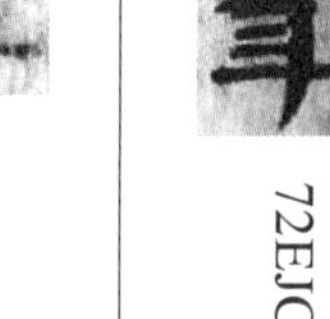

72EJC:2A

72EJC:2A

72EJC:5

72EJC:10

72EJC:11

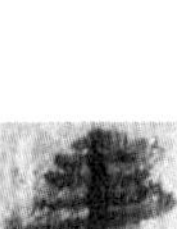

72EJC:13

72EJC:14

72EJC:15A

72EJC:18

72EJC:19

72EJC:20

72EJC:26

72EJC:27

72EJC:28

72EJC:31

72EJC:43+52

72EJC:50

72EJC:51

72EJC:64

72EJC:95

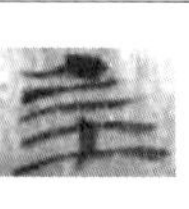
72EJC:114

72EJC:120

72EJC:121

72EJC:121

72EJC:143

72EJC:145

72EJC:146

72EJC:154

72EJC:155A

72EJC:157
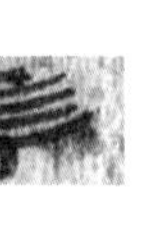

72EJC:182

72EJC:194

72EJC:206

72EJC:214

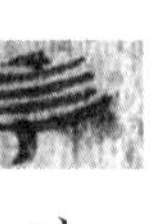
72EJC:236
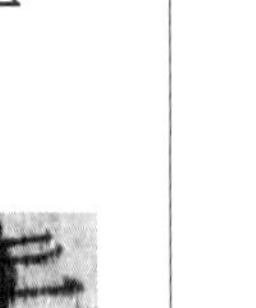

72EJC:238

72EJC:263
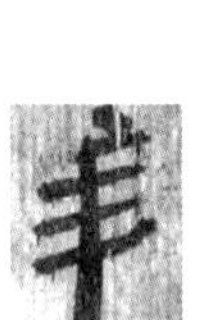
72EJC:265

72EJC:284

73EJC:294

73EJC:297

73EJC:299

73EJC:300

73EJC:305
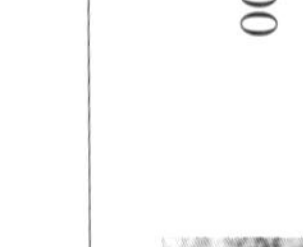

73EJC:316A

73EJC:336
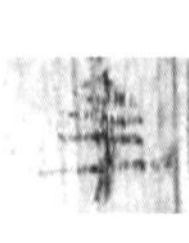
73EJC:352

73EJC:402

73EJC:408

73EJC:414

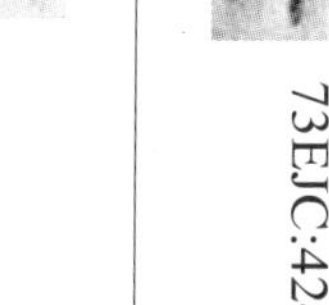
73EJC:424

73EJC:429

73EJC:439

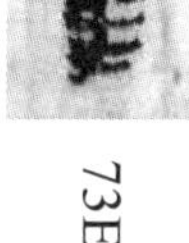
73EJC:440

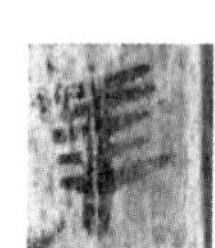
73EJC:452

73EJC:453
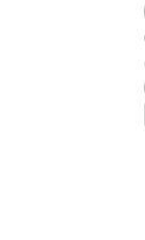
73EJC:462

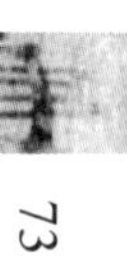
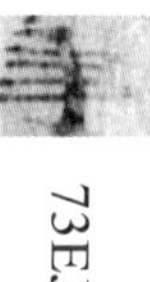
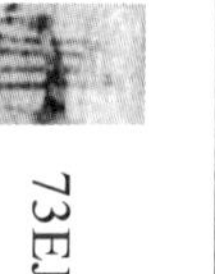

73EJC:470
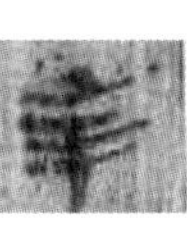
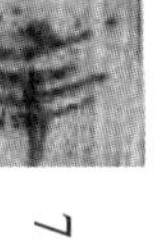
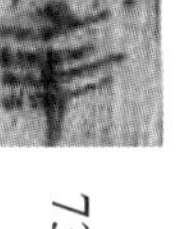
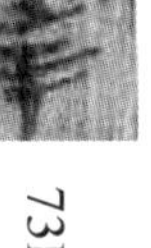
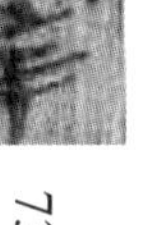

73EJC:492
73EJC:519

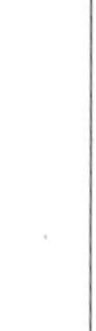
73EJC:522

73EJC:524
73EJC:531A
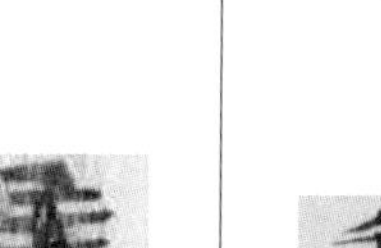
73EJC:533
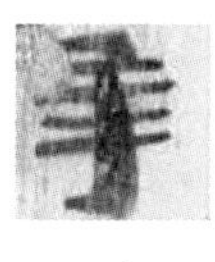

73EJC:539

73EJC:546
73EJC:562
73EJC:565
73EJC:588
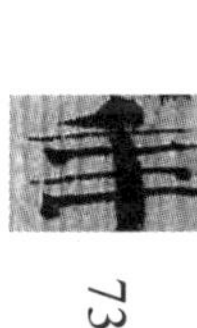
73EJC:589

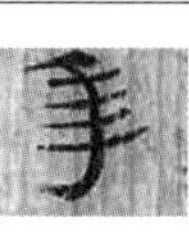
73EJC:594

73EJC:603

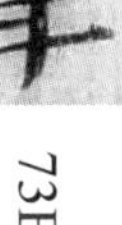

73EJC:608

73EJC:609

73EJC:610

73EJC:614
73EJC:617

73EJC:642

73EJC:643

73EJC:644

73EJC:646

73EJC:655

73EJC:662

72ECC:4

72ECC:57

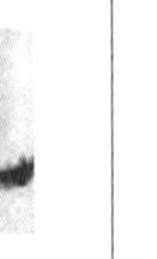
72EDIC:2

72EDIC:3

72EDIC:3

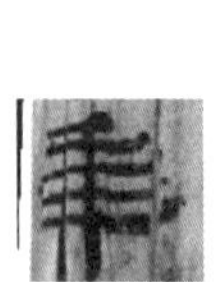
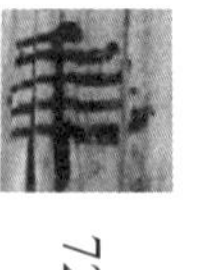

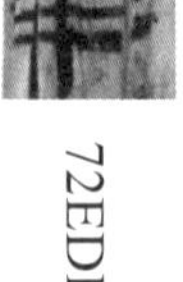
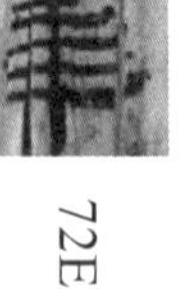

72EDIC:5

72EBS7C:1A

72EBS7C:2A

穀

穀

1015

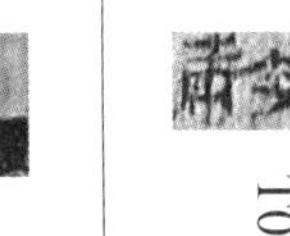
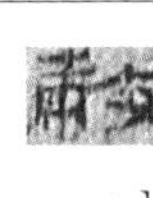
T01:117

T03:013A

T03:113

T05:045

T07:115

T08:080

T09:234

T10:062

T10:067

T10:068
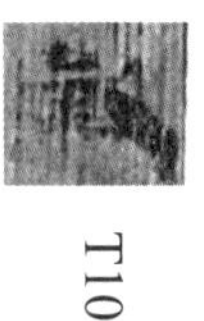
T10:073

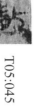

T10:082

T10:085
T10:089
T10:096
T10:099

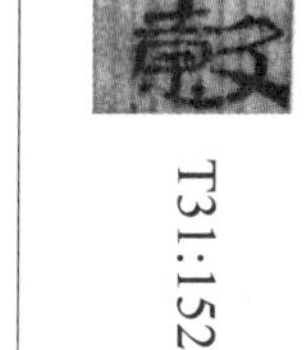

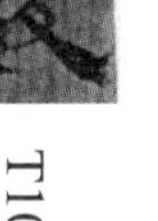
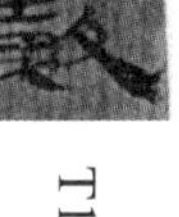

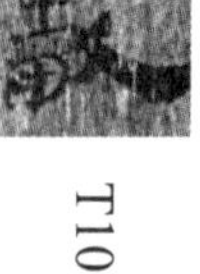

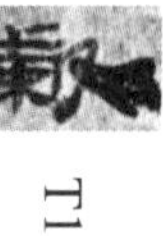
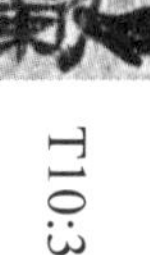
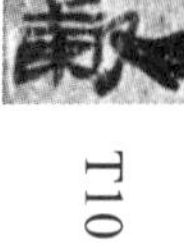
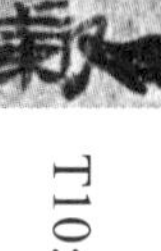

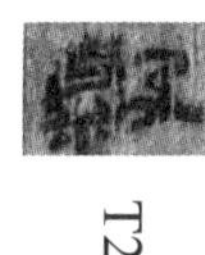

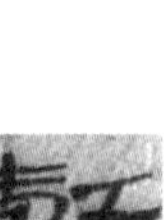

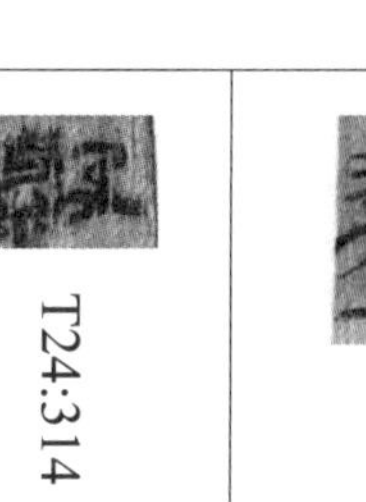

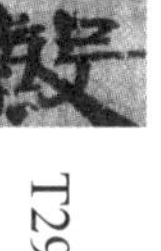

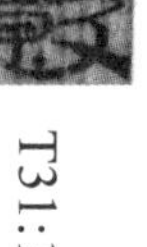
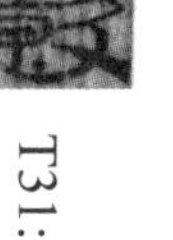
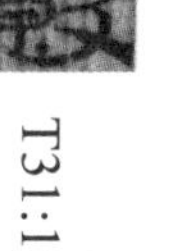
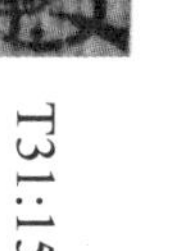

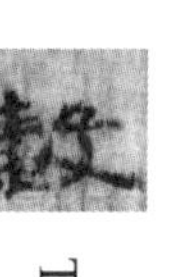

T10:101
T10:107
T10:117
T10:148
T10:150
T10:180

T10:277
T10:295
T10:325
T10:397
T21:058

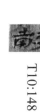

T21:082
T21:109A
T21:120
T21:189
T21:279

T22:026
T22:095
T22:100
T22:103
T23:142

T23:748
T23:913
T24:144
T24:232
T24:292

T24:314
T29:051
T31:152
T34:011
T37:049B

T37:905B

T37:985

T37:1167A

T37:1492

F01:004

73EJF2:7

73EJF3:51

73EJF3:90

73EJF3:179A

73EJF3:262

73EJF3:312

73EJF3:312

73EJF3:316

73EJF3:382A

73EJF3:412

73EJD:36A

72EJC:18

72EJC:287

73EJC:540

72EDAC:7

租

1016

T23:933

T37:051

F01:010

稅 1017

F01:005

稾 1018

73EJF3:308B

稍 1019

T24:148

T37:960

F01:004

73EJF3:419

秋 1020

T01:001

T01:079

T04:111

T04:146

T04:153

T05:039

T06:038A

T08:062

T09:007

T09:229

T09:244

T09:323

T10:287

T10:323A

T11:018

T21:078

T21:126

T22:111A

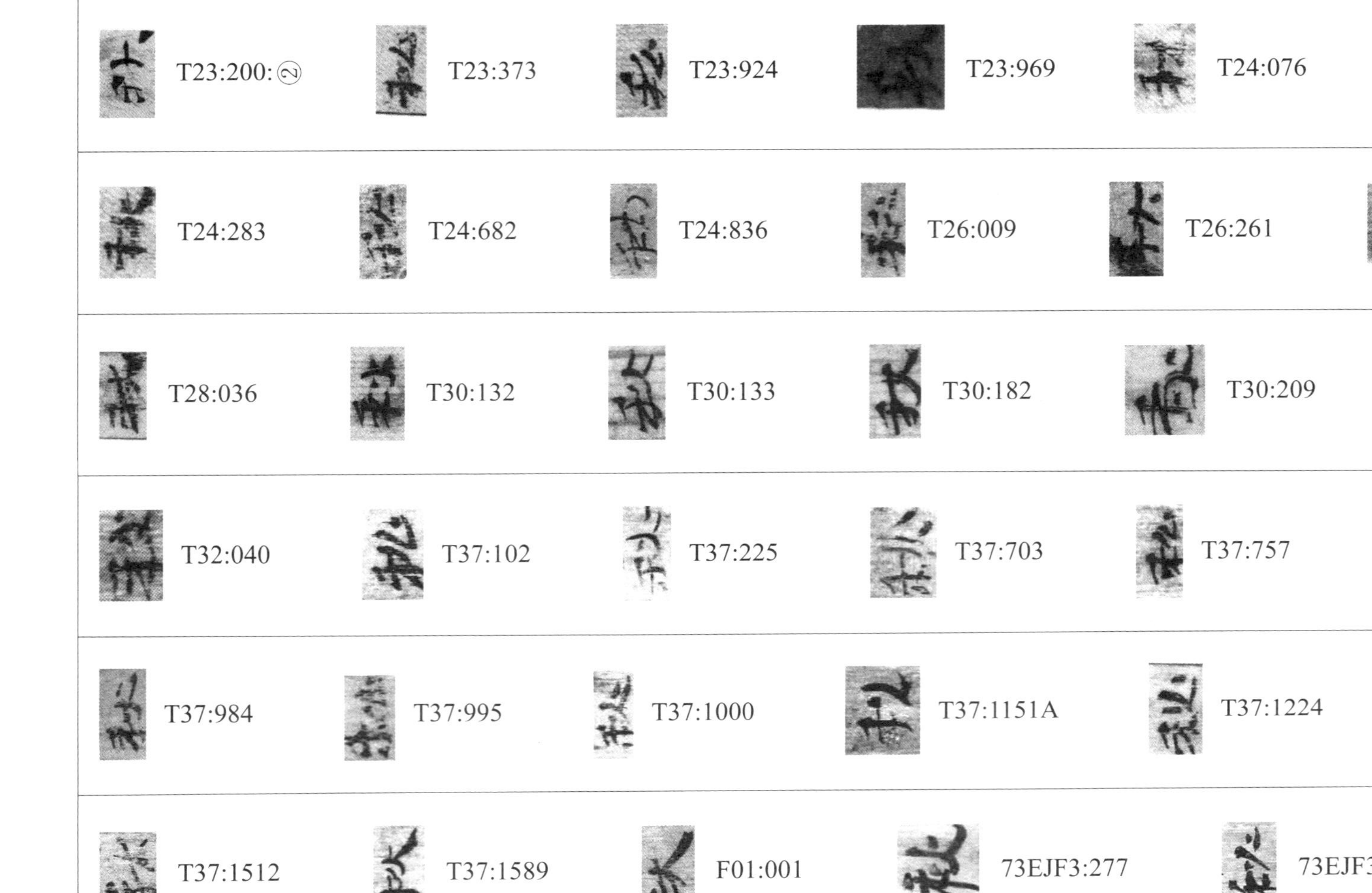
T23:200:②
T23:373
T23:924
T23:969
T24:076
T24:279
T24:283
T24:682
T24:836
T26:009
T26:261
T27:026
T28:036
T30:132
T30:133
T30:182
T30:209
T31:017
T32:040
T37:102
T37:225
T37:703
T37:757
T37:799A
T37:984
T37:995
T37:1000
T37:1151A
T37:1224
T37:1428
T37:1512
T37:1589
F01:001
73EJF3:277
73EJF3:314

73EJF3:423

73EJF3:559

73EJD:307B

73EJC:428

73EJC:434

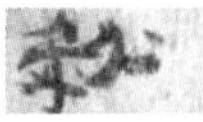

73EJC:438

73EJC:643

秦 1021

T30:184

T37:279B

T37:1085

73EJC:516

稱 1022

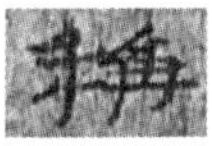

T04:116

T09:008

T15:002

T30:204

程 1023

T04:052

T04:076

T05:104

T21:107

T21:153

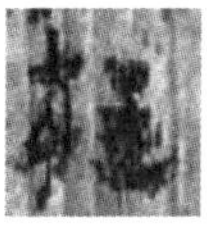

T21:175A

T23:356

T23:356

T23:467

T23:764

T23:991

T24:046

T24:184

T24:520

T24:771

T25:082

T31:038

T35:009A

T37:052

T37:052

T37:053

T37:459

T37:993

T37:1174

T37:1528

T37:1554

H02:001

73EJF3:311

73EJF3:328A

73EJF3:549A

稷

1024

T10:072

T26:023

穩

1025

72ECC:1+2B

1026 稛	1027 根	1028 稷	1029 兼		
T30:028B	T23:258	73EJC:530	T03:078	T09:288	T21:429
			T04:102	T10:115A	T23:007A
			T05:007	T14:033A	T23:633
			T05:081	T14:033A	T23:651A
			T08:008	T21:068	T23:743
			T08:031		

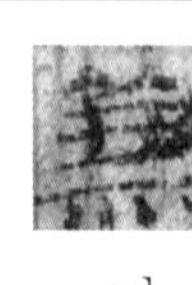
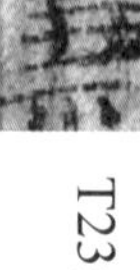

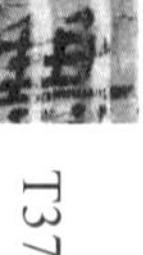

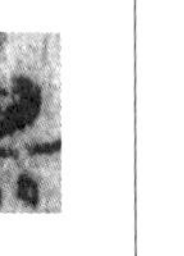
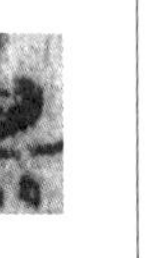
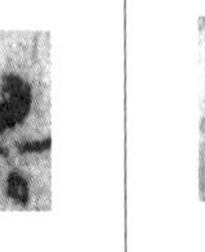
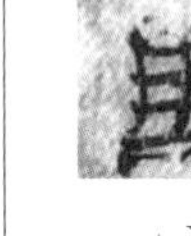

T23:752A　T23:777　T23:991　T24:008B　T24:816

T26:001A　T27:050　T30:163　T31:062　T33:040A

T37:026　T37:033　T37:037　T37:061A　T37:450

T37:535B　T37:573　T37:716A　T37:718　T37:835A

T37:927　T37:1008B　T37:1188　T37:1270　T37:1491

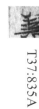

T37:1501　T37:1501　T37:1520　H02:012　F01:118A

黍 1030

米 1031

73EJF3:1

73EJF3:122

73EJF3:125A

73EJF3:167

73EJF3:184B

73EJF3:568B

73EJD:22

73EJD:64

72EJC:255

73EJC:604

72EBS7C:2B

T10:327A

T10:327A

T11:005

T26:144

T26:300

T02:005

T03:099

T04:035

T04:195

T10:406

T21:004

T21:131A

T21:131B

T21:137

T21:378

T21:424

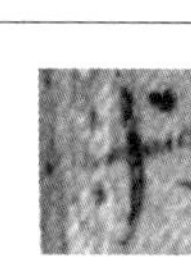
T23:583

T23:583
T23:993A
T24:006A
T24:012

T24:152

T24:206
T24:247B
T26:229A
T27:006

T29:013A

T29:013A
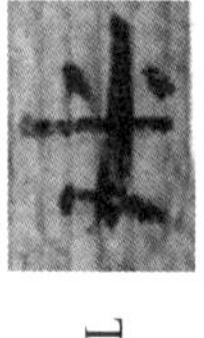
T31:016A

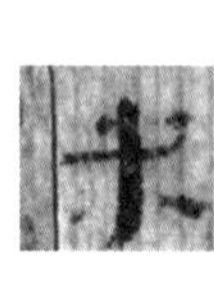

T37:448

T37:1021

T37:1169
T37:1539
73EJF2:30+31
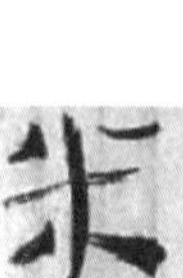
73EJF3:94

73EJF3:159B

73EJF3:349

73EJF3:422

73EJF3:481

粱
1032

T06:092
T10:409
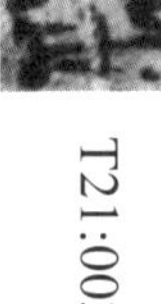
T21:003

T26:229A
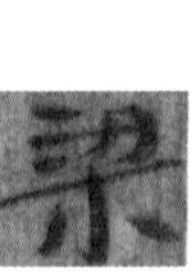
T27:006

T37:448

73EJF2:30+31

按：所从「米」或訛同「木」。

1033 粲

T06:092

1034 精

T23:140

T23:727

T37:1505

1035 糜

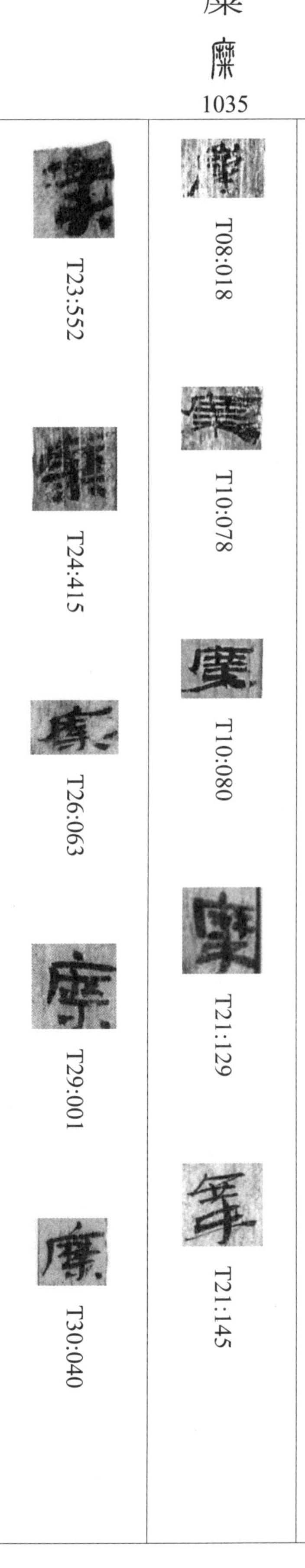

T08:018

T10:078

T10:080

T21:129

T21:145

T23:552

T24:415

T26:063

T29:001

T30:040

T30:198

T32:057

T34:020

T34:022A

73EJC:417

1036 糟

T10:219A

1037 糒

T04:002
T07:082 
T09:013 
T21:131A 
T24:152 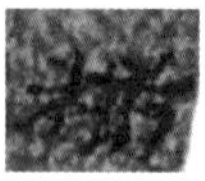
T25:151 
T37:1541 
T37:1552 
H02:042 
73EJF3:85 

1038 糧

T03:055

1039 糴

T01:110
T23:894A 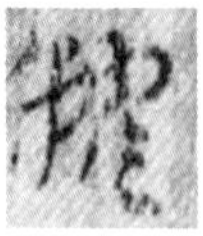
T24:003 
73EJF3:159B 
73EJF3:179A 

1040 氣

T30:193

字頭	編號	簡號
竊	1041	T04:065 T37:1052B
臼	1042	T04:061
舂	1043	T21:488 T28:107
臿	1044	73EJC:671 72ECC:14A
臽	1045	T21:052B T22:027
凶	1046	T29:052 T29:052 T34:021

兇

1047

T23:643